瓜饭楼丛稿

冯其庸文集

卷八　漱石集

青岛出版社

图书在版编目(CIP)数据

冯其庸文集. 第 8 卷, 漱石集 / 冯其庸著. —青岛:青岛出版社, 2011.1
(瓜饭楼丛稿)
ISBN 978 – 7 – 5436 – 6791 – 4

Ⅰ. ①冯⋯　Ⅱ. ①冯⋯　Ⅲ. ①冯其庸—文集　②《红楼梦》研究—文集
Ⅳ. ①C53　②I207. 411 – 53

中国版本图书馆 CIP 数据核字(2010)第 244949 号

责任编辑　高继民
特约编辑　贺中原
责任校对　任晓辉　赵　旭　孙熙春

漱石集

图版目录

庚辰本

脂硯齋重評石頭記卷之

第十回

　　金寡婦貪利權受辱

　　　張太醫論病細窮源

話說金榮因人多勢衆又薛蟠勒令陪了不是給秦鐘磕了頭賈瑞勒令陪了不是不過是賈蓉的小男子又不是賈家的子孫附學讀書也不過和我一樣他因伏侍寶玉和他好他就目中無人他既是這樣就該行些正經事也不見他母親胡氏听得些就是鬧出事來我還怕什麼不成他母親胡氏听了勾搭人偏——的撞在我眼睛里崇：的只當人都是瞎子看不見今日他又去勾搭人偏——的誑因問道你又要鬧什麼好容易我望你姑媽說了你姑媽又千方百計的才向他們

一○九

己卯本

脂硯齋重評石頭記卷之

第十回

　　金寡婦貪利權受辱

　　　張太醫論病細窮源

話說金榮因人多勢衆又薛蟠勒令陪了不是給秦鐘磕了頭賈瑞勒令陪了不是不過是賈蓉的小男子又不是賈家的子孫附學讀書也不過和我一樣他因伏侍寶玉和他好他就目中無人他既是這樣就該行些正經事也不見他母親胡氏听得些就是鬧出事來我還怕什麼不成他母親胡氏听了勾搭人偏——的撞在我眼睛里崇：的只當人都是瞎子看不見今日他又去勾搭人偏——的誑因問道你又要鬧什麼好容易我望你姑媽說了你姑媽又千方百計的才向他們

1.庚辰、己卯兩本第十回是同一抄手

庚辰本

石頭記

第十一四至二十四

脂硯齋九四閱評過

239

己卯本

石頭記

第十一回　至二十回

脂硯齋九四閱評過

2.庚辰、己卯兩本第十一回至二十回總目是同一抄手

此四宜分二回方妥

宝玉係諸艷之貫故大觀園對額必浮玉兄題跋且暫題燈匾聯上

再請賜題此千妄萬當之章法

詩　豪華難足羨　離別却難堪

日　苦甘　好詩全是諷刺

傳得盧名在　誰人識

會病之華

庚辰本　　　　　己卯本

3.庚辰、己卯两本第十八回前整页题记从行款到笔迹两本完全相同

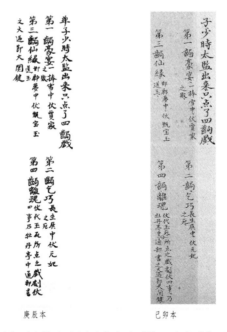

庚辰本　　　　　己卯本

4.庚辰、己卯两本第十八回元春点戏"第四出离魂"下的批语，
庚辰本抄错的原因从己卯本可以看出

庚辰本

己卯本

5.庚辰本第十九回第三面两处空行与己卯本完全相同

庚辰本

己卯本

6.庚辰本第三十七回"咏白海棠"诗，"多情伴我咏黄昏"句下另添
"次看宝钗的是"一句，字句和笔迹与己卯本是同一人所添

庚辰本　　　　己卯本

7.庚辰本第六十三回在"仍番汉名就唤玻璃"句下是空行，与己卯本同

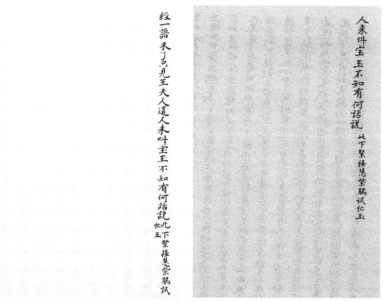

庚辰本　　　　己卯本

8.己卯本第五十六回末的小字"此下紧接慧紫鹃试忙玉"，是抄书人的提示，不是正文，庚辰本照抄

庚辰本第78回避"祥"字讳　　　　己卯本第33回避"祥"字讳

9.庚辰本第七十八回末宝玉诔晴雯诔文末"成礼分期祥"的"祥"字，
还保留着己卯本避"祥"字讳写作"祥"

10.己卯本上避"祥"字的讳

來說話的代玉雖不知原委探春芋卻瞭得是議論金陵城中所居的薛姨

母之子姨表兄薛蟠倚財仗勢打死人命現在應天府緊下審理如今母旧王

子騰得了信息故遣人來告訴這边意欲喚取進京之意

11.己卯本上避"晓"字的讳

6

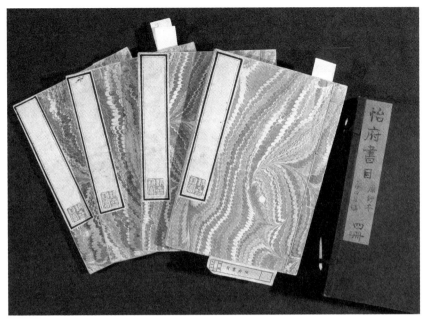

12.怡亲王府藏书书目书影（一）

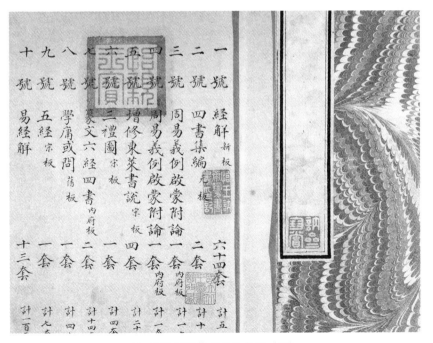

13.怡亲王府藏书书目书影（二）

寶元天人祥異書　十本　二十一號

番禽軍占　十四本　計十五本　二百二十二號

經世挈要　一套　二百二十三號

顏氏家訓　二本　二百二十四號

金屑一撮　一本　計八本　二百二十五號

天文會通　十本　二百二十六號

檀几叢書　一套　計八本　二百二十七號

佩文詩韻　三本　二百二十八號

佩文詩韻　八部　計八本　二百二十九號

亘史　二套　計二十本　二百二十號

萬壽盛典　四套　計四十本　二百二十一號

14.怡亲王府书目上第一行避“祥”字的讳

8

一百九十七號　九華日錄　一本
一百九十三號　敦信堂詩集　二本
一百九十三號　樊榭山房集　二本
一百九十四號　芝庭詩稿　二本
一百九十五號　石壁山房初稿　四本
一百九十六號　睦亭詩抄　四本
一百九十七號　乙未亭詩集　三本
一百九十八號　于役河干詩稿　一本
一百九十九號　白淥集　二本
二百號　五言妙悟集　一本
十二百號　錫穀堂詩　一本

15.怡府书目上右起第六行避"晓"字的讳

二百二十一號　佛幢禪師語錄　一本
二百二十二號　五嶽禪師語錄　一本
二百二十三號　弘覺禪師語錄　一本
二百二十四號　決容嶷　一本
二百二十五號　山珊禪師語錄　一本
二百二十六號　投子頌古　一本
二百二十七號　歸心錄　一本
二百二十八號　人天眼目　一本
二百二十九號　嘉巻禪師語錄　一本
二百二十號　廣莩禪師語錄　一本
二百二十一號　廣莩語錄　一本

16.怡府书目上右起第五行避"晓"字的讳

9

目 录

目 录

3

自 序

——关于《石头记》脂本的研究

　　研究《红楼梦》，我是从曹雪芹的家世研究、《红楼梦》的乾隆抄本研究入手的。前者是为了了解作者，包括了解他的家庭，了解他的身世，了解他的时代以及了解他的朋友等等，所谓知人论世。后者是为了准确地把握他的作品，把后人增添、续补或改窜的文字与他的原作区别开来。大家知道，《红楼梦》是一部未完成的作品，其中后四十回是后人续补已为大家熟知，而前八十回里，也有若干处当时未及完成，是属于别人补缀的，所以需要我们仔细加以研究区别，以便对曹雪芹及其《红楼梦》作出评价时所依据的文字确是曹雪芹的原作，而不是别人的补笔。

　　在曹雪芹家世研究方面，我已出版了《曹雪芹家世新考》、《曹雪芹家世新考增订本》、《曹雪芹家世、红楼梦文物图录》、《曹学叙论》等专书以及若干篇专题论文。在《红楼梦》的抄本研究方面，我的主要研究成果，除《脂砚斋重评〈石头记〉汇校汇评》一书外，就是现在的这本书。

　　我对《红楼梦》乾隆抄本的研究，是从调查抄本的历史，精读原文，与别本排比文字，了解各本文字之间的差异并从中探索其渊源等方面入手的。我最早研究的是己卯本。记得1974年12月底，历史博物馆资料室发现三回又两个半回抄本《红楼梦》，请吴恩裕同志鉴定，吴恩裕同志怀疑是己卯本《石头记》的散失部分，他偕同他夫人骆静兰同志前来看我，并希望我从抄本的书法来鉴定一下是否与己卯本的抄手的书法一样。1975年1月17日，我与吴恩裕同志同去北京图书馆查对己卯本，恩裕同志重点查对两本是否抄写笔迹相同，我因为历博抄本上"晓"字缺末笔避讳写作"暁"，所以就重点查"晓"字的避讳，结果收获十分丰富，很快就查到了实例，北图藏己卯本第三回第九页 B 面第六行第十一字"色如春晓之花"句的"晓"字，竟同样缺末笔作"暁"，第四回第三页 B 面第五行第十六字"谁晓这拐子"句内"晓"字也同样缺末笔作"暁"，这已足够证明历博藏残抄本确是己卯本的散出部分了，但更令人惊喜的是我又从第十七到十八回第二十三页 A 面第五行发现"祥"字缺末笔作"祥"。这是一个极端重要的发现。在此之前，我与恩裕同志一直认为此抄本可能是纪晓岚家的家藏本，因为有避"晓"字的讳，现在又发现了这个"祥"字的避讳，这不仅巩固了历博本完完全全是己卯本散失部分的判断，而且进一步证实了这个本子是怡亲王允祥家里人抄的家藏本，估计可能是允祥的孙子、弘晓的儿子一辈抄的，所以避"祥"字和"晓"字两辈人的讳。过了两天，1月20日上午，我与恩裕同志再去北图查看己卯本，恩裕同志继续查阅原书，我则想查到可作证明的有关怡府的其他旁证资料。结果在目录卡中发现了《怡府书目》。这是一个乾隆时的原抄本，急借出来查阅，发现此书确是怡亲王故物，共四册，背脊上写元亨利正。"正"字原应写作"贞"，因避雍正原名"允禛"之讳，改写成"正"。封面签条空白未题，下端盖"讷仝（斋）珍赏"阴文方章，里页盖"怡王讷斋览书画印记"阴文篆书长方章，上端盖"怡亲王宝"阳文篆书方章。按讷斋是怡亲王弘晓的斋名，则此书可定为弘晓时的抄本。细检这个本子，发现"玄"、"晓"、"弘"等字都缺末笔避讳，与己卯本及历博藏残抄本完全一样，这更进一步证明了己卯本是怡府抄本的论断。当天，我们没有发现这个书目上的"祥"字避讳，但过了几天，吴恩裕同志单独去复查时，终于查出了《宝元天人祥异书》这个书名，其中的"祥"字，也同样缺笔避讳，这就使这个抄本是怡府原抄本的判断得到了更加切实的证明。

查出己卯本是怡府抄本，这是《红楼梦》抄本研究上的一个大突破，因为迄今为止，其他多种《红楼梦》的乾隆抄本，都还无法知道它们的来历，更无从得知其最初的抄主。然而其意义还并不止于此，大家知道，老怡亲王允祥与曹家有特殊关系，雍正二年，曹頫的请安折上，雍正朱批说："你是奉旨交与怡亲王传奏你的事的，诸事听王子教导而行。你若自己不为非，诸事王子照看得你来；你若作不法，凭谁不能与你作福。不要乱跑门路，瞎费心思力量买祸受。除怡王之外，竟可不用再求一人托累自己……若有人恐吓诈你，不妨你就求问怡亲王，况王子甚疼怜你，所以朕将你交与王子……"读此雍正朱批，可知怡亲王与曹頫的关系确非一般，那末这个怡府抄本《石头记》的底本，就不能排除有可能直接来自曹雪芹或曹頫。因为在乾隆己卯即乾隆二十四年的时候，《石头记》尚未风行于世，在己卯之前，也还只有一个甲戌本，所以它的底本除曹雪芹原稿外，外间过录本恐还很少甚至没有，所以己卯本的底本来源于曹雪芹或曹頫这个揣测并不是毫无根据的。

在这样的研究基础上，我与吴恩裕同志合作，写成了《己卯本〈石头记〉散失部分的发现及其意义》一文，发表在1975年3月24日的《光明日报》上。

　　在己卯本研究之后，我接着又对庚辰本进行了研究，我研究庚辰本是用与己卯本对校的方法来进行的。对校的结果，使我发现了庚辰本与己卯本惊人的密切关系，两本相同的程度，竟可达百分之九十六七。即以脂批文字的相同来说，几乎是百分之百，其中只有个别的字抄错抄漏。因此当时我认为庚辰本是据己卯本过录的，己卯本的原貌，基本上保存在庚辰本里。我对庚辰本的研究成果，已写入《论庚辰本》一文，这里不再重复。我的文章发表后，得到了红学界朋友的极大的认同，同时也有几位同志撰文进行论难，论难的主旨是说庚辰本不是直接过录己卯本而是间接过录，己卯本上朱笔旁改文字，并不是作者改文的过录，而是后人据庚辰本回改上去的。至于庚辰本与己卯本惊人相同之处，大家并无异议。我经过反复研究，觉得以上两点都是可取的，特别是第一点，我在《论庚辰本》原文里已经提出了"从己卯本到庚辰本的全过程中，我们还有一个环节没有弄清楚。那末，我们还是先把这个矛盾揭示出来，留待大家来解决罢"。现在有的同志认为庚辰本并不是直接据己卯本过录的，那末上述这种矛盾的存在也自然应该进一步深究了。至于第二点，那纯粹是我弄错了，我在《重论庚辰本》一文里已有说明，这里不再重复。

　　围绕着庚辰本的论难，是很有积极意义的，既补正了我的差误，又加深了对庚辰本的认识，特别是加深肯定了我所揭示出来的庚辰本与己卯本惊人相同之特点，肯定了庚辰本实际上保存了己卯本的全部款式和文字，而这个结论，恰恰是探索《石头记》早期抄本的历史渊源的至关紧要的结论。

　　关于这部庚辰本，我曾作过概括性的评价：一、庚辰本是曹雪芹生前最后的一个本子，它的最初的底本，是乾隆二十五年（1760 年）的改定本，这时离开曹雪芹的去世只有两年了（曹雪芹卒于乾隆二十七年壬午除夕，按公元是 1763 年 2 月 12 日）。截至现在，还没有发现比这更晚的曹雪芹生前的改定本，因此这个"庚辰秋月定本"，是曹雪芹生前的最后一个改定本，也是最接近完成和完整的本子。一句话，庚辰本是现存《石头记》乾隆抄本中最好的一个本子。二、庚辰本是据己卯本的过录本（怡府本）过录的，因此在庚辰本里，保存着己卯本的原貌，即以两本的双行小字批语来说，己卯本上七百一十七条双行小字批，庚辰本上只差一个"画"字，作为一条批语来说，庚辰本是七百一十六条；作为单个字来说，庚辰本与己卯本的双行小字批，只有一字之差（因为这一个"画"字也是一条批语，所谓一字之批）。特别是己卯本上的空行、缺字、衍文，以及正文以外对抄手的提示文字，庚辰本也照抄不误（详见《论庚辰本》）。所以用庚辰本作为一个坐标，来纵向或横向研究《石头记》的各种早期抄本，特别是研究己卯本，它是一份十分珍贵的历史文献。三、在庚辰本上，保存了脂砚斋等人的不少珍贵批语，对探索此书的创作情况及曹家的史事，具有无比重要的作用。四、这个本子是一个遗留有部分残缺的本子，从作品的完整性来看，似乎是缺点，但从研究曹雪芹作品的原貌来说，它却是一份最宝贵最真实的记录，它有助于我们对照出后来许多完整的《石头记》的"完整文字"的增补性质。所以，我曾说："看曹雪芹的这部未完成的巨著，特别是看到他反复修改的地方和至今残缺之处，简直使你仿佛感到作者的墨渖未干，泪痕犹在。因此，此书残缺的情况，又转过来为我们研究曹雪芹创作和修改此书提供了珍贵的线索。"[①] 五、这个抄本是仅次于作者手稿的一个抄本。曹雪芹的《石头记》手稿至今早已不存了，唯独在这个庚辰本上，保留着"脂砚斋凡四阅评过"和"庚辰秋月定本"这两条题记，从而使我们得知这个本

---

① 　见本书《论庚辰本》第五部分的第四节。

子虽是过录本，但除错别字和极少几处抄漏外，却未经人有意篡改，所以它确可以说是仅次于作者亲笔手稿的一个本子。

以上几点，是我对这个本子的简要概括和评价。

现在这个《石头记》珍贵的乾隆抄本，经过重新整修装订，仍旧保持着原貌，它完整无损地珍藏在北京大学图书馆里。

在对庚辰本研究之后，我又对甲戌本进行了研究。1980 年在美国威斯康星大学举行的第一次国际《红楼梦》研讨会上，我宣读了《论〈脂砚斋重评石头记〉甲戌本"凡例"》这篇论文，我首次提出了甲戌本上"玄"字不避讳的问题，并且指出了甲戌本"凡例"存在的问题。甲戌底本，无疑是乾隆十九年（1754 年）的本子，是迄今所见《石头记》乾隆抄本中署年最早的一个本子，但现传这个甲戌本，是一个过录本，其过录的年代不会太早，且是经过整理重编的，特别是这个本子没有后代，没有发现有哪一个《石头记》抄本是据甲戌本过录的。但这个本子一是署年早，保存着《石头记》的一些原始面貌，二是有不少脂批，极有研究价值，三是正文第一回独多"说说笑笑"以下四百余字，为其他各本所无。其正文亦多有可与其他抄本对校取资处，所以这个本子仍是一个极为珍贵的本子，可惜只残存十六回，而且至今仍在美国，读者只能读到影印本。1980 年 6 月，我去美国参加国际《红楼梦》研讨会，这个抄本拿到了会场展览，我得以寓目，会后我要求借出来细看，得到大会主持人的同意，让我带回旅馆细看了一周，并由美国友人给我拍摄了一部分照片在美国洗出，其色彩真实得与原本一模一样。经细检后，发现胡适在影印此书时删去了一部分跋文，我当时将这些删去的部分抄录了下来，后来在《红楼梦学刊》上公布了。开会期间，在周策纵先生家举行宴会，友人们为了要了解此本"玄"字不避讳的情况，还将此抄本拿到周策纵先生家，请我将"玄"字不避讳处翻检出来，以明真相，当时与会的有周策纵、赵冈、余英时，叶嘉莹、伊藤漱平等各位先生。我对甲戌本的研究并未结束，我还有一些对此本的想法，准备将来完成了对此书的研究后，再向专家和读者求教。①

1984 年 12 月，我奉国务院、文化部、外交部之命，与周汝昌、李侃两位先生一起赴苏联鉴定当时列宁格勒东方研究所所藏的《石头记》抄本。经鉴定，我认为这个本子是脂本系统的抄本，但是一个拼抄本，底本不是一个，其中有庚辰本的部分。这个本子抄定的年代，我认为当在乾隆末年更可能是嘉庆初年。这个本子的正文和脂批，多有可以借鉴处，如"冷月葬诗魂"，此本就直抄作"冷月葬诗魂"而不是"冷月葬花魂"。这样，这个句子，就有庚辰本、列藏本、程甲本等三个早期抄本的依据。庚辰本原抄作"冷月葬死魂"，又原笔点去"死"字，原笔旁改"诗"字，程甲本的底本我认为是庚辰本，所以此句同样作"冷月葬诗魂"。这个"冷月葬诗魂"句，得此三种早期抄本的实证，乃得最后定论。

关于列藏本，我在苏联谈判这个本子由我国出版的会上，作了鉴定的发言，随后得到苏方的赞同，即与李侃同志在我驻苏使馆起草了两国联合出书的协议，经国务院、外交部、文化部批准后，即授权我驻苏大使签署协议，此书遂得由我中华书局出版。

我在完成了列藏本回归和初步研究后，在 1989 年初，对梦觉主人序本作了研究，研究的结果写成了一篇长文。我研究这个本子是为了探索这个本子与脂本的关系和与程本的关系，我认为它既是从脂本系统走到程本系统的一个桥梁，又是保存着脂本的某些原始面貌的一个具有独特面貌的本子，也可以说，无论是研究

---

①　现甲戌本已回归祖国，藏上海博物馆。经我在上博重新鉴定原抄本，发现"玄"字原抄是避讳缺末笔写作"玄"的，现在原抄本上"玄"字的末笔"、"，是后人所加。

脂本或研究程本，都用得着它。

关于程甲本，我写过两篇文章，一篇是《论程甲本问世的历史意义》，主要论述了程甲本问世的历史功绩，不同意对程本全盘否定的片面看法。另一篇是《论红楼梦的脂本程本及其他》，这是因为不同意把程本拔高到《红楼梦》的最早的本子的说法，也不同意说脂本都是伪本，只有程甲本才是真本的说法而写的。全盘否定程本和全盘否定脂本只承认程本，这两种态度都是片面的不符合历史事实的。事实上程本的历史功绩是不可抹煞的，程本对脂本也确有删改，这两种情况都应该实事求是地来分析它评价它。至于说脂本是伪本，只有程甲本才是《红楼梦》的最早的真本的说法，更是无稽之谈。他们不知道程甲本的底本就是脂本，至今程甲本里还残留着五条脂砚斋的批语，被混入正文把它当作了正文看待，这就是历史的证明。

其他如戚序本、蒙古王府本、红楼梦稿本（杨本）等，我在《红楼要籍解题》里，也都作过介绍。

经过对这许多《红楼梦》的早期抄本的研究，我深深感到要研究《红楼梦》，家世研究和抄本研究是两大前提，不了解曹雪芹的家世和他自身的遭遇，就无法理解他的这部书，不研究《红楼梦》的早期抄本，不确切掌握曹雪芹的文字，就无法对曹雪芹的思想和艺术作出切实的评价。举例来说，程高刻本的尤三姐是一个贞节烈女，而脂本的尤三姐是被贾珍、贾蓉等人凌暴后失身的，但她立志自新，坚决从污泥的陷坑中挣扎出来，另走新路，但舆论如刀，终究没有能让她新生。作为曹雪芹的创作，这两个艺术形象，究竟应该取哪一个呢？毫无疑问应取后者。事实上曹雪芹塑造这样一个艺术形象是有深刻的思想内涵的，曹雪芹就是用艺术形象来揭露封建礼教杀人如刀，也就是同时期的思想家戴震所揭露的封建礼教"以理杀人"。相比之下，程高本的尤三姐与脂本的尤三姐，非但是截然不同的两种形象，更重要的是贞节烈女的尤三姐是歌颂型的，而失身的尤三姐是揭露和批判型的，这就很自然地判别出两个形象不同的社会意义了。再如"冷月葬诗魂"和"冷月葬花魂"，一字之差，两句诗的内涵就大不相同。"诗魂"是指林黛玉是诗的化身，诗的精魂；"花魂"是形容林黛玉的美。《红楼梦》里的林黛玉并不是单纯的美，并不是西施型的美人，读过《红楼梦》的人都不会得出林黛玉是一个单纯的古代美人的印象，都会感到她浓重的诗人气质。《红楼梦》里有时也把她作为"病西施"来形容，那是指她的瘦弱而多病，并不是把她仅仅作为一个西施型的美人来看待。很明显，如果抽掉了林黛玉形象的诗人气质，那末这个形象也就随之而消失了。在《红楼梦》里，"冷月葬诗魂"是一句形容林黛玉的警句，是为这个形象画龙点睛的，所以一字之差，形象的内涵就完全不同了。遇到这种情况，就不能不讲究版本，不能不从形象的整体美感上来把握了。

　　我研究《红楼梦》的早期抄本，很重要的一点，我是依据原本的。平时日常用以研究的当然是影印本，但到关键处我必去查对原本，以免影印上的差误。我研究庚辰本，就发现50年代文学古籍社的影印庚辰本和后来人民文学出版社的影印庚辰本就有出入。前者在第六十六回第一页的右下角有两行小字："以后小字删去。"而后者却没有了这两行字。这使我百思不得其解，明明是照相影印，怎么会一个本子上有，一个本子上没有呢？为了解开这个谜，我只能到北京大学图书馆去查对原书，当我打开原书的六十六回第一页时，居然原本上也是空白，这使我更加大吃一惊，后经反复检查，发现在装订线外的书脊里，露出一个小纸角，我掰开来一看，是一张指甲面大的旧纸片，上面写着"以后小字删去"两行小字，与初印庚辰本一对，字迹一模一样，分毫不差。我这才恍然大悟，这两行字原来写在一个贴在书上的小纸片上，北大图书馆在重装此书时，这个小纸片脱落移动到装订线外去了，所以后来重新照相制版时就没有了这两行字。幸好这个小纸片还保留在书脊里，未曾丢失，否则这个谜就很难解开。即此一端也可见阅读原本之重要。所以几十年来，前前后后，这些早期抄本，除了杨继振藏本（旧称《红楼梦稿本》）和舒元炜序本没有看到原本外，其余我都看过原本，有几个本子还在我处停留过一点时间，得以仔细翻检。舒元炜本我也曾看过北京图书馆的影抄本，但后来发现与原本还是有出入，戚蓼生序本则一直知道其底本已毁于火，但前些年，上海忽然发现了此书付印底本的前四十回，则可见传闻之误，或者是否是烧掉了后面的四十回？这就无法确知了。

　　我作《红楼梦》早期抄本研究的一个突出的感觉，就是觉得最好把这些本子对照排列起来研究，以比较其文字的异同，研探其底本的渊源和各本之间的相互关系。现在条件好了，各种《红楼梦》的早期抄本都已影印出来了，要进行排比研究也有可能了。当然，排比研究也要与对各个本子作个别的研究结合起来，这样才能真正作深入探讨。

　　《红楼梦》的思想博大精深，而且它的表现形式是通过形象、通过生活来表现思想的，与哲学家、思想家的表达方式很不一样。我们过去研究《红楼梦》较多地注重它对封建社会的批判。曹雪芹对封建社会的批判是深刻的、全面的，因而侧重对这方面的研究也是必要的、自然的。但曹雪芹的思想还不止是对封建社会的批判，他还有对新的生活的理想和追求。他把他对封建社会的批判奉献给了他自己的时代，而把对新的生活理想的追求奉献给了未来的世纪。

　　曹雪芹提出来的新的理想，就是他通过他的小说人物表达出来的婚姻自由的理想，而他的婚姻自由的理想，与王实甫、汤显祖是有本质的区别的。曹雪芹的婚姻自由是以双方思想一致为前提的，而且这种一致是经过长期耳鬓厮磨，长期的共同生活所自然形成的，不是一见倾心式的，更不是只求外表的美而没有社会思想方面的交流的。

　　除了婚姻自主外，个性解放，人与人之间的平等，反对官方的封建统治思想，反对官定的仕途经济，主张自己选择生活道路等等，总之，曹雪芹在《红楼梦》里突出地提出了人对自身的生活理想和追求，而这些在过去的小说里是很薄弱的。无论是《三国演义》、《水浒传》还是《西游记》都没有对人类自身的更高的生活理想，没有属于个人幸福的追求。《水浒》的理想是农民乌托邦式的社会理想，《三国演义》的理想主要是农民的"好皇帝"的理想，《西游记》则是宗教式的理想，这些作品的时代与《红楼梦》的时代，相隔着三四个世纪，因此，思想内容上有这样的历史差距也是很自然的。

　　曹雪芹是一位超前的思想家，他提出的对人的生活的理想，其中的核心是婚姻自主的理想和生活道路的理想，已经具有鲜明的近代思想的特色。我们今天正处在世纪之交，20 世纪即将过去了，21 世纪转眼即到，因此曹雪芹对新的世纪提出的有关人类自身的新的生活理想，就特别值得我们重视和研究，因为尽管他去世已经二百多年了，但他提出的关于人自身的新的生活理想，还未能实现，不仅在中国没有完全实现，在全世界任何地方也还未能完全实现。那末，什么时候能够实现呢？这要看人自身的文明进步的程度了。

　　曹雪芹的伟大的深远的理想，都蕴藏在他的不朽巨著《红楼梦》里，那末认真研究和探讨他的早期抄本，区别后人续补甚至改窜之笔，不让贞节尤三姐这样的形象来歪曲曹雪芹的思想，这就是非常重要的事情了！

1997.8.4 于京东且住草堂

论 庚 辰 本

序

　　《脂砚斋重评石头记》（庚辰本），原为徐星署所藏，徐星署名祯祥，是光绪时副都御史徐郙的儿子。[①] 这个极其重要的《石头记》抄本，究竟如何到达徐星署的手里的，在此以前它的流传历史如何？这些问题，至今还没有弄清楚。这部极为珍贵的《石头记》抄本，后来归了燕京大学，解放后归北京大学图书馆，现在仍珍藏在该馆。这个抄本，1955 年曾影印出版过一次，1974 年又重新影印出版。

　　尽管这个抄本在十多种《石头记》的乾隆抄本中占有极为重要的地位，但研究者们对它的研究工作却还远远做得不够。1933 年，胡适借到了徐星署的这个藏本，进行了研究，并写了《跋乾隆庚辰本脂砚斋重评石头记抄本》一文，在这篇文章里，他大谈"现在我看了此本，我相信

---

　　① 徐郙，字颂阁，江苏嘉定县人，同治元年（壬戌科）第一甲第一名进士，官至协办大学士、礼部尚书。郙精书法，兼擅山水，深得慈禧宠幸。徐星署为郙之次子，曾任直隶州知州，分发直隶保升知府，署直隶天津兵备道等职。见光绪七年《嘉定县志》、民国十九年《嘉定县续志》。

脂砚斋即是那位爱吃胭脂的宝玉，即是曹雪芹自己"之类的谬论。自此以后，大概因为这个本子很难见到吧，直到解放前，就再也没有专论这个本子的文章。1963年，这个本子影印以后的第八年，吴世昌同志写了《论〈脂砚斋重评石头记〉（七十八回本）的构成、年代和评语》一文，对这个抄本作了认真的全面的研究。

至于另一个《石头记》的重要抄本《脂砚斋重评石头记》（己卯本），原为董康所藏，后归陶洙，解放以后此书归北京图书馆。此抄本原已残缺得只剩三十八回（原称四十回，其中有两回也是据程本抄配的），前年又发现了革命历史博物馆于1959年收购到的此本的三回又两个半回的残文，合起来共有四十一回又两个半回。

对于这个与庚辰本具有同样重要的价值的己卯本，同样是很少对它作深入的研究。1963年陈仲箎同志在《文物》上发表了《谈己卯本脂砚斋重评石头记》一文，可能还是专门研究此本的第一篇文章。1975年，因为革命历史博物馆收藏的己卯本的散失部分的发现，吴恩裕同志和我又写了《己卯本〈石头记〉散失部分的发现及其意义》一文。后来吴恩裕同志又写了《己卯本〈石头记〉新探》一文。

以上，是对于这两个本子的研究情况的大概。

近年来，我在从事《红楼梦》的研究和校订工作，我们一开始就决定采用庚辰本作底本。但是对这个本子的研究，除开胡适的那篇文章外，近十几年来，只有吴世昌同志的那一篇专论。吴世昌同志是研究《红楼梦》的专家，他在这方面作出了不少成绩，这是人所共知的。但是，我个人认为他对庚辰本这个珍贵抄本的一些主要的论点，并不是无可商榷的，经过两年来的校订工作的实践，我深感吴世昌同志对庚辰本的一些重要论点，有重新探讨之必要。尤其是我个人深感到庚辰本这个抄本，确是国内外《红楼梦》早期抄本中最珍贵的一个抄本，决不能对它低估，尤其不能把真的是"脂砚斋凡四阅评过"，真的是"庚辰秋月定本"，真的是"己卯冬月定本"（指己卯本），真的是据一个抄本抄下来的等等情况都把它说成是假的，是商人随意加上去的，是四个本子拼凑起来的等等，把真的说成假的，把一个完整统一的本子说成是东拼西凑的"合抄本"，这样会大大有损于对这个珍贵抄本的评价。伟大作家曹雪芹早在二百年前就警告过人们："假作真时真亦假，无为有处有还无。"不幸的是这种情况在《红楼梦》的研究中，至今还不能避免。因此，如果不深入弄清楚这个本子的真实面貌，以及它的祖本，它的批语，它的旁改文字等等的复杂情况，那末我们以它为底本来进行校订工作，就免不了会有盲目性。

当我在经过了对己卯本的研究以后，我反复考虑了庚辰本的一系列上面提到了的这些问题，我发现了这两个本子之间的密切的不可分割的关系。同时也就发现了我过去孤立地研究这个抄本的缺点，于是我决定把这两个本子密切联系起来去探究它们的原貌和相互之间的关系，从而得出了一系列与吴世昌同志截然相反的结论。我深信这个本子是《红楼梦》抄本中举世无双的最珍贵最重要的一个本子，它的珍贵性和重要性，远非现在苏联的那个抄本所可比拟。

我坚信科学上的是非真伪，不能凭个人的主观自信而只能由客观实践来检验，只有实践才是检验真理的唯一标准。为此，我把我的一些意见写了出来，目的是引起人们对这个抄本的研究，和便于大家检验我的论点的正确抑或谬误。虽然我尽可能地选用了一些图片，但对于全书来说，毕竟还是极少的一部分，所以我还是希望对这个问题有兴趣的读者能够去查对原书（庚辰本已有影印本，己卯本也可以到北京图书馆去查）。

我开始写这篇文章的时候，只准备写一两万字，但随着问题的深入和展开，篇幅就无法不扩展了，结果写成了现在这个样子。本文的完整的题目应该是《论脂砚斋重评石头记庚辰本与己卯本之关系》，文章的重点也是放在论述两者的关系上的，但因为文字太长，所以又把这个题目简化为《论庚辰本》。

1977 年 10 月 28 日于宽堂

引　言

在国内外现藏的十多种《红楼梦》早期抄本中，现藏北京图书馆的《脂砚斋重评石头记》过录己卯本和现藏北京大学图书馆的《脂砚斋重评石头记》过录庚辰本①，是两种极为重要的抄本。对于这两种抄本，国内外的研究者，近几十年来曾分别对它们进行了研究，对这两个抄本的认识，也不断有所进展。尤其是 1974 年底和 1975 年春，发现了革命历史博物馆藏的三回又两个半回的《石头记》残抄本，经鉴定它是己卯本早年散失的一部分，并考明这个己卯本（包括北京图书馆原藏部分）确是怡亲王允祥和弘晓家的抄藏本。这样，对己卯本的认识就大大地前进了一步②。但是，在此以前，研究者们对这两个抄本的研究，还停留在对它们作个别的、孤立的研究上，没有把它们联系起来作全面的深入的考察，因此，原来隐藏在这两个抄本之间的内在联系没有能被揭示。这样，人们对这两个抄本的认识，也就不可能进一步地达到接近客观真实。尤其是对庚辰本的认识，至今还存在着许多错误的判断，亟须加以弄清，否则对这个抄本的认识便不能继续前进。

本书就是想从过录庚辰本和过录己卯本的关系上来探讨这两个抄本的真实面貌，并且想着重地研究过录庚辰本的问题。

---

① 以下分别简称"己卯本"和"庚辰本"，在行文必要时，仍加"过录"两字，对这两个本子的底本，分别称"己卯原本"和"庚辰原本"。

② 参见本书《己卯本〈石头记〉散失部分的发现及其意义》。

论庚辰本

一、己卯本是庚辰本的底本

吴世昌同志在 1963 年发表的《论〈脂砚斋重评石头记〉（七十八回本）的构成、年代和评语》这篇文章里，[①] 曾指出这个庚辰本是由四个不同的底本"拼凑起来的合抄本"，"即使不是'百衲本'，至少是个'集锦本'"。自从吴世昌同志的这个论点公布以来，不少同志都相信了这个说法。但是这个说法是不符合实际的。事实是庚辰本并不是由四个不同的本子"拼凑起来的合抄本"，而是据己卯本过录的（不过己卯本在抄成以后，又据庚辰重定本进行了校改，庚辰本就是据此本过录的，说详后第二部分），因此，己卯本确是庚辰本的底本。关于这方面的证据，可以说多得不胜枚举，为了便于说明问题，我们不妨择要列述于后：

（一）从抄写款式来看

己卯本每面十行，每行三十字，每回首行顶格题"脂砚斋重评石头记卷之"，第二行顶格写"第×回"，第三行低三格或二格写回目。己卯本现存一至二十回，三十一至四十回，六十一至七十回，共四十回。其中六十四、六十七两回系早期抄补，实存三十八回，再加近年发现的第五十五回的后半回，第五十六、五十七、五十八三整回和第五十九回的前半回，共三回又两个半回，合起来共存四十一回又两个半回。现据

---

① 原载 1964 年《中华文史论丛》第六辑。1975 年收入北师大编《〈红楼梦〉研究资料》一书时，作者又作了修改。本书所引该文文字，即据此修改本。

这四十一回又两个半回来检查，可以看出，它是每十回装一册，每册的首回首页，有包括这一册的十回的总目。因此，第一回至第十回，第十一回至第二十回，第二十一回至第三十回，第三十一回至第四十回，第四十一回至第五十回，第五十一回至第六十回，第六十一回至第七十回，第七十一回至第八十回，这八册的首回首页，都应该各有该册的十回的总目。现己卯本尚存第二册十一至二十回，第四册三十一至四十回，第七册六十一至七十回（内缺六十四、六十七回）三个十回的总目，虽然以十回计的分册总目已缺了八分之五，但就凭这三个十回的总目，也足以证明己卯本的原装，确是十回一册。现据以上各点来检查庚辰本，两本完全一致。庚辰本也是每面十行，每行三十字，每回首行顶格写"脂砚斋重评石头记卷之"，第二行顶格写"第×回"，第三行低三格或二格写回目。不仅如此，细检庚辰本每回首半面每行的起迄，绝大部分也与己卯本相同，甚至第二面、第三面，有的多至四五面或十多面也完全相同，有的则由于抄错或抄漏而致回首半面差几个字，到后面则差得更多些。至于每十回装一册，每册开首有本册十回的总目的情况，在庚辰本里保留得最为完整清楚，全书八册的八个总目，一个不缺。所以从它的抄写款式和装订来看，这两个本子确是很一致的。

（二）从两书的回目来看

己卯本实存回目四十个，拿它与庚辰本相同的回目来核对，四十个回目一字不差，或者说只差两个字，这就是第三回"林黛玉抛父进京都"的"京都"，庚辰本在第一个十回的总目里与己卯本一样作"京都"，但到回前的回目里却作"都京"；第六十八回"酸凤姐大闹宁国府"的"酸凤姐"，在第七个十回的总目里，庚辰本与己卯本一样作"酸凤姐"，但到回前的回目里，却作"俊凤姐"。显然这两处都是抄错的，不是回目的不同。

这里两本回目相同的情况，还有一些重要的情节，值得引起注意，例如第二回回目中的扬州，两本都错写作"杨州"，到第十四回，两本又都一致地写作"扬州"；第六十二回回目下句，两本总目都作"獃香菱情解石榴裙"，但到回前目录里，"石榴裙"又同错写作"柘榴裙"；第六十三回"开夜宴"的"宴"字，两本同误抄作"晏"：这种两本错得完全一样的情况，在正文里可以说多得举不胜举，下面还要谈到，这里暂不多谈。再有如第十七、十八回没有分回，第十九回没有回目，第六十四、六十七两回从回目到正文都缺等等这些情况，两本也完全一样，毫无二致。

尤其值得注意的是，己卯本现存三个十回的总目与庚辰本相同的三个十回的总目也完全一样，如第十一至二十回的总目，己卯本是八回，庚辰本也同样只有八回，这是因为两本十七、十八回都未分回，两回只有一个回目，第十九回两本都缺回目的缘故。再如第三十一至四十回两本的总目也完全一样，所不同的是在己卯本这十回的总目上，多了"己卯冬月定本"这一行字，在庚辰本的这十回的总目上则没有这一行字，其原因后文还要分析，这里暂不枝蔓。再如第六十一回至七十回的总目，两本也完全一样，同样只有八个回目，也同样在相同的位置注明"内缺六十四、六十七回"，所不同的是庚辰本多了"庚辰秋月定本"这一行字，这也留待后文分析。

以上是两本回目相同的情况，我们把这一情况再与别的本子对照一下，问题就更清楚了。例如我们用甲戌本来与庚辰本对照，甲戌本的第一、二两册一至八回，其中就有四个回目与庚辰本的回目不同，其第三册十三至十六回两本回目全同，第四册第二十五至二十八回，有两个回目不同。甲戌本总共十六个回目，就有六个回目与庚辰本的回目不同，而且不是个别文字的不同。现将不同的回目，列表于下：

庚辰、甲戌两本不同回目对照表

版本	回次	回	目
庚辰	第三回	贾雨村夤缘复旧职	林黛玉抛父进京都
甲戌	〃	金陵城起复贾雨村	荣国府收养林黛玉
庚辰	第五回	游幻境指迷十二钗	饮仙醪曲演红楼梦
甲戌	〃	开生面梦演红楼梦	立新场情传幻境情
庚辰	第七回	送宫花贾琏戏熙凤	宴宁府宝玉会秦钟
甲戌	〃	送宫花周瑞叹英莲	谈肄业秦钟结宝玉
庚辰	第八回	比通灵金莺微露意	探宝钗黛玉半含酸
甲戌	〃	薛宝钗小恙梨香院	贾宝玉大醉绛芸轩
庚辰	第廿五回	魇魔法姊弟逢五鬼	红楼梦通灵遇双真
甲戌	〃	魇魔法叔嫂逢五鬼	通灵玉蒙蔽遇双真
庚辰	第廿六回	蜂腰桥设言传心事	潇湘馆春困发幽情
甲戌	〃	蜂腰桥设言传密意	潇湘馆春困发幽情

　　对照上表，不难看出两本回目的差异是很大的。我们再据己卯本实存回目与戚蓼生序本相应的回目对照，在四十个回目中，倒有二十三个回目不同，而且其中有好多回如三、五、七、八、六十五各回的回目，与己卯本和庚辰本完全不同，不仅如此，原来己卯、庚辰两本上所缺的十八、十九回的回目，在戚本上就完全不缺了，原来己卯、庚辰两本都缺六十四、六十七两回，在戚本上这两回也全了，总之，戚本的回目与己卯本和庚辰本的差异是很大的。无论是甲戌本还是戚本的回目，与己卯本和庚辰本都有很大的不同，唯独庚辰本与己卯本的回目，四十回一字不差，这一情况，难道还不足以说明这两本的渊源关系吗?

（三）评语的情况

庚辰和己卯两本评语的情况，初一看来出入是很大的，庚辰本朱、墨杂陈，琳琅满目。就朱批来说，有眉批，有行间批，有回前批，有回末批；就墨批来说，主要是正文下的双行夹批，但也还有一部分眉批、回前批和回末批。己卯本的情况就简单得多了，在己卯本上，除了十七、十八回未分回处书的眉端有两行淡朱色的字："不能表白后是第十八回的起头"，还有少数几处将难字或抄错的字纠正写在眉端外（也是淡朱色），全书没有一条评语式的眉批（不论是朱笔或墨笔），也没有其他的朱笔批语，就是墨笔的行间批，也只有一至十回共有十五条。在己卯本里的批语，主要是正文下的双行小字批，全书共 717 条。这许多批语分布的情况如下：

己卯本正文下双行小字批语各回分布情况

回　次	十二	十三	十四	十五	十六	十七八	十九	二十	三十三	三十四	三十五	三十六	三十七	三十八
批语数	41	20	7	38	57	204	181	15	1	1	2	5	55	20

回　次	三十九	四十	五十五	五十六	五十七	五十八	六十一	六十二	六十三	六十五	六十六	七十	总　计
批语数	14	2	2	8	6	12	1	1	7	7	7	3	717

　　另外，在己卯本里还有回前批十条，计：十七、十八回四条，三十一回二条，三十七回三条，三十八回一条。回末批三条，计：第二十回二条，三十一回一条。以上各项的总数共 745 条。拿己卯本的上述这些批语与庚辰本对照，结果是 717 条双行小字批，除了第十九回庚辰本漏抄了一条批（这条批语只有一个"画"字，位置在新版影印庚辰本 430 页第八行"黛玉道：'再不敢了。'一面理鬓"句的"鬓"字下）外，其余 716 条从批语的位置到文句，在各回的分布情况，完全相同，只有少数文字是纠正己卯本的错字或新抄错的，因而与己卯本的批语文字小有出入，例如第十二回第 264 页第六行双行批语己卯本作"妙极，是搭连犹是士隐所捨背者乎"，庚辰本改正了己卯本的错字，将"捨"字改为"抢"字等；至于其他回前批、回末批的情况也是一样，除少量文字的差异外，其余完全相同。在弄清楚了上述情况以后，我们就可以得出结论，庚辰和己卯两本的墨笔双行小字批语和回前、回后批语是完全一致的，① 这证明庚辰本确是从己卯本过录的，至于庚辰本上的那许多朱笔评语，则是庚辰本后来从别的抄本上转录来的，而且它的朱笔抄手是一个人，全部朱笔批语是由一个人抄完的。那末，己卯本从第一至第十回的十五条行间批，在庚辰本上没有，这是怎么一回事呢？我认为这是庚辰本的抄者借己卯本抄成以后，己卯本的藏者又从别的抄本过录到己卯本上去的，故庚辰本在抄写时，己卯本上还没有这十五条批语，因为这十五条批语的笔迹，不是己卯本原抄书人的笔迹，这是一看就清楚

　　① 　现存庚辰本正文下墨笔双行小字批语，除前述 716 条与己卯本完全相同外，尚有 622 条双行墨笔批语，保存在二十一至三十、四十一至五十五、六十至八十各回中。以上各回，己卯本均已散失，庚辰本皆存（其中六十四、六十七回缺）。根据前述己、庚两本共存部分的双行墨笔批语完全相同的规律来看，则这庚辰本上的 622 条双行墨笔批语，必然也就是己卯本上原有的双行墨笔批语。所以现在庚辰本的墨抄部分（包括全部正文和批语），除开庚辰重定的文字与己卯本有不同外，其基本的面貌，应该说是与己卯本一样的。因此我们看庚辰本的墨抄部分，大体上就可以知道己卯本的原来面貌。

的。至于现存的己卯本上，满书都是朱墨琳琅的批语，与本文所说的没有朱笔批语等情况完全不一样，这又是什么问题呢？这是原己卯本的近代收藏者陶洙根据庚辰、甲戌两本上的批语过录上去的，并非己卯本原有的批语，所以在研究己卯本的批语时，只能将它除外。

总之，排除了在庚辰本过录后己卯、庚辰两本各自后来附加上去的批语和其他东西以后，我们就能够看清楚两本真正共同的面貌了。

（四）抄本的特征

由于己卯和庚辰两本都是手抄本，庚辰是据己卯抄的，因此己卯本由于抄写的关系而形成的一些特征，又由于庚辰本的抄手水平不大高，但又比较认真，他们比较忠实地照底本摹写，因此这些特征，也反映到了庚辰本里，现在却成为我们考证这两本的渊源关系的有力证据。这些证据是：

1. 己卯本第十九回第三面第二行在"小书房名"这一句的"名"字下空了五个字的位置，然后又接写"内曾挂着一轴美人，极画的得神，今日这般热闹，想那里自然"，然后在下面又一直空到这行末，形成一条大空白，然后又转行接抄。形成这两处空白的原因，前一处可能原想给这个小书房起名的，后来终于未起，故形成了空白；后一个空白看来也不像是由于抄错，因为如果是抄错了，只需点掉一个"里"字，再在"自然"两字的上面添上"美人也"三个字就成了，根本用不着空出几乎是一行来，看来空这一行是另有原因的。有趣的是这两处空白，照样保留在庚辰本的相同的位置上，稍稍不同的是庚辰本在把"名"字点去后，又轻轻地加了一竖，表示上下文的紧接，在另一处把"自然"两字点去后，也加了一长竖，以表示上下文的紧接。尽管这样，这两个空白依然存在（见庚辰本405页），形成了两书共同的特殊标记。

11

2. 还是这一回的末尾，宝玉与黛玉讲故事，原文说"宝玉见问，便忍着笑，顺口诌道"，在"道"字下就一直空到底，然后转行低一格再写"扬州有一座黛山"云云，一直到"宝玉又诌道"以下又一直空到底，然后再转行顶格写"林子洞里原来有群耗子精"，这里又是两处空白。我们细检庚辰本，与己卯本又是一模一样（见庚辰本431—432页）。

3. 第二十回末尾，在己卯本上本回的第八面第二行的批语下，即在"金闺绣阁中生色方是"这句批语的下面空了两个字，接着又空了一整行（按此页按行数算并未空一行，但此页头两行都是正文下的双行小字，因字体小，两行实际上只能算一行，故书页上整整空出了一行）。今检查庚辰本，发现庚辰本上所留的空白，与己卯本上一模一样（见庚辰本444页）。

4. 己卯本第六十三回在"众人嫌拗口，仍番汉名，就唤玻璃"下，又一直空到底，形成了一长条空白。我们检查庚辰本，庚辰本同样在"玻璃"下面，留下了整整一长条空白（见庚辰本1510页末行），与己卯本完全是一个格局。

5. 己卯本在十七、十八回前面半页的空白纸上分六行写着："此回宜分二回方妥"，"宝玉系诸艳之贯，故大观园对额必得玉兄题跋，且暂题灯匾联上，再请赐题，此千妥万当之章法"，"诗曰：豪华虽足羡，离别却难堪，博得虚名在，谁人识苦甘"，"好诗，全是讽刺"，"近之谚云：'又要马儿好，又要马儿不吃草'。真骂尽无厌贪痴之辈。"庚辰本在十七、十八回的前半面空白页上，也同样按己卯本的原格式写着这六行字，不仅分行、起迄完全一样，连其中的错字，如"诸艳之冠"把"冠"误写为"贯"，"博得虚名在"的"博"字误写成"愽"，等等，也完全一样。

6. 在己卯本第五十六回（见新发现的残抄本，原件藏革命历史博物馆）末尾"只见王夫人遣人来叫宝玉，不知有何话说"这句的右下侧，写着"此下紧接慧紫鹃试忙玉"一行小字，这行小字并非《石头记》的文字，是本回抄写者指示下回接抄的人的，与原文无关，与庚辰本的抄写者更无关（庚辰本这两回的抄者是一个人），但是在庚辰本的同一位置，居然把这一行小字也照录了下来。

7. 抄写上的错误。己卯和庚辰两个本子都是抄本，因此都会出现一些抄写上的错误，其中有些错误，是前后因袭的，己卯本错在前，庚辰本照错在后，错得一模一样。这种例子前面已几次提到，不再重复。这里再补充一例，己卯本第二十回开头正文第三行下有一大段双行小字批语，这段批语的末尾几句，己卯本是这样的："宝玉之情痴，十六乎，假乎，看官细评。"这个"十六乎"是实在讲不通的，我们推想在己卯本的原底本上，实际上是一个草写的"真"字，当时这个怡府本的抄者不认得这个草书的"真"字，竟把它错成"十六"两个字了，后来又有人用粗拙的笔改为"真"字。但仔细看原底子，"十六"两字还是清清楚楚可以辨认出来。现在这个"十六乎"居然一模一样地保存在庚辰本里（见437页）。这不仅说明庚辰本是照己卯本抄的，而且庚辰本过录己卯本时，己卯本还没有把这个错误像现在看到的那样改正过来，所以就照样抄错了。另举己卯本并不错，是庚辰本抄错的，但这个错仍然与己卯本有关的一例。己卯本十七、十八回末尾元春点戏一段，在正文"第四出离魂"句下，有双行小字批，抄写的格式是："伏代玉死"然后转行与这一行并列写"牡丹亭中"，这段批语即到此结束。然后在"伏代玉死"的"死"字下面，紧接写另一条批语"所点之戏剧伏四事，乃"，然后再转行紧接上一段批"牡丹亭中"的"中"字下面，接写"通部书之大过节，大关键"。在己卯本里"伏代玉死"云云和"所点之戏"云云，这完全是各为起迄的两段批语，在两段分界处还画了一个圆圈以示区别。① 但庚辰本的抄者没有注意这个符号，也没有看出这是两段不同的批，竟从形式上依直行一迳抄了下来，变成了这样一段离奇古怪的文字："伏代玉死，所点之戏剧伏四事，乃牡丹亭中通部书之大过节，大关键。"读庚辰本的这段文字是无论如何读不通的，一查己卯本，问题就十分清楚，连庚辰本所以抄错的原因也一目了然了。这一特殊的错误，也有力地说明庚辰本确是据己卯本抄的。

（五）避讳问题

在庚辰本里存在着不少避康熙、雍正、乾隆的讳的地方，此书在遇到"玄"字时，一般都作避讳，如第一回中的"玄机不可预泄"，第二回中的"悟道参玄之力"等等的"玄"字，都缺末笔写作"玄"。全书避"玄"字讳的地方还有多处，有几处像五十八回"续玹"的"玹"字，半边的"玄"也缺笔，第六回将"头悬"改为"头眩"时，"眩"字半边的"玄"也缺笔作"玄"。当然全书也有多处由于抄书人疏忽而未避讳的。此外，第十五回中"赖藩郡馀祯"的"祯"字，避胤禛的讳写作"贞"字；第二十二回"五祖弘忍"的"弘"字，避乾隆的讳缺末笔写作"弘"。上述这些避讳，虽然与己卯本基本相同（己卯本避玄字讳的地方更多些），但这些避讳在康、乾的时代，甚至稍后一些的时代都是共同的问题，并不能用来说明庚辰本与己卯本的渊源关系。大家知道，己卯本除了上述这些共同的避讳外，还有此本特有的避讳，即避怡亲王允祥、弘晓的讳，凡遇"祥"字、"晓"字，己卯本一般都缺末笔写作"祥"或"祥"或"晓"（参见附表一）。1976 年胡文彬同志

---

① 按现藏北京图书馆的己卯本上，除这个圆圈外，还有一条横线以隔断上下，可能这条横线是后加的。

告诉我，他发现在庚辰本第七十八回《芙蓉诔》的末句"成礼兮期祥"的"祥"字，与己卯本一样缺末笔写作"祥"，我检查庚辰本 1963 页，果然如此。这个"祥"字显然是怡亲王府过录的己卯本的残余痕迹，任何别人抄《石头记》是用不着避这个讳的，因此这个"祥"字，进一步地、确凿无疑地为我们证明庚辰本从头至尾是据己卯本过录的。

（六）庚辰、己卯两本有部分书页笔迹相同的问题

这个问题有的同志已经提出过，这次我将两本进行了仔细的核对，我发现两本确有部分的书页抄手的笔迹是十分相似的，并且占的比重不算太少。现在为了供大家研究，我选择一些例子在下面：第一例是两本第十回的首半面，两本字迹的风格、架势完全一致，有些字，如"细窍源"的"窍"字，"弓"字的弯勾特别大，如金荣的"荣"字，下面的"木"字不照通常的写法作一横一竖一撇一捺，它把撇捺写成了两个相向的点，这些书写上的特征，两本也完全一样。第二例是第十一回至二十回的总目，这个总目不仅都只有八回的回目，而且书写的格式完全一样。其中有些字的特殊写法，两本也完全一样，如王熙凤的"熙"字，第一笔一小竖写成了一小撇；秦可卿的"卿"字中间多了一点；协理的"协"字两本都作"忄"旁；扬州城的"扬"字，两本都作"木"旁。第三例是第二十回 443 页的一长段双行批语，这段批语，除书写的风格两本完全一样外，有些字的特别写法也完全一样，如"幼"字，右半不作"力"而作"刀"；善恶的"恶"字，上半写"西"字，下面再加"心"字；艳丽的"丽"字，上半是"严"字头，下半是"鹿"字；正该的"该"字，半边的"夭"写法特殊等等。这些特殊的习惯写法，如果不是一个人，是很难如此相同的。当然这里所举的三例，前两例是同一人的笔迹，后一例又是另一人的笔迹了。我初步检查，庚辰本的抄

手，一共大概有五至七人左右，其中唯独这两个人的笔迹与己卯本的抄手相同，吴世昌同志说庚辰本与己卯本的"字迹完全相同"，这是不符合实际情况的。

以上，我们列举了六个方面的情况来说明庚辰本是据己卯本过录的。在第四条下，我们又列举七点抄写上的特殊的共同情况，来证实两本的渊源关系。至此，我想问题是够清楚的了。这个问题本身，并不是什么深奥的理论问题，也不是什么"专门"的问题，即使没有接触过版本问题的同志，如果有可能进一步去查对原件的话，是不难明白的。重要的是这两本共同的特征，并不是集中在哪一个十回，而是分布在全书，直到第七十八回，还保留了一个避讳的"祥"字的特征。这更说明了庚辰本并不是用己卯本的哪一个十回抄来作为拼凑的一部分的，而是从头至尾据己卯本过录的。情况既然如此，那末，吴世昌同志所说的庚辰本是由四个不同的底本拼抄起来的说法，自然就不能成立了。

二、庚辰本是己卯本以后的重定本

（一）关于"阅评"和"定本"的概念问题

在讨论庚辰本是己卯以后的重定本这个问题的时候，先要弄清楚几个概念，然后才能进一步讨论这个问题本身。这就是：一、"脂砚斋凡四阅评过"的"阅评"两字的概念；二、"己卯冬月定本"和"庚辰秋月定本"的"定本"两字的概念。

什么叫"阅评"？大家知道，脂砚斋重评《石头记》的这种形式，是明末以来十分流行的评论戏剧、小说、诗文的一种形式。脂砚斋重评《石头记》，是这种文艺评论方式的继承和发展。上述这些概念，事实上从那时起，就已经不断被人们运用了。例如明末沈泰编的明代的杂剧总集《盛明杂剧》一、二两集，共收六十个杂剧，其中有五十六种都署明某某人"譔"（"譔"即"撰"，有的杂剧前则写"某某著"），某某人"评"，某某人"阅"。例如集中第一种《高唐梦》，在卷首就写："新都伯玉汪道昆譔，瑯琊敬美王世懋评，西湖长吉黄嘉惠、林宗沈泰阅。"其余四种，有的写某某人"原本"，某某人"重编"，某某人"批点"，某某人"参评"；有的则把"评阅"两字用在一起，写某某人"评阅"；有的还称某某人"编次"，某某人"评点"。总之，这六十种杂剧的卷首，都清楚地把"撰"、"阅"、"评"三者的意思表示得十分明确，"撰"的意思不说自明；"评"自然是指"批评"或"评点"，也就是加评语；"阅"的意思是指"审阅"（按"审阅"的意思，并非如现在所理解的"审查"，其意思也就是"阅"，不过为了尊重这个"阅"者，所以称"审阅"）。也有一个人既"评点"又"审阅"的，所以即称"评阅"。以上是表现在六十种明杂剧刊本卷首的情况。我们再举明末另一个大评论家和民间文学的搜集整理者冯梦龙的例子。冯梦龙一生搜集、编辑、删改、出版了不少流行于民间的戏剧、小说、笔记之类的作品，他自编和经他改编删定的剧本，总称《墨憨斋定本》。这个《墨憨斋定本》现存十四种，除了其中有两种是他自己的作品外，其余经他删改定的剧本，在卷首统统写明某某人"创稿"或"草创"，"东吴龙子犹详定"或"同郡龙子犹更定"，或"古吴龙子犹窜定"，或"同邑龙子犹重定"。很明显，这里的"定"字的意思，是指作品正文的修改，经修改定稿了的，就称"更定"、"详定"、"重定"或"窜定"。全部经他文字上推敲删改定稿的剧作，就总称为《墨憨斋定本》。例子还可以举很多，但问题已经很清楚了，就不用辞费了。这就是说，所谓"阅评"，是指阅读和评点，即在阅读以后加各种形式的批语；而所谓"定本"，是指正文的修改定稿。这样说来，所谓"脂砚斋凡几阅评过"这句话的确切的意思，就是指脂砚斋已第几次阅过和加了批语，而所谓"己卯冬月定本"和"庚辰秋月定本"，就是指己卯年（乾隆二十四年）的冬天改定的本子和庚辰年（乾隆二十五年）的秋天改定的本子。这里的改定，是指《石头记》正文的改定而不是指那些批语的改定，这是不言而喻的。

当然，就"阅评"和"定本"这两个词来说，它们各自的概念，具如上述，不能混为一谈。但如就这两件事（改定正文和加批语）来说，则脂砚斋完全可以一身而二任，既改定正文又加批语，这是并不矛盾的。我们这样说，并不是说这定稿的工作，曹雪芹完全交给了脂砚斋，自己完全不管了，我们当然不是这个意思。我认为这定稿工作，主要还是曹雪芹本人，脂砚斋当然也可以参预其事，但他的主要任务，是提意见帮助定稿和写批语。另外，由于这"阅评"和"定本"毕竟是两件事，因之完全可以在一定的时间内，既"阅评"又"定本"，也可以只"阅评"不"定本"或只"定本"不"阅评"，这一点也是不难理解的。在弄清楚了上述这些情况以后，现在我们可以进而讨论关于《石头记》的"阅评"和"定本"问题本身了。

（二）关于"脂砚斋凡四阅评过"的问题

在己卯本残存的第十一至二十回，第三十一至四十回，第六十一至七十回这三个十回的总目页上（按即己卯本原装的第二、四、七三册），都写有"脂砚斋凡四阅评过"这一行字。根据这一情况，可知己卯本全书八册，每册卷首的十回总目上，都写有这一行字。前面已经论证过庚辰本是据己卯本过录的，现在检查庚辰本，在每十回前的总目上，确实都有"脂砚斋凡四阅评过"这一行字，全书八个十回共八条这样的字。对于这一行字，吴世昌同志说：

论庚辰本

全书（按：指庚辰本）每一册上《石头记》题下"脂砚斋凡四阅评过"这条小字签注，也是从另一个不相干的底本上抄袭来硬加上的。因为，第一，如果此条为正文底本所原有，则既称"四阅评过"，何以第一册中的前十回，第二册中的第十一回，全无评注？这十一回，分明是从一个连"一次"也没有"评过"的白文本抄来的，怎能充作"四阅评本"？第二，全书各回的首页在回目右上方均有书题："脂砚斋重评《石头记》（着重点原有——引者）卷之……"，可见此书原名为"重评"本，不是"四阅评"本。"重"只泛指"重复"，不必限于"再评"或"四评"。第三，若以书中可考的评语而论，则又不止"四阅评过"而已。除甲戌以前和甲戌"再笔"的两阅评语而外，尚有"己卯"、"壬午"、"乙酉"、"丁亥"这些年份，又有"乾隆二十一年（丙子，1756）五月初七日对清"的日期。可见脂砚斋至少"评""阅"了六次，校对（可能又评阅）了一次。把它仅仅称为"四阅评过"的本子，也是不对的。总之，这些藏主或书贾加上去的签条名称，和有正本的书题上所标的"国初钞本"一样，必须严予考察，再定取舍（如认"国初钞本"为可靠，则《红楼梦》的著作年代将上推至顺治年间），不应当无批判地人云亦云，造成研究工作上的混乱现象。

吴世昌同志认为庚辰本上这条"脂砚斋凡四阅评过"的题词，"是从另一个不相干的底本上抄袭来硬加上的"。说它是从另一个底本上抄来的，这句话有它的合理部分，但究竟从哪一个底本上抄来的呢？吴世昌同志并没有弄清楚，现在我们可以明确地说，是从己卯本这一个底本上抄来的，但它既不是"另一个不相干的底本"，更不是"抄袭"和"硬加上的"，其理由下文还要谈到，这里暂不详论。接着，吴世昌同志列举了三点理由，来证明它是"藏主或书贾加上去的签条名称，和有正本的书题上所标的'国初钞本'一样，必须严予考察，再定取舍"。吴世昌同志的这三点理由和这个结论，我感到确实"必须严予考察"，才能定其"取舍"。那末，我们就来分析一下这三点理由罢。第一，吴世昌同志认为庚辰本第一回至十一回，"分明是从一个连'一次'也没有'评过'的白文本抄来的，怎能充作'四阅评本'"？事实是庚辰本从头至尾，从第一回到第八十回（其中原缺的两回当然不计在内），都是从己卯本抄来的，并没有另外根据什么"连'一次'也没有评过的白文本"。全部八十回（内缺六十四、六十七两回）是一个整体，它是脂砚斋凡四阅评过的本子，这是"嫡真实事，非妄拟也"，怎能硬说它是"充作""四阅评本"呢？第二，吴世昌同志认为此书各回的首页均题"脂砚斋重评《石头记》卷之"，可见此书原名为"重评"本，不是"四阅评"本。吴世昌同志的这个意见，不仅否定了庚辰本是"四阅评"本，实际上也同时否定了己卯本是"四阅评"本，因为"脂砚斋重评《石头记》卷之"这一行字，庚辰本是照己卯本过录的。同时，按照吴世昌同志的意见，可以称为"重评"本的，只能是甲戌年第二次评的那个本子，除此以外，都不能叫"重评"本，而应该叫三评本、四评本、五评本、六评本……殊不知所谓"重评"，正如吴世昌同志自己说的："'重'只泛指'重复'，不必限于'再评'或'四评'。"吴世昌同志的这段话说得多么正确啊！一个"重评"，实际上就包括了从再评到五评、六评甚至于更多的评。己卯和庚辰两本在"重评《石头记》"之外，又标明"四阅评过"，正说明了"重评"的具体次数，怎么反倒以"重评"来否定"四阅"呢？第三，吴世昌同志认为以书中可考的评语而论，因书中有甲戌前、甲戌、丙子、己卯、壬午、乙酉、丁亥等纪年，"可见脂砚斋至少'评''阅'了六次"，"把它仅仅称为'四阅评过'的本子，也是不对的"。"脂砚斋至少评阅了六次"，吴世昌同志这句话说得又是很对的，问题的关键在于"四阅评过"的这句话是写在哪一年的评本上的。大家清楚，这句话最早见于己卯本上，后来又过录到庚辰本上。为了便于说明问题，我们把脂砚斋历次的评列一个简表：①

次数	年　份	根　　据
一	甲戌前	甲戌本第一回："至脂砚斋甲戌抄阅再评，仍用《石头记》"
二	甲戌，乾隆十九年（1754 年）	同上
	丙子，乾隆二十一年（1756 年）	庚辰本七十五回前："乾隆二十一年五月初七日对清"
三	丁丑，乾隆二十二年（1757 年）	靖本四十一回眉批："尚记丁巳春日谢园送茶乎？展眼二十年矣！丁丑仲春，畸笏"
四	己卯，乾隆二十四年（1759 年）	己卯本第三十一回至四十回目录页有"己卯冬月定本"题记 庚辰本有己卯年的评语共二十四条
	庚辰，乾隆二十五年（1760 年）	庚辰本四十一回至五十回、五十一回至六十回、六十一回至七十回、七十一回至八十回目录页上分别有"庚辰秋月定本"、"庚辰秋定本"等题记各两条共四条
五	壬午，乾隆二十七年（1762 年）	庚辰本上有壬午的批语四十二条
六	乙酉，乾隆三十年（1765 年）	庚辰本上有"乙酉冬"的批语一条

---

　　① 本表所列脂评的纪年，不限于庚辰本。因本表的目的是在弄清脂砚斋每次加评的年份，这样方能弄清楚某年的评是第几次。

续表

次数	年　份	根　据
七	丁亥，乾隆三十二年（1767 年）	庚辰本上有丁亥的批语二十七条
八	戊子，乾隆三十三年（1768 年）	靖本十八回有"戊子孟夏"的批语一条
九	辛卯，乾隆三十六年（1771 年）	靖本四十二回有"辛卯冬日"的批语一条
十	甲午，乾隆三十九年（1774 年）	甲戌本第一回有"甲午八日（月）泪笔"的批语一条

　　上面这个表说明，"丙子"那年的"对清"，只是"对清"正文，并没有进行"阅评"（吴世昌同志说丙子年的"校对（可能是又评阅）了一次"。见前引），而是"丁丑仲春"又进行了"阅评"，这样，到己卯那次的"阅评"恰好是第四次。那末，"四阅评过"的话首先出现在己卯本上，不是合情合理吗？前面已经说过，庚辰本是据己卯本过录的，由于在这么多的脂批中，没有发现一条署庚辰年的批语，又由于从己卯开始有了各次评语的署年（己卯以前只有丁丑一条），而独不见庚辰的批语，因此我们可以判断庚辰这一年只是"定本"，而未加批。由此可知在庚辰本上仍过录了"脂砚斋凡四阅评过"这一行字，是完全符合情理，切合事实的，怎么能不加分析地把它武断为"藏主或书贾加上去的签条名称"呢？至于在庚辰本上有壬午、乙酉、丁亥的批，这怎么能成为否定"四阅评过"的根据呢？很明显庚辰本上的朱批，是一个人的笔迹，虽然这些朱批的署年不同，但却是一个人一手抄下来的。庚辰本的底本原是己卯年"四阅评过"的本子，这个本子上并没有这些朱批，现在此书的藏者或抄者又在庚辰本上用朱笔过录了另本上的己卯和己卯以下的三次脂批，形成了我们现在见到的庚辰本的样子，这己卯以

下的三次脂批，只能说明脂砚斋等人在己卯以后又批了三次；只能说明这个根据"四阅评"本抄下来的庚辰本，后来又增加了四阅以后的评语。它怎么样也不能成为否定庚辰本原是四阅评本这个事实的根据。用四阅以后的三次评语来否定这个本子原是四阅评本，这是完全没有道理的。而吴世昌同志却用庚辰本抄定以后又继续从别本过录到这个抄本上来的己卯以及己卯以后的三次脂批，来否定己卯和庚辰是"四阅评过"的本子，这是既不顾历史，也不讲逻辑的做法。如果运用这种逻辑和这种方法来讨论这些《石头记》的版本，难道能够避免"造成研究工作上的混乱现象"吗？归根结蒂，我们认为己卯本和庚辰本上的"脂砚斋凡四阅评过"这一条题记，是《石头记》成书和评批过程中留下的一条重要的历史记录，它对我们深入研究《石头记》的成书和脂砚斋的评批工作，具有很重要的意义。随意把它宣判为"藏主或书贾加上去的签条名称"，甚而至于把它说成"和有正本的书题上所标的'国初钞本'一样"，这是对待这部古典名著的这一珍贵抄本不加分析的一种主观评断。大家知道，有正本上的"国初钞本"是有正书局的老板狄平子加的，这一行题签的墨迹，也是狄平子的手笔。既然吴世昌同志断定它与有正本的书题一样，那末请问它是哪一个老板或哪一个藏主的手笔呢？

（三）关于"己卯冬月定本"的问题

在己卯本的第三十一回至四十回，即原书的第四册的总目页上，有"己卯冬月定本"这一行字。对于这一行字，吴世昌同志作了如下的分析：

> 如《脂配本》（即所谓"己卯"本——此括号内文字是原
> 有的，引者）的第二、第三册目录叶上，也有"脂砚斋凡四

阅评过"的签注，第二册在此签注下还有"己卯冬月定本"
一行小字。由于此本（按指庚辰本——引者）和《脂配本》
的字迹完全相同，出于一人之手，可知这些本子系一个书贾所
雇的抄者所过录。从此本第二十二回末附记，可知其过录时间
均在丁亥之后。"四阅评过"、"某年某月定本"云云，都是随
意加上，以"昂其值"于"庙市"的花招。虽其底本也许确
是某年所定，但这些年份决不能认为即此现存抄本的年份。①

在上述这段引文里，吴世昌同志提出了三个问题：一、己卯和庚辰
两本的"字迹完全相同，出于一人之手"；二、己卯和庚辰两种本子是
"一个书贾所雇的抄者所过录"；三、"四阅评过"、"某年某月定本"这
些话，"都是随意加上，以'昂其值'于'庙市'的花招"。现在就让
我们来依次讨论这三个问题。第一，己卯和庚辰两本的字迹，根本不是
什么"完全相同，出于一人之手"，相反，倒是连己卯和庚辰两本本身
的字迹都很不相同，不是出于一人之手。己卯本是由九个人抄成的，庚
辰本是由五至七人抄成的（按：庚辰本早已影印出版，读者可以查看，
其中有部分字迹一时颇难判断是一人还是两人，但可以初步判断参加此
书抄写的少则五人，多则七人），其中只有两个人，我们认为是既参加
过己卯本的抄写，又参加过庚辰本的抄写，因此在己卯本和庚辰本上这
两个人的笔迹是相同的，其余就各不相同了。第二，己卯和庚辰两个本
子决不是"一个书贾所雇的抄者所过录"，现在我们已经确知己卯本是
怡亲王府的抄藏本，庚辰本的抄者我们虽然没有确知，但我们认为它也
不可能是书商抄卖的东西。原因是庚辰本是从己卯本过录的，当时的书

① 见吴世昌《论〈脂砚斋重评石头记〉（七十八回本）的构成、年代和评语》一文
第三节的注。

商未必就能向怡亲王府借到他们的秘抄本。特别是己卯、庚辰两本过录的时代，虽不能确考是哪一年，但其大体的时代，总不离乾隆二十五六年到三十四五年之间。按这个时代，根本还没有像吴世昌同志估计的那样已经形成了"庙市"以"数十金"抄卖《石头记》的情况。第三，关于所谓"'四阅评过'、'某年某月定本'云云，都是随意加上，以'昂其值'于'庙市'的花招"的问题，这个问题是上述这段引文的中心，吴世昌同志为了要反对用甲戌、己卯、庚辰等干支来代表《石头记》早期抄本的简称，因此就力图证明写在《石头记》早期抄本上的这些"某年某月定本"的题记，都是书商随意加上去的，因之，可以随意加以否定。引文里第一、二两个问题也是用来为证明这个问题服务的。但是事与愿违，吴世昌同志越是要证明这些题记都是书商随意加上去的，事实却越出来证明并不是如此。现在大家已经清楚，己卯本是怡亲王府的抄藏本，怡亲王既不是书商，抄这部书的目的也不是什么为了出售，这部抄本本身也没有成为商品，那末哪里来的"'昂其值'于'庙市'的花招"？所谓"随意加上"去的这种说法，根本不符合当时抄书的实际情况，反倒是吴世昌同志自己给它们"随意加上"了上述无根据的说法。

"己卯冬月定本"这一行字是不能随意否定的，这不仅有上面这些事实，而且还因为在庚辰本上，至今还保留着二十四条署明己卯年的脂批。其中有一条，还署了"己卯冬夜，脂砚"的名字，白纸红字，面对着这些既署"己卯"，又署"脂砚"的批语，而要否定"己卯冬月定本"这一行字的真实性，否定这一行字所反映的《石头记》成书过程的重要的历史内容，这怎么说得过去呢？事实上，脂砚斋在己卯年既进行了批阅工作，还进行了"定本"工作，这是有记载可查，不能随意加以否定的。

（四）关于"庚辰秋月定本"的问题

1. 对"庚辰秋月定本"这条题字的评价

在庚辰本第四十一回至八十回的四个十回的总目页上，分别写着"庚辰秋月定本"（写在四十一回至五十回，六十一回至七十回两个总目页上）和"庚辰秋定本"（写在五十一回至六十回，七十一回至八十回两个总目页上）这样四行字，这四行字表明了这个抄本据以过录的底本形成的年代。对于庚辰本后半部上的这四行"庚辰秋月定本"、"庚辰秋定本"的题字，我们究竟怎样来评价它呢？吴世昌同志一方面认为：

> 从这个底本上抄下来的年月"庚辰秋月"是有根据的，因为在第七十五回前的附叶上有一条和正文同时抄下来的附记说："乾隆二十一年（丙子）五月初七日（1756 年 6 月 4 日）对清。缺中秋诗，俟雪芹。"从"对清"到"定本"，相隔四年，完全可信。①
>
> ……
>
> "对清"之后，又过四年，全部稿子才算收集齐了，作为"定本"，实在是很自然的情况。

另方面，却又在我们上面引到的注文里说："'某年某月定本'云云，都是随意加上，以'昂其值'于'庙市'的花招。虽其底本也许

---

① 按：从丙子年算起，连丙子在内，则第四年是己卯；如丙子不算在内，则第四年即庚辰。

确是某年所定，但这些年份决不能认为即此现存抄本的年份。"在同一篇论文里，一会说"从'对清'到'定本'，相隔四年，完全可信"，"是有根据的"，"作为'定本'，实在是很自然的情况"；一会却又说"'某年某月定本'云云，都是随意加上"去的，是"花招"。这样两种截然相反的观点，怎么能统一起来并且放在一篇文章里呢？大家清楚，这"庚辰秋月定本"的题字，在现存的脂评抄本里，只有我们称之为庚辰本的这个抄本上有，除此以外，再也没有别处有这样的题字了（按："己卯冬月定本"的题字，也只有己卯本有，情况与庚辰本一样），人们之所以知道乾隆庚辰（乾隆二十五年）秋天脂砚斋与曹雪芹还曾重定过一次《石头记》，就是从这条题字知道的，舍此之外，别无他途。既然吴世昌同志宣布这条题字是"花招"，是"随意加上"去的，那末，当然也就是说它不可信了，——难道"花招"还可信吗？既然不可信，怎么又一个劲地说它"是有根据的"，"完全可信"，"实在是很自然的情况"呢？莫非吴世昌同志又从别处得到了"庚辰秋月定本"的"有根据的"不是"花招"的文献资料吗？可是吴世昌同志并没有公布这项资料，事实上他所依据的，仍然是被他宣称为"随意加上"去的"花招"的这两行题字。这样，人们不禁要问，你一方面指斥它是"花招"，另方面又宣称它"完全可信"，这岂不等于让人们去相信这个"花招"吗？这岂不说明连你自己也很相信这个"花招"吗？人们还不禁要问，你一方面指斥它是"随意加上"去的，另方面又肯定它"是有根据的"，这样岂不等于是说"随意加上"去的"花招"也是有根据的了吗？吴世昌同志的这种自相矛盾的说法，实在令人有点眼花缭乱。不过，在吴世昌同志的这些自相矛盾的说法里，倒有一个说法，我认为是正确的。这就是说"庚辰秋月定本"这一行字，是反映底本的年代，而不是现在这个庚辰本的抄写年代，现存的本子，是庚辰本的过录本（并且是从己卯本上过录下来的，说详下）。这一结论，我是完全同意的，所以尽管我们的观点有许多尖锐的分歧，但在这一点上是共同的。不过，我之所以得出这样的结论，是首先建立在肯定"庚辰秋月定本"、"庚辰秋定本"这两行题字（也包括"己卯冬月定本"这行题字）的基础上的，没有这两行题字，我们就根本无从先知先觉地去得知脂砚斋和曹雪芹在庚辰年曾经重定过一次《石头记》，而吴世昌同志得出这样的结论，却是在宣布了这两行题字是"随意加上"去的，是"花招"，也就是在否定了这两行题字以后得出来的，这就不能不使人感到他的结论，美则美矣，可惜是悬挂在半空中的。

2. "庚辰秋月定本"的题字是可信的

"庚辰秋月定本"、"庚辰秋定本"这四行题字，我认为是完全可信的。第一，前面已经提到过，己卯本根本不是什么书商抄卖的商品，而是怡亲王府的抄藏本。参加抄写的共有九人，看来也不会是雇来的抄手，很可能是他的家里人或与他关系亲密的人。这些人用不着为这个抄本随意加上什么东西，更用不着要什么"花招"。第二，庚辰本现今已证明是完全照己卯本过录的，凡己卯本上的一些重要特征，庚辰本均忠实地照录。因此，在当时只要有条件见到过这两个本子的人，是不难发现这两本的渊源关系的。按照吴世昌同志的设想，如果这些题字真是书商的"花招"，那末他也不过是想掩人耳目和耸人听闻，为什么尽把这些与己卯本有血缘关系的"破绽"公然地保留下来呢？为什么这四条题字偏从后半部的四十回题起而不开宗明义，在卷首大书特书这个"花招"以"昂其值"呢？这样的作伪未免太谦逊和太拙劣了罢。第三，吴世昌同志所谓"以'昂其值'于'庙市'的花招"云云，确"是有根据的"。其根据就是乾隆辛亥（乾隆五十六年，1791 年）程伟元为《红楼梦》（即程甲本）写的《叙》。该《叙》说："好事者每传钞一部，置庙市中，昂其值得数十金，可谓不胫而走者矣。"程伟元说的是乾隆五十六年时候的事。大家知道，己卯是乾隆二十四年，庚辰是乾隆二十五年，其时曹雪芹还活着。吴世昌同志指出在庚辰本的第二十二回末页上有一条与正文抄写笔迹一样的墨批："此回未成而芹逝矣，叹叹！丁亥夏，畸笏叟。"由于这条墨批写明了丁亥年，即乾隆三十二年，又由于这条墨批是与庚辰本的正文一起抄录下来的，因此，可证此庚辰本的过录时间，应在乾隆三十二年或以后。我们知道，老怡亲王允祥是与曹雪芹的父亲曹𫖯同辈的人，死于雍正八年（1730年）。第二代怡亲王弘晓是与曹雪芹同辈的人，死于乾隆四十三年（1778年），怡亲王府过录己卯本的时间目前还不能确考。吴恩裕同志说："估计弘晓过录己卯本的时间很可能是在二十五年的春夏之际。因为到了二十五年秋，就有了'庚辰秋月定本'了。"[①] 这种可能性不能说绝对没有，但我认为极其难能。除非能证明怡亲王弘晓与曹雪芹的关系或与曹雪芹亲友的关系深切如曹雪芹与脂砚斋一样的关系，才能在曹雪芹与脂砚斋在己卯冬（乾隆二十四年冬）刚刚定稿以后几个月就能让怡府拿去过录。如要等别人过录后再借来转录，则更不可能在几个月后就做到。所以我认为上述二十二回末页丁亥年的墨批，很有可能是己卯原本上的原批。按怡府过录这个己卯本时，所有己卯原本上的朱笔眉批都未过录，原因是可能等全部正文过录完后换用朱笔再过录眉批。但这一条墨批，恰好跨于眉批与正文之间，有十个字是在正文的地位，只有六个字（两行，每行各六个字）从正文的地位伸展出去占眉批的地位。根据现在见到的过录庚辰本上的这条批语是墨批的情况来判断，这条批语在过录的己卯本上（现过录己卯本第二十一回至三十回已缺，无从查核），和己卯原本上当也是墨批而不是朱批（此页上的"暂记宝钗制谜云"七字，情况也是如此），故当时怡府的抄写者把它作为正文一笔墨书抄下来了。因此到

---

① 吴恩裕：《己卯本〈石头记〉新探》，见《红楼梦版本论丛》。

过录庚辰本的抄写者过录怡府本时，又同样一人一笔墨书把它过录了下来。如果情况真是这样的话，那末，这就是说，怡府过录己卯本的时间，也有可能是在丁亥即乾隆三十二年以后。我又认为庚辰本过录己卯本的时间，是紧接着怡府本抄成以后不太久，约一至二年（因怡府过录己卯本的抄者其中有两人紧接着又参加了庚辰本的抄写，故估计时间不会隔得太久），现姑定它在乾隆三十三四年。按这个时候，正是《红楼梦》一方面被视为"谤书"，一方面又不断在曹雪芹和脂砚斋的友好之间传抄的时候。这个时候，下距"庙市""数十金"争购《红楼梦》的乾隆五十六年前后，相隔还有二十二三年。吴世昌同志把二十多年以后的"行情"提前使用，未免有点太不照顾历史了罢①。除非吴世昌同志能证明庚辰本过录的时间是在程甲本刊行的同时或稍前，否则所谓"随意加上，以'昂其值'于'庙市'的花招"云云，岂不真成了历史的颠倒？由此可见，吴世昌同志用来否定"庚辰秋月定本"这行题字的真实性的理由是完全站不住的。第四，己卯本现存三个十回的总目页，在第四册即第三十一回到四十回的总目页上，有"己卯冬月定本"这一行字。庚辰本在过录己卯本时，在同一个总目页上，删去了这一行字。前面已经说过，庚辰本在过录己卯本时，是相当忠实于己卯本的，连五十六回末那行与《石头记》毫无关系的给抄书人的指示都一丝不苟地照抄下来了。可是现在却居然把己卯本总目页上表明"定本"的年份的那行

---

① 按：周春在《阅红楼梦随笔》一书中说："乾隆庚戌秋，杨畹畊语余云：'雁隅以重价购钞本两部：一为《石头记》，八十回；一为《红楼梦》，一百廿回，微有异同。'……壬子冬，知吴门坊间已开雕矣。兹苕估以新刻本来……甲寅中元日秦谷居士记。"乾隆庚戌为乾隆五十五年，甲寅为乾隆五十九年。这里所记"重价购钞本两部"的时代，与程伟元《叙》言里记的情况正相合拍。至于梦痴学人说的"家家喜阅，处处争购"的盛况，则是嘉庆初年的情形了。还有裕瑞在《枣窗闲笔》里说："此书自抄本起至刻续成部，前后三十余年，恒纸贵京都。"裕瑞是嘉庆人，这里所说的"自抄本起"是笼统的说法，不能理解为此书还在脂砚斋等人手里传抄的时候就已经"纸贵京都"了。"纸贵京都"的说法，很明显是指"刻续成部"，也就是程甲本刻成前后一段时间的情况。

字大胆地删去了，这个行动不能不使人感到有点"不寻常"。不仅如此，庚辰本还在后面的四个十回的总目页上增添了"庚辰秋月定本"和"庚辰秋定本"的题字，这一行动，也同样显得"不寻常"。其实仔细想来，这一删一增，非但不是不可理解，反倒为我们说明了问题，它说明了当时抄书人的心目中已经十分清楚，他们根据的虽然是"己卯冬月定本"，但是他们抄出来的成品，却不再是己卯本原式原样，一字不差地重复，而是"庚辰秋月定本"了，既然抄成后的书已是"庚辰秋月定本"，那末，那"己卯冬月定本"这行字自然就没有必要再保留了。同样，既然抄成的已是"庚辰秋月定本"，那末，自不妨在总目页上表明出来，因此又增加了"庚辰秋月定本"这一行字，如此看来，这一删一增的两行字，恰好是为我们证明了据己卯本抄成后的《石头记》，已然是"庚辰秋月定本"了。

3. 一个耐人寻味的曲折过程

根据己卯本忠实过录的本子，怎么过录下来后，就成了"庚辰本"了呢？这个"谜"实在有点令人难解。确实，从己卯本过录到庚辰本的过程中，有一个曲折的情况，也可以说有一个"谜"。现在就让我们来试着解开这个"谜"罢。

我分析己卯本和庚辰本两书的抄录过程大体是这样的：第一步，怡亲王府弘晓或其他人借到了经脂砚斋四阅评过的己卯冬月定本（我估计，这个本子有很大的可能是脂砚斋抄评的原本，说详本文第五部分），便组织人力抄写，参加抄写这个本子的共九人，抄写的方式是流水作业法，即每人挨次抄下去。现将前五回挨次轮流抄写的方式排列如下：第一回抄写人计有甲：三面，乙：六面，甲：二面，乙：四面。① 第二回，

---

① 己卯本第一回开头已残缺，故只剩十五面。

丙：十九面。第三回，丁：三面，戊：七面，丁：六面，戊：三面，戊二行，甲八行合抄一面，丁：三面，甲：二面。第四回，己：十八面。第五回，甲：二面，丁：一面一行又十六字，庚：六面八行又十四字，丁：二面，庚：八面，乙：二面，己：二面。参加前五回抄写的共七人，另有参加本书抄写的二人还未轮到，要到后面才有他们的笔迹。这里抄得多的一人一次抄一回，抄得少的，一人一次抄一面，甚至只抄几行。全书轮流抄写的情况大体如此。从以上抄录的方式来看，当时可能因底本索取得比较急，因此不得不用这种方式赶着抄，甚至很可能不是整部借来，而是一册一册借来的，还甚至有可能是拆开来分抄的。① 由于借抄的时间比较紧迫，故底本上应有的眉批（己卯冬的眉批），一律未抄，当时极有可能准备全部抄完后，再改用朱笔重新抄眉批，像庚辰本的眉批那样，但等到全书正文抄完，已没有时间可以抄眉批了，因此过录的己卯本反倒没有己卯的眉批。第二步，在此本抄成后的若干时间里，又借到了庚辰秋月定本，抄藏此书的主人（弘晓或其他人）便据庚

①　按己卯本现存的抄写方式来看，肯定当时是将每回拆开来分抄的（一人负责抄一回的自然用不着拆开），如果是整部借来，则全书八册，九个人完全可以一人一册从容分抄（还可以余一人），用不着一人抄几面甚至抄几行。正是因为一次借来的只是一册或二册（而且极可能是一次一册），所以只能拆开来分抄，才能很快抄出。也正因为是拆开来分抄，为了使合起来仍能紧相衔接，故每人所抄的行款起迄，必需严格照原书的行款和起迄，这样才能集合成帙，首尾一贯。正是由于这个原因，所以己卯本里遇到特殊情况如空行等等，就照样让它空着，不下行提上来接抄，因为下行提上来接抄了，与下面别人抄的页码就不能紧接了。如果不是上述原因，那末此书一人抄了几面甚至几行就换人抄，全书九个人这样频繁地轮流换抄的现象就不可理解；如果不是上述原因，那末抄一部书何必每页每行都基本上要与原书一致。所以根据现在过录己卯本的款式，我们还可大概推知己卯原本的面貌，就像我们根据庚辰本的款式，可以推知己卯本缺失部分的大致情况一样。再有庚辰本第二十回有一段脂评云："茜雪至狱神庙方呈正文，袭人正文标昌（按应是"目曰"两字之抄误）'花袭人有始有终'，余只见有一次誊清时与狱神庙慰宝玉等五、六稿，被借阅者迷失，叹叹！丁亥夏，畸笏叟。"这里所说的"五、六稿被借阅者迷失"的情况，也不排斥有类似于上述这种零册借出拆开分抄的原因在内，所谓"五、六稿"，我理解为五、六回。

辰本进行校改，校改的方式大体分三种：

一是径改，即直接改在抄本上。这种方式又可分为三类：一类是将原字涂改为某字；另一类是将原字点去，在旁边改上新的字或词；第三类是在原句旁勾添上某些字或词。上述这些改动，都是用朱笔改上去的，但并不仅仅是一个人的笔迹。关于这一点后文还要详论。

二是贴改，即在过录的己卯本上用小纸片贴去某字或词或句，将改后的字、词、句写在纸片上。这样的贴改之处全书很多，我随便翻翻，就找出三十多处，如第二回第十五面"和贾府是老亲，又系世交"的"世"字，第十七面"可伤上月竟亡故了"的"亡"字，第三回第七面"我这里正配丸药"的"丸药"两字，同回第十八面"好生奇怪到像在那里见过的一般"的"到像"两字，第三十三回第七面"一叠声拿宝玉，拿大棍"的"拿大"两字，同回第八面"只得将宝玉按在凳上"的"宝玉按"三字等等，都是贴改的（当然上述这许多贴改之处，大部分都是在己卯本过录时写错后贴改的，有少数则属于校改）。重要的是这些贴改后的文字，庚辰本都作为正文照抄下来了。

三是夹条改。这类情况是因为改上去的文字较多，不是简单的勾改能解决的，因此将增添的文字写成小纸条夹入或贴在页上，如庚辰本第三回一开始抄写的行款与己卯本完全一样，己卯本第一行从"却说雨村忙回头"句起，到"号张如圭者他"字止，庚辰本与此全同。第二行从"本系此地人"起，到"四下里寻情"止，本行起头与己卯本同，到结束时比己卯本差一个字，原因是中间抄漏了一个字。但到第三行就不同了，本行开头庚辰本与己卯本还只差一个字，庚辰本从"找门路"开始，己卯本是从"门路"开始，但到下面就差了二十个字，原因是庚辰本在"忽遇见雨村"下，增出"故忙道喜，二人见了礼，张如圭便将此信告诉雨村"二十个字，故庚辰本以下抄写的行款就与己卯本出现了差异。值得注意的是庚辰本上增出的这二十个字，在己卯本上却没有。[①] 再如庚辰本第五回回目后开头第一行是"第四回中既将薛家母子在荣府内寄居等事略已表明，此回则暂不能写矣"共三十个字，恰好占整整一行，第二行开头才是"如今且说林黛玉"。我们检查己卯本这一回的行款，庚辰本上这第一行三十个字，在己卯本上一个字也没有（只有朱笔旁添的一行字，情况同上例），己卯本本回正文开头的第一行，就是庚辰本本回正文开头的第二行，庚辰本上从这第二行开始下面还有五行共六行，每行的起迄，与己卯本全同。这说明因为庚辰本增出了这一行，所以下面即挨次推后一行，其余格式则完全照旧。我们不禁要问，为什么会出现上述这类情况呢？我们分析，只有在下面这几种条件下才可能出现这种情况：一、庚辰本的抄者手里除有一部己卯本的过录本（即怡府抄本）外，还有一部庚辰本，抄者一方面照己卯本过录，同时又参照庚辰本增入己卯本所没有的文字，但我们认为这种可能性是不存在的。因为如果庚辰本的过录者手里有了一部庚辰本的原本，那末，他就完全可以按照这个原本来过录，而不必再据己卯本来过录。现在大量事实证明庚辰本确实是据己卯本过录的，因此它证明过录者的手里确实没有庚辰本的原本，因此上述这些己卯本（怡府本）上不存在的而在过录的庚辰本上增出来的文字，不可能来自我们主观设想的抄者手里的庚辰本的原本，因为事实上他们手里根本不可能有这样的原本。二、庚辰本的过录者就是曹雪芹或脂砚斋自己，这样他们边过录，边修改，因此又增加了文字。这样的设想简直是异想天开，是根本不可能的，因为如果现在的这部庚辰本就是曹雪芹或脂砚斋的手稿，那末就根本没有必要去据己卯本过录。因此这种猜测是没有任何现实根据的。三、庚辰本

---

① 现存己卯本上这行字有朱笔旁加的文字，但这行字的笔迹颇像陶洙的笔迹，可能是后来陶洙得此书后，又借庚辰本校添上去的。

的抄手们在过录的过程中，修改和增加了上述这些文字。我们认为提出
这种猜想也是完全没有根据的，前面已经说过，在乾隆二十五年到三十
四五年的时候，《石头记》的抄本还没有到达"庙市""数十金"争购
的情况，因此这些抄本的抄者，根本不可能是书商，也无须用什么手段
来招徕顾客。像现存的庚辰本的抄主，我认为多半是当时的《石头记》
的爱好者和喜欢藏书的人，试想这样的抄主，他为什么非要抄手或自己
来增删修改《石头记》呢？这样的设想究竟有什么根据呢？上面这三种
情况，经过分析，我们认为都不可能。那末，只有另一种情况，即"夹
条修改"。这就是说己卯本的抄藏者根据庚辰本校补了己卯本，遇到增
入的文字较多的情况，他就将增加的文字抄在小条上，夹入书里，并注
明在某某下增入某某一段文字。庚辰本的抄者在据己卯本抄录的时候，
随即把小条上增加的文字抄入正文，后来年代久远了，原在己卯本里的
夹条已经丢失了，因此我们今天要来检查庚辰本上某些增加的文字的来
历，在己卯本里就找不到了。这样的分析，有没有根据呢？我们认为还
多少有一点根据。大家知道，现在在北京图书馆收藏的己卯本里，还保
留着六张小条，第一张是"护官符下小注"，在这张小条上抄着四句护
官符和下面的小注。"护官符"正文与己卯本和庚辰本同，下面的小注
则己卯和庚辰两本都无，基本上与甲戌本同（甲戌本是朱笔行间批），
但甲戌本有脱误，可据此校补。第二张小条上写的是："昌明隆盛之邦，
批：伏长安大都。"显然这是转抄来的一句批语，位置应在庚辰本第五
页第四行末到第五行开头（己卯本开头几页已残缺），现这句批语在甲
戌本里是朱笔行间批。在庚辰本里并没有抄录这句批语。以上两张小条
现都夹在己卯本开头第五页正面。第三张是："五回题云：春困成（按
应是'葳'字之误）蕤拥绣衾，恍谁（点去'谁'字原笔改为'随'
字）仙子别红尘，问谁幻入华胥境，千古风流造业人。"这张纸条夹在

己卯本的第五回前第四回末。这首诗现在的庚辰本里没有抄录，但在戚本、红楼梦稿本、蒙古王府本、南京图书馆藏本、吴晓铃同志藏舒元炜叙本里均有。第四张小纸条上写的是："六回题云：朝叩富儿门，富儿犹未足，虽无千金酬，嗟彼胜骨肉。"这张纸条夹在己卯本第六回开头。这首诗在庚辰本里没有抄录，但在甲戌本、戚本、蒙古王府本、南京图书馆藏本上都有。第五张小纸条上面写的是："'此回亦非正文'至'诗云'一节是楔子，须低二格写。"这张纸条夹在己卯本的第一回末第二回前。看来这张纸条是指示抄书人的，要抄书人将第二回前"此回亦非正文"到"诗云"的一段文字低二格写，以与小说正文分开。但己卯本第二回开头这段文字并没有低二格写，庚辰本也没有低二格写。第六张小纸条是在十九回前，小纸条上写："袭人见总无可吃之物。"以下双行批语："补明宝玉自幼何等娇贵，以此一句留与下部后数十回'寒冬噎酸齑，雪夜围破毡'等处对看，可为后生过分之戒。叹叹。"现在这段脂批，在己卯本和庚辰本的同句下都一字不差地照抄了下来。以上就是这六张小纸条的情况。为什么有四张小纸条上的文字己卯、庚辰两本都未录入，这第五张小纸条的指示两本的抄者又都未照办呢？看样子这些纸条有可能是在两本都已经抄完后才夹入的。所以我们并不能根据这五张小纸条就直接证明前面所说庚辰本上第三回、第五回的增文就是录在这样的小纸条上的。但是，这第六张小纸条，却是明明纸条上的全文都被录入了己卯本，后来又被转抄入庚辰本。虽然它也不能直接证明庚辰本的第三回、第五回的两段增文，就是先录在这样的小纸条上的，但是它却给了我们探索问题的一种启示，假定说当时己卯本中确实夹有这样的增补正文的小纸条，那末，这种情况就完全可以理解了。各方面的矛盾情况，难以解释的疑问也就迎刃而解了。所以我们姑作这种推测，但这种推测是否正确，是否合于客观真实，这不决定于我们的主观自信，而决定于客观实践的检验，也许将来的实践否定了这种推测，也许证实了这种推测。总之，现在我们还只能作这样的推测。当然在作了这样的推测以后，我们也还没有把矛盾全部解决。庚辰本的正文与己卯本的正文除上述这些情况外，还有差异之处，这就是句子中间往往庚辰本有个别的字或词（不是指整句的）与己卯本不一样，庚辰本上这一类的异文究竟来自何处，在己卯本上同样查不出修改的痕迹，既不是"径改"，也不是"贴改"，更不可能是"夹条改"。那末，这类异文只能是边抄边改，如果是个别的文字，还可以认为是抄手的笔误，但这类文字数量虽不甚多，但也不是极少，总之有一定的数量。那末，它是抄手随意妄改的吗？我认为不可能，其理由已如前述，那末，竟是过录者手边另有别本参照吗？在没有资料证实的情况下，我们也很难确断。总之，在从己卯本到庚辰本的全过程中，我们还有这一个环节没有弄清楚。那末，我们还是先把这个矛盾揭示出来，留待大家来解决罢。

把上面这节文字归纳起来，这就是说，己卯本在过录完成后的若干年，又借得了庚辰本。己卯本的抄藏者又据以校补己卯本，校补的方式是三种，一是径改，二是贴改，三是夹条加入增补的文字，这前两种的修改方式，现在己卯本上还留有痕迹可查，这后一种方式，因为年代久远了，这几张小条（这样的情况很少，一共只有三处）丢失了，所以现在在己卯本里已找不到根据了。己卯本在经过上面这三种方式的校补以后，它的正文实质上已同于庚辰本，这就是说己卯本在形式上是原脂砚斋四阅评过的己卯本被过录下来时的形式，但在内容上已经是"庚辰秋定本"的内容了。由于这样的原因，所以庚辰本的过录者在根据用原庚辰本校补以后的己卯本过录的时候，就删去了"己卯冬月定本"这一行字。甚至"庚辰秋月定本"这一行字，说不定在己卯本里原先也有记录，也是后来经过转换藏主，特别是经过重新装裱和丢失了它的一半，因而失去了这些记录也未可知①。这些当然都是推测之词，无从证实，只不过是一种设想而已。

以上就算是我们对两书抄录情况的一种分析，其中仍不免有主观臆断之处，特别是从己卯本过录到庚辰本，其间还有一些环节至今我们仍未了解清楚，对于庚辰本不同于己卯本的某些文字的来历仍然不明。因此要十分确切地毫无遗漏地了解从己卯本到庚辰本的全过程，还有待于资料的出现和更好的符合历史唯物主义的分析。这方面我相信必然会有别的同志来弥补我们的缺点和纠正我们的错误的。

这里，还要附带讨论一个问题，即我们认为两书的抄藏者可能有密切的关系，前面我们已经指出参加抄写己卯本的九个人中，有两个人的笔迹与庚辰本抄者的笔迹相同，这两个人是在抄完己卯本后，隔了一些时候，又参加了庚辰本的抄写。现在我们还要指出，在前面提到的己卯本中夹的小条，其中有两张小条上的笔迹，也见于庚辰本。己卯本中这两张小条就是第五回前面的"五回题云：春困成（葳）蕤拥绣衾……"这一条和第六回前面的"六回题云：朝叩富儿门……"这一条，这两个夹条的笔迹，与庚辰本第七回末页转面（172页）"七回卷末有对一副：不因俊俏难为友，正为风流始读书"的笔迹，完全相同，不仅是总的风格完全相同，连书写的习惯笔触都完全一样，尤其是己卯本上"五回题云"一条上的"风流"两字，与庚辰本上"七回卷末"一条上的"风流"两字完全一模一样。这说明，写己卯本上夹条的那个人（此人并没有参加己卯本的正文抄写），也就是写庚辰本上"七回卷末"一条题记

---

① 按"庚辰秋月定本"和"庚辰秋定本"这两行字，分别写在过录庚辰本的第四十一至五十，第五十一至六十，第六十一至七十，第七十一至八十回的四个总目页上。现己卯本的这四个总目页，已只存第六十一至七十回即第七册的一个总目页。并且恰好在此页的"脂砚斋凡四阅评过"的"过"字以下撕去了一角，连"过"字也只残存一半。这撕去一角的位置，恰好就是过录庚辰本上写"庚辰秋月定本"六个字的地方。因此说不定己卯本撕去的一角上，原也有这一行题字，而其他失去的三个总目页上，也有可能是如此。

的人。事实上庚辰本上的这一条题记，它相当于己卯本上的夹条，只不过一个是写在纸条上夹入书中，一个是直接写在书上的空白处而已，从它的内容看，很清楚就是同时抄下来的。说不定在己卯本上这"七回卷末"云云，原来也有夹条，因年久丢失了也未可知。总之，这两个夹条和一条题字的笔迹相同，说明了这两部抄本曾经在一个人的手里过，或这一个人既可以很方便地取阅己卯本，又可以很方便地取阅庚辰本，而且把这两个抄本视同己有。这里还要指出一个耐人寻味的问题，在庚辰本第三十七回，探春的《咏白海棠限门盆魂痕昏韵》这首诗的最后一句"多情伴我咏黄昏"的下面（845 页），有另一笔迹添的一行小字："次看宝钗的是。"这一行字从内容来看是正文，是连接上下文的。有趣的是这一行小字，在己卯本的同回同句下，也同样存在，而且是笔迹十分相似。这引起了我们的思考，会不会也是一个人加上去的呢？

由于上面这许多现象的集中，造成了我们这样的一种想象：参加己卯本抄写的九个人，其中有两个人，隔了若干时间，在过录的己卯本又据庚辰本校补以后，将他们参加抄写的这个过录己卯本借出来，重新组织了人力，抄成了过录的庚辰本。这以后，又有一个与这两书的收藏者有密切关系的人或这两书在一个不长的时间内曾同时在他手里过，他从别本抄来了第五、六、七回的题诗和回末诗对，分别写成小条夹入及抄入两书中。但如果说这两书曾同时在这个人的手里过的话，那末，这个时间也不会太长，同时也应该早于过录的庚辰本加抄朱笔批语的时候。因为如果这时己卯本还同时在他手里，或他还可以很方便地取阅己卯本的话，那末，他就会建议过录的己卯本也加抄上这些朱笔批语了。由此看来，庚辰本加抄朱笔批语是由另一个人完成的（这一点由其笔迹也可以确定），时间在这个给己卯本写小条，给庚辰本七回末添诗对的人的后面，这时过录的庚辰本与过录的己卯本的所有者之间，已经不是声气很密的了，所以在过录的庚辰本增添了这么多的极为重要的朱笔批语以后，己卯本仍旧是维持原样，没有什么增添。

三、对"庚辰秋定"情况的分析

（一）从"披阅十载，增删五次"到"庚辰秋定"

甲戌本第一回正文说：

> 后因曹雪芹于悼红轩中披阅十载，增删五次，纂成目录，分出章回，则题曰：金陵十二钗。并题一绝云："满纸荒唐言，一把辛酸泪；都云作者痴，谁解其中味！"至脂砚斋甲戌抄阅再评，仍用《石头记》。

根据上面这段文字，可知曹雪芹在甲戌（乾隆十九年，1754 年）以前，对这部《石头记》的稿子，已经"披阅十载，增删五次"了。从甲戌前，经甲戌直到庚辰，则又经过了"四阅评过"和丙子的"对清"以及己卯、庚辰的"定本"。把这和甲戌前的"增删五次"算到一起，则这部《石头记》在曹雪芹和脂砚斋的手里，连"阅评"带"增删""定本"，前后恐怕已经将近十次了。可以想见，这将近十次的"阅评"和"增删"，该付出了多大的"辛苦"啊！依照文章删改的一般规律，一次一次的增删修改，只有一次比一次接近成熟，稿子一次比一次增删改动得少，不可能愈到后来增删改动得愈多。大家知道，庚辰本的底本是庚辰年（乾隆二十五年）的一个改定本，这个时候，离开曹雪芹的去世，只有三年了。可以说，这个庚辰本，是现有的曹雪芹生前的《石头记》抄本中最晚期、最接近完整的一个本子。因此在谈这个

"庚辰秋定本"之前，我认为必须明确一点，即从己卯本到庚辰本的"定本"，它不可能又经过一次大删大改。因为一方面它已经经过了多次的增删修改；另方面，从己卯冬到庚辰秋，时间仅仅隔不到一年，在这样短促的时间里，也不可能再作一次大规模的增删修改，所以我认为"庚辰秋月定本"对于"己卯冬月定本"来说，改动得较少是正常的符合当时的实际情况的。因此，我们不应该在看到庚辰本与己卯本的文字改动不太大的时候，就怀疑"庚辰秋定"的这个事实。

（二）己卯本上陶洙校录的情况

在研究《石头记》从过录的己卯本再过录到庚辰本的过程的时候，有一种障碍必须清除，这就是近人陶洙在己卯本上过录了大量的甲戌本和庚辰本上的批语，以及根据两本所作的一些校录。陶洙在丁亥和己丑两年在书上都有题记，丁亥是1947年，己丑是1949年。己丑年的题记说：

> 此己卯本阙第三册（二十一回至三十回），第五册（四十一回至五十回），第六册（五十一回至六十回），第八册（七十一回至八十回），又第一回首残（三页半），第十回残（一页半），均用庚辰本钞补，因庚本每页字数款式均相同也。凡庚本所有之评批注语，悉用朱笔依样过录，甲戌本只十六回，计（一至八）（十三至十六）（二十五至二十八），胡适之君藏，周汝昌君钞有副本，曾假互校，所有异同处及眉评旁批夹注皆用蓝笔校录，其在某句下之夹注只得写于旁而于某句下作Ｚ式符号记之，与庚本同者以〇为别，遇有字数过多无隙可写者，则另纸照录，附装于前以清眉目。
>
> 己丑人日灯下记于安平里忆园

他在另一页题记上说：

　　二十一回至三十回，缺。此十回现据庚本已钞补齐全，并
以甲戌本庚辰本互校，所有评批均依式过录，尚未裁钉。
　　四十一回至六十回，缺。未抄补。

依照上面这些题记来复查己卯本，其存缺和抄补的情况，是符合的
（1974年底革命历史博物馆王宏钧同志将他们在1959年冬收购到的三回
又两个半回的《石头记》残抄本拿出来鉴定，经查核确是己卯本的散失
部分，这个三回又两个半回的己卯本，是陶洙当时不可能见到的，因此
他不可能提及）。

按理说，依照上述陶洙的题记，己卯本的存、缺和抄补、校录情况
一清二楚，现在来研究这个本子，是不会有什么困难的。但是，事实却
远不是如此。陶洙是用两种颜色的笔校录的，蓝色代表甲戌本，朱笔代
表庚辰本，问题就在于朱笔。因为己卯本上的正文原来就有朱笔的校
字，过去人们只知道淡朱色粗笔触，字迹比较拙劣的一种朱笔字才是己
卯本原有的校字，此外的朱笔校字一概认为是陶洙的校录。我自己很长
一段时间内也是这样认识的，并且根本没有觉得这个看法有什么问题。
因为陶洙不仅在上引的材料里如此说，而且在其他很多回的眉端及回
末，都写明他用朱笔以庚辰本校过，所以大家深信不疑。直到最近我在
反复研究查对己卯本原件的正文时，才发现己卯本本身除了上述这种粗
笔触的朱笔是原有的校字外①，另外还有大量的字体较为好一些的朱笔

---

　　① 这句话是用以区别于陶批说的，这些粗笔触的朱笔字本身还有复杂的情况，它并
不是一个人写的，详见下文。

旁校的正文也是己卯本原有的。相反，陶洙校录上去的朱笔正文，为数极少。他的校录，主要是抄录了甲戌、庚辰两本上的脂砚斋批语，包括眉批和行间夹批等等，至于正文，他确实没有作过细的校录。这是经我用庚辰本重校己卯本后才发现的，因为至今庚辰本对己卯本的数量不少的异文，陶洙并没有在己卯本上校出，可见他所说的用庚辰本校过的话，不能把它看得太认真，认为他逐字逐句地校录过了。实际上一至八回，他对正文的校录还较认真一些，但就是这几回上的朱笔校字也有一部分是己卯本原有的。至于第九回以下，他的校字就很少，到三十一回以下，他的校字就更少了。不仅如此，就连他自己抄配的二十一回至三十回这十回，也只是断句到第二十八回，第二十九回起，全是白文，朱笔的点子一个都没有，这说明这一回连点也没有点过。① 另外，在鉴别己卯本上的原有朱笔校字和陶书朱笔校字的时候，除辨别陶洙的笔迹外，他所用的朱色一般较为鲜艳，但也有一部分是淡朱色，特别也有一小部分是变得灰黑了的朱色，这很容易与己卯本的原朱色校字混淆起来。总之，由于陶洙的这些朱笔校字易与己卯本上原有大量的朱笔校字相混，以致给我们研究过录的己卯本在抄成以后，又借到庚辰本并以朱笔校改的情况，造成了相当的困难和混乱。弄得不好，容易把原己卯本上乾隆时期用朱笔校录的庚辰本的文字，当作是近人陶洙用过录的庚辰本新校上去的文字，从而抹杀了现存过录的己卯本上早已具有庚辰本的校文的重要特征；反过来，也容易把明明是陶洙新从庚辰本添校到己卯本上的文字，误认为是乾隆时期据庚辰本的校文。这两种错误，都会导致我们研究这两个本子时陷入迷阵。这一点，大概是陶洙所始料不及的。但是我们却必须细心地解决这个问题，才能着手研究己卯本上原有

---

① 按这十回己卯本是原缺的，这里只是指出他在抄补后连按庚辰本重校一遍和断句的工作都未做完。但他在题记里却说"并以甲戌本庚辰本互校"。可见他的话不尽可信。

的朱笔校字所反映的庚辰定本的情况。

（三）己卯本上原有朱笔校字的分析

在认识上区别了陶洙在己卯本上所加的朱笔校字以后，我们就可以进而讨论己卯本上原有的朱笔校字了。按己卯本上原有的朱笔校字，大致可以分为两类，一类是早期的朱笔校字。这类校字，早于庚辰本据己卯本的过录时间，也就是我们所说的，在己卯本过录成书以后的若干年内，己卯本的抄藏者又借到了庚辰秋定本，并据以校补己卯本。这些校补的文字，即以朱笔旁加或点改在己卯本的正文之侧。这些朱笔的旁改文字，到庚辰本据己卯本过录的时候，在庚辰本上它们就都成为了正文，不再是写在行侧的旁加文字了。为了使大家了解得更具体些，现在我们选择己卯本第二、三两回上部分（约当这两回改文的一半不足）朱笔旁改的例子，对照庚辰本相同的句子，列表如下。表内圆括号（　）内的文字是己卯本上原有的朱笔旁校的文字，表内尖括号〈　〉内的文字，是己卯本上原来用朱笔删去的文字（在己卯本上用的是「　」符号），表内文后的阿拉伯字，前一个字代表回数，后一个字代表己卯本原第几回的第几面。如2·1，即表示在己卯本的第二回第一面。[①]　表内庚辰本的文字，就是现在影印本的文字，文后的数字，表示新印本的页码（前一个数字）和第几行（后一个数字），如27·8，即表示在新影印本第27页第8行。以便读者查对。

---

① 本文写作于1977年12月，当时己卯本尚未影印出版，故此处所标志的页码，是北京图书馆藏己卯本原书页码。现己卯本早已由上海古籍出版社影印出版，并有简装本，今再列简装本页面，如19·8，即己卯本影印简装本第19页第8行，以便读者检查。

己卯、庚辰第二、三两回部分改字对照表

版本	正　　文	附　　记
己卯 庚辰	由〈近〉（远）及〈远〉（近）2·1　19·8 由远及近 27·8	
己 庚	死〈后〉（板）拮据 2·1　19·9 死反拮据 27·9	"反"字庚本抄错。
己 庚	脂〈玉〉（正）浓 2·5　17·4 脂正浓 22·10	按此句是第一回中文字，因己卯本装错，故仍己卯本旧页码，以便查对。
己 庚	（封）家人〈各各〉（个个都）惊慌 2·7 21·2 封家人个个都惊慌 29·2	
己 庚	将历年〈作〉（做）官积下（的些）资本 2·9　23·2 将历年做官积下的些资本 31·1	
己 庚	今已升至〈兰〉（蓝）台寺大〈夫〉（人） 2·9　23·4 今已升至蓝台寺大人 31·4	
己 庚	花园子里（面）树木山（水）〈石〉也都 2·13　27·6 花园子里面树木山水也都 35·7	庚本"水"字抄漏后旁加。
己 庚	谁知（这样）钟鸣鼎食之家 2·14　28·1 谁知这样钟鸣鼎食之家 36·2	
己 庚	遂为（甘露为）和风〈洽〉（沛）然 2·17 31·6 遂为甘露为和风沛然 39·6	"沛"字抄错后旁改。
己 庚	奇优名〈妓〉（娼）2·18　32·4 奇优名（倡）40·5	"娼"字庚本抄作"倡"。

版本	正　文	附记
己 庚	王谢二族（顾虎头）陈后主2·18　32·5 王谢二族顾虎头、陈后主40·6	
己 庚	求姐妹去（讨讨情）讨饶你岂不〈羞〉（愧）些2·20　34·3 求姐妹去讨讨情，讨饶，你岂不愧些42·4	己本在"不"字旁尚有旁添一"害"字，后又用朱笔勾去。
己 庚	便果觉不疼（了）遂得了〈秘诀〉（密法）2·20　34·4 便果觉不疼了，遂得了密法42·5	
己 庚	我就辞了馆（出来），如今在巡盐（御史）林家〈坐〉（做）了馆2·20 我就辞了馆出来，如今在巡盐御史林家做了馆42·6—7　34·6	
己 庚	度其母必不凡方〈生此〉（得其）女2·21　35·8 度其母必不凡方得其女43·9	
己 庚	这政公已有〈了一个〉衔玉之儿2·22　36·1 这政公已有衔玉之儿44·2	
己 庚	竟是（个）男人万不及一的〈一个人〉2·22　36·8 竟是个男人万不及一的44·9	
己 庚	即忙〈请〉入（厢）〈相〉（会）见3·3　41·6 即忙入厢会见51·7	
己 庚	并拉行〈理〉（李）的车辆（久）候（了）〈着代玉〉3·3　41·10 并拉行李的车辆久候了52·1	
己 庚	只有（东西）两角门……代玉想〈到〉（道）这（必）是3·4　42·6 只有东西两角门。……代玉想道这必是52·7—8	

46

版本	正　　文	附　　记
己	大理石的大插屏〈转过插屏〉小小（的）三间（内）厅3·5　43·3	
庚	大理石的大插屏，小小的三间厅53·4	漏抄一"内"字。
己	独有你母〈亲〉今日一〈但〉（旦）（先）舍我而去（了），连面（也）不能（一）见3·6　44·10	
庚	独有你母今日一旦先舍我而去，连面也不能一见54·10	漏抄一"了"字。
己	一双丹凤（三角）眼，两弯柳叶（掉梢）眉3·8　46·5	
庚	一双丹凤三角眼，两弯柳叶掉梢眉56·6	
己	问妹妹几岁了〈代玉答道十三岁了，又问道〉可也上过学，现吃什么药，〈代玉一一回答，又说道〉在这里不要想家，想（要）什么吃的3·9　47·7	
庚	问妹妹几岁了，可也上过学，现吃什么药，在这里不要想家，想要什么吃的57·8	
己	这个宝玉〈怎生〉（不知是怎么）个惫赖人物3·18　56·2	
庚	这个宝玉不知是怎么个惫赖人物66·3	
己	两湾〈似〉（半）蹙〈非蹙胃烟〉（鹅）眉，一（对多情杏眼）〈双似笑非笑含露目〉，态生两靥之愁3·20　58·2	"对多情杏眼"五字是朱笔旁添，"笑非笑含露"五字是墨笔旁添。
庚	两湾半蹙鹅眉，一对多情杏眼，态生两靥之愁68·3	

　　看了上面这个列举的己卯、庚辰两本增删改字的对照表，对己卯本上早期改字的情况，可以有一个初步的感性认识了。当然各回改动的情况并不一样，有的改得多一些，有的改得少一些（四十回以后，这种据庚辰本的朱笔校字就更少），这里所举的，仅仅是这两回改字的一部分。

　　己卯本上另一类的朱笔改字，从字体来说，是拙笨的粗笔触，从它的时间来说，我判断它最早只能在嘉庆初年，即在乾隆五十六、五十七年程甲、乙本流行以后。为什么说它是在程甲、乙本流行以后，因为这类粗笔改字，经我核对，绝大部分是程甲本上的文字。这就是说这部己卯本到了乾隆末、嘉庆初年（时间也可能更后一些，如嘉庆中期等）的藏者手里，他并不懂得这个抄本的可贵，相反，他倒是去用当时流行的程甲本校改它。己卯本目前尚未影印出版，广大读者不易看到这种据程本校改的情况，为了使大家易于了解这种情况，我仍选择一小部分例子用表格列出，以便读者查核。表中己卯本例句中圆括号（　）内的文字，即是己卯本上用朱笔旁添的程本的文字，尖括号〈　〉内的文字，即表示要删去的己卯本的原文，表中己卯本例句后面的数字，表示第几回的第几面，庚辰本例句后面的数字，代表页数和行数。这里还要强调说明，在己卯本上据程本校改的粗笔朱笔字，数量是很大的，除此以外，也还有极少量的细笔较端正的朱笔旁改的字，也是据程本校改的，这里为了节省篇幅，仅仅是略举数例；另外，这些据程本校改的文字因为它是在庚辰本过录之后添到己卯本上去的，所以与庚辰本毫无关系，因此本文也没有必要加以多录。

己卯本上据程本旁添的朱笔字举例

版本	回次	正　　　文	附　　记
己庚程甲	8	代玉已摇摇（摆摆）的走了进来 7·9　15·9 代玉已摇摇的走了进来 182·6—7 代玉已摇摇摆摆的走了进来（程乙、脂稿同）	己卯本上朱笔旁添的"摆摆"两字，在庚辰本上就没有，可见庚辰本抄录在前，己卯本旁添在后。又此二字最早见于程甲本正文，可见己卯本上旁添文字确从程本校录，以下各例句情况均同，不再说明。 程乙本作"平昔教训他一番"。
己庚程甲	9	诟谇〈谣议〉（谣诼）6·7　178·7 诟谇谣议 202·7 诟谇谣诼（程乙同）	
己庚程甲	33	我养了这不肖的孽障（我）已（经）不孝（平日教训）教训他一番 10·1　476·1 我养了这不肖的孽障已〈经〉不孝，教训他一番 759·6 我养了这不肖的孽障我已不孝，平昔教训一番	

论庚辰本

续表

版本	回次	正　　文	附　　记
己 庚 程甲	33	你的儿子（自然你要打就打）我也不该 管 11·4　478·4 你的儿子我也不该管 761·9 你的儿子自然你要打就打，想来……	
己 庚 程甲	33	贾政（直挺挺跪着）苦苦叩（头）来认 罪 13·1　479·1 贾政苦苦叩来认罪 762·7 贾政直挺挺跪着叩头认罪	庚辰本"叩"字下抄漏了一 个"头"字，故后人又把 "来"字臆改为"求"字， 以使文句勉强可通。
己 庚 程甲	33	贾母含泪（说道儿子不好原是要管的， 不该打到这个分儿），你不出去 14·1 480·1 贾母含泪你不出去 763·6 贾母含泪说道儿子不好原是要管的，不 该打到这个分儿，你不出去	
己 庚 程甲	34	别胡思乱想的就好了（要想什么吃的顽 的，悄悄的往我那里去取了）不必惊动 老太太 5·2　487·2 别胡思乱想的就好了，不必惊动老太太 768·10 别胡思乱想的就好了，要想什么吃的顽 的，悄悄的往我那里去取了，不必惊动 老太太	据己、庚原文"不必惊动" 云云，是指上文宝钗送药来， 袭人说改日要宝玉亲自谢等 情，如此一来，则老太太会 知道，故宝钗说"不必惊 动"，程本不明原文之意，妄 增此一大段文字，亦是程本 妄改之一例。
己 庚 程甲	34	那焙茗也是私心窥度，〈一半〉（并未） 据实，（大家都是一半猜度，一半据实） 竟认准是他说的 18·7　500·7 那焙茗也是私心窥度，一半据实，竟认 准是他说的 781·9 那焙茗也是私心窥度，并未据实，大家 都是一半猜度，一半据实，竟认准是他 说的	

版本	回次	正　　文	附　记
己 庚 程甲	61	投鼠忌器宝玉〈情〉（瞒）赃　判冤决狱 平儿〈情〉（行）权 1・3　751・3 投鼠忌器宝玉情赃　判冤决狱平儿情权 1425，1427 投鼠忌器宝玉瞒赃　判冤决狱平儿行权	此回目各脂本皆作"情赃"、 "情权"，从程甲本始，才作 "瞒赃"、"行权"，己卯本旁 改"瞒"、"行"两字，显系 从程甲本来。
己 庚 程甲	66	料那贾琏必无法可处，（就是争辩起来） 自己岂不无趣（味）13・10 料那贾琏必无法可处，自己岂不无趣 1607・9 料那贾琏不但无法可处，就是争辩起来， 自己也无趣味	

以上十一例，只是在大量的据程本旁添的文字中取其一斑，借以说明问题。为什么我把这些旁改的文字估计为嘉庆初年或更后一些时间改上去的呢？除了前面已经说过的原因外，还有一个重要原因，这就是己卯本上第六十七回的文字，实际上是程乙本的文字。在此回末尾，抄者留了一行题记："石头记第六十七回终，按乾隆年间抄本。武裕庵补抄。"从"按乾隆年间抄本"这句话的口气来看，好像已经不是嘉庆初年的语气，似乎它反映的时间应该再后一些，好像是嘉庆十多年以后的语气（嘉庆在位一共二十五年）了。重要的是在这回抄本上，也有上述粗笔朱色的旁改文字，由此可证这些据程本校补到己卯本上去的粗笔触淡朱色的旁改文字，必定是在六十七回据程本抄补以后。结合上述题记来看，我们认为这些粗笔旁改的文字，大约是在嘉庆十多年前后。

这里还要指出一个问题，即己卯本第十七、十八回第三十面第七行的上端有两行眉批："不能表白后是十八回的起头。"这两行字的笔触也较稚拙，并且也是朱笔。但我们认为这两行字，不是上述那个据程本校改己卯本的人的笔迹，细辨这两种笔迹是不一样的，它用的朱砂也是质量较好的朱砂，颜色沉着暗红而较厚，与上述那个人用的朱色迥异。所以我们认为这两行字是己卯本上早期的朱批，它记录了十七、十八回尚未分回而准备分回的情况。这两行字的批语，同样是研究《石头记》增删批阅的历史面目的重要资料，应该加以重视，而不应该与上述那些据程本校改的文字混为一谈，从而掩盖了它的重要价值。

（四）从己卯到庚辰《石头记》原文的增删改动情况

在分析过了与这个问题密切相关的上面这三个问题以后，现在可以谈到这个正题上来了。但是，上文谈到的己卯本上朱笔校字情况的第一部分，实际上也就是这个正题的一部分，在那一部分里，我们已经举了较多的例子，本文的任务既然不是在全面校勘己卯、庚辰两本的异文，因此在本节里，我们不拟再罗列过多的例子。

我们分析从己卯本到庚辰本《石头记》原文增删改动的情况，也即是"庚辰秋定"的具体情况，大致可分为三种：一是庚辰本对己卯本的增文，二是庚辰本对己卯本的改文，三是庚辰本对己卯本的删文。现在就按这三种情况来列表表示：

1. 庚辰本对己卯本的增文举例

版本	例　　　　句	说　　明
己 庚	保不定日后作强梁 17·6 训有方，保不定日后作强梁	"训有方"三字在己卯本上为朱笔旁添，以下各条增文同。
己 庚	遂为和风 31·6 遂为甘露，为和风 39·6	
己 庚	王谢二族陈后主 32·5 王谢二族，顾虎头、陈后主 40·6	

续表

版本	例　　句	说　　明
己 庚	忽遇见雨村，雨村自是欢喜39·6 忽遇见雨村，故忙道喜，二人见了礼，张如圭便将此信告诉雨村，雨村自是欢喜①49·6	①此句似己卯本原有脱文，经庚辰本订正增补。现己卯本上此行朱笔旁加文字，笔迹似陶洙的字，有可能是陶洙据庚辰本补录上去的，此行文字原在己卯本上可能为夹条。
己 庚	邢夫人送至仪门前，眼看着车去了方回来50·4 邢夫人送至仪门前，又嘱咐了众人几句，眼看着车去了方回来60·3	
己 庚	如今且说林黛玉83·4 第四回中既将薛家母子在荣府内寄居等事略已表明，此回则暂不能写矣。如今且说林黛玉②97·1	②己卯本上此行朱笔增文，笔迹近陶洙，可能是陶洙据庚辰本过录上去的，原文在己卯本上可能是夹条。
己 庚	一边摆着飞燕立着舞过的金盘86·6 案上设着武则天当日镜室中设的宝镜，一边摆着飞燕立着舞过的金盘③100·7	③己卯本上此行朱笔增文字迹亦近陶洙，可能是陶洙据庚辰本过录上去的，原文在己卯本上可能为夹条。
己 庚	绣帐鸳衾102·6 再休提绣帐鸳衾118·9	
己 庚	这还在这里念什么书，李贵劝道186·7 这还在这里念什么书，茗烟他也是为有人欺负我的，不如散了罢。李贵劝道210·6	
己 庚	那群混账狐朋狗友的，调三惑四，那些个195·9 那群混账狐朋狗友的，扯是搬非，调三惑四的，那些人221·9	

2. 庚辰本对己卯本的改文举例

版本	例　　　句	说　　　明
己 庚	忽见隔壁葫芦庙内寄居的一个穷儒走了出来，这人姓贾名化，字时飞，别号雨村者，原系胡州人氏 8·9 忽见隔壁葫芦庙内寄居的一个穷儒，姓贾名化字表时飞，别号雨村者走了出来。这贾雨村原系胡州人氏 14·7	此表所举各例中庚辰本的异文，在己卯本上为朱笔旁改文字，在庚辰本上则为墨书正文，下同。
己 庚	子兴道：依你说："成则公侯败则贼"了 32·7 子兴道：依你说："成则王侯败则贼"了 40·8	
己 庚	二小姐乃赦老爷之女，政老爷养为己女，名迎春 34·8 二小姐乃政老爹前妻所出，名迎春 42·10	
己 庚	宝玉听了是个女子声音，正待寻觅，早见那边走出一个人来 87·7 宝玉听了是女子的声音，歌音未息，早见那边走出一个人来 101·9	
己 庚	乃放春山还香洞太虚幻境 88·10 乃放春岈遣香洞太虚幻境 103·2	
己 庚	梦同谁诉离愁恨　千古情人独我知 106·8 一场幽梦同谁近　千古情人独我痴 123·3	
己 庚	那文官更不比武官了，他念两句书，汗在心里 546·3 那文官更不可比武官了，他念两句书，横在心里 826·3	

3. 庚辰本对己卯本的删文举例

版本	例　　　　　句	说　　　明
己 庚	望大老爷拘拿凶犯〈剪恶除凶〉，以救孤寡 66·10 望大老爷拘拿凶犯，以救孤寡 78·10	在己卯本上"剪恶除凶"四字有朱笔删号，庚辰本即删去此四字。
己 庚	如何偏只看准了这⊙英⊙菊（了）〈这英菊受了〉拐子的这几年折磨 72·10 如何偏只看准了这菊英了，拐子这几年折磨 85·2	己卯本上英菊勾改为菊英，并旁增一"了"字，删去"这英菊受了"五字，庚本即依删改的文句抄，但删去五字后上下似不接。
己 庚	令军民人等只管来看，〈老爷就说〉乩仙批了，死者冯渊与薛蟠 74·6 令军民人等只管来看，乩仙批了，死者冯渊与薛蟠 86·8	
己 庚	更见仙〈花〉（桃）馥郁，异草芬芳，真〈是〉好〈一〉个所在，〈宝玉正在观之不尽，忽〉（又）听警幻笑〈呼〉道 95·3 更见仙桃馥郁，异草芬芳，真好个所在，又听警幻笑道 110·9	

关于庚辰本对己卯本的删文的举例，在前面的《己卯、庚辰第二、三两回部分改字对照表》里，有二十三条例句都适用于庚辰本对己卯本的删文的举例，所以此表就不再罗列。

关于庚辰秋定的情况，我们分析，大致就是上述三个方面的情况。上述三种情况，在全书并不平衡，总的情况是前半部分增、删、改得多一些，在后半部分增删改动得就较少一些。

在庚辰本对己卯本的异文方面，还有一种情况要加以指出，即有一些庚辰本对己卯本的异文，是属于抄书人的抄错或脱漏，例如己卯本第十四回写凤姐"款款来至宁府，大门上门灯朗挂，两边一色戳灯"，庚辰本却抄作"大门上门登郎挂"，"挂"字抄后又点去（见庚辰本289页第十行至290页第一行）。这显然是抄错，我们当然不能把这种情况，也看作是"庚辰秋定"的结果。再如第五十七回，己卯本的原文是："前儿我说定了邢儿女，老太太还取笑说，我原要说他的人，谁知他的人没到手，到被他说了我们的一个去了。"庚辰本却把此段中自"邢儿女"到"到被他说了"的一大段文字抄漏了（见庚辰本1361页第一行），这当然也不能把它看作是"庚辰秋定"的删改。总之，我们应该充分注意到，这个本子毕竟是庚辰本的校录本（己卯本）的过录本，它不可避免地会有抄错和脱漏。所以对庚辰本对己卯本的异文，我们也要作具体分析，不能盲目地一概把它看作是"庚辰秋定"的结果。

但是，在排除了抄错抄漏等等情况以后，我们认真分析一下庚辰本对己卯本的大量的异文，就不能不承认"庚辰秋定"确是事实，我们没有任何理由来否定"庚辰秋月定本"这句话的历史真实性。有的同志只承认庚辰本确是照己卯本抄的，但又认为庚辰本只是己卯本的重复，不承认庚辰的"重定"，把庚辰本对己卯本的异文、增文、改文一律看作是抄手的任意妄改，这种看法，实际上还是受所谓"己卯冬月定本"、"庚辰秋月定本"、"脂砚斋凡四阅评过"这些话是"一个书贾所雇的钞者""随意加上"去的这种想当然的说法的影响，这种看法是不符合上面所举的大量事实的，并且是有损于这部名著的这一珍贵抄本的。

（五）如何看待庚辰本上旁改的文字

现在影印出版的庚辰本上，大家可以看到，有大量的旁改文字。如何对待这些旁改的文字，曾经引起过争论。一种意见，认为这是书贾所雇的抄胥的妄改。这种说法，根据我们上面对此书过录情况的分析，显而易见是没有根据的。但是，这并不等于说这些旁改的文字可以不加分析地一律承认。我们认为现存的这个过录的庚辰本确是十分可贵的，但它又是一件历史文物，它经历了大约二百来年的历史，经过了好多藏书者的手，这一些事实，都会在它身上留下历史痕迹，在庚辰本上的这些旁改的文字中，就包含着后人添加的东西。因此，我们必须对这些旁改的文字作认真的分析，既不能全部肯定，也不能全部否定。我们初步分析，这些旁改的文字，大致可以分为四类：

第一类，是庚辰本据己卯本过录时抄错或抄漏的，后来随即又用己卯本校正，将改正的字写在旁边。这一类的字，它实质上本来就是己卯本上的原文，与正文完全一样，它之所以成为旁添文字，纯因抄漏抄错的缘故。这种情况，我统计了前三回庚辰本的旁添文字，计第一回旁添文字共 14 个字，其中据己卯本校正的有 12 个字，不明来历的两个字；第二回旁添文字共 40 个字，其中据己卯本校正的有 24 个字，不明来历的有 16 个字；第三回旁添文字共 93 字，其中据己卯本校正的有 57 字，不明来历的有 36 字。从这三回的总的情况来看，可见这些旁添的文字，有一大部分是可靠的有根据的，不能轻率地加以否定。当然各回的具体情况并不一样，须要作认真的查核和分析，这里要想偷懒和省力是不行的，没有经过认真的查核和分析而作出的结论，归根结蒂是无济于事的。

第二类，是在庚辰本全书过录完成后，过录者又借到了带朱笔眉批和行间批的本子（怡亲王府过录下来的己卯本无朱笔眉批和行间批），便把这些朱批过录到庚辰本的相同的位置上，在过录这些朱笔批语的同时，这位过录者同时又用朱笔对过录的庚辰本的正文和批语作了校正，例如庚辰本第 282 页第十行"贾珍便问（'问'字抄后又点去）向袖中取了……"这一句，这位朱笔的过录者在涂改的"问"字旁边，添了一个朱笔的"忙"字，这样便成为"贾珍便忙向袖中"；再如 350 页第二行双行夹批"掩隐得好"这一句，又是这个朱笔过录者，把"隐"字点去旁改一个"映"字；再如同页第五、六两行双行夹批"一时难变方向"句，朱笔把"变"字点去，在旁边添了一个"辨"字。诸如此类的朱笔校改，我初步检查，全书共有 27 处，另有用墨笔校改朱笔眉批的共四处。① 以上这些朱笔校改旁添的文字，从它所添改的文字本身来看，很明显它所添改的文字是正确的，可信的；再从实际情况来分析，当时过录这许多朱笔眉批和行间批，如果过录者手里不是另有一个带这些批语的本子为依据，他如何能增补这许多朱笔眉批和行间批呢？从这个角度来看，他所校正的文字，我认为也是有根据的，根据就是这个带朱笔眉批和行间批的本子。②

第三类，这一类的旁改文字，从文字和内容来说，是可通的甚至是比较好的，但这类旁添的文字，却还找不到它的原出处。例如庚辰本 826 页第三行写贾宝玉反对文死谏、武死战的议论，有一段话说："那文官更不可比武官了，他念两句书，横在心里，若朝廷……"这"横在心里"的"横"字，庚辰本上是用粗笔涂改成的（这与旁改的意义是一样的），查己卯本，原句是"汗在心里"，己卯本在"汗"字旁又旁改了一个"记"字（这个"记"字在己卯本上是粗笔触淡朱色，经检查是据后起的程本校改的），成为"记在心里"。这个"记"字当然比

---

① 朱笔校改正文和双行批语的计有以下各页：269、281、282、294、350（三处）、351、353（二处）、356、360、373、377、382、383、385（二处）、384、448（以上第一册）、468、539（二处）、547、591（朱笔填补双行批语）、592（同上）（以上第二册）。用墨笔改正朱笔眉批的共四处：计 270、469、521、526 各页。

② 这个带有朱笔眉批和行间批的本子，我认为有可能仍是这个己卯原本，即怡府据以过录的底本（它的前身是丙子本）。过录时已有己卯以下的历次批语，最晚的批语是丁亥。这与二十二回末墨笔批语"此回未成而芹逝矣，叹叹！丁亥夏，畸笏叟"是一致的。因此这个庚辰本的正文墨笔过录时间与朱笔眉批和行间批的过录时间，相差不会太远（约在乾隆三十三四年）。

“汙”字更差。戚本则作“窝在心里”，“窝”字也还不如己卯本的“汙”字。但己卯本的“汙”字，也只能刻画那些文官们读书执而不化、迂腐疏阔的愚顽可笑的状态，远不如庚辰本涂改后的“横”字来得形象生动，显得那些所谓忠君死节的孔孟之道，横梗在这些孔孟之徒的文官们的心里，硬是在作怪，在支配着他们的行动，这样与下文的“浊气一涌，即时拼死”就接得更为紧密贴切，把那些“须眉浊物”、“国贼禄蠹”们的愚蠢迂腐、顽固不化之态形容得淋漓尽致，所以我认为这个“横”字高出于以上诸字。但这个“横”字的改笔，究竟何所根据，却不得而知。又如第二十回写林黛玉与贾宝玉的一段小矛盾，庚辰本第451页第六行到第七行：“林黛玉啐道：‘我难道为叫你疏他，我成了个什么人了呢！我为的是我的心。’宝玉道：‘我也为的是心你的心（“心你的”三字被点去，又旁改“我的”两字，连下去读成为“我的心”三字），难道你就知你的心，不知我的心不成。’”这段话里“宝玉道”以下的几句，在己卯本里是这样的：“宝玉道：‘我也为的是心你的心。难道……’”在前一个“心”字前面又旁添“我的”两字①。把这段话连旁加的放在一起直念下来，就成为：“宝玉道：‘我也为的是我的心你的心。’”请看，这成什么话呢？但如依照上述庚辰本的旁改文字直念下去，此句就成为：“宝玉道：‘我也为的是我的心，难道你就知你的心，不知我的心不成。’”文字就十分通顺。但庚辰本上点去“你的心”三个字是根据什么本子，我们不得而知。此本旁加的“我的”两字，虽然在己卯本上也有粗朱笔旁加的“我的”两字，但据我们的查核和分析，己卯本上的这种粗朱笔的旁加字，是后来据程甲本加上去的。现在查程

---

① 按“宝玉道”以下九字，庚辰本与己卯本完全一样，都是作：“我也为的是心你的心。”但在庚辰本据己卯本过录以后，两本各自又都分别作了改动，己卯本的改动是据程甲本，这是不足取的，庚辰本的改动很好，不仅文句通顺，而且比较深刻，但至今查不出它的版本根据。

甲本，此句正作："宝玉道：'我也为的是我的心，你的心。'"与己卯本一模一样，但与庚辰本却不一样。所以据此可知庚辰本上旁加的"我的"两字，早于己卯本上旁加的"我的"两字，其来源决不是程甲本，因为如是据程甲本，则此句下的"你的心"三字就不会点去，而会如同己卯本、程甲本一样保留下来了。所以庚辰本上这旁加的"我的"两字，究何所据，仍无着落。我们再来看看戚本，这一句，在戚本上则干脆是："宝玉道：'我也为的是你的心。'"把"我的心"改成了"你的心"，这样问题就大大地简单化了。把旁改后的庚辰本和旁改后的己卯本（包括程甲本），以及戚本的这同一句来比一比，显然，庚辰本的意思深刻得多，因为作者原意是写林黛玉之爱贾宝玉与贾宝玉之爱林黛玉，都是出于内心的真挚的感情，如果这种感情得不到表达和顺利的发展，则各自的"心"就会受到摧残和压抑，这比单纯为了讨好对方，为了对方的心里高兴，其感情的深度和真挚性，就大相悬殊。这种写法，正是显出曹雪芹文笔之深刻细腻，透过一层，高人一头之处。然而，庚辰本上旁加的这"我的"两字和点去的"心你的"三字，到目前为止，是找不到根据的。再如庚辰本第 338 页第十行："凡堆山凿池，起杨竖阁。"这后四字简直不成文句。庚辰本旁改后成为"起楼竖阁"，"杨"字旁改为"楼"字，"阁"字旁改为"阁"字，这样改后，文句自然畅顺可读了，但这句在己卯本上却是"起杨竖阁'，庚辰本的旁改文字有何依据，同样不得而知（戚本作"起楼竖阁"，但戚本后于庚辰本甚久，且庚辰本上旁改的字迹与正文的字迹是一致的，不是后人再据戚本改的）。再如庚辰本第五十八回第 1365 页第八行："地名曰孝慈县，随事命名。"这"随事命名"四字，用墨笔在四周围加了一个框框，并在眉上批"命名句似批语"六个字。这在己卯本上批语和框框都没有，依文理来说，这完全是对的，但要找根据，却瞠然不知所答。好了，例子已经举得不少了，总之，这类情况在庚辰本上存在不少，它只能说明，庚辰本在抄定以后，似乎又经过一次校改。对于这一类改文，确实是颇费斟酌，既不能简单化地因为它没有根据（也有可能它当时所据以校改的抄本我们还没有发现，或者早已不存在了），就不加分析地否定它，也不能不经仔细地分析研究就一律采用它，对待这类字，须要认真而又慎重。但我个人的看法，用得着"尽信书，不如无书"这句话。这种依靠普通常识就可以判断其确是改得对的这类句子，却因为找不到这个改文的版本根据，因而就不敢相信、不肯采用它，这岂不是十足的书呆子习气。对于这类改句，我认为我们应在审慎的原则下，适当（不是全部）地吸取其可取的部分，而不要仅仅因为找不出它的版本依据而排斥它。

第四类，可以说纯粹是属于妄改，这在庚辰本里也占有一定的数量。例如：第三十四回庚辰本第 774 页到 777 页，叙述袭人与王夫人说话（向王夫人告密），在这几页里共十三处袭人自称"我"的地方，统统被点去"我"字，旁改为"奴才"二字。这在各本都没有这样的改法，就连程乙本也还是称"我"，没有让袭人一口一个"奴才"（现存己卯本上在这几处也用朱笔改了"奴才"两字，但这是陶洙据现存的庚辰本校上去的，并不是原改）。可见庚辰本上这十三处的"奴才"的改笔确是妄改。再如第十四回庚辰本第 296 页第五行："——嘱咐住持色空，好生预备新鲜陈设，多请几名僧以备接灵使用。"这里"几名"两字在庚辰本上是旁添（正文是"多请僧"）。查此句己卯本的原文是"多请名僧"，在"名"字 旁边，又旁加了一个"几"字，连起来读，就成为："多请几名僧。"庚辰本抄时"几"字没有增入，而又漏掉了"名"字，成了"多请僧"，因此又旁添了"几名"两字，实质上己卯本上旁添的"几"字就是妄改，到庚辰本上依旧一仍其误，连"名"字也变成旁添了。显然庚辰本沿袭己卯本而添的那个"几"字是完全错误的，它的准确的句子应该是"多请名僧"。再如，庚辰本 170 页第六行焦大醉骂说："不和我说别的还可，若再说别的，咱们红刀子进去，白刀子出来。"庚辰本把前一个"红"字圈去后旁改一个"白"字，把后一个"白"字圈去后旁改一个"红"字，成为"白刀子进去，红刀子出来"。按这一句己卯本同庚辰本未改前的句子，甲戌本则同改后的文句，但甲戌本在此句下有双行朱批说："是醉人口中文法。"（请注意"文法"二字）实际上己卯本原来的句子是完全对的，庚辰本的旁改是错了。为什么？因为这一段是在写焦大的醉骂，通过这个醉骂，来揭露贾府这个肮脏不堪的剥削世家。"红刀子进去，白刀子出来"，正是描写了他的颠三倒四、语无伦次的醉话。鲁迅说焦大"是贾府的屈原"，正是一针见血，入木三分。实际上作者笔下的这个焦大，并不是一个"造反"人物，只不过是因为他个人的遭遇不够满意，对贾府里的某些事也看不惯，有矛盾，所以仗着酒兴就骂开来了。作者以极其敏锐的眼光，看到连焦大这样的奴才与主子之间也存在着相当尖锐的矛盾，但又用十分恰当的方式把它表现了出来，既揭示了这一矛盾，又使它表现在一定的限度之内，这正是曹雪芹的卓越之处。如果焦大真的骂"白刀子进去，红刀子出来"，这句话就毫无醉意，不成其为"醉骂"，更不成其为"醉人口中文法"，这样，岂不就是写他真的要造反了？由此可见庚辰本上的旁改是没有道理的。那末，甲戌本也同样是"白刀子进去，红刀子出来"作何解释呢？我认为现在的这个过录的甲戌本的抄定时间晚于庚辰和己卯的过录时间，他的这种句法，正是它晚出的证明，即它是在类似庚辰本的这种改笔以后的影响下出来的，这也表明了它的抄定者对脂批的那句话并不理解，特别是没有理解"文法"两字的意思。后来的戚本、程甲本等等更是如此，唯独己卯本和未改前的庚辰本，作"红刀子进去，白刀子出来"，保持了作者的原意，并且与脂批的话相吻合。即此一点，也足见己卯、庚辰这两个本子的可贵。

总之，这种后人妄改的情况，在庚辰本上确乎是存在的，正因为如此，才需要我们对它做认真的过细的鉴别工作。但是，对这种情况，我们决不能想当然地加以夸大为全部，把这些不同情况的旁改的文字一律说成是抄手或后人的妄改，而加以否定。要知道这样做不仅不符合事实，而且对这部古典名著的整理工作也不会带来好处。

四、评新版影印《脂砚斋重评石头记》（庚辰本）

《脂砚斋重评石头记》（庚辰本），曾于1955年由文学古籍刊行社影印出版。1975年，人民文学出版社又据北京大学图书馆所藏原书重新影印出版，新本纠正了旧本的多处错误。新本的影印出版，对于当前评论和研究《红楼梦》的工作，提供了一个极为重要的《红楼梦》的珍贵版本，这是广大读者盼望已久的事。

但是，新印本虽然纠正了旧本的多处错误，却又产生了一些新的问题，值得提出来商讨。

（一）删去六十六回第一页右下角的两行小字的问题

在1955年影印的庚辰本《石头记》的第六十六回第一页的右下角（旧影印本787页），有两行小字："以后小字删去。"现在的新印本却删去了这两行小字。为什么要删这两行小字，在新印本的《出版说明》里，没有作任何说明。由于没有作任何说明，我怀疑这是由于修版时的疏忽而修掉的。对于这两行小字，研究者们是很注意的。吴世昌同志曾对此作过分析，他说：

脂砚原来的评语，也许比后面各回的情形所暗示的要多些。在某些回中，钞者奉雇主之命，把双行小字删去。例如第六十六回首页下角，另一人的笔还写着一条指示："以后小字删去。"这也许是经济的打算，因为钞这样一部大书是很费钱的。

吴世昌同志还对"以后小字删去"这句话加了注释，说：

> 事实上，第六十三回中的全部小字，第六十六回中的一部分小字，虽已钞入，却又用笔勾销。见页 1492、1507、1511、1515、1518、1521、1570、1583、1590。又因第六十六回回首的指示，钞者把第六十八、六十九两回中双行小字全删，第七十回中除三条（页 1670、1678）外，全删。（引者按：以上都是指旧影印本的页码）

上面这两段话里指出：一、这两行小字是雇主嘱咐抄书人把"以后小字删去"的。二、由于这一指示，抄者把六十八、六十九两回中的双行小字全部删去，第七十回中除三条外，全部删去。我认为吴世昌同志的这些分析，是值得商讨的。第一，庚辰本的抄藏者和抄者之间的关系，如前分析，并不是商人和抄胥之间的关系，删去小字的动机是什么？从这部过录庚辰本本身的抄写来说，根本不能说是"经济的打算，因为抄这样一部大书是很费钱的"。事实上在六十六回以前大量的双行小字批语和朱笔眉批、夹批都已抄下来了，就连六十六回本身，虽然在本回第一页第一行"脂砚斋重评石头记卷之"的下面就加上了"以后小字删去"的指示，但在本页正文第二行末尾，就照抄了一条 23 个字的双行小字的批语，到第四行中间，又抄了一条 12 个字的双行小字批语，而且连墨笔勾删的痕迹都没有。检查本回，一共抄了八条批语，其中有四条加了勾删的符号。到了七十一回至八十回，这类双行小字的批语又大量抄下来了。根据这些明摆着的事实，怎么能说这条删去小字的指示是为了省钱呢？如果按照这条指示删去那几条小字批语，又能省几个钱呢？抄写前面大量的批语及七十一到八十回的大量批语，怎么又不要省钱了呢？显然这种分析不是从这部抄本本身的调查研究得出来的结论，而是主观的设想。第二，吴世昌同志认为由于这一指示，抄者把六十八、六十九两回中的双行小字全部删去了，第七十回中除三条外，其余的双行小字也"全部删去"。本文前面已经指出，这个过录的庚辰本是据怡府过录的己卯本过录的，现在查怡府过录的己卯本，六十八、六十九两回全是白文，一条双行批语都没有。七十回共三条双行小字批语，位置文字与庚辰本一模一样，除此三条外，再也查不出任何双行小字批语了。不仅如此，我们检查其他脂本，六十八、六十九两回也全是白文，没有一条双行小字的批语，七十回也只有己卯本和庚辰本有这相同的三条双行小字批语，其他除稿本有一条误入正文后又被划去的批语外（书写格式完全同正文，不是双行小字），各本都无。那末，吴世昌同志所说的六十八、六十九回的双行批语全部被删去，七十回除三条外也全部被删去云云，岂非全是凭空猜测。截至目前，可以说吴世昌同志无法为自己以上的论点找出一条可靠的论据。

　　为什么我要对这两行小字费如许的笔墨呢？第一，我认为影印本上不应该删去这两行小字。如要删去，要说明删去的原因，否则使研究这个本子的人，就会失去一个研究的线索和资料。同时这种不加说明的"妄删"，也就使我们对这个重新影印的本子的可靠性投下了怀疑的阴影。第二，我认为这两行小字，不是这个过录的庚辰本在过录时记下来的，也就是说这两行小字的"指示"，并不是"指示"过录庚辰本的过录者的，所以我们检查现在这个过录的庚辰本，这个"指示"一点也没有起作用。我认为有可能是后来的人再据这个过录的庚辰本过录时加上去的，所以它虽然对现存的这个过录庚辰本关系不大，却给我们透露了一点消息，这个庚辰本还可能被后人过录过，在过录时或许是他有选择地过录了一部分他认为用得着的批语，对他认为用不着的批语，就用墨笔在这个底本上作了勾删的符号。我这样分析，自然也还没有什么可靠的根据，所以这个分析是否正确，要由以后的实践来检验，而不是凭个人的自信。

（二）关于第六十八回缺页的补配问题

北京大学图书馆藏《脂砚斋重评石头记》（庚辰本）原书的第六十八回，残缺了该回的第 10 页。1955 年的影印本对这一页的残缺，既没有说明，也没有补配，这是不应有的疏失。1975 年重新据原本影印的庚辰本，补配了这一页，并在《出版说明》里作了说明，这比起旧影印本来工作是细致多了。但是，这个补配的两页（庚辰本每页两面共 600 字，原缺 600 字，故知缺一页，但用来配补的蒙古王府本每页两面只有 360 字，所以须用两页不到一点，才能配补庚辰本的一页，现在配补的王府本两页，共计 576 字），用的是清蒙古王府本，这就又产生了问题。因为在此以前，学术界早已公认己卯本与庚辰本是同一个祖本（那时既不知己卯本是怡亲王府抄本，更没有发现庚辰本是据己卯本抄的，仅仅笼统地认为是同一祖本，实际上也还是不确切的），仅仅根据这一点，那末庚辰本的缺页，理所当然地应该用己卯本来补，因为己卯本第六十八回是全的（姑不论现在证明庚辰本是据己卯本抄的，更应用己卯本来补庚辰本的缺页了）。现在舍己卯本不用而去用蒙古王府本，殊不知蒙古王府本与戚本是一个系统的本子，在配补的 576 字中，与戚本只有十个字的异文，与己卯和庚辰两本则出入很大，并且己卯、庚辰两本的文字，极为明显地比戚本高出好多，因为戚本是经后人作了删改和加工的。就以这配补的两页来说，被删改之处，就有 31 处之多。例如这配补的第一页的第二行，己卯本的原文是这样的：

> 谁知偏不称我的意，偏打我的嘴，半空里又跑出个张华来，告了一状。我听见了，吓的两夜没合眼儿，又不敢声张，只得求人去打听……

王府本的文字是这样的：

> 谁知偏不称我的意，偏打我的嘴，半空里又跑出一个张华来告了，只得求人去打听……

前后对照，可见己卯本的原文，从"一状"以下到"又不敢声张"十九个字全被删去，又在"跑出"两字下多余地增加了一个"一"字。这样删改的结果，文句显然不通，只好把本来属于下句读的"告了"两字属上句读，使文句勉强可通。但原来描摹凤姐虚伪权诈的性格的一段精彩文字就全部被取消了。再如下面一段，己卯本的原文是这样的：

> 怎么怨的他告呢？这事原是爷作的太急了，国孝一层罪，家孝一层罪，背着父母私娶一层罪，停妻再娶一层罪。俗语说："拼着一身剐，敢把皇帝拉下马……"

王府本的文字是这样的：

> 怎么怨的他告呢？这事原是爷作的太急了，两重孝在身就是两重罪，背着父母一重罪，停妻再娶一重罪，俗语说："拼

着一身剐，敢把皇帝拉下马。……"

按照己卯本的文字，凤姐给贾琏开列的罪名是够厉害的，一共给他列了四条罪状：国孝、家孝、背父母私娶、停妻再娶。凤姐愈是看起来给贾琏的罪名开得多，分量加得重，实际上也就是给贾珍、尤氏、贾蓉施加压力。可是王府本的这种删改，却大大减轻了他们的罪名，把"国孝一层罪，家孝一层罪"给勾销了，改成了含混其词的"两重孝在身就是两重罪"，然后紧接下面二句"背着父母（此处又删去'私娶'两字）一重罪，停妻再娶一重罪"，仿佛说的就是这两重"罪"。这样的删改，相当地损害了曹雪芹创造的王熙凤这个不朽的艺术典型。归根结蒂，把凤姐的那股"泼辣"劲，给大大地削弱了。大家知道，《石头记》的第六十八回"苦尤娘赚入大观园，酸凤姐大闹宁国府"（庚辰本的回目中，把"酸"字误抄作"俊"字，但在这十回的总目中，却没有抄错），在全书中是具有重要地位的，特别是对王熙凤的性格的展开，表现了曹雪芹的非凡的思想力量和艺术才华，遗憾的是在这回的末尾，配补上了被删削得遍体鳞伤的这两页。

（三）关于重新影印的庚辰本六十四、六十七回的配补问题

己卯、庚辰两本都缺六十四、六十七两回，这两回的缺失，不是在己卯、庚辰两本过录以后，而是在以前，因为两本的第七册总目上，都已表明这两回的缺失。怡府过录的己卯本后来又补入了这两回，两回的书写并不是一个人的笔迹，第六十七回后有补抄者的署名，我们根据这一段题记，初步判断它可能是在嘉庆十多年的时间内或更后补抄的，用的是程乙本的抄本，它的六十四回则是用的程甲本。1955 年影印的庚辰本，用的就是这己卯本里抄补的两回。这次重新影印，改用了蒙古王府

本的这两回。

这里存在两个问题：一是蒙古王府本这个抄本的版本系统，是否与己卯、庚辰是一个系统，也就是说拿它来配补庚辰本是否合适。二是蒙古王府本的第六十七回，实际上也是用的程甲本系统的六十七回，与己卯本的六十七回的配补基本上一样，可以说是换汤不换药。但是，蒙古王府本却抄得十分草率，有大量的错漏，故比起程甲本本回的原文来，差距十分之大。就是比起己卯本里武裕庵抄补的那一回来（程乙本），差距同样十分之大。

现在先谈第一个问题。从版本系统的角度来看，这个六十四回，与本书其他各回迥异。它回前有单独一页的总评，起提示的作用，然后才是另页写六十四回的回目和正文，正文结束后，又是另外单独一页的回末"总评"。这个前后总评的形式，在蒙府本和戚本里是每回如此，弄到这个庚辰本里来，就显得很刺目，很特殊，很不协调了。

从这一回的文字来说，我认为蒙府本和戚本远不如程本，试举几例：

一、本回回目上联是"幽淑女悲题五美吟"，这是因为本回写黛玉写了五首咏古代美人的诗，但是正文里却让黛玉说；"适才将作了五六首，一时困倦起来，撂在那里。"下文明明是列出五首诗，宝玉给它加的诗题也是叫"五美吟"，怎么正文却让黛玉说是"五六首"呢？如是五六首，那末这第六首到哪里去了呢？查戚本、蒙府本都是作"五六首"，只有晋本、程本作"五首"。我认为这里很明显地是晋本、程本好。

二、贾琏偷娶尤二姐，贾珍、贾琏二人商量后，在荣宁街后买了一所房子。这一段文字，晋本、蒙古王府本、戚本是这样的：

不多几日，早将诸事办妥，已于宁荣街后二里远近小花枝

（蒙古王府本无"枝"字）巷内买定一所房子，共二十馀间。又买了两个小丫头。贾珍又给了一房家人，名叫鲍二，夫妻两口，以备二姐过去时服役。又使人将张华父子叫来，逼勒着与尤老娘写退婚书。

依照以上这段文字，则：一、这个鲍二夫妻两口是属于贾珍一边的下人；二、这个鲍二夫妻两个好像在这部《石头记》里是初次出场，过去没有什么情节。但事实却并不如此。下面我们看一看程甲本的这段文字：

不过几日，早将诸事办妥，已于宁荣街后二里远近小花枝巷内买定一所房子，共二十馀间，又买了两个小丫环。只是府里家人不敢擅动，外头买人又怕不知心腹，走漏了风声。忽然想起家人鲍二来，当初因和他女人偷情，被凤姐儿打闹了一阵，含羞吊死了。贾琏给了一百银子，叫他另娶一个。那鲍二向来却就合厨子多浑虫的媳妇多姑娘有一手儿，后来多浑虫酒痨死了，这多姑娘儿见鲍二手里从容了，便嫁了鲍二。况且这多姑娘儿原也合贾琏好的，此时都搬出外头住着。贾琏一时想起来，便叫了他两口儿到新房子里来预备二姐儿过来时服侍。那鲍二两口子听见这个巧宗儿，如何不来呢。再说张华之祖……

显然，这一段文字，将人物关系和前后情节，交代得清清楚楚。一、它说明鲍二原是贾琏一边的人，由贾琏派来服侍尤二姐和他，这才顺理成章。否则贾琏偷娶了尤二姐，却由贾珍派人来侍候他俩，这在情理上怎么可通呢？二、交代了多姑娘与贾琏过去的关系，也交代了她后来跟了鲍二的情节，这样与前面第二十一回、四十四回的情节贯穿了起来，使读者感到贾琏找这夫妻两口来服侍尤二姐是很自然的事。

上面是从版本系统和本回内容这两方面来看蒙古王府本和戚本的六十四回，并不比程甲本的好。

再说第二个问题，即六十七回用蒙古王府本来配补的问题。事情很有点奇怪，蒙古王府本从它的整体来说，是与戚本同一体系，格式相同，文字也基本相同，但偏偏就是这个六十七回，却一反其他各回的情况，竟与戚本大不相同而与程甲本同，致使此回的回前、回后都无总评，与其他各回完全不一样。有的同志认为这一回可能是用的晋本，因为晋本与程本同一体系而比程本早。但经仔细查对，此回决不是晋本，而是同程甲本。① 现在我们选取一段，把这两个本子作一对照，因为戚本与晋本的这一回基本上是一样的，所以我们把它放在一起，引文用晋本，圆括号（　）里的文字是戚本的增文，尖括号〈　〉里的文字是戚本所没有的文字。以下便是晋本、戚本六十七回的一段：

因丰儿对我说，二奶奶自（老）太太屋里回（房）来，不〈像〉（似）往日欢天喜地的，一脸的怒气，叫了平儿去，

① 按此回兴儿在讲到尤三姐自杀时，程甲本的文字是："昨日他妹子各人抹了脖子了。"程乙本开始把"各人"改为"自己"。蒙古王府本此回正作"各人"，故知为程甲本。又己卯本抄配的这一回作"自己"，故知为据程乙本的抄本所抄补。又陈仲笾《谈己卯本脂砚斋重评石头记》一文说："武氏抄补的这两回，与甲辰本（即晋本——引者）、科文本（即稿本）的这两回是一致的。"这段话里有两点错误：1. 己卯本里武裕庵署名抄补的只有六十七回，六十四回并未署名，其抄手的笔迹与武氏迥异，没有根据说这一回也是武裕庵抄补的。2. 说这两回都与晋本（甲辰本）同，不对。己卯本抄补的六十四回是用的程甲本，晋本虽大体上与之相同，但此回末尾却删去了程甲本的192字，换上了另一段文字（蒙府本、戚本同），这就使它与程甲本大大不同了，相反，倒是与戚本和蒙古王府本相同。至于六十七回，武裕庵是据程乙本的抄本抄补的，它与晋本的这一回是大不相同的，根本谈不上什么是"一致的"。

唧唧咕咕的说话，也不叫人听见，连我都撑出来了。你〈也〉不必〈去〉见，等我替你回一声儿就是了。因此就（便）着丰儿拿进去回了，出来说，二奶奶（说）给你们姑娘道生受，赏了我们一吊钱，〈我〉就回来了。宝钗听〈见〉了，自己纳〈了一会子〉闷，（也）想不出凤姐是为什么〈生〉（有）气。这也不表。且说袭人见宝玉〈回来〉，便问：你怎么不侄就回来了？你原说〈是〉约着林姑娘，〈你们〉两个同到宝姑娘处道谢去，（可去）了没有？宝玉说：你别问，我原说〈的〉是要会（着）林姑娘同去的，谁知到了（他）〈林姑娘〉家，他在〈房〉（屋）里〈头〉守着东西〈狠狠的不自在〉（哭）呢！我也知道林姑娘的那些原〈原〉故〈故〉的，又不好直问他，又不好说他，〈我〉只妆不知道，搭（答）讪道说别的宽解〈了〉（他），一会子才好了，然后方拉了他〈同〉到了宝〈姑娘〉（姐姐）那里道（了）谢。说了一会子闲话，方散了。我又送他到家，〈我〉才回来了。袭人说：你看送林姑娘的东西，比送〈你〉（我们）的（是）多（些）〈是〉少（些），还（是）一样呢？宝玉〈道〉（说）：比送我（们）的多着一两倍呢。袭人说：这才是明白人，会行事，宝姑娘他想别的姐妹（等）都有亲的热的（跟着），有人送东西。〈惟有林姑娘离家二三千里远，又无有一个亲人在这里，那有进东呢〉。况且他们两个，不但是亲戚，还是干姐妹，难道你不知道林姑娘去年曾认过薛姨太太作干妈（的），论理多给他些也是该的。宝玉笑说：你就是会评事的一个公道老儿。〈一面〉说（着）话（儿），〈一面〉便叫小丫头〈去〉取了拐枕来，要在床上歪着。袭人说：你不出去了，我有一句话告诉你。宝玉便问什么话？袭人〈道〉（说）：素日琏二奶奶待我很好，你是知道的。他自从病了一大场之后，〈我并没得去〉，如今（又）好了，我早就想着要到那里看看去，只因〈为〉琏二爷在家不方便，始〈终〉总没有去，闻说琏二爷不在家，你今日又不往那里去，而且初秋天气，不冷不热，一则看〈看〉二奶奶尽个礼，省得日后见了，受他的数落。二则借此〈也要〉 逛一逛，你同他们看着家，我去（去）就来。晴雯说：这都是该的。难得这个巧空儿。宝玉〈道〉（说）：我（方）才（说）为（他）议论宝姑娘，夸他是个公道〈之〉人，这（一）件事行的又是一个周到人了。袭人笑道；好小爷，（你）也不用夸（我）〈人〉，你只在家同他们好生顽，好歹别〈要〉睡觉，睡出病来，又是我担沉重。宝玉说：我知道了，你只管去罢。言毕，袭人〈遂〉（随）到自（己）房里（换了两件新鲜衣服），拿着〈靶〉（把）〈儿〉镜（儿）照着，抿了抿头，匀了匀脸上〈的〉脂粉，〈换了两件新鲜衣服〉，步出（下）房〈来〉，复又嘱咐了晴雯、麝月几句话，便出了怡红院，来至沁芳桥（上）立住，（望）〈往〉四下（里）观看那园中景致。时〈至〉（值）秋令，秋蝉鸣于树，草虫鸣于野，见这石榴花也开〈放〉（败）了，荷叶也将残上来了，到是芙蓉近着河边，都发了红舖的咕〈都〉（嘟）子，衬着碧〈纱〉绿的叶儿，到令人可爱。〈一壁里瞧着〉，一壁〈里〉（厢）下了桥〈走了〉不远，迎见李纨房里使唤的丫头素云，跟着〈一〉个老婆子，手里捧着〈一〉个洋漆盒儿走来。袭人便问往那里去，送的是什么东西？素云说：这是我们奶奶给三姑娘送去的菱角鸡豆。袭人说：这个东西还是咱们园子里河内采的，〈不知是〉（还是）外头买来的呢？素云说：这是我们房里使唤的刘妈妈，他告假瞧亲戚去带来（的）孝敬奶奶

〈的〉，因三姑娘在我们那里坐着看见了，我们奶奶叫人剥了
（让）他吃，他说才〈喝〉（嗑）了热茶了，不吃。一会
（儿）再吃罢。故此给三姑娘送了家去。言毕，各自分路
〈去〉（走）了。袭人远远〈的〉看见那边葡萄架底下有一个
人拿着〈担〉（掸）子在那里动手动脚的。

以上这一段约 1200 余字。下面再看蒙古王府本、程甲本六十七回
的一段，正文是蒙古王府本，圆括号（　）里的文字是据程甲本的增
文，尖括号〈　〉里的文字是据程甲本删去的文字：

莺儿走近前一步，挨着宝钗悄悄的说道："刚才我到琏二
奶奶那边看见二奶奶一脸怒气，送下东西出来时悄悄的问小
红，说：'刚才二奶奶从老太太屋里回来，不是（程本作
"似"）往日欢天喜地的，叫了半（程本作"平"，是）儿去唧
唧咕咕的不知说了些什么。'看那个光景，倒像有什么大事的
是的。姑娘没听见那边老太太有什么（事）？"宝钗听了，也
自己纳闷，想不出凤姐是为什么有气，便道："各人家有各人
〈家〉的事，咱们那里管得？你去倒茶去罢。"莺儿于是出来
自去（倒茶）不提。且说宝玉送了黛玉回来，想着黛玉的孤
苦，不免也替他伤感起来，因要将这话告诉袭人。进来时却只
有麝月，秋纹在房中，因问："你袭人姐姐那里去了？"麝月
道："（左）不过在这几个院里，那里就丢了他？一时不见就
这样找！"宝玉道："不是怕丢了他，因我方才到林姑娘那边，
见林姑娘又正伤心呢。问起来，却是为宝姐姐送了他东西，他
（看）见是他家乡的土物，不免对景伤情。我要告诉你（袭）
人姐姐，叫他闲时过去劝劝。"正说着晴雯进来了，因问宝玉

道："你回来了，你又要（叫）劝谁?"宝玉将方才的话说了一遍。晴雯道："袭人姐姐才出去。听见他说要到琏二奶奶那边去。保不住还到林姑娘那里。"宝玉听了便不言语。秋纹倒了茶来，宝玉嗽了（一）口，递给小丫头子，心中着实不自在，就（随）便歪在床上。却说袭人因宝玉出门，自己作了回话（活）计，忽想起凤姐身上不好，这几日也没有过去看看，况闻贾琏出门，正好大家说说话儿，便告诉晴雯（："好生在屋里，别都出去了，叫宝玉回来抓不着人。"晴雯）道："嗳哟！这屋里单你一个人记挂着他，我们都是白闲着混饭吃的!"袭人笑着，也不答言就走了。刚来到沁芳桥畔，那时正是夏末秋初，池中莲藕，新残相间，红绿离披。袭人走着，沿堤看玩了一回，猛抬〈起〉头，看见那边葡萄架底下有人拿着弹（掸）子在那里弹（掸）什么呢。

以上一段约600余字，大体上只有上面一段的一半。上面列举的就是晋本、戚本与蒙古王府本、程甲本的六十七回中起讫都相同的两段文字，但是对照之下，可见两者的相距多么大。由此可证，蒙古王府本里的六十七回，用的确是程甲本系统的文字而不是晋本。为了说明问题，这里不妨再举一例：蒙古王府本的六十七回有一处脱文，这一处脱文的脱接处剩下了半句，这半句话，用程甲本的文字，可以接上，完全合拍，用晋本或戚本的文字，就根本无法相接。现将蒙古王府本的这段文字加上程本的补文，录示于下：

宝钗听了，并不在意，便说道："俗语说的好，天有不测风云，人有旦夕祸福，这也是他们前生命定。（前日妈妈为他救了哥哥，商量着替他料理，如今已经死的死了，走）的走了。依我说……

这括号里的文字，就是程甲本的文字，补进去完全合适。但如果用晋本或戚本来接补，就无法接上，晋本的这段文字是这样的（本段引文戚本与晋本只差末句的一个字，戚本多出一个"了"字）：

前生命定，（活该不是夫妻。妈所为的是因有救哥哥的一段好处，故谆谆感叹，如果他二人齐齐全全的，妈自然该替他料理，如今死的死了，出家的出［了］家了）的走了。

这圆括号里的，就是晋本和戚本的文字，请看这段文字，上句与"前生命定"是可以相接的，但下句"出家的出（了）家了"与蒙古王府本脱接的半句残文"的走了"怎么接得起来呢？由此可见，这个被认为是与程本接近的晋本，偏偏是这个六十七回，却与程本风马牛不相及。

以上说明了重新影印的庚辰本六十七回，虽然用了蒙古王府本来配补，实际上却仍旧是程甲本系统的文字。但是，用程本的六十七回（还有前面的六十四回）来配补，我认为并不成问题，问题在于这个蒙府本的六十七回，抄得太不负责任了。这一回用程甲本对校，据很不精确的统计，错漏之处，竟达225处以上（错、漏一处，即作一处算，不管它错多少字，一处错20个字也作一处算，错一个字也作一处算，这样计算只是为了省事，了解一个大概）。脱字多的共六处，计脱21字的三处，脱22字的一处，脱26字的一处，脱42字的一处。至于脱三五字到一二字的，就举不胜举了。还有抄错的，有的错得实在太可笑，如柳湘莲跟疯道人出走后，薛蟠城里城外到处找都没有找着，他后来对伙计们说："不怕你们笑话，我找不着他，还哭了一场。"蒙古王府本的抄者，竟把"哭"字错抄成"笑"字，变成"笑了一场"。这样的错误，实在令人啼笑皆非。由此可见，与其用错漏得这么严重的名义上是蒙古王府本，实质上是程甲本的六十七回来配补，还不如仍用己卯本里武裕庵抄补的那一回（包括前面的六十四回，也可以用己卯本里配补的那一回，武裕庵的抄配比较认真，错漏较少；己卯本六十四回抄得也较认真，错漏也较少）。

　　这里，有一个问题要加以说明。我们在上面所说的程本的六十四回和六十七回，其意思并不是说这两回是程伟元和高鹗续作的，而是说最早被程伟元和高鹗收入他们的木活字本《红楼梦》里的这两回。大家知道，在程、高的木活字本以前，社会上早已有了一百二十回的《红楼梦》抄本流传。至于八十回的抄本，则在曹雪芹还活着的时候就传抄了。六十四、六十七这两回，属前八十回，它应该是与前八十回的脂评本一起传抄的。因此，虽然己卯、庚辰两本缺此两回，并不等于根本没有这两回。现存的蒙古王府本、戚蓼生序本、南京图书馆藏本（宁本）、梦觉主人序本（晋本）、红楼梦稿本（稿本），以及南京出现的扬州靖氏藏本和现在苏联的那个抄本，这七个抄本，前八十回里都保存着这两回，靖氏藏本和现在苏联的那个本子，都未目见，且放在后边再论，就以上这五个本子来说，恰好这五个本子分成了两个体系，就整体来说，蒙、戚、宁本是一个体系，稿本是另一个体系，它大体上同于程、高本，而晋本则是己卯、庚辰与程本这两者的中间状态的本子而更接近程本。但是就六十七回来说，蒙本又属稿本及程、高本的体系，而晋本又同于戚本（见前所引）。至于六十四回，除了最后一段，蒙本、戚本、晋本比起程本来，它改易了程本192字外，其余部分，文字差异处虽然很多，但就这回的总体来说，仍很接近于程本。因此，我认为：一、这六十四、六十七两回，决不是出于程、高的续作，程伟元、高鹗在乾隆五十七年（壬子）作的《红楼梦》木活字本的《引言》里说："是书沿传既久，坊间缮本及诸家所藏秘稿，繁简歧出，前后错见。即如六十七回，此有彼无，题同文异，燕石莫辨。兹惟择其情理较协者，取为定本。"这一段话，证之现在所见的以上这些当时的抄本，确是事实。因此我认为程、高本里的六十四、六十七两回，确是采自当时流传的抄本里的"旧文"，而不是他们续作或补作的新文。二、程伟元说是"择其情理较协者"，现在来看，我认为程本这两回比起蒙、戚、晋各本的这两回来，无论是思想性和艺术性，都要高出好多。那末，这个"旧文"旧到什么程度，是曹雪芹的原作呢？是脂砚斋的续补呢？还是另有人续呢？这个问题没有足够的资料，难以论定。但是就其思想性和艺术性来说，如果说这两回是"续补"的话，那末这个续补者的手段确乎是高明的，简直可以说，他的手段并不亚于晴雯之补孔雀裘。另外，我还认为戚本系的这两回，确乎是很糟的，是恶札。三、有没有可能，这个六十七回的"旧文"，确是来源很早，是迷失而复出者呢？从曹雪芹逝世前此两回的丢失，经过若干年后，它的旧本，即当时的过录本，却又复现于世了。在程伟元说的六十七回"题同文异"、"燕石莫辨"的各种抄本里，就有一种是真正当时的旧文，程、高"择其情理之较协者"确是被他"择"对了，有没有这种可能呢？鉴于己卯本的三回又两个半回散失了百年以上又重新复现于世，则上述这种推测，在程、高排印木活字本的时代，在距曹雪芹逝世只有二十多年的当时，也不能谓其必无。

（四）关于脂本《石头记》六十四、六十七回
的缺失和重出的情况的推测

关于脂本《石头记》六十四、六十七两回的缺失和重出的情况，我试作如下的推测，既然是推测，当然就未必能全合乎事实，但把我的推测写出来，对这两回的问题的探讨，也许可以提供一些有助于思索的资

料。我推测这两回从有到无和从无到有的过程，大致可能有以下这些阶段：

1. 这两回未缺失的阶段。这个问题，首先是要弄清楚曹雪芹当时写了这两回没有。有的同志说："可以设想曹雪芹生前已有这回故事的纲领或是初稿，并同朋友们商量过，或传阅过，但曹雪芹没有最后写出就逝世了，他的朋友仅凭自己留下来的印象或资料补写了出来，以致产生了差异，这是可能的。"① 我认为这样的"设想"是不符合这一个完整故事的构思情况和写作实际的，也是没有根据的。只要看一看这几回前后的情节，就可以了解这两回当时是不可能不写的。从六十三回下半回"死金丹独艳理亲丧"起，写贾敬的死，然后尤氏因为丧期无人照料，便把尤老娘和尤二姐、尤三姐接来，到六十五回一开头，就是贾琏偷娶尤二姐了。这中间如果没有六十四回下半回的贾琏与贾蓉商量偷娶尤二姐以及"浪荡子情遗九龙珮"等情节的话，前后文就根本联不起来。六十五回是集中写贾珍、贾琏、贾蓉三个坏家伙和二尤，写尤三姐在大闹之后，要自择终身。六十六回则写尤三姐的悲剧和柳湘莲的归结，然后是六十七回的"闻秘事凤姐讯家童"。这是承接六十四、六十五、六十六回而来的，同时下面又紧接六十八回的"苦尤娘赚入大观园，酸凤姐大闹宁国府"。六十九回的"弄小巧用借剑杀人，觉大限吞生金自逝"，结束了尤二姐的故事。可以说从六十三回直到六十九回，这七回书是一环扣一环，扣得很紧的，是一个完整的故事，作者在构思时也是作为一个完整的故事，一个整体的结构来构思的，它决不可能是零零星星的情节的拼凑。既然是一个完整的故事和一个整体的结构，那末，怎么可能在进行具体写作时，中间反倒中断两回，然后又往下写

---

① 陈仲笪：《谈己卯本脂砚斋重评石头记》。《文物》1963 年第 6 期。

呢？这样的写作方式，可以说是闻所未闻。如果这两回是各自独立的小故事，与上下都无紧密的联系，失去这两回上下都不影响情节的发展；如果是这样，那当然是另一回事了，但现在的情况与此完全相反，中间如果缺了六十四、六十七两回，则情节的发展完全断了，怎么能继续往下写呢？过去胡适曾说过《红楼梦》是跳着写的，并不是一回回接着写的，这纯粹是臆测，后来《红楼梦》的其他抄本的出现，就彻底粉碎了他的这种猜测。

再从这两回的版本情况来看，除开已经分析过的蒙、戚、宁、晋、稿五种有这两回的抄本以外，前面已经提到的扬州靖氏藏本和现在苏联的那个抄本也都有这两回。

现在我们先谈六十四回。

靖本六十四回在宝黛说话一段有一条侧批，原文已错乱得不可卒读，全文云：

> 玉兄此想周到，的是在可女儿工夫上身左右于此时难其亦
> 不故证其后先以恼况无夫嗔处。

这段批语虽然无法读通，但它却证明了这个六十四回是有批语的。

现今在苏联的那个抄本的六十四回，据了解，回目作："幽淑女悲题五美吟，浪荡子情遗九龙佩。"后有题诗曰：

> 深闺有奇女，绝世空珠翠，情痴苦泪多，未惜颜憔悴。哀
> 哉千秋魂，薄命无二致，嗟彼桑间人，好丑非其类。

在这回的正文前，还有一段回前评，起提示的作用，抄写同正文。

全文云：

> 此一回紧结贾敬灵枢进城，原当补叙宁府丧仪之盛，但上
> 回秦氏病故，凤姐理丧，已描写殆尽，若仍极力写去，不过加
> 倍热闹而已。故书中于迎灵送殡极忙乱处，却只闲闲数笔带
> 过，忽插入钗玉评诗，琏尤赠珮一段闲雅风流文字来，正所谓
> 急脉缓受也。

这一段文字与蒙本、戚本只差两个字，蒙、戚两本作"紧接"（蒙本"接"字作"搂"），此本作"紧结"；蒙、戚两本作"佩"，此本作"珮"（蒙本回目作"珮'，此本回目反作"佩"）。在这回的回末作：

> 正是：只为同枝贪色欲，致教连理起戈矛。

这两句回末诗对与蒙本全同，戚本则作"起干戈"。

这一回的字数，我据报道的材料认真推算现在苏联的抄本这一回的字数，大约是9360字上下，与蒙本的这一回9000字相差不多，很可能苏联藏本这一回的实际字数，完全同于蒙本。

另外，现在蒙、戚、晋三本的六十四回，也都有相同的批语。其一是注文，在"龙文鼐"一词之下注云："子之切，小鼎也。"这条注文只有蒙、戚两本有，其他各本均无。[1] 在"五美吟"后面的批语是："五美吟与后十独吟对照。"这条批语蒙、戚、晋三本有，其他各本无。

---

[1]　俞平伯《脂砚斋红楼梦辑评》，六十四回"龙文鼐"下的注文，只举有正本，漏掉了蒙本，《五美吟》的批语，只举甲辰（晋本）、有正两本，漏掉了蒙本。香港陈庆浩编《新编红楼梦脂砚斋评语辑校》照抄俞辑，同样两条都漏举蒙本。

前边已经说过蒙、戚、晋三本的这一回是一样的，实际上是据程甲本的底本一系的抄本删改的。那末，根据以上这些批语、总评、回末诗对来看，一、它与《红楼梦》的早期抄本己卯、庚辰两本中有批语、总评、诗对的各回的格局是一致的，此可证本回确是脂评系统的曹雪芹的旧文。二、从它的字数来看，我认为上述七个本子的六十四回，除靖本难以判断外（我认为它与其余六个本子也可能是一样的），其余六个本子，实际上都是程本系统的抄本的删改本（它的底本可能就是曹雪芹的旧文）。

苏联藏本在这回末，还有"红楼梦卷六十四回终"一行字，六十三、七十二两回回末也有同样的题字。这一点又不同于蒙本而接近于己卯本的三十四回。但己卯本这一回的这一行字，我认为不是与正文一起抄下来的，而是后来添上去的，它并非己卯本的底本所有。这一点也证明了苏联那个抄本的时代不会早。

至于六十七回，靖本竟有四条批语：

（1）（此）四（回）撒手乃已悟是虽眷恋却破此迷关是必何削发埂峰时缘了证情仍出士不隐梦而前引即秋三中姐（回前批）（周汝昌同志校云："末回'撒手'，乃是已悟；此虽眷念，却破 迷关。是何必削发？青埂峰证了前缘，仍不出士隐梦中；而前引即〔湘莲〕三姐。"）

（2）宝卿不以为怪虽慰此言以其母不然亦知何为□□□□宝卿心机余己此又是□□（宝钗劝慰薛姨妈句侧批。前四字不清，后两字蛀去。）

（3）似糊涂却不糊涂，若非有凤缘有根基之人，岂能有此□□□姣姣，册之副者也。（墨眉，三字漶漫不清。）

（4）岂是犬兄也有情之人。（"向西北大哭一场"墨眉）①

（庸按：此句似应是："獃兄也是有情之人。"）

现在苏联的那个本子，据报道来分析，可能是没有批语，其字数据报道来推算，约10620字，与戚本的本回10500字差不多。据此，大致也可以看出这一回很可能是戚本的文字，因为程本这回的字数只有7800字左右。然而具有四条批语的靖本的六十七回，是大可注意的。它同样证明了这一回可能是脂评系统的曹雪芹的旧文。结合起前面的那些分析来，我认为上述这些资料，增加了说程本系统的这两回可能是曹雪芹的旧文重出的论据。②

2. 这两回开始缺失。这两回是在怎样的情况下缺失的，现在没有任何资料可供研究。但据己卯、庚辰等本的抄写情况来看，很可能是在传抄过程中，因为是一册册借出来传抄的（每十回一册，六十四、六十七两回在第七册），这一册借出来后，一般都是拆开来分回、有的甚至分页抄写的（己卯本就是有分页抄写的部分），只有少数篇幅是一人抄一回以上，在这种情况下，就很容易丢失，脂砚斋就讲过有后部的

---

① 以上四条批语，第一条回前批似是针对上回末柳湘莲削发出家的事；第二条侧批是针对宝钗劝慰薛姨妈的情节，现这个情节程本和戚本系统的本子都还保存着；第三条眉批看不出是针对哪一情节，也许这情节已被改掉了；第四条眉批是针对柳湘莲走后，薛蟠找不着柳湘莲，哭了一场的情节。批语后面"向西北大哭一场"是戚本文字，并非靖本原文，是这些批语的整理者借用戚本的文字以指明批语的大概位置的，并不能证明靖本本回的文字同戚本。这哭了一场的情节，在程本中，在薛蟠请伙计们喝酒时，曾说："不怕你们笑话，我找不着他，还哭了一场呢。"所以这条批语也可能就是针对这段话的。总之，以上四条批语并不能说明靖本此回文字同戚本。

② 这里附带要说一下，我认为现在苏联的那个抄本，是几个本子拼起来的，其抄走的时代最早也只能在乾隆末或嘉庆初年。它的六十四、六十七两回，实际上同于戚本（蒙本的六十四回与戚本同）。因此可证它的六十四回是程本系统经过删改的文字，它的六十七回则是戚本系统的文字。

"五、六稿被借阅者迷失"。也许这六十四、六十七两回当时分给一个或两个人分头抄写了（当然是指在怡府过录己卯本抄写以前），后来不慎就丢失了，以致这第七册就少了这两回。

3. 这两回的重出。经过了缺失的一个阶段以后，这两回又重出了。但这个"重出"，有两种可能：一种是原丢失的这两回（或它的过录本）又先后找出来了，如属这种情况，则这两回的文字，都属曹雪芹的"原稿"，这是一种可能。另一种可能，则是这两回经一段时间的缺失后，又有另一位高手把它续补上了，而且先有六十四回，六十七回出现的时间更晚。因为在现存最早有这两回的蒙古王府本里，这两回的情况是完全不同的，六十四回已经与其他各回的形式完全统一，回前回后都有总评，① 但六十七回却与其他的七十九回迥然有别，前后都无总评，光头秃脑，在蒙府本里这一回显得很突出。很明显蒙本的这一回是临时抄补进去的，在蒙本所据的底本里，很可能还没有这一回。另外，程、高在排木活字本时，也提到六十七回"此有彼无，题同文异"，可见到乾隆五十六年时，这六十七回有的本子还缺，但六十四回已不成问题了，故程、高对此回的有无一字不提。由以上两点，可以明确看到，这两回的出现，还有先后，六十四回在先，六十七回在后。也正是由于这种特殊的情况，我还不大相信这回是另一高手续补的说法。因为如是另人续补，就不大可能只续六十四回而不续六十七回；更不大可能续的水平居然能与原著不相上下，不仅情节上的前后密合无间，人物的思想性格前后统一又有发展，而且语言文字之简练深刻，与其他肯定是曹雪芹的原著的各回的风格，确实难以区别。所以我倒认为这两回很有可能是

----

① 前述现在苏联的那个抄本六十四回回末无诗评。现戚本系此回回末的两首诗，一支曲的总评，是从蒙本开始的。戚本系有这种回末诗评的还有以下各回：3、17、21、24（曲）、25、26（曲）、27、28、29、30、32、37、44。很可能戚本系这回回末的诗评，是从蒙本开始后加上去的。

曹雪芹的旧文的重出，可能先出现六十四回，后来原先另人丢失的六十七回或它的过录本又出现了，因此又补上了六十七回。

这里要明确一点，我们这里所说的可能是原稿（或其过录本）的重出的六十四、六十七回，是指后来被程、高收入木活字本（程甲本）里的两回文字而不是指戚本、晋本的这两回文字，当时是以抄本的形式并且是在一部八十回的抄本里出现的。

4. 这两回先后出现的过程中，因六十四回先出，就有人将六十四回加以删改，纳入一个经过加工删改的抄本里，这个抄本就是蒙古王府本的祖本。与此同时，六十四回未被删改的抄本也仍在传抄流传。此后不久，六十七回又出现了，这时大约正在蒙古王府本过录之前或过录的过程中，过录者为了补缺，就把这一回照原样抄了进去，以致回前、回后都无总评，与其他的七十九回截然不同。由于当时是临时采入的，故未能加以改编以统一体例，也由于是临时采入的，抄手也抄得很草率，以致抄漏很多，但很明显是属于抄错抄漏而不是删改。与这个蒙古王府本抄成的同时，当时社会上另有一种八十回的抄本，是此两回未被删改的，它保持了这两回初出现时的文字的原样。这就是后来程、高本的六十四、六十七回的祖本。

5. 蒙古王府本再衍而为戚蓼生序本。这两本的文字和形式，基本上一样，但在蒙府本里前后都无评的六十七回，到戚本里，前后仍无总评，形式与蒙本的六十七回完全一致，了无区别，但却对这回原文，进行了大规模的删削和改写，其改动量约计占三分之二以上。这种改动，显然是伪作，其文字之拙劣，只要加以对比，就很容易看出来的。南京图书馆藏的抄本（宁本），则是戚本的姐妹篇。

在乾隆五十六年前一段时间，这两种不同体系的抄本都在流传。所以使人有"坊间缮本及诸家所藏秘稿，繁简歧出，前后错见，即如六十七回，此有彼无，题同文异，燕石莫辨"的感觉，这一段话，明确地指出了六十七回在当时已有不同的文字了，我认为这就是指的戚本系统的删改过的本子。

6. 乾隆五十六年，程、高排木活字本的时候，"择其情理较协者取为定本"，因为程、高所用的底本不是经改编的脂评本戚本系统的抄本而是未经改编的脂评系统的抄本（我认为它可能是庚辰本的系统，有的同志说是甲戌本的系统，我还没有腾出时间来仔细勘核，不敢论定），所以采取了这两回未经改动以前的原文。因此，程、高的本子虽然后出，但他们所据的底本是很早的一个脂本。其中的六十四、六十七两回，虽然后出，但很有可能是脂本系统的旧文的复得。问题是他们对八十回的文字，在排印时为了要与后四十回"统一"，就进行了大量的删改。到了次年，改印程乙本的时候，又一次地进行了删改，在这两次程、高的删改中，这两回有没有被删改或删改得严重不严重，这个问题，也因为缺乏资料，殊难论定。但我倾向于正文删改不大，可能主要是删去了这两回的全部正文以外的批语、总评等等。

7. 有一种说法，影印的《乾隆抄本百廿回红楼梦稿》，是高鹗删改前八十回和续补后四十回的一个稿本。这个论点，证之以蒙古王府本的六十四、六十七回，就有问题。蒙、戚、程甲这三本，蒙本最早，戚本（指它的底本）次之，程甲本印成是乾隆五十六年，后一年（也就是印程乙本的时候），正好就是戚蓼生的卒年。则可见戚本抄定的时间（这个时间自然又早于戚氏得到此抄本的时间）要早出程甲本相当的时间，也许要早出十年来，蒙本则更早于戚本，具体早多少年时间还很难确定，但早出几年是大致不成问题的。这样来推算，则蒙本的祖本即始改六十四回的那个本子，还要稍前一些。这样看来，至晚大约在乾隆三十多年六十四回就已经出现了。到乾隆四十年前后，六十七回也出现了，程伟元说"是书沿传既久，坊间缮本及诸家所藏秘稿"云云，这是乾隆五十七年的话，既说"沿传既久"，从乾隆三十多年到五十七年大约二十多年，也不可谓之不久，所以语气是相合的。这样看来，六十四、六十七两回，先后在乾隆三十多年到四十年前，就都已先后问世了。蒙府本的抄定时间，虽不能确定，但在乾隆四十年或前或后是不成问题的，这一时间，与这个本子里已有六十七回的情况也是相符合的。

为什么要费劲地去讨论蒙府本的抄定时间呢？因为这是问题的关键。现在稿本里六十七回的旁加文字（尤其是末两页，即该回的第六页末行到第七页的前后两面），在蒙本里都是正文。稿本此回的旁改文字，如是高鹗的改文，则高鹗改《红楼梦》的时间，要早到在蒙本的六十七回之前，即乾隆四十年前后甚至更早一点。乾隆四十年，高鹗才三十八岁，根据他的四十四首《砚香词》作于"甲午迄戊申"，乾隆三十九年到五十三年，也即是高鹗三十七岁到五十一岁，则高鹗始作《砚香词》的时候，也应该就是他改六十七回的时候（三十七八岁或更小一些）。六十七回讯家童一节文字之老辣，犹如酷吏之断狱，那是大家能欣赏得到的。就是这整回文字，也是与《红楼梦》的前八十回相称的，与戚本的文字则根本不同，只要比较一下，高下立见。这个三十七八还在热衷于功名并作冶游之行的高鹗，能续改出六十七回这样的文字来吗？既然（假定）改出这样好的文字，为何后四十回又一蹶不振，完全泄了气呢？问题很明显，蒙本的祖本将当时出现的六十四回略加改删补入该书，蒙本过录时或前又得了六十七回，未及加以整饰即抄入该书，但抄漏了不少地方。稿本的六十四回则是直抄蒙本，旁加的文字则是据"程本"或"程本"六十四回的祖本。稿本的六十七回，则是据的被略删过的程本系统的本子，旁改的文字，则是据的"程本"或"程本"六十七回的祖本。

既然稿本的六十四、六十七回的旁改文字早已见之于蒙本的正文，证明它根本不可能是高鹗的改笔，那末，稿本上其余笔迹与此相同的文字，难道说它是高鹗的改本倒可以不成问题吗？

五、应该充分评价庚辰本

毛泽东同志在他的马克思列宁主义的不朽巨著《论十大关系》中说："我国过去是殖民地、半殖民地，不是帝国主义，历来受人欺负。……除了地大物博，人口众多，历史悠久，以及在文学上有部《红楼梦》等等以外，很多地方不如人家，骄傲不起来。"毛主席对《红楼梦》的这种高度评价，对一部文学作品来说是空前的，对这位伟大的古典作家曹雪芹来说，是无上的光荣。的确，《红楼梦》这部书，对于我们伟大的祖国和伟大的人民，是一种骄傲，是我们对于全世界人民的先进文化作出的伟大贡献。曹雪芹，这个具有非凡思想和杰出才华的巨人，对于他的时代来说，是一颗闪射着奇光异彩的明星。是他对那个表面上正在"鲜花着锦，烈火烹油"的封建社会的黑暗王国，发出了大厦将倾的预言；是他对那个封建的男权社会发出了女尊男卑的惊世骇俗之论；是他把表面上粉饰得像田园诗一样的和平宁静和康乐的封建社会，它的上层和上层，上层和下层之间的矛盾，揭露得淋漓尽致，纤毫毕露；是他对封建的意识形态孔孟之道和它的变种程朱理学，作了辛辣的嘲讽和猛烈的抨击；是他对封建社会里至高无上的封建皇权进行了无情的揭露和大胆的挑战；是他塑造了两个封建阶级的叛逆者，歌颂了他们具有叛逆性质的爱情，揭示了这个阶级的内部分化和不可避免的必然崩溃的历史命运。作为一个思想家和艺术家的曹雪芹，他的那支笔，具有强大的批判力量和永久的生命力。他所创作的这部不朽巨著《红楼梦》，是他献给我们伟大祖国和人民的一笔巨大的精神遗产。曹雪芹在他的著作的开头，就发出了深沉的、痛苦的叹息："满纸荒唐言，一把辛酸泪；都云作者痴，谁解其中味！"他深恐自己的思想和痛苦不被人理解。曹雪芹的忧愤，经历了二百年，终于可以解除了。但他哪里想得到，真正能够理解他的这部巨著的，不是脂砚斋，不是畸笏叟，不是封建阶级，更不是资产阶级，而是伟大的人民。

曹雪芹是不幸的，然而又是幸运的。他生活得穷愁坎坷，潦倒以终，"千古文章未尽才"，没有能把这部巨著写完，这是他的不幸。然而，他的这部呕心沥血的著作，不仅终于传下来了，而且有这么多的抄本，其中有的仅次于他的亲笔手稿，从这一点来说，他又是幸运的。

目前流传的接近和比较接近于他的手稿的乾隆时代的抄本，就有 12 种之多，其中有四种是残缺得很多的。在这 12 种抄本中，本书所论述的庚辰本，是最接近于手稿（可以说仅次于手稿）、最接近于完整的一部稿子，在现今流传的 12 种抄本中，具有特殊重要的意义，这是一部十分珍贵的巨大的历史性文献。联系本文上面的分析，概括说来，庚辰本有以下这许多特点和优点：

（一）庚辰本是曹雪芹生前最后的一个本子

这部过录的庚辰本，它的最初的底本，是乾隆二十五年（1760 年）的改定本，这时离开曹雪芹的去世只有三年了（曹雪芹卒于乾隆二十七年壬午除夕，按公元是 1763 年 2 月 12 日）。截至现在，我们没有发现比这更晚的曹雪芹生前的改定本，因此，可以说这个"庚辰秋月定本"，是曹雪芹生前的最后一个改定本，也是最接近完成和完整的本子。

（二）这个本子是据己卯本过录的

这个过录的庚辰本在过录的时候，已经把己卯本上朱笔旁加的庚辰秋定的文字，在这本上抄成了正文。所以它已经是"庚辰秋月定本"。这个本子，是据一个完整的（内缺六十四、六十七两回）过录的己卯本过录的，它决不是什么用四个不同的本子拼凑起来的"百衲本"或"集锦本"，它的过录者也决不是什么"书贾所雇的钞者"。这些说法，对这部不朽的文献是一种损害。那末，己卯本的底本（这里不是指怡府过录的己卯本而是指己卯原本）又是什么呢？我认为，它就是那个"乾隆二十一年五月初七日对清"的"丙子本"。很可惜，现在的过录己卯本已经散失了近一半了，而这些带有重要的历史记录的几回，都在散失之列。但根据本书第一部分所列的庚辰、己卯两本的一系列的共同特征来看，己卯本的散失部分内，必然会有与庚辰本相同的这些题记，如："乾隆二十一年五月初七日对清"，"此回未成，而芹逝矣，叹叹！"等等。因为庚辰本是忠实地过录己卯本的，连行款都基本上一样，因此现在庚辰本上上述这类重要题记，在过录的己卯本上不可能没有（详见附表二）。由此，我们可以推测出来，己卯本以前的底本，应该是这个"丙子本"。这就是说，丙子、己卯、庚辰这三个不同的本子，最初是一个底本，丙子本经己卯冬月的重定和加批，就成为己卯本，并经人传抄了出来。己卯本又经庚辰秋月的重定，便成为庚辰本，又经人传抄了出来。这三本的原始底本，就是一直在脂砚斋和曹雪芹手里不断加批和重定的本子，正是由于这个原因，所以在这个庚辰本上，会保留丙子、己卯、庚辰这三个对于《红楼梦》来说具有重要的历史意义的纪年。这三个纪年汇集在这个本子上，决不同于从别本的转录，而是原来就是在这三个本子的共同祖本上的重要历史印记。

（三）这个本子保留了脂砚斋等人的不少批语

由于上述原因，这个本子上保留了不少脂砚斋和畸笏叟等人长时期批阅本书时的署名的随记和具有特殊意义的批语。具有"脂砚"、"脂研"、"指研"或"脂砚斋"署名的批语，最早见于己卯本的正文下的双行小字批语，庚辰本过录时，照原样过录了下来。另外，庚辰本上又增加了署"脂砚斋"或"脂砚"、"畸笏"、"畸笏叟"的朱笔行间批及朱笔眉批。具有署名的"脂批"，可以说主要集中在庚辰本上。甲戌本上有些批语也极重要，并且也可肯定是"脂批"，但却无署名，有的在文中用到了"脂"字，如说："今而后惟愿造化主再出一芹一脂，是书何本（幸），余二人亦大快遂心于九泉矣。甲午八日泪笔。"这显然是脂砚斋的批语，但无署名。所以己卯、庚辰两本上带有大量的脂砚、畸笏等人的署名的批语，是此两本的一大特点和优点，集中在庚辰本上的这些署名脂批，是研究《红楼梦》的一批珍贵资料，由于它的存在，也大大增加了此本的重要性。

　　这些批语中，最早的一条随记，就是七十五回前乾隆二十一年的那一条。除前面已经引过的那段文字外，还有"缺中秋诗，俟雪芹"等批语和可能是试拟的回目。其次，是没有纪年的二十二回末的末批："此后破失，俟再补。"它告诉了我们这回的末尾曹雪芹写好后又被"破失"了，并在下页上墨笔随记说"暂记宝钗制谜云"，然后就写下了那首七律。显然这是因末尾破失之后追忆起来的文字，怕以后忘记，故"暂记"在下面。再就是十七、十八回的朱笔眉批："树（前）处引十二钗总未的确，皆系漫拟也。至末回警幻情榜，方知正副再副及三四副芳讳。壬午季春，畸笏。"朱笔行间批："园中诸景最要紧是水，亦必写明方妙，余最鄙近之修造园亭者，徒以顽石土堆为佳，不引泉一道，甚至丹青唯知乱作山石树木，不知画泉之法，亦是误事。脂砚斋。"二十回朱笔眉批："茜雪至狱神庙方呈正文，袭人正文标昌（按：应是"目曰"两字）'花袭人有始有终'。余只见有一次誉清时与狱神庙慰宝玉等五、六稿被借阅者迷失，叹叹！丁亥夏，畸笏叟。"二十六回的墨笔眉批："狱神庙回有茜雪红玉一大回文字，惜迷失无稿，叹叹！丁亥夏，畸笏叟。""惜卫若兰射圃文字迷失无稿，叹叹！丁亥夏，畸笏叟。"二十七回的朱笔批语："此系未见抄没狱神庙诸事，故有是批（指在这段批语前面的一段批语）。丁亥夏，畸笏叟。"以及二十二回末的墨笔批语："此回未成而芹逝矣，叹叹！丁亥夏，畸笏叟。"等等，等等。乾隆二十一年曹雪芹还活着，批者还等他来补中秋诗，但是到乾隆三十二年（丁亥）曹雪芹早已逝去，批者面对着这一大堆断简残篇，不能不发出深深的感叹。我们现在来读这些批语，仍能亲切地感受到曹雪芹创作这部巨制的甘苦，感受到当初曹雪芹创作和脂砚斋、畸笏叟等人评批此书时的某种历史生活气息，并且清楚地了解到此书有几处短残的情况以及八十回后创作的大概情形。批语还透露了曹雪芹家庭败落的某些消息和本书创作的某些背景以及书中某些人物、情节的生活依据。特别是五十二回末"只听自鸣钟已敲了四下"句下的双行批语："按四下乃寅正初刻，寅此样（写）法避讳也。"明确提出了作者避"寅"字的讳，这对于证实此书确是曹雪芹所作，是十分重要的资料。以上这些，对于我们研究曹雪芹和他的《红楼梦》，都是十分珍贵的第一手资料。这些批语，有力地说明了它的原底本，是直接从曹雪芹和脂砚斋的手稿本上抄下来的，它绝不同于后来那些转辗过录甚至加以大量删改增补的本子。

（四）庚辰本遗留的许多残缺的情况

对于一部完整的小说来说，庚辰本遗留的许多残缺情况，未免是一种缺陷。但是对于我们研究这个伟大作家的创作思想、方法以及这部小说的修改过程等等，却又有它的好处。我曾经说过，曹雪芹如果把这部书写完并且最后修改定稿，毫无疑问，这部书将成为在艺术上具有无比的完美性的一件无缝的天衣，现在曹雪芹给我们留下来的，却是一件未缝完的天衣。"鸳鸯绣了从教看，莫把金针度与人。"看绣完成的鸳鸯，美则美矣，可惜已经灭却针线痕迹。看曹雪芹的这部未完成的巨著，特别是看到他反复修改的地方和至今残缺之处，简直使你仿佛感到作者的墨渖未干，泪痕犹在。因此，此书残缺不全的情况，对于了解曹雪芹的创作过程和修改情况来说，又反过来为我们提供了线索。特别是对那些后出的已经弄得"完美无缺"的抄本和刻本来说，此书的残缺，恰好成了一种对照，至少可以让我们十分具体地知道，哪些地方曹雪芹生前并未补完，是后来的人续补的。这一点，对于研究《红楼梦》来说，也是至关重要的。

（五）这个抄本是仅次于作者手稿的一个抄本

在这个抄本上，保留着许多有关作者和此书的抄写、重定、批阅的历史记录。在这一系列的历史记录中，"脂砚斋凡四阅评过"和"庚辰秋月定本"这两条题记，具有重要的历史意义，[①] 对于研究此书的成书过程和脂砚斋的批阅情况，是极为重要的第一手资料。没有前一条，我们就无从知道己卯本和庚辰本是属于脂砚斋几阅评过的本子；没有后一条，我们也无从具体地知道曹雪芹和脂砚斋继己卯年后在庚辰年又"重定"过此书；因之，我们也就很难确定庚辰本上比己卯本多出的某些正文和改动的某些正文，究竟属于何种性质，它的可靠程度如何。总之，这两条题记（还有己卯本上的"己卯冬月定本"这一条），是对于《石头记》抄本至关重要的历史文献，毫无根据地宣布它是书商为了"昂其值"而"随意加上"去的，是一种很不慎重的态度，这在客观上必然会起到贬低这个抄本的价值的作用，对读者和研究者们，也会带来认识上的某些混乱。对于这类没有可靠根据的说法，必须认真弄清，这样，

---

① 己卯本上的"己卯冬月定本"这一条题记具有同样重要的性质，前已论及，因此处是论庚辰本上的题记，故未再及。

才能有利于《红楼梦》的研究工作和整理工作的进行。

以上是我们对于这部抄本的几点极为粗浅的认识。

马克思主义的历史唯物主义和辩证唯物主义的认识论，为我们认识客观世界提供了最为锐利的武器，也指示了我们认识客观世界的科学方法。只要严格遵循这条马克思主义的认识论的路线，认真按照马克思主义的认识论去努力实践，不管多么纷纭复杂的客观世界，它总是可以被逐步认识的。对于《红楼梦》的这些珍贵抄本来说，情况也是一样。只要我们坚持历史唯物主义和辩证唯物主义的认识论，对这些抄本进行认真的而不是马虎的，细致的而不是粗略的，唯物的而不是唯心的调查和研究，把这些抄本放在当时的历史条件下并且把它们联系起来，作深入细致的比较分析，从认真的调查研究和对比分析中去寻求结论，而不是孤立地静止地去观察它，不是根据一些表面现象就对它们作出主观猜测的判断。如果我们能够始终坚持这条马克思主义的唯物主义的认识论路线，反对那种孤立的、静止的有如王阳明格竹子式的唯心主义的认识论，那末，要正确地认识这些抄本，也是可以逐步做到的。

我对于《红楼梦》的版本问题，过去没有研究过，真正是一个外行，我之所以研究这个庚辰本，是因为工作中的矛盾迫使我必须做这个工作，必须对这个本子作出自己的新的认识，必须对一系列的问题包括吴世昌同志的许多论点作出判断和选择，为此我尽管自己对这方面的知识毫无准备，也只能来尝试着进行这项工作，因此我的看法未必妥当，甚至还可能有常识性的错误。我对吴世昌同志的论点的讨论，纯属学术性的商讨，究竟是谁的意见比较地符合这些版本的客观实际情况，这要由客观实践的检验来加以鉴定，实践是检验真理的唯一标准，除此之外，不能有第二个标准。

吴世昌同志对《红楼梦》的研究包括对版本所作的研究写有不少论著，他的著作一直是我研究《红楼梦》时的重要的学习和研究资料，我的上述这些并不成熟的意见，就是在研究了他的论著以后产生出来的，尽管有些意见很不同，但这些不同的意见，却是从他的著作中得到了启发的结果，因此如果我的意见中还有某些合理的部分的话，那末，它也不是离开了我的论点的"对立面"而孤立地存在。古语说"相反相成"，正是这个意思。

《红楼梦》的版本问题是很复杂的，对这许多问题，决不是可以一次认识完成的，更不是一篇文章所能穷尽的。毛主席在《实践论》里指出，认识运动的客观规律是实践、认识、再实践、再认识以至于无穷。对《红楼梦》的版本问题的认识，也不可能超越这个规律。因此，我的这些认识，其中错误的部分，必然会被新的正确的认识来加以纠正，这是我所衷心欢迎的。

附记：1977 年 5 月 20 日开始动笔，7 月 23 日凌晨在庆祝党的十届三中全会的胜利召开的狂欢声中写毕。从 22 日下午传达这个具有伟大历史意义的会议胜利召开的特大喜讯以来，全市人民沉浸在狂欢之中，锣鼓喧天，爆竹声彻夜不断，我们伟大的祖国，我们伟大的党，我们伟大的人民，从此在党中央的英明领导下，又继续迈开胜利的步伐英勇地前进了。遥听天安门广场上沸腾的人声、喧天的锣鼓声、鞭炮声和放歌声，我的心已经飞向天安门广场去了！

1977 年 7 月 23 日晨 7 时 40 分写毕附记

六、余 论

（一）关于六十四、六十七回的问题

我在前文谈到六十四、六十七回时，曾经指出程本的六十四、六十七回比戚本系的这两回好，并且考订了这两回有可能是曹雪芹的原文的失而复出。我在前面讨论这两回时，有一个矛盾情况未加分析，即关于六十四回中有关叙述多浑虫后来病死，多姑娘改嫁鲍二这一情节。与庚辰本第七十七回中的灯（多）姑娘的丈夫仍是多浑虫，多浑虫并未病死，多姑娘也未改嫁的情节前后有矛盾。既然有这样的矛盾，那末，说六十四回有可能是曹雪芹的原文复出是否仍有可能呢（这个问题只涉及六十四回，故这里不再讨论六十七回的问题）？我认为这种前后情节矛盾的情况，在这部未完成的《石头记》巨著里存在着好多处，这已是众所周知的事实。例如第二回"冷子兴演说荣国府"时，说王夫人"第二胎生了一位小姐，生在大年初一这就奇了，不想次年又生一位公子，说来更奇，一落胎胞，嘴里便衔下一块五彩晶莹的玉来，上面还有许多字迹，就取名叫作宝玉"。这里元春与宝玉的年纪只差一岁，但到十七、十八回时，却说："那宝玉未入学堂之先，三四岁时，已得贾妃手引口传，教授了几本书数千字在腹内了，其名分虽系姊弟，其情状有如母子。"同一个元春，同一个宝玉，前面说两人只差一岁，但到后面，元春对宝玉已能"手引口传，教授了几本书数千字在腹内了"，而且竟然说"其情状有如母子"。难道世间能有相差一岁的"母子"的吗？这里前后情节的矛盾岂不太明显了吗？再如第六回周瑞家的送宫花给王熙凤时，说"只见奶子正拍着大姐儿睡觉呢"，这里只提一个"大姐"，到第二十七回时，却说"李纨、凤姐等并巧姐、大姐、香菱与众丫鬟们在园内玩耍"，第二十九回也说"奶子抱着大姐儿带着巧姐儿另在一车"，这里巧姐、大姐分明是两个人，巧姐比大姐大，但到了四十二回中，凤姐却又只有一个女儿小名叫"大姐儿"；"巧姐"这个名字，是因为"大姐儿"生病"发起热来"，凤姐为了"驱祟压邪"，让刘姥姥给正式起的名字——"巧哥儿"。这样凤姐又只有一个女儿了。这不又是前后明显的矛盾吗？这种情况，正说明这部稿子还是一部未完成的巨著，曹雪芹还没有来得及做最后的文字和情节的统一和定稿工作。同时，这种情节上的前后出入与矛盾，也正是曹雪芹不断修改此稿所留下的一种痕迹。

《红楼梦》中，涉及多浑虫、多姑娘、鲍二和鲍二家的情节的，计有二十一、四十四、六十四、六十五、七十七诸回①。具有以上各回的抄本计有庚辰本、蒙古王府本、戚本、南京图书馆藏本、晋本、稿本、吴晓铃同志藏舒元炜叙本（上述各回中，此本只有第二十一回）、程甲本、程乙本。现按以上序次，将上举五回的有关文字撮要列出，以资分析。

第二十一回：

庚辰本有关多浑虫、多姑娘的一段文字，撮要如下：

> 荣国府内有一个极不成器，破烂酒头厨子名唤多官。人见他懦弱无能，都唤他作多浑虫。因他自小父母替他在外娶了一个媳妇……众人都呼他作多姑娘儿。

上述这段文字，蒙、戚、宁、晋、稿、舒、甲、乙各本，基本上都与之相同，只有无关紧要的少数文字上的出入。这段文字值得注意的有

---

① 六十八回中也有鲍二家的出场，但与讨论六十四回的问题关系不大，故未举出。

三点：一、荣国府的厨子叫多官、多浑虫，他与晴雯有无亲属关系这里并未提及。二、他是"自小父母替他在外娶了一个媳妇"。三、这个媳妇就叫"多姑娘儿"。

第四十四回：

这回的情节主要叙述贾琏私通鲍二家的，被凤姐撞见厮打，后来鲍二家的上吊自杀，贾琏赔给鲍二二百两银子，并答应"另日再挑个好媳妇"给他。

以上情节，上述各本均相同。这里值得注意的是贾琏赔了"二百两银子"，并答应"另日再挑个好媳妇"给他。这就为鲍二的发迹和后来重娶埋下了伏笔。

第六十四回：

己卯、庚辰两本此回都缺。蒙、戚、宁、晋四本和稿本的底本，关于贾琏偷娶尤二姐，在小花枝巷买房子和派家人侍候的一段，均相同，原文见本书第80—81页所引。稿本的旁改文字和程甲、乙本的文字均相同，原文见本文第四部分所引。关于这两段文字的重大差别和对这种差别的分析，前面也已说过，这里不再重复。但要补充一点，即程本此回叙鲍二续娶多姑娘事，与庚辰本四十四回鲍二家的吊死后贾琏给鲍二二百两银子并答应"另日再挑个好媳妇给你"的情节是前后关联的。①

第六十五回：

庚辰本此回涉及鲍二和鲍二家的等人的文字主要有下面两段：

---

① 程甲本此回重叙前事时说："贾琏给了一百两银子，叫他另娶一个。"庚辰本四十四回说给鲍二"二百两"银子，此处却说"一百两"银子似不一致。但细检程甲本原木活字本，此"一"字一横的位置太靠下，像是"二"字的下边一横，可能是木活字的上面一短横损坏了，因此"二"字变成了"一"字。我复检己卯本此回抄配的文字，此句正作"贾琏给了二百两银子"。可见早期的此回抄本还是"二百两"，但程甲本以后的程乙本、大某山民本等等，就都相沿为"一百两"了。

那鲍二来请安，贾珍便说："你还是个有良心的小子，所以叫你来服侍，日后自有大用你之处，不可在外头吃酒生事，我自然赏你。倘或这里短了什么，你琏二爷事多，那里人杂，你只管去回我，我们弟兄不比别人。"鲍二答应道："是……"

鲍二的女人上灶，忽见两个丫头也走了来嘲笑要吃酒。鲍二因说："姐儿们不在上头服侍，也偷来了，一时叫起来没人又是事。"他女人骂道："胡涂浑呛了的忘八，你撞丧那黄汤罢，撞丧醉了，夹着你那臁子挺你的尸去……"这鲍二原因妻子发迹的，近日越发亏他，自己除赚钱吃酒之外一概不管，贾琏等也不肯责备他，故他视妻如母，百依百随……

以上两段文字，蒙、戚、宁、晋、稿五本，基本相同。蒙、戚、宁第二段鲍二家的骂人的话略做了些修改，晋本及稿本的底本全同庚辰本，但晋本抄漏了一句骂人的话。程甲、乙本基本上也同庚辰本，但明显地做了修改，第一段"你还是个有良心的"句下，"所以叫你来服侍"改为"所以二爷叫你来服侍"；第二段"鲍二的女人"下面加了"多姑娘儿"三字，下面骂人的话也如蒙、戚一样做了改动；"这鲍二原因妻子发迹的"几句，也改为"这鲍二原因妻子之力，在贾琏前十分有脸"。上引第一段文字，乍一看，好像鲍二确是贾珍派去的，但仔细琢磨，并不是那么一回事。贾珍对鲍二说"所以叫你来服侍"云云，是贾珍以贾府主子的身份说的，因为他与贾琏关系密切，所以这句话是说明贾琏所以叫他来当这个差使的原因，是代贾琏说话，并不是说明鲍二是他派去的，下文"你琏二爷事多"以及"我们弟兄不比别人"等话，就把这层关系交待清楚了。第二段说"鲍二原因妻子发迹的"几句，是呼应上文贾琏赔鲍二二百两银子，又重娶了多姑娘，多姑娘又是老早就与贾琏有暧昧关系的，因此鲍二就得到了贾琏的"重用"等情节的。所以仔细玩味这段文字，可以确知这鲍二实是贾琏这边的人，此回情节与上面六十四回程甲本的祖本的情节是密合无间的。因此从这六十五回的文字来看，也可以反证程本六十四回的文字是比较可靠的。

第七十七回：

庚辰本此回涉及多浑虫等人的文字有下面两段：

> 他又没有亲爷熟（热）娘，只有一个醉泥鳅姑舅哥哥……

> 这晴雯进来时也不记得家乡父母，只知有个姑舅哥哥，专能庖宰，他沦落在外，故又求了赖家的收买进来吃工食。赖家的见晴雯虽在贾母跟前千伶百俐，嘴尖惟（性）大，却倒还不忘旧，故又将他姑舅哥哥收买进来，家里一个女孩子配了他成了房。后谁知他姑舅哥哥一朝身安泰，就忘却当年流落时，任意吃死酒，家小也不顾。偏又娶了个多情美色之妻，见他不顾身命，不知风月，一味死吃酒，便不免有蒹葭倚玉之叹，红颜寂寞之悲；又见他器量宽宏，并无嫉衾妒枕之意，这媳妇遂恣情重（纵）欲，满宅内便博览雄收，内材俊（"内材俊"三字被点去。按此三字应为"纳材俊"之误。"纳"字前似尚应有一字，与上句"博览雄收"四字为对文），两府里（此三字为旁改）上上下下，竟一半是他考试过的。若问他夫妻姓甚名谁，便是上回贾琏所接见的多浑虫、灯姑娘儿的便是了。目今晴雯只有这一门亲戚，所以出来就在他家。此时多浑虫外头去了，那灯姑娘吃了饭去串门子……

蒙古王府本上述两段文字与庚辰本同。但末段"若问他夫妻姓甚名谁"句下面，径作"多浑虫、多姑娘"，根本没有"灯姑娘"这个名字，此可证庚辰本的"灯姑娘"是"多姑娘"的误抄，何况前面贾琏"接见"的只有"多姑娘"而无"灯姑娘"。

戚本：第一段文字基本上同庚辰本，庚辰本"亲爷熟（热）娘"句此本作"亲爹娘"。第二段自"这晴雯进来时"到"竟有一半是他考试过的"，文字基本上同，个别句子小有出入，但与主要情节无关。从"若问他夫妻"句下，戚本与庚辰本有重大的不同，戚本作：

> 若问他夫妻行径，与上回所述的多浑虫、多姑娘一般，这媳妇却叫做"灯姑娘"。目今晴雯只有这门亲戚，出来就住他家，此时他表哥往外头去了，那灯姑娘吃了晚饭……

宁本：同戚本。

晋本：第一段同庚辰本。庚辰本"亲爷熟娘"此本作"亲爹热娘"。第二段作：

> 晴雯也不记得家乡父母，不知有个姑舅哥哥，因赖家收买厨役才得进来，方知是亲，赖家的给他成了房。岂知他一朝身安，任意吃酒赌钱，不顾家小，人人都叫他是"多浑虫"。他这妻子就是"灯姑娘"，生得几分水色，淫浪不堪。那灯姑娘吃了饭去串门子……

稿本：第一段同庚辰本，庚辰本"亲爷熟娘"此本作"亲爷亲娘"。第二段正文全同庚辰本，旁改文字同程本。

程甲程乙本：第一段同庚辰本，"醉泥鳅"作"醉泥鳍"。第二段作：

这晴雯当日系赖大买的，还有个姑舅哥哥叫做吴贵，人都叫他贵儿。那时晴雯才得十岁，时常赖嬷嬷带进来，贾母见了喜欢，故此赖嬷嬷就孝敬了贾母。过了几年，赖大又给他姑舅哥哥娶了一房媳妇。谁知贵儿一味胆小老实，那媳妇却倒伶俐，又兼有几分姿色，看着贵儿无能为，便每日家打扮的妖妖调调，两只眼儿水汪汪的，招惹的赖大家人如蝇逐臭，渐渐做出些风流勾当来……

上述八个本子的第七十七回，庚、蒙、稿三本基本上相同，它们可以肯定是曹雪芹的原文。戚、宁、晋三本，基本上也相同，但这三个本子的共同点是就庚辰本的原文加以改窜，把"多姑娘"落实为"灯姑娘"，以与前面的"多姑娘"的情节区别而避免矛盾。程甲、程乙本则是更进一步的改窜，干脆把"多浑虫"、"多姑娘"、"灯姑娘"的名字全部取消了，"多浑虫"换了"吴贵"、"贵儿"，这明显地是"乌龟"、"龟儿"的谐音。"多姑娘"或"灯姑娘"则用取巧的办法以"那媳妇"、"他嫂子"来代称。由此可以清楚地看出，除庚、蒙、稿的文字比较可靠外，其余各本的文字都是经后人改窜的，故可以置之不论。

现在暂且撇开六十四回程本中提到多浑虫病死，多姑娘改嫁鲍二的情节不谈。我们先看一看庚辰本二十一回的情节与七十七回的情节是否完全一致，因为这两回是从来没有怀疑过是不是曹雪芹原著的。特别是在庚辰本二十一回叙贾琏、多姑娘的一段文字上有畸笏的眉批云："此段系书中情之瘕疵，为阿凤生日泼醋回及夭（按原作'一大'，应是'夭'字之误）风流宝玉悄看晴雯回作引，伏线千里外之笔也。丁亥夏，畸笏。"这段批语，从二十一回的情节一直贯注到七十七回宝玉悄看晴雯被多姑娘撞见纠缠的情节，更加可以证实七十七回的"灯姑娘"就是二十一回的"多姑娘"，这个"醉泥鳅"的姑舅哥哥，也就是多浑虫，由此可见这两回是曹雪芹的原著是无可怀疑的。但是我们将这两回的情节来分析，可以看出这两回的情节，先后仍有矛盾：第一，二十一回里提到多浑虫时并未说他与晴雯是亲戚，也未提到他另有一个绰号叫"醉泥鳅"。这一点我们就算他是放在七十七回里补叙的罢；那末第二，在二十一回里十分明确地说"多浑虫"是"自小父母替他在外娶了一个媳妇"的，这个媳妇就叫"多姑娘"。但在七十七回里，这个媳妇却是贾府里的"一个女孩子"，是赖大把晴雯的这个姑舅哥哥买进府来后才给他"成了房"的，并且把名字还误抄为"灯姑娘"。这一点情节上的矛盾是无法解释的，只能说是前后的脱接。由此可见即使没有六十四回的那段与后文有矛盾的文字，这关于多浑虫、多姑娘的整个故事情节，仍然是有矛盾的。这种矛盾，恰恰就是曹雪芹不断修改此稿的痕迹，有时前面已经改了，后面有关的情节和人物却还未改动，因此形成了类似这种的前后矛盾。所以我们不能仅仅根据六十四回程本的情节与后文七十七回的情节有某些矛盾之处，就否定六十四回有可能是曹雪芹原文失而复出的这种推测。

当然，程本六十四、六十七回之是否确是曹雪芹的原文，它丝毫不影响我们对庚辰本的评价。因为在庚辰本里本来是缺这两回的，因此这两回的真伪问题与我们对庚辰本的历史评价需要加以区别，不能混为一谈。

我这篇文章虽然尽可能地把庚辰本与己卯本联系起来研究分析了，并且还尽可能地联系了其他本子，但我深深感到这方面做得还远远不够，要弄清楚这些本子的来龙去脉，它们的相互关系，我认为是一定要把这许多本子放在统一的考察之下进行的，孤立地、形而上学地研究这些本子，是不可能得出全面的切合客观实际的结论的。在这方面，我这篇文章只能算是一个尝试。

1977 年 11 月 1 日夜 1 时跋

（二）关于六十六回回目下面"以后小字删去"的问题

1. 关于六十六回回目下面"以后小字删去"这两行字的问题，我在本文第四节"删去六十六回第一页右下角的两行小字的问题"里曾说："我怀疑这是由于修版时的疏忽而修掉的。"我还说："我认为这两行小字，不是这个过录的庚辰本在过录时记下来的……有可能是后来的人再据这个过录的庚辰本过录时加上去的，所以它虽然对现存的这个过录庚辰本关系不大，却给我们透露了一点消息，这个庚辰本还可能被后人过录过，在过录时或许是他有选择地过录了一部分他认为用得着的批语，对他认为用不着的批语，就用墨笔在这个底本上作了勾删的符号。"我当时在作出这一分析时，只是根据 1955 年影印的庚辰本和 1975 年影印的庚辰本，1975 年的印本我还只是用的报纸本而不是用的毛边纸的大开本。文章写定以后，很久以来我对删去这两行小字的问题一直不得其解，自己虽曾怀疑是修版时修掉的，但这毕竟只是怀疑，不是认真的调查研究。为了彻底弄清这个问题，我多次想查看原本，但当时听说原本已运到别处去珍藏，不在北大图书馆，因此这个心愿迄未能实现。最近我有机会见到北大图书馆的负责同志，承他告诉我原本并未运出，仍在北大图书馆，并同意我去查看，因此我终于见到了这部珍贵抄本的真面。

在图书馆借到这部书后，我首先急于要查看的是六十六回回目下的这两行小字，但当我翻到六十六回首页注视回目下面时，竟是一片空白，根本没有这两行小字，这一下我简直弄得莫名其妙，摸不着头脑了，明明 1955 年的印本有这两行小字，我还把这个印本带了去，就放在书桌上，两行小字赫然存在；但摊开原本，同样的六十六回回目下面，却是一片空白，什么也没有，这确实使我一时无法解开这个谜。但是经过几分钟的犹豫，我决定认真逐页查看，终于我在翻过三页（六面）后，在装订线的里面（即 1975 年印本的 1601 页），发现露出了"删去"两个字的纸头，我赶紧拨开线缝查看，这六个字居然纹丝不动地存在在装订线的后面，原来这是一张小纸条，是粘在书页上的，此书在 1955 年影印后重新装订了一次，可能重装时这一块小纸片脱浆后掉下来了，因而被误粘在六十六回第三页的装订线后边，要不是露出了两个字的纸头，这个谜就无法解开了。但是我据此再查 1975 年报纸本的庚辰本，在 1601 页的装订线的位置上，却一丝一毫影子也没有，再检毛边纸大开本，则与原本一模一样，在 1601 页装订线的后面有这两行字，在装订线的前面则露出了"删去"两个字。由此可见我原来怀疑是修版时修掉的这个想法是不符合实际的，是错误的。但这一发现却十分重要，它证实了我原来的分析，认为这两行字不是庚辰本抄写时写下指示本书的抄手的，而是以后的人据此本再抄时写下来的，因为它是写在一张小纸条上粘上去的，本来在抄毕后应该揭去，但却没有揭，因此一直保留到现在。如果这两行字是庚辰本在抄写时指示抄手的话，那末，它就应该贴在庚辰本据以过录的底本即怡府抄录的己卯本上，这个道理是最浅显最明白不过了。看来这次新印本没有印这两行字，并不是编辑有意删去的，而是因为底本上这张纸条换了位置。但是既有 1955 年的影印本在，还有 1975 年的毛边纸大开本在，在这个大开本的装订线缝里面还保留着这两行字，那末它竟然没有引起编辑的注意，仍旧让它在报纸本上彻底消失，在毛边纸的大开本上隐入装订线里边去，这终究是一个不应有的疏忽。

由于这张纸条的这次移动位置，从而使我想到它原来是否就是在六十六回回目下面的，这倒是个问题。我认为很有可能原来是在六十三回回目下面的，因为从六十三回开始，就有用墨笔勾删正文下双行小字批注的符号了，六十三回共六条双行小字批注，全部都加了勾删的符号，如果说这张小条是粘在六十六回首页的，那末确很难解释为什么六十三回的双行小字批注已全部被加上勾删的符号。

由于这张小纸条对研究庚辰本以及可能还有据庚辰本抄的本子是一个重要的线索，所以我建议北大图书馆重新装订这一册，把这张纸条恢复到六十六回回目下面（甚而至于恢复到六十三回回目下面也无不可）。

2. 我在本书前面还讨论到庚辰本第七回末的一副对子："七回卷末有对一副：不因俊俏难为友，正为风流始读书。"我认为这条题记与己卯本上的"五回题云"和"六回题云"的两段文字是一个人写的，我说："事实上庚辰本上的这一条题记，也相当于己卯本上的夹条，只不过一个是写在纸条上夹入书中，一个是直接写在书上的空白处而已，从它的内容来看，很清楚就是同时抄下来的。说不定在己卯本上这'七回卷末'云云，原来也有夹条，因年久丢失了也未可知。"这次我检查庚辰本原抄本，竟发现这"七回卷末有对一副"的题记，并不是直接写在这个抄本上的，我前面说它是直接写在这个抄本上的是错了，因为看影印的本子，完全与直接写在这个抄本上的文字一样，实际上这条题记却与己卯本的"五回题云"和"六回题云"一模一样，也是一张夹条，而且与己卯本中上述两个夹条是一样的纸张，一样的笔迹，一样的款式。这一事实，不仅证实了我的分析，这三张夹条是一个人写的，而且使我进一步推测，这己卯本上五、六两回的夹条，在庚辰本上原来也可能是有同样的夹条的，可能这两个条子因年久丢失了；同样，这庚辰本上"七回卷末有对一副"云云的夹条，可能在己卯本上原来也是有夹条的，也是因为年久丢失了，否则既是同一个人写的，为什么那两条只夹在己卯本里，而这一条又只夹在庚辰本里呢？另外，这"五回题云"和"六回题云"，实际上就是早期脂本的回前题诗，现在蒙古王府本、戚本、南京图书馆藏本、红楼梦稿本、舒元炜叙本的第五回前，都还保留着这首"五回题云"的回前诗，在甲戌本和戚本、南京图书馆藏本、蒙古王府本的第六回前，也还保留着这首"六回题云"的回前诗，而在甲戌本和戚本、南京图书馆藏本、蒙古王府本的第七回末，也都还保留着这副对子。

由于庚辰本七回卷末的这张夹条的发现，它更加有力地证实了我的推测，这己卯本和庚辰本两个抄本，曾经被一个人收藏过，或者这两书的藏主是关系非常密切的，否则不可能在这两部书上有同一个人的笔迹。

3. 这次看了庚辰本原抄本以后，一个突出的印象，是此书用的纸张与己卯本的纸张一模一样，不仅都是乾隆竹纸，而且它因年久以后黄脆的程度看来也差不多，这种情况，使人会明显地感到，这两部抄本，确是在差不很多的时间内抄的。至于这个抄本的主人，究竟是谁，目前我们还无法判断，但我认为肯定是与怡亲王家有密切关系的人。那末，有没有可能也是怡府的抄本呢？这个可能性我认为不存在，因为此书除第七十八回的一个"祥"字避讳外，其余各处的"祥"字、"晓"字一概未避讳，由此可见七十八回的那个避讳的"祥"字，确是因为抄手不认得这个讳字而把它照样描下来的，它意外地为我们留下了研究这个本子的一个重要线索，但它却不是有意避怡亲王允祥的讳，因此此书的主人决不可能仍是允祥或弘晓。

1977 年 12 月 1 日读原抄《脂砚斋重评石头记》

庚辰本后再记

（三）关于避"寅"字讳的问题

庚辰本第五十二回末"只听自鸣钟已敲了四下"句下双行小字批云："按四下乃寅正初刻，寅此样（写）法避讳也。"明确提出了《红楼梦》作者避"寅"字讳。对于这条脂批，台湾的潘重规教授举出《红楼梦》第二十六回里薛蟠说看到一张好画，落款是"庚黄"，宝玉怀疑不是这个名字，在手心里写了"唐寅"两字这一情节，指出《红楼梦》的作者并未避"寅"字的讳，因此认为这条脂批不能证明《红楼梦》的作者是曹雪芹（见潘重规著《红楼梦新解》第130页）。这个反驳，从形式上来看似乎很有道理，明明《红楼梦》第二十六回写着"寅"字，怎么能说"只听自鸣钟已敲了四下"此样写法是避"寅"字讳呢？然而这个反驳，其实是毫无道理的，非但毫无道理，而且还证明潘教授并不了解在历史文献上避讳的各种情况。按《红楼梦》五十二回里用"自鸣钟敲了四下"来代替"寅正初刻"，根本避开"寅"字，书面上不出现要避讳的字，这是一种避讳法。这种例子在历史文献上可以举出很多，如王羲之祖父讳"正"，故王羲之每写"正月"即改为"初月"或"一月"；另一种讳法是将所讳的字缺末笔书写，这种缺末笔的讳法，在古书中是极为普遍的，就以本文讨论到的己卯、庚辰两本来说，这种缺末笔的讳字就极多。但是这种缺末笔的讳法，在转辗过录或历久以后的翻刻中，却很容易消失，尤其是这种家讳，更不易保持。因为如是避皇帝的讳，那末只要在这个时代，无论是刻本或抄本，一般都会避讳，如康熙时代的刻本或抄本，一般都是避"玄"字讳的，这种避讳具有较长的时间性（康熙在位六十一年，而且康熙以后还有一段时间要避"玄"字讳），以及在这段时间内又具有极大的普遍性（当然也有民间抄本不避讳或漏避讳的，但这是例外）。但是避家讳就并不是如此，第一它的时间性不会太长，第二它根本不具备普遍性，它的避讳完全只限于亲属亲笔书写或由亲属雇人书写时被指定避某字的讳，只有在这种情况下，这种缺末笔避家讳的情况才会产生，如己卯本是怡亲王府的抄本，故在这个抄本上保留了不少缺末笔避"祥"字、"晓"字讳的情况。但是当这个本子换了一个主人再一次去过录时，它就没有必要再避这两个字的讳了。由此可知，除非能证明现今所有的《红楼梦》乾隆抄本都是《红楼梦》作者的亲笔，而它的第二十六回的"寅"字一律不缺末笔，这样才能证明《红楼梦》的作者不避"寅"字讳，否则潘教授拿着现今的甲戌、庚辰以及其他的任何一部《红楼梦》乾隆抄本的第二十六回的"寅"字来否定《红楼梦》第五十二回这条批语的历史价值，甚而至于妄图否定曹雪芹创作《红楼梦》的创作权，岂非痴人说梦？徒见其根本不了解历史文献上避讳的种种方式和应该如何检验古代抄本上的家讳这种特殊的历史现象而已。

对于上述这个问题，美国的赵冈先生也批驳了潘重规教授（见赵冈著《红楼梦论集》），他说："我们现在都知道这些脂批都是此书作者亲人所写的。这句脂批包含两个要点，而这两个要点是不可被混为一谈的：第一，这位批者深知作者的上世有一位名字中有'寅'字这一事实。第二，这位批者认为书中'自鸣钟敲了四下'是有意规避使用'寅'字。这是批者的猜想。批语中虽然没有明白写出第一点，但第二点确是以第一点为基础。此批者如果不知道作者上世某人名字中有'寅'字，他根本就不可能联想到避讳之事。潘先生举出薛蟠看画一段，证明手犯嘴犯兼而有之。这样只能证明作者无意避讳，于是批者的猜想是错误的……换言之，潘先生有充分的理由来打倒第二点，但丝毫不能动摇第一点。"赵冈先生的这种批驳，不从这些抄本本身并不是曹雪芹的亲笔原稿，因而虽有完整的"寅"字却不能据以论证曹雪芹根本不避"寅"字讳这一点来分析问题，那末他的这种批驳，终究是软弱无力的，他根本未触及二十六回的这个"寅"字，相反，倒反而与潘重规先生一样，说《红楼梦》二十六回的这个"寅"字"证明作者无意避讳，于是批者的猜想是错误的"，而且还说："潘先生有充分的理由来打倒第二点。"这样的批驳，是根本不能说明问题的。

大家知道，现今所有的《红楼梦》的乾隆抄本，没有一部是曹雪芹的原稿，连脂砚斋过录的本子都未发现。现在所有的乾隆抄本，都是几经过录的本子，而且其过录的时间已经都是在曹雪芹谢世以后了，有的更是乾隆末期到嘉庆时的抄本。拿这样的过录本上未缺笔避讳的"寅"字来证明《红楼梦》作者不避"寅"字讳，岂非驴唇不对马嘴？那末，在二十六回里，作者为什么不可以像在五十二回里一样根本避开这个"寅"字，用"自鸣钟已敲了四下"这类方法来避开这个"寅"字呢？很明显，这个"唐寅"的"寅"字，是不能用"自鸣钟已敲了四下"这类的办法来避讳的，如果这样一避，那还成什么呢？岂不成了天大的笑话吗？所以在这个场合，作者如要避"寅"字的这个家讳，只有用缺末笔书写的办法来避讳，其他的避讳办法是不行的。而要证明作者原稿上未缺末笔，则现在的这些过录本都无济于事，相反由于五十二回的这条脂批，倒可以启示我们思考这二十六回原稿上的"寅"字，作者书写时完全是有可能缺末笔避讳的。说不定后者的批语正是由于受了前者的启示而写下来的也未可知。所以潘重规教授且慢根据这第二十六回的这个"寅"字来取消曹雪芹对《红楼梦》的创作权，因为这个例子本身，潜伏着对潘教授的论点的彻底摧毁的爆炸力。

（四）关于所谓"脂京本"的名称问题

关于庚辰本这个名称，近年来又被称为"脂京本"。这个名字是吴世昌同志为了批判胡适而提出来的。对于胡适的批判，我们认为是十分必要的，并且是要认真进行的。但是对胡适的批判，必须是科学的，具有实际的战斗作用的，而且首先是要批判他的反动政治立场、资产阶级唯心主义、实用主义的哲学思想和他的一套为反动政治服务的实用主义的大胆假设、小心求证的考证方法，而决不是简单地改换几个《红楼梦》版本的名称的问题。否定庚辰本这个名称的根据，就是吴世昌同志说的：“‘某年某月定本’云云，都是随意加上，以‘昂其值’于‘庙市’的花招。”但是，如本书前面已分析的，吴世昌同志自己的这个说法，倒是真正没有任何科学根据的，是随意加的。就是改换《红楼梦》的版本名称，吴世昌同志也是自相矛盾的，同样是胡适首先提出来的程甲本、程乙本这些名称，吴世昌同志自己却至今仍在运用，就是吴世昌同志给甲戌本改称为脂残本，其实称甲戌本为“残本”的，最早还是胡适。由此可见，这种用改换版本名称的方法来批判胡适，并不能多少触动胡适的反动政治立场和资产阶级唯心主义的世界观和方法论，徒然在《红楼梦》的研究上增加一些混乱而已。笔者过去在文章中也曾偶尔用过“脂京本”之类的名称，这是因为当时我还未对庚辰本进行认真研究，没有看清楚这种批判的表面性和不科学性，现在经过对庚辰本的研究，看清楚了吴世昌同志所改的这一系列版本名称的自相矛盾和混乱，因此我决定不再用他所取的这些版本名称。另外，我认为《红楼梦》早期抄本的名称有一部分可以用干支来称呼，如己卯、① 庚辰等等，尽管现存的这几个抄本都是过录本，并不是乾隆二十四年、二十五年抄下来的，但这些干支，毕竟是反映这些抄本的原底本的年代的，它对于《红楼梦》的研究仍然是有用的，因此分别称这些本子为己卯本、庚辰本是完全可以的，就像 1957 年人民文学出版社排印的百二十回本《红楼梦》是根据程乙本为底本而以另外七种本子参校，其中还包括用庚辰本和戚本参校的，但吴世昌同志仍称这个本子为程乙本，我们认为这是可以的。那末，据己卯本原本和庚辰本原本过录的本子，其过录本与底本相距的年代绝对不会像 1957 年印本与程乙本那样相距一百六十多年之久，更未必用七种本子参校过，它的原底本与过录本相距的年代，最多也不

---

① 己卯本别称为“怡府抄本”或“脂怡本”这是可以的，因为它是历史事实，同时它与己卯本这个正名并不矛盾。

过相距几年、十几年或二十几年，为什么就不能用它的底本的名称来称呼它的过录本了呢？吴世昌同志称 1957 年的印本为程乙本，不仍旧是用的它的一百六十多年以前的原底本的名称吗？即此一点也可以看出吴世昌同志对这些版本名称的取舍，实实在在是很随意的。至于另一部分没有干支的本子，则可以根据各该本的特点予以定名，而且目前这些早期抄本都早已有较为通用的名称了，大可不必再在这些版本名称上制造混乱。例如吴世昌同志称甲戌本为脂残本，原因是此本只残存十六回，但是大家知道郑振铎藏的抄本，只残存两回，残得比甲戌本还要厉害，难道倒不算残本了吗？又如吴世昌同志称己卯本为脂配本，原因是己卯本中六十四、六十七两回是用程本抄配的，但是蒙古王府本从五十七到六十二回，还有它的六十四、六十七回，难道不也都是用程本抄配的吗？《红楼梦稿本》前八十回中抄配的回数不是更多吗？为什么这两个本子倒又不算脂配本了呢？由此可见这种并没有多少科学性的名称，只会给《红楼梦》的版本研究带来混乱而已。因此我认为废除"脂京本"、"脂残本"、"脂配本"之类的不科学的版本名称，对《红楼梦》的研究实在是有百利而无一弊。

1977 年 12 月 27 日夜深又记于

拒马河畔之六渡公社

（五）关于庚辰本研究的几点意见

——《论庚辰本》再版后记

1. 我于 1977 年 7 月 23 日凌晨在结束《论庚辰本》一书时写道：

究竟是谁的意见比较地符合这些版本的客观实际情况，这要由客观实践的检验来加以鉴定，实践是检验真理的唯一标准，除此之外，不能有第二个标准。

我在本书的《序》里再一次写道：

> 我坚信科学上的是非真伪，不能凭个人的主观自信而只能由客观实践来检验，只有实践才是检验真理的标准。

1978 年 5 月 11 日，《光明日报》发表了南京大学胡福明同志写的《实践是检验真理的唯一标准》这篇极其重要的具有强烈战斗性的哲学论文。这篇论文，引起了思想界、学术界以至于全社会的长时期的热烈讨论和激烈的争辩，推动了当时正在开始的思想解放运动，为恢复我们党的传统的马克思列宁主义的思想路线起到了极其巨大的积极作用。

我是完全赞成胡福明同志这篇文章的全部论点的。

我的这本小册子，虽然已经经历了将近两年的实践的检验，得到了国内外许多专家、学者和广大读者的支持，得到了日本、美国的专家以及香港和其他地区的专家们的来信，香港《大公报》还将此书连载了几个月，对于以上这许多给予我热情的鼓励和支持的同志和朋友以及许多不相识的读者，我谨表示衷心的感谢。但是，我认为我在这本书里提出的一系列的关于庚辰本、己卯本的观点，以及其他方面的观点，仍在经历社会实践的检验中，这些观点之是否正确，尚待继续经受实践的考验和审查，凡是我在这本书里讲得不对的地方，必将受到社会实践的纠正，我也诚恳地欢迎这样的纠正；同样，我在本书里提出的一些观点凡是符合客观实际情况的，是反映了客观真理的，那末，它也必将为社会实践所肯定。这种否定和肯定，都不是个人的愿望所能左右的。学术研究，应该以追求真理为目标，为依归，而不是追求任何仅仅属于个人的东西。

2. 有的同志向我提出来，庚辰本是据己卯本过录的这个结论，根据现存的己卯本和庚辰本来对照，根据本书列举的一些照片，可以相信是毫无疑问的。但是己卯本现今尚缺三十七回又两个半回，这残缺部分的情况，是否也是如此，似乎觉得难以判断。其实这个问题我在本书的第一节里，列举了六个方面的情况，已经把问题说清楚了。我认为如果有幸，至今尚缺的三十七回又两个半回的己卯本真的能够复出，则必然其墨抄部分与庚辰本的墨抄部分是一样的，道理很明显：（1）现存的己卯本虽然总数是四十一回又两个半回，但其顺序并不是一至四十一回再加四十二、四十三两个半回，也就是说它并非截然地前四十一回完整地保存着，后三十七回又两个半回已丢失了，情况恰好不是如此。现存己卯本的情况是：

存：一至二十回

三十一回至四十回

六十一回至七十回（内六十四、六十七两回系据程本抄补，不

是己卯本）

五十六回至五十八回

五十五、五十九各半回

缺：二十一回至三十回

四十一回至五十回

五十一回至五十五回上半回

五十九回下半回至六十回

七十一回至八十回

看了上面的存缺情况，可以看出一个明显的特点，是其存、缺都是交叉的，前四十回中间缺了十回，后四十回缺得更是参差，由于以上的情况，就使我们可以看到己卯本八十回的基本的面貌。（2）新发现的三

回又两个半回的情况，等于是回答了上述问题。当这三回又两个半回尚未被发现以前，北京图书馆原藏的三十八回己卯本（不算抄补的两回）与庚辰本是相同的这一情况，早已是客观存在，实际上这一部分已充分证明了庚辰本是据己卯本抄的这一事实了（只是当时未被发现而已）。此后，又意外地发现了三回又两个半回，起先人们还以为是另一抄本，根本没有敢想象竟会是己卯本的一部分。最早是已故的吴恩裕同志首先提出了这个问题，他约我去北京图书馆查看己卯本的三十八回，结果证实了这三回又两个半回确是己卯本的一部分。我们用这新发现的三回又两个半回来对照庚辰本的这三回又两个半回，其相同的情况，与前一样。连五十六回末抄手揭示下一抄手的"此下紧接慧紫鹃试忙玉"一句都被庚辰本的抄手照录下来了，这就可见它们一致的程度。我想如果真的幸而还能发现其余部分的己卯本的佚文的话，我敢说，它的墨抄部分必然与庚辰本一致，① 因此对于这个问题我们可以不必怀疑。

3. 有的同志提到在己卯本第三十一回至四十回的总目上，有"己卯冬月定本"的一行题词。在庚辰本的后四十回的总目上，有"庚辰秋月定本"、"庚辰秋定本"这两种共四行题词。由于这样，有的同志提出一种设想，可不可能曹雪芹和脂砚斋在己卯年（乾隆二十四年）"定"了前四十回，在庚辰（乾隆二十五年）秋月以前"定"了后四十回。这一设想，我觉得（只能是"觉得"，因为无法确证）不能说绝无可能，但在资料完全缺乏的情况下，我们很难对这种情况作出判断，包括否定和肯定两方面的判断。我们只能继续努力，力求对客观世界的认识接近客观的历史真实，故而我们仍存此一说，以待将来认识的深化。

4. 1977 年到 1978 年，在北京发现了一对有"芹溪"的上款的藏书

---

① 当然也会有少数文字不一致的情况，但这种情况大致不会超过现存部分的两本不一致的程度。

木箱。对于这一对木箱，已故的吴恩裕同志作了认真的研究并写出了专著。我于1978年2月1日目验了这一对木箱。在右边的箱门上刻着行书"题芹溪处士句"及一首诗："并蒂花呈瑞，同心友谊真；一拳顽石下，时得露华新。"下款延伸过去，刻在左边箱门的右下角，题曰"拙笔写兰"。左边箱门的上端，与前同一笔迹刻着"乾隆二十五年岁在庚辰上巳"的纪年。我与吴恩裕同志同样认为这一对木箱是真的曹雪芹的遗物，木箱箱门后壁的墨迹和题诗，是雪芹和他的夫人的真迹，弥足珍贵。对于这一对书箱我已写了专文论析，这里不再重复。这里需指出来的，是这一对木箱的年代，恰好是"乾隆二十五年岁在庚辰上巳"，这个纪年，正是"庚辰秋月定本"的年代，木箱的纪年是在"定本"完成之前。值得提出来的是木箱上刻字的笔迹，与庚辰本上朱笔批语的笔迹极为相似，对于这一情况，我们当然不能妄下断语，断定它就是一个人的手笔，但对于有心研究庚辰本的同志，注意及此，也不是没有意义的。

5. 去年夏天，我承齐儆同志转告，农科院的陈善铭教授和他的夫人，熟知庚辰本的来历。这一消息，对我来说简直是"石破天惊"。于是我们约定了一个时间，一起去访问了陈善铭教授。原来陈老的夫人是原藏庚辰本的徐星署先生的女儿，陈老是植物保护学方面的专家，而对于文物书画又极精于鉴赏。陈老和他的夫人为人热情诚恳，承他们招待了我们。据陈老讲，过去他们住东四三条5号。此书是1932年初在隆福寺的小摊上买到的，是徐星署先生买回来的。这种小摊是书店摆的，与一般的小摊不同。这部庚辰本《石头记》，是北城的旗人卖出来的，徐星署先生买得的时候是八元钱。徐先生对此书极为珍视，他在世时，轻易不让他们翻看。1938年徐先生去世，当时陈老在国外，抗战时此书曾放在天津周叔弢、周绍良先生家里一年，后仍归徐家。解放以后，经郑振铎先生介绍由燕京大学收藏，后归北京大学。

以上情况，虽然简略，却至为重要，特别是此书出于北城旗人家里，则与此书与己卯本的密切关系相吻合。这一情况，对于有兴趣研究庚辰本的同志，又是极为重要的线索。

1980 年 1 月 18 日，其庸记于宽堂

（六）关于庚辰本的发现过程

前些时候，承魏广洲先生惠寄 1984 年第 5 期"古旧书讯"上他写的《追述脂砚斋重评石头记庚辰本的发现过程》，读后感到此文对研究庚辰本的来历颇有用处，故移录于此，以备研究者之用。以下即录原文：

我在十四岁时，从农村来到北京，在琉璃厂松筠阁书店当学徒。学徒期满，留在本店工作，直到二十六岁，时值芦沟桥事变，才离开松筠阁，自己独力经营书业。承邓之诚先生赐名为多文阁藏书处，并亲笔题匾见赠。仗着自己年轻，不怕辛苦，也还能努力自学，做了十几年，在业务上粗有进展。值得庆幸的是，在贩书过程中，认识了不少专家学者，时加指教，使我受益不浅。也经手过不少好书，长了见识。

1949 年，北京刚解放不久，搞字画的萧福恒来我家说，清末徐郙藏书中有一部写本《红楼梦》共八本，现在徐的后人想出手，问能买吗。我说，得看看是什么样的《红楼梦》，全不全，你先拿头本来看看才好。萧让我同上徐家看书。徐家住在西城大乘巷 1 号，我就跟他一块坐人力车去了。到了徐家，叫开大门，让进屋里，见着的是一位老太太。她把《红楼

梦》八本，另有胡适写的题跋一本，摆在桌上给我们看。并说家藏的书全都卖了，就留下这部《红楼梦》，傅增湘给过现大洋三百元，没卖给他。这是为给女儿看病用钱，想卖黄金四两（付款时按金价折合流行纸币）。我匆匆把八本书翻开看看，才知是前八十回的写本，每本十回，第七本还缺六十四、六十七两回。每本都有"脂砚斋凡四阅评过"的题字，后四本有"庚辰秋月定本"的题字，确是旧抄。胡适手书题跋十一页，订成一本，题跋年月为"民国廿二年一月二十二日"。当时我和徐老太太商量今天先拿头本去北京大学、清华大学两处图书馆联系联系。徐老太太同意了，但说最好别过一星期，不行就送回来。我答应下来，就拿了书和萧一起回家。萧叫我赶快跑跑，行不行要遵守信用。我对萧说，"您放心好了。"我回家后，即将书包好，骑上自行车，飞奔北京大学图书馆长向达先生家（时住东四十条），又奔清华大学图书馆长潘光旦先生家（时住清华大学旧南院），不料向、潘两先生说学校暂不能买此书。我原来设想的这两处都落了空。接着我又想到几位收藏戏曲小说的专家，我先找杜颖陶先生（时住和内旧帘子胡同），又找傅惜华先生（住东四北汪家胡同），最后找吴晓铃先生（住宣外羊肠头条）。杜、傅两位先生全说没有四两黄金买这部《红楼梦》，又说本主要的太多。吴先生说要留下看看，我说是否明天早晨决定，他说可以。次日清早我又赶到吴先生家，他告诉我，郑振铎先生从上海到北京来了，住在东交民巷六国饭店，昨天晚间把这本《红楼梦》带给郑先生，已经留在他那里，你和郑先生认识，可以自己到六国饭店找他好了。我听了以后，连忙骑上自行车，奔到饭店。我和服务员说找郑先生，服务员让我等着，不大一会，郑先生从楼上稳步下来，拉着我的手，很亲热地同我谈话，问我书的情况。郑先生说燕京大学可以买这部书，当即写了介绍信，让我去燕大找陆志韦先生。我回家来，萧福恒正等着我，我把郑先生的信给他看过，他又去徐家通知我们办此事经过，徐老太太但催快办。第二天我又骑车奔海甸，先到燕京大学校长室，说陆校长没来，后到燕东园宿舍，才得见面。陆先生看过郑先生的信，叫我去找聂崇岐先生。聂先生住在成府蒋家胡同，和邓之诚先生住同院，过去我也认识他。见面后聂先生就问我，为什么好几年不给燕大送书。我说胜利以后，潘光旦先生叫我给清华大学图书馆跑新书，每月可作数百元，新华书店，龙门书店，三联书店的同业关系，有给照书的定价打八折至九五折的，收入可得数十元，我的生活赖以维持，可是精力也就全花在这上面了。聂先生又问《红楼梦》怎么送燕大来的，我将一切经过从头到尾，都给谁看过了，某某先生说过什么话，都据实告诉他。聂先生听后说："燕大从 1946 到 1948 年买了很多的书。每星期规定一天，由齐思和先生、孙楷第先生和我四人共同看书议价（还有一人是谁不知）。这部《红楼梦》要请孙楷第先生看过才能决定，得等一个礼拜。"我说须回城里和徐家商量一下。我回家后即找萧福恒，将聂先生讲的话一一说明，萧又到徐家去一趟，回来说徐老太太同意等一个礼拜。次晨我就马上骑车奔往海甸成府，把徐家愿意等的话告诉聂先生，我就回来了。一礼拜以后，又去海甸成府聂先生家，聂先生说，这书孙先生看过，可以要，但书价只能给美金七十元（折合黄金二两）。我得到这个准信，赶紧回来，到家太阳已经落了，晚上即找萧福恒，说燕大要是要，只给美金七十元。萧立刻去徐家商量，过了一夜，萧来对我说，徐家卖了。将这七本也叫拿来了，我说明早就去办。次日清晨天刚亮，我就骑车出西直门直奔聂处，我说徐家同意卖了，这七本书亦拿来了。聂先生当即到学校办了手续，叫我把书送到图书馆找某某写一折合法币五万元的收条，把钱拿到手，这天是 1949 年 5 月 5 日。我回城以后，立即把钱送给萧福恒，萧又送到徐家。当日下午，萧来我家说，徐家送我们俩每人一袋面钱。我说总算办成了没有白跑，就挺好。

光阴似箭，日月如梭，转瞬三十年过去了。1978 年间我有机会在北京大学图书馆又看到这部书。这部书已经焕然改观，装裱为"金镶玉"，订成十二巨本，外加函套，妥慎保藏。回想当年，我为此书奔走，记忆犹新，可是当时预闻其事的郑振铎先生、陆志韦先生、向达先生、潘光旦先生、聂崇岐先生、傅惜华先生、杜颖陶先生都已先后逝世，知道此书的人不多了。因此我不厌其烦地把发现这部写本以及交涉收购情况详细记录下来，虽然比较琐碎，也可以说是这一珍贵写本流传过程中的一段插曲吧。

借此哀悼向达、潘光旦、杜颖陶、傅惜华、聂崇岐、陆志韦、郑振铎诸先生。

挽 诗 一 首

真才实学自古稀，热爱文化数第一。
祖宗遗产无价宝，取其精华读书人。

这部写本的行款、格式以及每本书上的题字附记如下：
脂砚斋重评石头记，原装八本，每半页十行，行三十字，用黄竹纸写的，无格，书纵八寸、横五寸七分。

第一本，第一回至十回，题"脂砚斋凡四阅评过"。

第二本，第十一回至二十回，题"脂砚斋凡四阅评过"，眉有墨批鉴堂识，松斋，梅溪朱批，畸笏叟壬午季春，壬午九月，己卯冬夜，丁亥夏，己卯冬辰，壬午春，朱批。

第三本，第二十一回至三十回，题"脂砚斋凡四阅评过"，眉有朱批，壬午春畸笏，壬午九月畸笏。

第四本，第三十一回至四十回，题"脂砚斋凡四阅评过"。

第五本，第四十一回至五十回，题"脂砚斋凡四阅评过"。庚辰秋月定本。

第六本，第五十一回至六十回，题"脂砚斋凡四阅评过"。庚辰秋定本。

第七本，第六十一回至七十回，内缺六十四、六十七回，题"脂砚斋凡四阅评过"，庚辰秋月定本。

第八本，第七十一回至八十回，题"脂砚斋凡四阅评过"，庚辰秋定本。

书后有胡适题记云："此是过录乾隆庚辰定本《脂砚斋重评石头记》，生平所见此为第二最古本石头记。民国廿二年一月廿二日胡适敬记。"下钤"胡适之印"，四字朱文章。

另附胡适手书，跋乾隆庚辰本《脂砚斋重评石头记》抄本，凡十一页订一本，每半页十二行，行二十二字。末页署："二十二，一，二十二夜。"

附表一

己卯本《石头记》避讳情况表

（一）己卯本《石头记》讳字表

讳字	讳法	回次	页数	文　　　句	说　　明
玄	玄	1	6b	此乃玄机，不可预泄者	
				玄机不可预泄	
			9b	户户弦歌	
		2	6b	悟道参玄之力	
		5	8b	即可谱入管弦	
		10	2b	眼神也发眩	
		11	2a	今日头眩的略好些	
		17、18	10a	仍归于葫芦一梦之太虚玄境	第八行正文下双行小字注。
		40	2a	只见五彩眩耀	
		63	14b	係玄教中吞金服砂	
		63	14a	命人先到玄真观	
		63	15a	于都城之外玄真观	
禛	贞	15	1b	赖藩郡余贞	
祥	祥	12	1a	贾天祥正照风月鉴	祥字末笔已由陶洙用朱笔填写。
	祥	17、18	23a	华日祥云笼罩奇	同上。
		″	27b	故用一不祥之语为谶	本回末页双行小字批语，末笔已填补。
		33	5a	众门客见打的不祥了	

续表

讳字	讳法	回次	页数	文　　句	说　明
晓	晓	3	13a	探春等都晓得是议论	
		4	3b	谁晓这拐子	
		10	6a	本也不晓得什么	
		13	1b	你如何连两句俗语也不晓得	
		14	7b	修国公侯晓明之孙	晓字末笔已由陶洙用朱笔填补。同上。
		33	3a	如何连他置买房舍这样大事到不晓得了	
		35	4a	姑妈那里晓得	
		38	7a	无赖诗魔昏晓侵	
		40	5b	就在晓翠堂上调开棹案	
		63	6a	是写着霜晓寒姿四字	

（二）己卯本《石头记》晓、祥字未讳表

讳字	回次	页数	文　　句	说　明
晓	1		"世人都晓神仙好"，（共四句，四个"晓"字未讳）	此页己卯本错装在第二回第二页。
	37	6b	晓风不散愁千点	
	66	3b	就奔平安州大道，晓行夜住	
祥			贾天祥正照风月鉴	见十一至二十回总目。

（三）己卯本新发现残卷讳字表

讳字	讳法	回次	页数	文　　句	说　明
祥	祥	57	2b	跟他的小丫头子小吉祥儿	此残卷自五十五回下半回至五十九回上半回共三回又两个半回。
晓	晓		10a	至晓散时	
玄	绞	58	10b	或有必当续绞者	
	绞		10B	也必要续绞为是	

（四）己卯本新发现残卷晓字未讳表

讳字	回次	页数	文　　　　　　　句	说　明
晓	59	1b	一日清晓，宝钗春困已醒	

附记

庚辰本对玄（包括半边的玄，如"眩"字等）、禛、弘等字均讳。玄、禛讳法同己卯本，弘字讳法缺末笔作"弘"。但庚辰本避讳不甚严格，有多处玄字未讳。

又，庚辰本在七十八回末有一避讳的"祥"字，原句云："成礼兮期祥。"（见庚辰本 1963 页）

123

附表二

己卯、庚辰两本回前回后朱墨
批语对照表

版本	回次	批　　语		说　　明
		回　　前	回　　后	
己	1	缺		己卯本第一回残三页半。
庚		第一回开头回目之后有从"此开卷第一回也"至"故曰'贾雨村'云云"的一段题解或引言性质的文字，共311字。紧接着另行起又有从"此回中"到"此书立意本旨"共25字的一段同样性质的文字。		按庚辰本开头这两段文字为墨书正文，根据庚辰本抄写情况来判断，这段文字肯定为己卯本所原有。
己	5	五回题云：春困成（葳）蕤拥绣衾，恍谁（"谁"字点去后原改"随"）仙子别红尘；问谁幻入华胥境，千古风流造业人。		墨书此诗在己卯本中是夹条。
庚		无		

版本	回次	批　　语		说　　明
		回　　前	回　　后	
己 庚	6	六回题云：朝叩富儿门，富儿犹未足；虽无千金酬，嗟彼胜骨肉。 无		墨书 此诗在己卯本中是夹条。
己 庚	7		无 七回末有对一副：不因俊俏难为友，正为风流始读书。	墨书。庚辰本中此对与己卯本五、六两回夹条是同一笔迹。
己 庚	11	无 此回可卿梦阿凤，盖作者大有深意存焉。可惜生不逢时，奈何奈何！然必写出自可卿之意也，则又有他意寓焉。 荣宁家世未有不尊家训者，虽贾珍当奢，岂明逆父哉，故写敬老不管，然后恣意，方见笔笔周到。 诗曰：一步行来错，回头已百年。古今风月鉴，多少泣黄泉。		朱批 按此批应在十三回前，抄者误抄在十一回前。

版本	回次	批　语		说　明
		回　前	回　后	
己 庚	12		无 此回忽遣黛玉去者，正为下回可儿之文也，若不遣去，只写可儿阿凤等人，却置黛玉于荣府，成何文哉！固必遣去方好放笔写秦，方不脱发，况代玉乃书中正人，秦为陪客，岂因陪而失正耶？后大观园方是宝玉、宝钗、黛玉等正紧文字，前皆系陪衬之文也。	朱批
己 庚	13		无 通回将可卿如何死故隐去，是大发慈悲心也，叹叹！壬午春	朱批
己 庚	14		无 此回将大家丧事，详细剔尽，如见其气概，如闻其声音，丝毫不错，作者不负大家后裔 写秦死之盛，贾珍之奢，实是却写得一个凤姐。	朱批

版本	回次	批　　语		说　　明
		回　前	回　后	
己 庚	17、 18	此回宜分二回方妥 宝玉系诸艳之贯，故大观园对额必得玉兄题跋。且暂题灯匾联上，再请赐题，此千妥万当之章法。 诗曰：豪华虽足羡，离别却难堪，博得虚名在，谁人识苦甘。 好诗，全是讽刺。 近之谚云：又要马儿好，又要马儿不吃草，真骂尽无厌贪痴之辈。 同上		墨批 庚本照抄，抄写格式行款均与己卯本同。
己 庚	19	十九回　情切切良宵花解语，意绵绵静日玉生香。移十九回后。 十九回回家来袭人见总无可吃之物（补明宝玉自幼何等娇贵，以此一句留与下部后数十回寒冬噎酸虀，雪夜围破毡等处对看，可为后生过分之戒。叹叹！） 王熙凤正言弹妒意，林黛玉俏语谑娇音。此题系二十回内。 无上述各条批语，无本回回目。	情切切良宵花解语，意绵绵静日玉生香 无"情切切"两句诗对，但另有"此回宜分作三回方妙，系抄录之人遗漏。玉蓝坡"一行墨批	回前墨批，回末朱批。 （一）第二条系夹条，其余两条写在书页上，笔迹不是本书的抄手。 （二）第一条末尾"移十九回后"五字是淡朱色粗笔触。 （三）本回己、庚两本无回目。 （四）己卯本回末"情切切"一对，是淡朱色粗笔触，即回前批"移十九回后"的人所写。 （五）本回己卯本回前回后批语，庚辰本一条也没有，可见此回前回后批语及诗，均为庚辰本抄过后加入。

版本	回次	批　　语		说　　明
		回　　前	回　　后	
己	20		此回文字重作轻抹，得力处是凤姐拉李嬷嬷去，借环哥弹压赵姨。细致处，宝钗为李嬷劝宝玉安慰环哥。断喝莺儿。至急为难处是宝颦论心。无可奈何处，是就拿今日天气比。湘云冷笑道我当谁，原来是他。冷眼最好看处，是宝钗黛玉看凤姐拉李嬷云这一阵风。玉麝一节，湘云到宝玉就走，宝钗笑说等着，湘云大笑大说，颦儿学咬舌，湘云念佛跑了。数节可使看官于纸上能耳闻目睹其音其形之文。	墨批
庚			同上。	
己	22		无	
庚			暂记宝钗制谜云：朝罢谁携两袖烟，琴边衾里总无缘。晓筹不用鸡人报，五夜无烦侍女添。焦首朝朝还暮暮，煎心日日复年年。光阴荏苒须当惜，风雨阴晴任变迁。此回未成而芹逝矣，叹叹！丁亥夏，畸笏叟。	墨批 （一）从二十一回至三十回己卯本缺。 （二）按此批应为怡府过录之己卯本上原有。

续表

版本	回次	批　　语		说　　明
		回　　前	回　　后	
己 庚	23	缺	缺 前以会真记文，后以牡丹亭曲，加以有情有景消魂落魄诗词，总是争于令颦儿种病根也。看其一路不迹不离，曲曲折折写来，令观者亦技难持，况瘦怯怯之弱女乎？	朱批
己 庚	24	缺 夹写醉金刚一回是处中之大净场，聊醉看官倦眠耳，然亦书中必不可少之文，必不可少之人，今写在市井俗人身上，又加一侠字，则大有深意存焉。 （冯按："处中"应是"戏中"，"聊醉"应是"聊醒"，"倦眠"应是"倦眼"。）	缺 红楼梦写梦章法总不雷同，此梦更写的新奇，不见后文不知是梦。 红玉在怡红院为诸环所掩，亦可谓生不遇时，但看后四章，供阿凤驱使可知。	回前墨批，回末朱批。怡府过录之己卯本上应有此回前墨批。
己 庚	25	缺	缺 此回书因才干乖觉太露，引出事来，作者颇心为世之乖觉人为鉴。	朱批

版本	回次	批　语		说　明
		回　前	回　后	
己 庚	27	缺 葬花吟是大观园诸艳之归源小引，故用在饯花日诸艳毕集之期，饯花日不论其典与不典，只取其韵耳。		墨批 怡府过录之己卯本上应有此批。
己 庚	28	缺 茜香罗红麝串写于一回，盖琪官虽系优人，后回与袭人供奉玉兄宝卿得同终始者，非泛泛之文也。 自闻曲回以后，回回写药，方是白描颦儿添病也。	缺	墨批 怡府过录之己卯本上应有此批。
己 庚	29	缺 清虚观贾母凤姐原意大适意大快乐，偏写出多少不适意事来，此亦天然至情之理必有之事。二玉心事此回大书是难了割，却用太君一言以定，是道悉通部书之大旨。	缺	墨批 怡府过录本之己卯本上应有此批。
己 庚	30	缺 指扇搞双玉是写宝钗金蝉脱壳。银钗画蔷学是痴女梦中说梦。脚踢袭人是断无是理，竟有是事。	缺	墨批 怡府过录之己卯本上应有此批。

版本	回次	批　　　　语		说　　明
		回　　前	回　　后	
己	31	撕扇子是以不知情之物，供姣嗔不知情时之人一笑，所谓情不情。金玉姻缘已定，又写一金麒麟，是间色法也，何颦儿为其所惑，故颦儿谓情情。	后数十回若兰在射圃所佩之麒麟，正此麒麟也，提纲伏于此回中，所谓草蛇灰线，在千里之外。	己卯本从三十一至四十回存。 墨批
庚		同上	同上	
己	32	前明显祖汤先生有怀人诗一截，读之堪合此回，故录之以待知音。 无情无尽却情多，情到无多得尽么。解到多情情尽处，月中无树影无波。		墨批
庚		同上		
己	36	绛芸轩梦兆是金针暗度法，夹写月钱是为袭人渐入金屋地步。梨香院是明写大家蓄戏，不免奸淫之陋，可不慎哉、慎哉。		墨批
庚		同上		

版本	回次	批　语		说　明
		回　前	回　后	
己	37	美人用别号，亦新奇花样，且韵且雅，呼去觉满口生香，起社出自探春意，作者已伏下回兴利除弊之文也。 此回才放笔写诗写词作札，看他诗复诗，词复词，札又札。总不相放。 湘云诗客也，前回写之其今才起社，后用不寂不离闲人数语数折仍归社中，何巧活之笔如此。		墨批
庚		同上（第二条"相放"庚本作"相犯"，是）		
己	38	题曰"菊花诗"、"螃蟹咏"，偏自太君前阿凤若许诙谐中不失体。鸳鸯、平儿，宠婢中多少放肆之迎合取乐，写来似难入题，却轻轻用弄水、戏鱼、看花等游玩事及王夫人云"这里风大"一句收住入题，并无纤毫牵强，此重作轻抹法也，妙极，好看煞。		墨批
庚		同上（"偏自"庚本误作"伪自"，"看花"上衍一"之"字）		

132

论庚辰本

版本	回次	批 语		说 明
		回 前	回 后	
己 庚	41	缺 此回栊翠品茶，怡红遇劫，盖妙玉虽以清净无为自守而怪洁之癖未免有过，老妪只污得一杯，见而勿用，岂似玉兄日享洪福，竟至无以复加而不自知，故老妪眠其床，卧其席，酒屁熏其屋，却被人袭遮过则仍用其床其席其屋，亦作者特为转眼不知身后事，写来作戒，纨袴公子可不慎哉。 （冯按："人袭"应是"袭人"之误。）	缺	己卯本自四十一回至五十五回上半回缺。 墨批 按此批在怡府过录之己卯本上应存。
己 庚	42	缺 钗玉名虽二个，人却一身，此幻笔也。今书至三十八回时，已过三分之一有馀，故写是回，使二人合而为一，请看代玉逝后宝钗之文字，便知余言不谬矣。	缺	墨批 此批在怡府过录之己卯本上应存。
己 庚	46	缺 此回亦有本而笔，非泛泛之笔也。只看他题纲用尴尬二字，于邢夫人可知包藏含蓄文字之中，莫能量也。	缺	墨批 此批在怡府过录之己卯本上应存。

133

版本	回次	批　语		说　明
		回　前	回　后	
己	48	缺	缺	墨批 怡府过录之己卯本中应存此批。
庚		题曰柳湘莲走他乡，必谓写湘莲如何走，今却不写，反细写阿呆兄之游艺，了心却（此处疑有错漏）湘莲之分内走者而不细写其走，反写阿呆不应走而写其走，文牵歧路，令人不识者如此。至情小妹回申方写湘莲文字，真神化之笔。（冯按："回申"应是"回中"之误。）		
己	49	缺	缺	墨批 怡府过录之己卯应存此批。
庚		此回系大观园集十二正钗之文。		
己	54	缺	缺	墨批 怡府过录之己卯本应存此批。
庚		首回楔子内云古今小说千部共成一套云云，犹未泄真，今借老太君一写，是劝后来胸中无机轴之诸君子不可动笔作书。凤姐乃太君之要紧陪堂，今题斑衣戏彩，是作者酬我阿凤之劳，特贬贾珍琏辈之无能耳。		

版本	回次	批　　　语		说　　明
		回　　前	回　　后	
己 庚	56		此下紧接慧紫鹃试忙玉 同上	墨书。此非批语，系抄手留给接抄者的提示。 按己卯本五十五回下半回至五十九回上半回为近年新发现之散失部分。
己 庚	75	缺 乾隆二十一年五月初七日对清，缺中秋诗，俟雪芹。 　　□□□ 开夜宴 　　　　　发悲音 　　□□□ 赏中秋 　　　　　得佳讖	缺	己卯本七十一回至八十回缺。 墨批 按此批在怡府过录之己卯本上应存。

上表说明：（一）己卯本中之夹条，除十九回回前"回家来袭人见总无可吃之物"一条，有可能是在己卯本抄录时夹入外，其余各条，均是庚辰本过录完成后夹入，故庚辰本没有抄录。（二）凡庚辰本回前回后之墨批，均为怡府过录的己卯本所原有。根据此一规律，可以用庚辰本来推测现己卯本缺失各回的回前回后批语的情况，该己卯本缺失各回回前回后的批语情况，应与现存庚辰本回前回后之墨批相同。（三）目前庚辰本上的回前回后朱批、行间朱批和眉端朱批，均不见于己卯本。据此可以推知，己卯本缺失各回也不会有回前、回后、行间、眉端的朱批。现庚辰本上的朱批肯定抄自另本，也有可能是直接抄自曹雪芹和脂砚斋的手稿本。（四）根据庚辰本的抄写规律来看，抄手是相当忠实于底本的（指墨抄部分），因此第二十七回林黛玉《葬花词》句旁之墨笔

双圈（共四句）和单圈（共九句）以及密点（共一句），应为怡府抄本上所原有（并且还应是脂评原本上所原有）。今怡府抄本从二十一回到三十回虽已失，无从证实，但庚辰本在此诗上端有朱笔眉批云：

> 余读葬花吟凡三阅，其凄楚感慨，令人身世两忘，举笔再四，不能加批。
>
> 先生想身（非）宝玉，何得而下笔？即字字双圈，料难遂颦儿之意，俟看过玉兄后文再批。
>
> 噫嘻，客亦石头记化来之人，故掷笔以待。

以上这三段对话式的批语，明确指出"即字字双圈，料难遂颦儿之意"，此可证此庚辰本《葬花词》旁之墨笔双圈、单圈及密点，确应为怡府抄本上原有之物。

1977 年 11 月 1 日夜 1 时

附件：

松枝茂夫致冯其庸先生信

冯其庸先生：

前些日子没想到收到您的大作《论庚辰本》和《大金喇嘛法师宝记碑题名考》，十分感谢。

得知先生的大名，以前是在《文物》杂志上，最近是在《社会科学战线》杂志上。《论庚辰本》，钟教授也获赠一本。大作考证精确，令人十分敬佩，而且一个又一个的新发现和新见解，令人除了惊叹还是惊叹。

自从立志翻译《红楼梦》以来，已近五十年了（小生现在七十四岁），还没有什么心得，徒然摩挲于《红楼梦》的表面而已。也曾少年莽撞，三十年前翻译出版了一百二十回的《红楼梦》，满纸误谬令人汗颜。决定重新改译，匆匆又过去了五六年。迟缓如牛步，是因为对我而言有太多难解之处，至今依然停滞在一百回前后。

值得庆幸的是，年轻的学友之中，如伊藤漱平那样的优秀的《红楼梦》研究者和翻译者已经出现，发表了优异的研究成果。为了不负他们的期望，我也要驽马奋鞭。

我们是《红楼梦》的爱好者，最希望中国的学者做的是对《红楼梦》详细的注释。语词问题固然不必说，此外还有风俗习惯、社会制度等等，往往因由古今、地域的南北、满汉族别等有所变化差异。《红楼梦》的作者又是生在江南，住在北京汉军，我想《红楼梦》是极其错综复杂的。

当然，对于中国人而言，这些都是日常茶饭一样明白无疑，很愉快地读毕一百二十回，而对于我们外国人，却不明究竟。所以，很希望中国人从事注释方面的事业。这也是我此前长期所期望的。

　　赠送伊藤先生的书，已经通过邮局寄去。拙译本近期也会寄达，请您御览。

　　本该用中文写信，遗憾的是不能尽表心意，故只好用日文书写，请您谅解。

　　祝您健康。

　　再：《文物》一九七六年第三期所载贵文中，《上元县志》书影后几行数字，印刷不清，我读不了。

一月十九日
松枝茂夫　叩

孟宪实 译　乌云毕力格 校

重论庚辰本

——《校订庚辰本脂评汇校》序

庚辰本是现存《红楼梦》乾嘉抄本中最好的一种

现存《红楼梦》（《石头记》）乾嘉时抄本共有甲戌本、己卯本、庚辰本、戚蓼生序本、蒙古王府本、南京图书馆藏戚序本、梦觉主人序本、红楼梦稿本、舒元炜序本、郑振铎藏本、列宁格勒藏本等十一种，另有南京靖应鹍藏本出而复没，暂不能计入。在这现存的十一种抄本中，我认为庚辰本最为珍贵，其理由如次：

（一）庚辰本最为完整。现存十一种乾嘉抄本中，大都是残缺不全或经后人补作的，就《红楼梦》的原本面貌来说，庚辰本存七十八回，未经后人涂改，所存回数最多。其余各本，如甲戌本只存十六回，论其署年应是最早，但现存抄本，并非甲戌年（乾隆十九年，1754 年）原抄，已是后来过录，且现八十回原书只剩五分之一。如己卯本，依署年应是乾隆二十四年（1759 年）抄本，但实际现存此本怡亲王府过录的时间，我认为是在乾隆三十二年（1767 年）或稍后，[①] 这在这十一种抄

---

① 参见本书《论庚辰本》。

本中，应算是实际抄成可考年份最早的一种，就这一点来说，这个抄本确是弥足珍贵的了。但遗憾的是这个抄本只有三十八回加近年发现的三回又两个半回；另外六十四、六十七回是早期抄补的，我认为是嘉庆初年抄补的。① 所以两者加起来，也只有八十回的半数稍强。如戚序本包括蒙古王府本和南图藏本，虽然八十回齐全，但已经明显地是经后人整理润色补作过了。如红楼梦稿本，称它是"稿本"，意思是高鹗木活字印本的稿本，实际这完全是一种误解，它的最可靠的记录，是经道光、咸丰间藏书家杨继振的收藏。它的正文抄定比较草率，其前七回是据己卯本系统的本子抄的，第四十一到五十回已缺，是后来据程甲本补配的，其余的文字是据另本抄录的，并且又用程本去校改过；其后四十回有一半是据程本抄录的，一半是一个简本。所以总起来说，它的抄定时间当在程本之后，约在乾隆末或嘉庆初，这已经不是一个早的时间了，而它的完整性又较差。再如梦觉主人序本，其抄定时间，可能是在乾隆甲辰（乾隆四十九年，1784 年），但此本文字已经后人作了较多的整理和润色，离原本文字出入较大。至于列宁格勒藏本，我认为是嘉庆初年的抄本，② 它的正文是几个本子拼合而成的。还有其他两种本子，一是残损较多，二是经过后人加工，从抄本的角度来说，都不能说是珍贵的本子了。

所以从完整性和早期性来说，其他本子是无法与庚辰本来比的。

（二）庚辰本是曹雪芹生前最后的一个本子。大家知道，曹雪芹死于乾隆二十七年壬午除夕（按公元是 1763 年 2 月 12 日）。庚辰是乾隆二十五年，下距雪芹之逝只有两年了，我们至今没有发现署年比庚辰更晚的《石头记》原抄本或原抄过录本，所以可以说，这个庚辰本，是曹

---

① 参见本书《论庚辰本》。

② 参见本书《列宁格勒藏抄本〈石头记〉印象》、《影印列宁格勒藏抄本〈石头记〉序》。

雪芹生前的最后一个本子。当然现存的这个庚辰本，并非庚辰原抄本，而是一个过录本，过录的时间，据我的考证，约在乾隆三十三、三十四年（见《论庚辰本》）。这个时间，上距雪芹之逝还只有六七年，所以现存的这个过录庚辰本，它的底本是雪芹生前最后的一个本子，这个过录本本身，则是雪芹去世以后最早的也是唯一的一个忠实于原本的过录本。

（三）在庚辰本上，集中了脂砚斋评语的最主要的部分，凡有脂砚斋、畸笏叟等人的署名的批语，都集中在庚辰本上。事实上，庚辰本上的批语，是包括着己卯本上全部的批语的，现存己卯本上正文下双行小字批共 717 条，庚辰本上照录了 716 条，而且从批语的位置到文句，在各回分布的情况等，与己卯本完全相同（只有少数异文是纠正己卯本上的错字或庚辰本过录时偶尔抄错的），那比己卯本少了的一条，是一个字的评。己卯本十九回写"意绵绵静日玉生香"时，正文：

> 宝玉方止了手笑问道："你还说这些不说了？"黛玉笑道："再不敢了。"一面理鬓。

在这个"鬓"字下面右侧，有一个"画"字，是评这一段文字描写如画的意思。这种一字的评语，在己卯本里还有不少，如"细"、"笑"等，因为只有一个字，所以抄手疏忽就漏掉了。根据以上 716 条庚辰本上正文下双行小字墨批完全是从己卯本上过录的规律，我们还可反证现存庚辰本二十一回至三十回，四十一回至五十五回，六十回至八十回（以上各回己卯本均已丢失）所存的正文下双行小字墨批，应该也就是己卯本上原有的双行小字墨批。所以一部庚辰本，实际上它已包含了一部己卯本，这个结论可以说"虽不中，亦不远矣"！

更为重要的是在这个本子上保存了一批非常重要的脂批，如，第十

141

三回眉批云：

> 树倒猢狲散之语，今犹在耳，屈指卅五年矣，哀哉伤哉，宁不痛杀！

第十七回至十八回行间朱批云：

> 不肖子弟来看形容，余初看之不觉怒焉，盖谓作者形容余幼年往事，因思彼亦自写其照，何独余哉！信笔书之，供诸大众同一发笑。

同回朱笔眉批云：

> 树（前）处引十二钗总未的确，皆系漫拟也。至末回警幻情榜，方知正副再副及三四副芳讳。
>
> 壬午季春畸笏叟

同回行间朱批云：

> 批书人领至此教，故批至此竟放声大哭，俺先姊先（仙）逝太早，不然余何得为废人耶？

第二十回朱笔眉批云：

> 茜雪至狱神庙方呈正文，袭人正文标昌（目曰）"花袭人有始有终"。余只见有一次誊清时与狱神庙慰宝玉等五六稿被

借阅者迷失，叹叹！

丁亥夏畸笏叟

第二十二回朱笔眉批云：

凤姐点戏，脂砚执笔事，今知者聊聊（寥寥）矣，不怨夫！

前批书者聊聊（寥寥），今丁亥夏，只剩朽物一枚，宁不痛乎！

本回末朱笔眉批云：

此后破失俟再补。

又回末墨批云：

暂记宝钗制谜云：

朝罢谁携两袖烟，琴边衾里总无缘。晓筹不用鸡人报，五夜无烦侍女添。焦首朝朝还暮暮，煎心日日复年年。光阴荏苒须当惜，风雨阴晴任变迁。

此回未成而芹逝矣，叹叹！

丁亥夏畸笏叟

第二十五回末朱笔眉批云：

叹不能得见宝玉悬崖撒手文字为恨！

丁亥夏畸笏叟

第二十六回墨笔眉批云：

狱神庙回有茜雪红玉一大回文字，惜迷失无稿，叹叹！

丁亥夏畸笏叟

惜卫若兰射圃文字迷失无稿，叹叹！

丁亥夏畸笏叟

第二十七回朱笔眉批云：

奸邪婢岂是怡红应答者，故即逐之，前良儿后篆儿便是却（确）证，作者又不得可也。

己卯冬夜

此系未见抄没狱神庙诸事，故有是批。

丁亥夏畸笏

第二十八回朱笔眉批云：

大海饮酒，西堂产九台灵芝日也，批书至此，宁不悲乎！

壬午重阳日

第三十八回正文下双行小字墨批云：

伤哉！作者犹记矮颐舫前以合欢花酿酒乎？屈指二十年矣！

第七十五回回前墨批云：

重论庚辰本

乾隆二十一年五月初七日对清，缺中秋诗，俟雪芹。

　　□□□　　开夜宴　　发悲音
　　□□□　　赏中秋　　得佳谶

庚辰本上重要的脂批还有不少，此处不能一一尽举，然而就是看看以上这些批语，也就可以看到这些批语的重要性和它的珍贵价值了。

　　（四）庚辰本除了以上这些特点外，也还存在着一些残缺，如第二十二回的"此后破失俟再补"，"此回未成而芹逝矣"等等，这些残缺之处，对于《石头记》的完整性来说，当然是一个缺陷，但对于我们的研究来说，却又是一个入口之处，它提供了我们一种对比的资料，从它的残缺，我们可以对照出后来那些天衣无缝的本子，实际上有一部分文字是后人补作的。假定说没有这个保留了少部分残缺的庚辰本，我们看到的尽是一些完美无缺的本子，那末要我们分辨出哪些文字是后人的补作，这就颇费周折了。

　　所以，根据以上四点，我认为这个基本上完整，但仍保留有少量残缺的过录庚辰本，是仅次于作者手稿的一个本子，在以上十一种乾嘉抄本中，应该说是最为珍贵的了。

庚辰本与己卯本的关系

　　庚辰本与己卯本之间，存在着特殊密切的关系，我在拙著《论庚辰本》里曾列举六个方面的问题，来加以论证，当时我认为庚辰本是从己卯本过录的，后来有人提出了不同意见。现在我们不妨再来重新检查一下这些问题，看在探讨这庚辰本与己卯本的关系的问题上，是否一无用处？我当时提出的六个方面的问题是：（一）两本抄写的款式相同。即庚辰本与己卯本每页的行数，每行的字数，每回首行顶格题"脂砚斋重评石头记卷之"，第二行顶格写"第×回"，第三行低三格或二格写回目，每十回装一册，每册首页有本册十回的总目等等，两本完全一样。（二）两本的回目相同。现己卯本实存回目四十个，拿它与庚辰本的回目核对，两本一字不差，就连两本回目中的错别字也错得一模一样。再有如第十七、十八回没有分回，第十九回没有回目，第六十四、六十七回从回目到正文都缺等等这些情况，两本也完全一样。相反，甲戌本与庚辰本对照，甲戌本一至八回，其中就有四个回目与庚辰本不同。所以，己卯、庚辰两本回目的完全一样，这绝不是偶然的事情。（三）按己卯本的批语，主要是正文下的双行小字批，全书共 717 条，今检查此717 条批语，除庚辰本第十九回漏抄了一条一个字的批外，① 其余完全相同，不仅批语完全相同，就连批语分布在各回的情况和所在的位置，也完全一样（庚辰本上当然还有一些朱批和其他的批，但这是庚辰本在过录以后从别本转抄上去的，与己卯本自然无关。详见《论庚辰本》）。（四）庚辰本和己卯本，还有一些完全相同的特殊的特征，如己卯本第十九回第三面第二行在"小书房名"下空了五个字的位置，然后又接写"内曾挂着一轴美人，极画的得神，今日这般热闹，想那里自然"，然后在下面又一直空到这行末，形成一条大空白。耐人寻味的是这两处空白，都原样保存在庚辰本里。又如己卯本在十七、十八回前面半页的空白纸上分六行写："此回宜分二回方妥"，"宝玉系诸艳之贯，故大观园对额必得玉兄题跋，且暂题灯匾联上，再请赐题，此千妥万当之章法"，"诗曰：豪华虽足羡，离别却难堪，博得虚名在，谁人识苦甘"，"好诗，全是讽刺"，"近之谚云：'又要马儿好，又要马儿不吃草'。真骂尽无

_____

① 　见第一节正文。

厌贪痴之辈"。庚辰本也一模一样地照抄，而且连错别字也照抄，如"诸艳之贯"，"贯"字是"冠"字之误，庚辰本也照错不误；如"博得虚名在"的"博"字，己卯本误写成"愽"字，庚辰本也同样照抄不误。特别是己卯本第五十六回末尾"只见王夫人遣人来叫宝玉，不知有何话说"这句的右下侧，写着"此下紧接慧紫鹃试忙玉"一行小字，这行小字并非正文，而是本回抄手给下回抄手的提示，让他接写"慧紫鹃试忙玉"这一回，谁知庚辰本的抄手竟然也照抄不误。（五）大家知道，己卯本是怡亲王府的抄本，因而抄手避"祥"字、"晓"字的讳，因为老怡亲王名"允祥"，第二代怡亲王名"弘晓"。细检庚辰本，在第七十八回《芙蓉诔》里，有"成礼兮期祥"的句子，而这个"祥"字，却避讳写成"袢"，与己卯本里避祥字讳写成"袢"一模一样。（六）庚辰、己卯两本有部分书页抄写的笔迹相同，显系一人抄下来的。这就是说，己卯本的少数或个别抄手，在完成了己卯本的抄写以后，又参加了庚辰本的抄写，如两本第十回的首半面，笔迹完全相同；两本第十一回至二十回的总目，笔迹也完全相同。

以上六个方面的特殊的相同点，并非是细节的相同，乃是全局性的相同，这些相同点，自然对研究两本的关系来说，是十分珍贵的资料，是不能对它无视或忽视的。1977 年夏天，当我刚刚发现和揭示出两本之间的这些特殊的共同之点时，真正是欢喜无量，因为这是第一次发现两个珍贵的早期《石头记》抄本之间的这种特殊密切的关系。当时我曾判断说庚辰本是从己卯本过录的。我作出这个判断主要是为了要说明吴世昌先生认为庚辰本是由四个本子拼抄的这个结论的不科学性和主观猜测性，说明吴先生对庚辰本的这种判断和贬低是错误的，不能成立的。由于这许多两本内在的相同点的被发现，由于庚辰本与己卯本两本之间的不可分割的密切关系的被揭示和被确认，吴先生对庚辰本的错误判断自然也就不能成立了。自从我的文章发表以后，再也没有人坚持庚辰本是四个本子拼抄等的错误说法了，再也没有人彻底否定庚辰本与己卯本的特殊密切的关系了，这不能不说是《石头记》抄本研究上的一大突破，这是客观存在的历史事实，是不能依个人的爱憎而转移的。吴先生是我的前辈和好友，我对他的学术成就和耿介的胸怀非常尊敬，我虽然与他激烈地争辩，但毫不影响我对他的尊敬之情，我认为在学术是非的面前理应直陈己见，这才是一个追求学术真理的人应有的品质和气度，如果在学术是非面前也是唯唯诺诺，随人俯仰，或迎风摇摆，那就失去了一个学人应有的品格。我与吴先生的争论，就是在这样的共同的认识之下展开的，所以这种得失，无损于吴先生的光辉和成就。相反，我们却一直在怀念着他。因为学术，多么需要富于学术勇气和追求热忱的人啊！

以上是我与吴世昌先生关于庚辰本的争论的情况，我的文章发表后，自然也有与我争论的文章。争论最主要之点，是说庚辰本并不是直接从怡亲王府过录的己卯本抄的，也即是说现存己卯本并不是庚辰本的底本；另外，也有人认为现存的己卯本并非怡亲王府抄藏的原本，而是根据怡亲王府抄本的过录本。还有一种意见，认为现今影印的己卯本，是我"用主观看法去改变己卯本本来面貌"。①

上面第一种意见，是对认为现存庚辰本是从现存己卯本过录的这一意见提出的怀疑。经过思考，我认为这个意见是值得重视的。虽然庚辰本与己卯本的特殊密切的关系已为大量事实所证实了，但这两个本子之间还存在着矛盾，我在写《论庚辰本》一书时，已有所觉察，我说：

> 当然在作了这样的推测以后，我们也还没有把矛盾全部解决。庚辰本的正文与己卯本的正文除上述这些情况外，还有差异之处，这就是句子中间往往庚辰本有个别字或词（不是指整

---

① 见应必诚著《论石头记庚辰本》，第219页，上海古籍出版社1983年版。

句的）与己卯本不一样，庚辰本上这一类的异文究竟来自何处，在己卯本上同样查不出修改的痕迹，既不是"径改"，也不是"贴改"，更不可能是"夹条改"。那末，这类异文只能是边抄边改，如果是个别的文字，还可以认为是抄手的笔误，但这类文字数量虽不甚多，但也不是极少，总之有一定的数量。那末，它是抄手随意妄改的吗？我认为不可能，其理由已如前述，那末，竟是过录者手边另有别本参照吗？在没有资料证实的情况下，我们也很难确断。总之，在从己卯本到庚辰本的全过程中，我们还有这一个环节没有弄清楚。那末，我们还是先把这个矛盾揭示出来，留待大家来解决罢。

然而，当时我的思路被刚刚揭示出来的两本大量相同之处所吸引着，以至于对这些异文没有能够充分重视和进一步地思考，把已经提出来的问题又放了过去。现在由别的同志提出来并且深入探讨下去，这当然是值得欢迎的。经过这一段时间的质疑和研究，看来现存庚辰本并不是从现存己卯本直接过录的这一点，已可以取得共识。但是庚辰本与己卯本究竟为什么会有这么多的共同之点呢？它们是共同的父本呢？还是共同的祖本呢？这还须要进一步地解决。然而不论如何解决，终究摆脱不了庚辰本与己卯本已被揭示出来的这种特殊密切的关系，而这，正是问题的实质所在，它决定着庚辰本与己卯本的很近很近的血缘关系，从而也就决定了庚辰本决不是由四个本子拼抄而成的。

还有一点也可以取得一致的认识，就是己卯本上部分朱笔校改文字，实际上是陶洙据庚辰本回校添加在墨书正文之旁的，并不是作者庚辰秋定文字的过录，而我却误把这些文字当作是作者庚辰秋定文字的过录，又误以为现存庚辰本的正文是据这些己卯本上的朱笔旁改文字和正文一起清抄成庚辰本的正文的，完全把事情弄颠倒了。明确认识了这一点，那末对己卯本的认识又清除了一层障碍，这要感谢大家的贡献和对我的指正。这一情况，竟与当年红楼梦稿本新发现时一模一样，当时不少人把红楼梦稿本的墨笔旁改文字误认作高鹗的改稿，而且这一谬误，并不始于现在，早在道光、咸丰年间的收藏家杨继振收藏时就产生了，而纠正这一谬误，指出这些旁改文字不过是后人据程高本转校上去的这一事实，却直到近年才做到。原先的这个错误认识，竟延续了一个多世纪，相比之下，我的错误认识，在很短时间内就得到了纠正，这不能不说是幸事。由此可见对一个客观事物的认识，往往不可能一次完成，我们需要的是这种一丝不苟的严肃科学的态度。

上面第二种意见，即认为现存己卯本并不是怡亲王府抄本的原本，而是怡府抄本的过录本。对于这个问题，在当时（1974 至 1975 年）我与吴恩裕先生，可以说连想都没有想过。我们在北京图书馆发现了己卯本上的避讳，接着又从《怡府书目》的原抄本上看到有同样的避讳，看到有怡亲王的图章等等，我们就深信不疑这是怡亲王府的抄本了，就是现在也还没有能动摇我的这种信心。但科学的问题是不能有半点含糊的，既然有人提出了怀疑和发现了矛盾，那末我觉得这个问题也不是不容思索和无可思索的。至于我自己此时的认识，我认为己卯本上避讳不彻底的情况，并不能完全否定它是怡府的原抄本，因为这种手抄本很难严密到一无遗漏，特别它避的只是家讳，不是避的皇帝的讳，所以抄手有遗漏是完全可能的。只要看庚辰本上避康熙的讳也是不严格和不彻底的，就是说在庚辰本上，"玄"字大多是缺末笔避讳的，但也有几处未避讳，那末，我们难道能根据这几处的未避讳，就否定庚辰本是乾隆抄本吗？职是之故，这个问题可以提出来思考，但还不足以据此而推翻它是怡府抄本的结论。

至于第三种意见，我认为是一种误解，我已经在《关于己卯本的影印问题》一文里作了详细的说明。在影印己卯本上清除陶洙从甲戌本和庚辰本上过录到己卯本上的文字，是为了恢复己卯本的原貌，因为这本来就不是己卯本上的文字，陶洙有明文交代，"凡庚本所有之评批注语，悉用朱笔依样过录"，甲戌本"所有异同处及眉评旁批夹注，皆用蓝笔校录"，非常明显，这些文字本不属己卯本，清除它只不过是为了尽量恢复己卯本的原貌。如果连这些文字都算作是己卯本的原貌了，则这样的理论，实在不敢闻教。

至于说批评现在的己卯本没有影印好，有许多谬误，那末虽然这个工作并非是我做的，而且出版社的领导还当面向我表示歉意，说他们做的工作却让我去受指责，而且当时我也确实写信不赞成他们这种修版的情况，尽管如此，我也愿受批评。因为初版的影印己卯本，确实有不少不当的地方，例如现存己卯本的第一页 A 面是空白页，四条护官符的一整张贴条，及"昌明隆盛之邦"的贴条都一起在 B 面上，现在却将四条护官符印在 A 面，右下角又加了一个北京图书馆的藏章，这完全是加上去的，并非原有；又如第十九回第 10 页 A 面第六行正文下双行小字脂评云："一段情结，脂砚。"修版时不知何故竟将"脂砚"两字删去（在平装本上已恢复）；再如第六十二回第 10 页 A 面天头（第四行顶部）己卯本上原无朱笔"我"字，现在影印本上却忽然添了一个朱笔的"我"字，这种情况实在是莫名其妙，令人啼笑皆非。这样的例子还有，这里无法一一列举。以上这些错误，我曾写了校记交出版社，后来在重印平装本时这些错误改正了，但校记没有印在书后。尽管以上这类错误也是我事先不知道的，但我与此书的影印是有关的，要批评我也未尝不可。可惜这类非常明显的错误却无人指责。

不管怎样，通过对拙著《论庚辰本》的讨论和对影印己卯本的讨论，使我们对庚辰本和己卯本的认识，又大大深化了一步，而这种深化才是学术上的真正的进步，我为此而非常感谢这种批评和争辩。

归根到底，庚辰本与己卯本是有密切的关系的，庚辰本不是四个本子抄拼的，庚辰本与己卯本都具有重大的历史文献的价值，而且己卯本与怡亲王府有密切的关系，因而很可能进一步而与曹家有关系，尽管我们不能确证，但这样的线索，无疑是不应轻易放过的。

脂评在《红楼梦》研究中的地位

大家知道，《石头记》最早以抄本形式流通于世时，就是以"脂砚斋重评"的名字流传的，再往前一步讲，曹雪芹在写作《石头记》时，就是有脂砚斋参与的，所以研究《石头记》的人，没有不知道脂砚斋的。可以说，脂砚斋与《石头记》的关系，仅仅次于它的作者曹雪芹。

脂砚斋不仅仅是因为他参与过《石头记》的写作和修改而显得重要，更重要的是他是《石头记》最早的评论者，而且他最知作者的底里。

与脂砚斋并列的另一个人是畸笏叟，他可以说是与脂砚斋同样非常重要的一位《石头记》的评论者，他与脂砚斋同样是作者最亲近的人也是最知底里的人。过去有人认为脂砚斋与畸笏叟就是一人，但近年来研究的结果，认为不可能是一人。但是我们通常说的脂砚斋评，是包括畸笏叟等与作者同时代、关系较为密切的人的评的，并非仅仅只指脂砚斋一个人的评。本节所称的"脂评"，也是较为广泛意义的"脂评"。

只要认真研究过《石头记》的人，都会懂得脂评的重要性。简要说来：

第一，脂评透露了作者的家世。例如第十六回庚辰本畸笏的评云：

> 大观园用省亲事出题，是大关键事，方见大手笔行文之立意。畸笏

重论庚辰本

同回甲戌本回前批云：

> 借省亲事写南巡，出脱心中多少忆昔感今。

这里明显地点出康熙南巡，曹寅接驾的旧事，胡适就是根据这两条脂评查证出康熙南巡曹寅接驾的曹家家事的。又如第五十二回庚辰本在"一时只听自鸣钟已敲了四下"句下有双行夹批云：

> 按四下乃寅正初刻。寅此样（写）法，避讳也。

这里又明确点出此书作者避"寅"字的讳。"寅"当然是指曹寅。这里值得注意的是此种避讳方式，不是通常的缺末笔避讳，而是直接从字句上避开，换一种写法，本来要说"寅正初刻"或"寅时"的，现在就改说"自鸣钟敲了四下"。这种从文句上避开要避讳的字，就只有作者与被讳者有直接关系才能如此，也就是说并非抄书者需要避讳。例如己卯本上避"祥"字和"晓"字的讳，纯粹是抄者的关系，并非作者曹雪芹要避这两个字的讳，而庚辰本上避"寅"字讳的写法，直接从文句上避开，这就是作者的关系，并非抄书者的关系。所以由于这条脂批，我们得到了《石头记》作者必须避"寅"字讳的一点信息，一条历史资料，同时也反映了脂批的作者非常熟悉作者的家世，如果根本不熟悉作者的家世，就根本看不出来这个文句里所隐藏的避讳的问题。

再如甲戌本第十三回回末批语说：

> "秦可卿淫丧天香楼"，作者用史笔也。老朽因有魂托凤姐贾家后事二件，嫡是（非）安富尊荣坐享人能想得到处。

> 其事虽未漏，其言其意则令人悲切感服，姑赦之，因命芹溪
> 删去。

按这一条批语，也是明显透露出作者家事的。不仅是"史笔"两字已指明这是写事实，更重要的是这段文字本身包容着这段事实。所谓"魂托凤姐贾家后事"，这是小说里的情节，秦可卿、王熙凤也是小说里的人物，不管小说如何写法，按理这都是小说家言，通常是与真人真事无关的，因此也无从拿来对号。只有一种情况，小说里的事和人都是真实的而且是为大家所知道的，小说不过是换了一个假名即小说人名而已，因此一提此事，当时作者周围的读者就很清楚，所以就必须掩盖回避，也因此畸笏才要作者删去。① 由此可见这里所说的"淫丧"、"魂托"、"后事"等等，都是作者家事。

第二，脂评透露了作者创作、修改的情况和所写的某些本事。例如甲戌本第一回眉批云：

> 雪芹旧有《风月宝鉴》之书，乃其弟棠村序也。今棠村
> 已逝，余睹新怀旧，故仍因之。

这段批语，反映了曹雪芹旧曾写过《风月宝鉴》一书，后来又发展或改写成《石头记》。又如甲戌本第十三回在"彼时合家皆知，无不纳罕，都有些疑心"句上，有朱笔眉批云：

> 九个字，写尽天香楼事，是不写之写。

---

① 此批无署名，按其语气，颇似畸笏。

这段眉批，实际上是点明了作者故意使用的疑笔。又同回甲戌本在"贾珍哭的泪人一般"句旁朱笔夹批云：

> 可笑，如丧考妣，此作者刺心笔也。

这一段批，更是点明了作者所隐的"天香楼"事的主角。再如甲戌本同回在"另设一坛于天香楼上"句旁有朱笔夹批云：

> 删却，是未删之笔。

这段批语，对天香楼事又起了画龙点睛的醒目作用。再如同回甲戌本在"秦氏之丫环名唤瑞珠者见秦氏死了，他也触柱而亡"句旁有朱笔夹批云：

> 补天香楼未删之文。

再如甲戌本本回末朱笔眉批云：

> 此回只十页，因删去天香楼一节，少却四五页也。

又庚辰本在此回回末朱笔总评云：

> 通回将可卿如何死故隐去，是大发慈悲心也。叹叹！壬午春。

最后甲戌本本回末还有本文前面已引到的"秦可卿淫丧天香楼，作者用史笔也"一大段评。以上这些评语，集合起来，使我们大致看到了有关天香楼这个情节的基本面貌和删改情况，这对我们今天了解《石头记》的初稿面貌和删改情况是极有用处的。

再如甲戌本十三回末在"这里凤姐来至三间一所抱厦内坐了，因想头一件是人口混杂，遗失东西"这一段文字之上有朱笔眉批云：

> 旧族后辈，受此五病者颇多，余家更甚。三十年前事，见书于三十年后，今（令）余想（悲）恸，血泪盈□。

在庚辰本上，也有内容基本相同的朱笔眉批云：

> 读五件事未完，余不禁失声大哭，三十年前作书人在何处耶？

这些批语，透露着书中所写情节，是有实际的生活依据的，是有所本的。再如甲戌本第十三回开头在"一日倘或乐极悲生，若应了那句树倒猢狲散的俗语"句上，有朱笔眉批云：

> 树倒猢狲散之语，全（今）犹在耳，曲（屈）指三十五年矣，伤哉，宁不恸杀！

这一条也是透露着曹家旧事的脂批。按：施瑮《隋村先生遗集》卷六《病中杂赋》云：

> 楝子花开满院香，幽魂夜夜楝亭旁。廿年树倒西堂闭，不待西州泪万行。曹楝亭公时拈佛语对坐客云："树倒猢狲散。"

今忆斯言，车轮腹转。以琭受公知最深也。楝亭、西堂，皆署中斋名。

可见此批并非虚言。

第三，脂评透露了《石头记》八十回以后的某些情节，例如：

> 补明宝玉自幼何等娇贵，以此一句留与下部后数十回"寒冬噎酸斋，雪夜围破毡"等处对看，可为后生过分之戒。叹叹！
> ——庚辰、戚序本第十九回正文下双行小字批

> 后数十回若兰在射圃所佩之麒麟，正此麒麟也。提纲伏于此回中，所谓草蛇灰线，在千里之外。
> ——庚辰、戚序本第三十一回回末评

> 与后文"落叶萧萧，寒烟漠漠"一对，可伤可叹！
> ——庚辰、甲戌、戚序本第二十六回正文下双行小字批

> 茜雪至"狱神庙"方呈正文。袭人正文标昌（目曰）"花袭人有始有终"。余只见有一次誊清时与"狱神庙慰宝玉"等五六稿被借阅者迷失，叹叹！ 丁亥夏畸笏叟
> ——庚辰本第二十回朱笔眉批

> 按此回之文固妙，然未见后三十回，犹不见此之妙。此曰"娇嗔箴宝玉，软语救贾琏"；后曰"薛宝钗借词含讽谏，王熙凤知命强英雄"。今只从二婢说起，后则直指其主。然今日

157

之袭人、之宝玉，亦他日之袭人、他日之宝玉也，今日之平儿、之贾琏，亦他日之平儿、他日之贾琏也，何今日之玉犹可箴，他日之玉已不可箴耶？今日之琏犹可救，他日之琏已不能救耶？箴与谏无异也，而袭人安在哉？宁不悲乎！救与强无别也，甚矣，今因平儿救，此日阿凤英气何如是也；他日之强，何身微运蹇，展眼何如彼耶？人世之变迁如此，光阴倏尔如此！

今日写袭人，后文写宝钗；今日写平儿，后文写阿凤；文是一样情理，景况光阴，事却天壤矣！多少恨（眼）泪洒出此两回书。

——庚辰、戚序本第二十一回回前总批

以上这些批语，都涉及《石头记》后部的情节，有的批语里还引录了后部的回目，有的批语则引录了文句，更多的是叙述了情节，像这样的脂评还有好多，不能一一列举。近年来的《石头记》"探佚学"就是依据以上这一类的批语发展起来的。可以说如果没有这类批语，也就没有"探佚学"。

第四，脂评突破了传统的文艺思想，提出了朦胧的文艺典型论。大家知道，小说戏曲的评点派，在明代后期，得到了极大的发展，其中最有代表性的人物，就是李贽。李贽不仅是评点派的杰出代表，也是当时先进文艺思想的杰出代表。李贽以激进的姿态，激烈反对当时处于统治地位的孔孟学说，反对当时流行于官场和社会的假道学。他提倡文学的"童心说"和"风行水上之文"。所谓"童心"，也就是人之初心，这就是指未受孔孟假道学所熏染的人的本心。李贽的"童心说"，其主旨是提倡文学的"真"，反对道学的"假"。李贽的"风行水上之文"，就是提倡"自然成文"，他主张文章要如天地造化之化生万物，得其自然而不见其工。这就是反对文学上的模式化、公式化、做作、雕琢等等，一句话，也就是反对假，提倡真。李贽在《杂说》里有一段非常重要的文字：

> 且夫世之真能文者，比其初皆非有意于为文也。其胸中有如许无状可怪之事，其喉间有如许欲吐而不敢吐之物，其口头又时时有许多欲语而莫可所以告语之处，蓄极积欠，势不能遏。一旦见景生情，触目兴叹；夺他人之酒杯，浇自己之垒块；诉心中之不平，感数奇于千载。既已喷玉唾珠，昭回云汉，为章于天矣，遂亦自负，发狂大叫，流涕恸哭，不能自止。宁使见者闻者切齿咬牙，欲杀欲割，而终不忍藏于名山，投之水火。

用这段文字来对照曹雪芹对《石头记》的创作，岂不是完全合拍。所以曹雪芹虽然没有留下理论文字，但看他的作品，也就可以明白他的文艺思想与李贽的思想是一脉相承的。李贽是当时文艺思想的高峰，而曹雪芹继承了他的思想，而且在实践上发展了他的思想；脂评则是在理论上，也即是文艺思想上继承和突破了李贽的思想。这就是他提出了朦胧的文艺典型的思想。庚辰本十九回在宝玉撞破了茗烟干那警幻所训之事后，有双行小字批云：

> 按此书中写一宝玉，其宝玉之为人，是我辈于书中见而知有此人，实未目曾亲睹者。又写宝玉之发言，每每令人不解，宝玉之生性，件件令人可笑，不独于世上亲见这样的人不曾，即阅今古所有之小说奇传中，亦未见这样的文字。于鞶儿处更为甚，其囫囵不解之中实可解，可解之中又说不出理路，合目

思之，却（恰）如真见一宝玉，真闻此言者，移之第二人万不可，亦不成文字矣。

余阅《石头记》中至奇至妙之文令（全）在宝玉颦儿至痴至呆囫囵不解之语中，其诗词雅谜、酒令、奇衣、奇食、奇玩等类，固他书中未能，然在此书中，评之犹为二着。

再看十九回后边宝玉说"没的我们这种浊物到生在这里"下面双行小字批云：

这皆宝玉意中心中确实之念，非前勉强之词，所以谓今古未（有）之一人耳。听其囫囵不解之言，察其幽微感触之心，审其痴妄委婉之意，皆今古未见之人，亦是未见之文字，说不得贤，说不得愚，说不得不肖；说不得善，说不得恶，说不得正大光明，说不得混账恶赖，说不得聪明才俊，说不得庸俗平（凡），说不得好色好淫，说不得情痴情种，恰恰只有一颦儿可对，令他人徒加评论，总未摸着他二人是何等脱胎，何等骨肉。余阅此书，亦爱其文字耳，实亦不能评出此二人终是何等人物。后观情榜评曰：宝玉情不情，黛玉情情。此二评自在评痴之上，亦属囫囵不解。妙甚。

以上这两段批语，岂不是对《石头记》里贾宝玉、林黛玉这两个典型形象的十分深刻的分析吗？脂批说："合目思之，却（恰）如真见一宝玉，真闻此言者，移之第二人万不可，亦不成文字矣。"说得多么精警！脂批又说贾宝玉、林黛玉是"今古未有之一人"，是"今古未见之人，亦是未见之文字"，这恰恰说出了贾宝玉、林黛玉是两个新人的典型，底下连用了十一个"说不得"来形容这两个新的典型，因为贾宝玉、林黛玉这两个典型，无论是它的思想内涵还是外部形象，都是前所未有的，所以一切旧有的形容词，对这两个典型都用不上了。尤其说是"总未摸着他二人是何等脱胎，何等骨肉"！这里非常生动地写出了脂砚对这两个具有崭新的内涵和外形的新的典型形象瞠目结舌之感。脂砚虽然说了十一个"说不得"，但他实际上说出了对这两个新的典型的深刻的感受，他只是找不到适用于这两个典型形象的新的理论和词汇而已。恩格斯在给明娜·考茨基的信里说："对于这两种环境的人物，您都用您平素的精确的个性描写给刻画出来了；每个人是典型，然而同时又是明确的个性，正如黑格尔老人所说的'这一个'。"① 恩格斯说典型就是"这一个"，脂评说"移之第二人万不可"，那末，不就是"这一个"的意思吗？脂评一再讲"宝玉之发言，每每令人不解，宝玉之生性，件件令人可笑，不独于世上亲见这样的人不曾，即阅今古所有之小说奇传中，亦未见这样的文字"，这不就是说贾宝玉是一个"明确的个性"吗？

当然，脂评只是谈自己对这两个典型形象的感受，并不是也不可能作系统的理论的阐述，我也不是说脂评已经是明确完整的典型论了，但他的"移之第二人万不可"的感受，他的一连串的"说不得"的感受，是十分深刻的。他说"宝玉之为人，是我辈于书中见而知有此人，实未目曾亲睹"云云，实际上也是从感受中道出了典型创作的朴素规律。按脂砚斋的时代，比马克思、恩格斯的时代整整早出一个多世纪，② 当然世界上还不存在马克思主义的典型论，唯其如此，脂评的这种片言只语式的警句，就显得分外可贵了。

---

① 见《马克思恩格斯论艺术》第一卷，第5－6页，着重点是引者所加。人民文学出版社1960年版。

② 按：马克思（1818.5.5－1883.3.14），恩格斯（1820.11.28－1895.8.5）。曹雪芹的生卒年有争议，姑依康熙五十四年生（1715年），乾隆二十七年卒（1763年）的说法，又脂砚和畸笏与雪芹是同时而稍长。总之，脂砚、畸笏、雪芹都比马克思、恩格斯要早出一个多世纪。

第五，脂评与以往的许多评，如金圣叹之评《水浒》，毛宗冈之评《三国》等等之最大不同点，是脂评作者本身，还兼有一定程度的作者的身份；不仅如此，更兼有小说情节和人物的素材的身份，也即是过来人的身份。这些都是以往的评者所不能与之比拟的。但是还有一个更重要的问题，这就是脂评的立场一直不是旁观的、客观的，而是基本上与作者的立场是一致的。大家知道金圣叹批《水浒》的立场，是站在《水浒》的对立面的，因此有不少批语是对《水浒》英雄的歪曲和贬损；李卓吾批《水浒》是同情《水浒》的农民起义的，他给予了热情的歌颂，但他终究是旁观的，并不是自身经历的过来人，因此人物和事件与批者自身无关。唯独脂砚、畸笏等人批《石头记》，所批之事和所批之人，往往有自己在内。这只要认真读过脂批的人都会认识到这一点。如庚辰本第二十一回总评（现错装于二十回末）云：

有客题《红楼梦》一律，失其姓氏，惟见其诗意骇警，故录于斯：

　　自执金矛又执戈。自相戕戮自张罗。
　　茜纱公子情无限，脂砚先生恨几多。
　　是幻是真空历遍，闲风闲月枉吟哦。
　　情机转得情天破，情不情兮奈我何！

凡是书题者，不可（不以）此为绝调。诗句警拔，且深知拟书底里，惜乎失石（名）矣！

这首诗第三、四两句，是把"茜纱公子"与"脂砚先生"并举的。并称题诗人"深知拟书底里"，由此可见"脂砚先生"确是有部分作者的身份、事件和人物的过来人身份的。正是由于这个缘故，所以脂评的倾向性是十分明显的，即十分理解和同情《石头记》作者的立场。甲戌本开头的那首诗，后四句："谩言红袖啼痕重，更有情痴抱恨长。字字看来皆是血，十年辛苦不寻常。"我认为这首诗是脂砚写的，同时也反映了他对《石头记》作者的理解和同情。我们通观全部脂评，可以说找不出一条是从与作者相反的立场即封建统治者卫道的立场来写的评，这就意味着脂评与《石头记》作者曹雪芹的思想立场的一致性。大家知道，三十三回贾政打宝玉，实质上是反映了尖锐的思想冲突，可是在庚辰本写到王夫人说"既要勒死他，快拿绳子来先勒死我"一段下双行小字批云：

> 未丧母者来细玩，既丧母者来痛哭。

可见脂评的立场是站在贾宝玉的一边的，这就明确地表明，脂评的感情是与作者一致的，因为很明显作者的感情是倾注于贾宝玉一边的。总之，脂评的思想倾向和感情倾向是与曹雪芹一致的。当然脂砚的思想高度不能与曹雪芹比，这是不言而喻的。

上面从五个不同的方面介绍了脂评的情况。由于脂评的这种特殊重要性，所以它在《红楼梦》研究中，自然就具有十分重要的位置了。

集脂评于庚辰本是一个创举

上面已经论证过，在《石头记》的早期抄本系统中，庚辰本是时代较早而较为完整的一种，尤其可贵的是它没有受到过后人的篡改或补订，它保持着《石头记》早期的原来面貌，因此研究《石头记》这无疑是一个最最重要的本子。但是研究《石头记》还有不可或缺的一个重要方面，就是脂评的文字。关于脂评在《石头记》研究中的重要性，上文也已经论证过了。困难的是这许多脂评并不是整整齐齐地抄录在一个抄本上的，因此研究《石头记》而又要参证脂评，往往要费很多周折。

由于脂评的重要性，近几十年来已有几种脂评的辑本，最早是俞平伯先生的《脂砚斋红楼梦辑评》，初刊于 20 世纪 50 年代，后又经两次修订重出；继又有法籍华人学者陈庆浩教授的《新编石头记脂砚斋评语辑校》，最早刊于 60 年代，后经多次增补重印，到 1987 年，又由中国友谊出版公司出版更为完备的增订本。作为脂评来说，这样先后两部用力的辑本，已经是难能可贵了，可以说对"红学"的研究提供了极大的方便，它的刊出，也说明了"红学"研究的需要和发展。但是，这两种辑评，都是脱离了正文而单行的，评语脱离了正文，对于广大的读者来说，读起来就有困难，有时会觉得不知所云。对于研究者来说，因为熟悉正文，就不至于有太多的困难，但要进一步产生联想或启示，也是总归没有连同正文来得有味。但是所有的脂评本都只具备一部分评语，在脂砚斋的时代，根本就没有完成过一部集脂评于一体的定本。那末，如果历史条件许可的话，有没有可能由脂砚斋或畸笏叟来完成一部集脂评于一体的《脂砚斋重评石头记》定本呢？我认为从常理来说，不仅是可能的而且是必然的。遗憾的是现在《石头记》固然是残本，就是脂评本身当时也还是在发展过程中，还不是最后的定评。由于历史的不可逆转，由脂砚斋或畸笏叟或曹雪芹来完成这样一部定本、定评的《石头记》已是绝对不可能了，对曹雪芹的创作《石头记》和脂砚斋、畸笏叟的评批《石头记》，都只能以未完成的形式留给世人了，历史已经在这里作了定型，无可改变了！

然而，为了阅读和研究的方便起见，由现代的研究者来把脂评集中于较早较完整的早期抄本上，这无疑是一项有意义的工作。

但是，应该认识到，这项工作并不是那末容易做的。众所周知，现存各脂评本，正文的文字虽大同而又有小异，各本脂评所评的正文文字，常常互有出入，因此评语的针对性不是对各本都适用的，此其一。其二是同样一段意思相同的脂评，往往由于抄手的原因，抄得互有出入，甚至错乱得不可卒读，要把这些错乱的、有异文的评语校定后附到他所评的正文文字上，这确实是相当繁难的工作。其三是庚辰本正文虽然是一个珍贵的本子，一个较为完善的本子，但却并非尽善尽美，它自身还有先天带来的残缺以及后天抄手造成的错字和误字，作为研究来说，它无疑是一个最最珍贵的本子，但作为阅读来说，它的残缺和错讹，毕竟是读者的一个障碍。因此，为了阅读，还必须做校订和增补的工作。

在明了了以上这种必然的客观情况之后，读者再来读这个《校订庚辰本脂评汇校》本，就不会有所误解和嫌弃了。总之，这是既具备工具书的特色又具备读本的功能的一部具有多种效用的新本，它对于专业研究者和一般读者都具有适应性。

有人说早期的脂砚斋评本都是后人伪造的，最早的《红楼梦》本子只有乾隆五十六年岁在辛亥的程甲本，其余的所谓"甲戌"、"己卯"、"庚辰"等等的本子都是程甲本以后的伪造。这个奇闻，使我想起另一桩奇闻来。这一奇闻是说，中国的文字，宋体字比甲骨文早，其理由是宋体字是宋代的，甲骨文到清代末年才出现，难道宋代不比清代早吗？我初听这后一则奇闻，只觉得毫无意义，真是无稽之谈；但是，当我听了前一则奇闻之后，却忽然觉得后一则奇闻大有用处，其用处就是可以帮助参悟第一则奇闻。

还有一种说法，认为脂砚斋不是曹雪芹同时代人，批语中涉及脂砚与作者的关系的文字概属伪造，脂评不是有功于《红楼梦》而是流毒甚广。按照如此说法，集脂评于一体，无疑是聚毒于一身了！

脂本是伪本，脂评是毒评，按照这种说法，岂非这个集评本就完全是多余的了吗？岂非是集伪、毒于一身了吗？然而且慢，经验告诉我们，一切理论都必须经过实践的检验，看它在实践面前能否站住。脂本和脂评已经经历了两百多年的实践的检验了，检验的结果是人们越珍惜它，越要研究它。那末，上面两种奇闻能存在多少时间呢？这不必性急，大家可以耐心观察，到时候，时间，总会出来说公道话的！

因此之故，我仍旧十分赞成这个集评本的问世。甚至可以说，因为上面的这种奇闻，我就更加赞成这个集评本的早日问世！

是为序。

1992 年 6 月 10 日夜 1 时于京华瓜饭楼

影印《脂砚斋重评石头记》庚辰本序

　　《脂砚斋重评石头记》庚辰本，原为徐星署先生旧藏。徐星署名祯祥，是光绪时协办大学士徐郙之子。此书徐星署于 1932 年初得之隆福寺书摊，系北城旗人卖出，当时售价银洋八元。此书今藏于北京大学图书馆。

　　庚辰为乾隆二十五年，即公元 1760 年，时去雪芹逝世之壬午除夕，即公元 1763 年 2 月 12 日，仅下隔两年有余。此本之后未见有署年更后于庚辰者，又此本署有"庚辰秋月定本"字样，则此本应为雪芹去世前之最后定本矣。且此书第十三回首眉批云："树倒猢狲散之语，全（今）犹在耳，屈指卅五年矣，哀哉伤哉，宁不痛杀！"同回末眉批云："读五件事未完，余不禁失声大哭，三十年前作书人在何处耶？"第十七回至十八回眉批云："树（前？）处引十二钗总未的确，皆系漫拟也，至末回警幻情榜，方知正副再副及三四副芳讳。壬午春，畸笏。"第二十回眉批云："茜雪至狱神庙方呈正文，袭人正文标昌（目曰）'花袭人有始有终'，余只见有一次誊清时与狱神庙慰宝玉等五六稿被借阅者迷失，叹叹！丁亥夏，畸笏叟。"第二十二回末眉批云："此后破失，俟再补。"同回另页云："暂记宝钗制谜云，""此回未成，而芹逝矣，叹叹！丁亥夏，畸笏叟。"第七十五回前单页题记云："乾隆二十一年五月初七日对清，缺中秋诗，俟雪芹。"第七十八回末芙蓉诔末尾"成礼兮期祥"的"祥"字避讳写作"祒"等等，凡此种种，均可见作者生前死后之痕迹，足供研究者，是诚至可宝也。

虽然，今之传本已非庚辰原抄，实系庚辰之过录本，然雪芹原抄，已渺不可得，今存此乾隆三十三四年间之过录本，亦灵蛇神蜕，衣被犹真也。昔虎头金粟，道子天王，真本俱失，世之论者皆依摹本，盖舍此无由从也。

余昔曾以己卯本与庚辰本对校，撰《论庚辰本》一书，揭示己卯、庚辰两本相同者十之九而有余，至其不同处仅一间之隔，余乃论断庚辰本系据己卯本过录，自此论公布后，庚辰、己卯两本惊人相同之真面目遂为学界重视，然此论尚有未精核处，夫庚辰本既据己卯本过录，则何以尚存一间之隔，是不可解者，是以红学界数君子乃有论难之作。余思之十年，心然诸君之说，盖己卯、庚辰虽亲如父子血脉而其间尚有毫发之差，固不能即以直接过录本视之也。由此可见学问之难而论辩之可贵也，诸君匡我不逮，心甚德之，书此以彰吾之失而谢诸君之助也。然则己卯、庚辰两本卷帙浩繁而仅一毫之隔亦已为学界所共识矣。

此庚辰影印本初印于 1955 年，由文学古籍刊行社影印，六十四、六十七回用己卯本清代抄补文字，六十六回首页回目下端粘条"以后小字删去"字样亦仍其旧观，逮 1974 年人民文学出版社重印，六十四、六十七两回改用蒙古王府本而六十六回"以后小字删去"数字，竟湮没不存。夫蒙古王府本与庚辰本、己卯本原非一系，六十六回小字粘条系庚辰本所特有，于研究多所凭藉，不宜删去。今人民文学出版社拟重新影印庚辰本，承就商于余，余大赞成，并建议率依庚辰抄本影印，其缺失部分，则以己卯本补，则此影本，庶几与庚辰本貌既合而神亦凝矣。

夫庚辰本原本自乾隆庚辰至今，已历二百三十三年，其过录本至今亦已历二百二十五年。雪芹于壬午除夕逝世至今，恰为二百三十年，而适于此时北京通县张家湾雪芹墓石问世，岂非天意人事两相契合乎！然则此特印本亦为雪芹逝世二百三十周年之最好纪念也，爰为叙其始末云尔！

　　　　　　　　癸酉大暑，宽堂冯其庸挥汗撰并书

　　　　　　　　　　于京华瓜饭楼，时年七十又一

"芦雪广"辨正

《红楼梦》第四十九回"琉璃世界白雪红梅　脂粉香娃割腥啖膻"中在写到湘云、宝玉等商量着要开诗社做诗的时候，李纨道：

> 我这里虽然好，又不如芦雪庭好。我已经打发人笼地炕去了，咱们大家拥炉做诗。①

在四十九回里，这个"芦雪庭"凡七见。到第五十回，回目即是"芦雪亭争联即景诗"，"庭"字，又改作"亭"。检查一下《红楼梦》的各种本子，在这个"芦雪庭"或"芦雪亭"上，差异比较大，各本很不一致，现将各本的差异，排列如下：

庚辰本：四十九回七处，五十回一处，皆作"芦雪广"。

蒙府本：以上各处皆作"芦雪庵"。

戚序本：同上。

宁本：同上。

---

① 此据甲辰本。

梦稿本：以上各处皆作"芦雪庭"。

甲辰本：四十九回共七处，皆作"芦雪庭"，五十回一处又作"芦雪亭"。

程甲本：完全同甲辰本。

王评本：以上各处均作"芦雪亭"。

张评本：以上各处均作"芦雪庭"，同梦稿本。

金玉缘：四十九回七处皆作"芦雪亭"，五十回一处又作"芦雪庭"。

列藏本：以上各处皆作"芦雪庐"。

以上是各本差异的情况。试看大观园里这一处建筑，竟有这么多的差异，那末，究竟哪一个名称是正确的呢？庚辰本的这个"广"字，读琰或掩，它同时也是"庵"字的简写。又"庐"、"庵"、"庭"三个字都有"广"字头，因此也还有可能是"庐"、"庭"等字的民间俗写。所以还很难确定它究竟是哪一个字，只好来一个逐字的考查。

先说"庵"字。按："庵"字，《辞源》说：

（一）圆形草屋。也作"菴"。《释名·释宫室》：草圆屋曰蒲。蒲，敷也；总其上而敷下也。又谓之庵。庵，奄也；所以自覆奄也。（下略）（二）小庙。多指尼姑所居。《红楼梦》九十三回："且说水月庵中小女尼、女道士等。"（下略）（三）旧时文人也有把自己的书斋称庵的，如宋米芾题其所居为米老庵，陆游有老学庵。

以上三义，第一义显然不合：一是称"圆形草屋"为"庵"，这是古称，后来已不通行了；二是与《红楼梦》所描写的不合。第三义也明显地不合，因为米芾、陆游都是文人自称其居室，《红楼梦》此处所写，显然并非文人自称其居。很明显，只有第二义可以考虑，但实际上也不对。因为大观园里已有栊翠庵，且是妙玉所居，与第二义符合。但大观园里既已有了栊翠庵，就无需再来一个尼姑庵了，因为栊翠庵也不过是园中的点缀，贾政等人并不是要把大观园搞成佛门圣地，他决不会忘记这是迎接贵妃的行宫。再说，如果真是另一所尼姑庵，那末，湘云、宝玉等怎么可以在尼姑庵里"割腥啖膻"，大烤鹿肉？所以"芦雪庵"这个"庵"字是不能成立的，必定是误书。庚辰本里的这个"广"字，也决不是"庵"字的俗写。

再说"庭"字。《辞源》说：

（一）堂前之地。《诗·魏风·伐檀》："不狩不猎，胡瞻尔庭有县貆兮!"（二）厅堂。《礼·檀弓上》："孔子哭子路于中庭。"注："寝中庭也。"（三）朝廷。通"廷"。（下略）

显然，"庭"字的以上三种解释，都与《红楼梦》里的这个建筑对不上，因此《红楼梦》中凡此处作"芦雪庭"的，这个"庭"字准是误写。

下面再说"亭"字。《辞源》说：

（一）行人停留宿食的处所。秦汉制度，十里一亭，十亭为乡。《汉书·百官公卿表上》："大率十里一亭，亭有长。"（下略）又指边地岗亭。《汉书·西域传》："稍筑列亭，连城而西。"（六）亭子，指一种有顶无墙的建筑物。唐杜甫《杜工部草堂诗笺》一《陪李北海宴历下亭》诗："海右此亭古，济南名士多。"

这里第六条解释，确是指通常所称的"亭子"，但拿这种"亭子"的形制来与四十九回的描写相对照，又可以看出这里的描写显然不是那种"亭子"，因此"芦雪亭"这个"亭"字，肯定又是误字。

再说"庐"字。《辞源》说：

（一）房屋。《诗·小雅·信南山》："中田有庐。"指田中小屋。《周礼·地官·遗人》："凡国野之道，十里有庐，庐有饮食。"（下略）（二）寄居。《诗·大雅·公刘》："京师之野，于时处处，于时庐旅。"庐旅，给旅客安排住房。（下略）

显然，以上"庐"字的两种解释，与《红楼梦》四十九回至五十回的描写，也不符合。

最后，只剩下一个"广"字了。《辞源》说：

广，yǎn 鱼检切，上，琰韵，疑。广，又鱼掩切，上，俨韵，疑。

（一）因岩架成之屋。唐韩愈《昌黎集》二《陪杜侍御游湘西两寺独宿有题》诗："剖竹走泉源，开廊架崖广。"（二）小屋。元袁桷《清容居士集》五《次韵瑾子过梁山泺三十韵》诗："土屋危可缘，草广突如峙。"

以上两种解释，一是"因岩架成之屋"，二是"小屋"。现在我们来看《红楼梦》四十九回的描写：

原来这芦雪广盖在傍山临水河滩之上，一带几间茅檐土壁，草篱竹牖，推窗便可垂钓，四面都是芦苇掩覆，一条去径

逶迤，穿芦度苇，过去便是藕香榭的竹桥了。（据庚辰本）

这一段描写，对确定这个建筑的名称至关重要，这段描写值得注意处有两点：一、"盖在傍山临水河滩之上"，重点是"傍山"两个字；二、"一带几间茅檐土壁"，"草篱竹牖，推窗便可垂钓"。重点是"几间茅檐土壁"，"推窗便可垂钓"。根据这段描写，对照上引对"广"字的解释，解释㊀是"因岩架成之屋"，解释㊁是"小屋"。这两条与上引描写都能对得上，"因岩"和"傍山"不就是一回事吗？由此可见，这个"芦雪×"就只能是"芦雪广"，其余统统不对。过去因为不认得这个"广"字，总以为是"庵"字之类的字的简写，殊不知它却是地地道道的正字。因此，我要建议为"芦雪广"正名，不要让它再"庵"、"庭"、"亭"、"庐"地混用下去了。同时，就此一字，也可看到庚辰本这个《石头记》的早期抄本的可贵。

1989 年 2 月 28 日夜 2 时写于瓜饭楼

己卯本《石头记》散失部分
的发现及其意义[*]

不久以前，在北京发现了一册《石头记》的早期残抄本。这个残抄本是由中国历史博物馆在 1959 年冬从北京琉璃厂的中国书店买到后收藏的。这个本子原订一册，装订线散断，残缺很多，只剩第五十五回的后半回，第五十六、五十七、五十八三整回和第五十九回的前半回，经过中国历史博物馆的修复重装，才能阅读。最近，在该馆同志的帮助下，我们校读了这个残抄本，经过初步研究，我们有以下几点看法。

中国历史博物馆所藏《石头记》
残抄本是己卯本早年的散失部分

原为董康、陶洙先后收藏，解放以后归北京图书馆藏的己卯本《石

* 此文与吴恩裕同志合写。

头记》，① 现存一至二十回，三十一回至四十回，六十一回至七十回，共四十回。其中六十四、六十七两回系早期抄补。上述残缺情况，在陶洙收藏前即已如此。陶得此残本后，又抄补了第一回前的"凡例"和第一回开头的三页半，第十回末的一页半，第二十一回至三十回，即现在的第五、六两册。此书第六十七回后有早期抄补者的一行附记说："石头记第六十七回终，按乾隆年间抄本。武裕庵补抄。"看这附记的口气，武裕庵该是乾隆以后的人。据他当时抄补六十七回的情况来看，他抄补此书，大概还是为了补全八十回。很可能在他抄补以后，董康、陶洙收藏之前的一段时间里，此书就开始散失了。

历史博物馆收藏的这个残抄本，从回次来看，恰好在己卯本现缺的部分之内。陶洙在书前的记录里也说："四十一回至六十回缺，未抄补。"

现在，经过仔细核对之后，我们认为它确是己卯本早年散失的一部分，其理由如下：

（一）这个残抄本（为了行文的方便，我们仍暂称这个本子为"残抄本"）和己卯本一样，用的都是乾隆时的竹纸，所不同的只是这个残抄本的纸张较黄暗一些。这是由于它散失在外，保存较差的缘故。

（二）残抄本的抄写格式、纸张长宽度和抄写版心的大小等等，与己卯本一样。例如残抄本每回首行顶格写"脂砚斋重评石头记卷之"十个字，第二行顶格写"第×××回"，第三行低三格写回目。如五十六回在"敏探春兴利除宿弊，时宝钗小惠全大体"两句回目之间，空三个字的位置。又残抄本每页十行，每行二十七到三十字左右。残抄本每页

----

① 按"己卯本"这个名称是不确切的，己卯只能是指它的底本的年代，并不是现在这个本子的确切的抄录年代。这里为了便于大家了解，仍暂用"己卯本"这个旧名。根据这次的发现，我们建议己卯本可以更名为"脂砚斋重评《石头记》怡亲王府抄本"，简称"脂怡本"。

高 28.8 厘米，宽 17.7 厘米。抄写版心一般高 22.5 厘米，宽 13 厘米。以上这些，都与己卯本一致。

稍有不同的是，己卯本每回首行顶格所写"脂砚斋重评石头记卷之"那十个字，有少数几回少写了"卷之"两个字，第二行回目数字有少数几回不是顶格写而是低一格写，第三行回目有少数几回不是低三格而是低两格，等等。这些细小的差别，显然是抄写时的误差，是不足为怪的，重要的是它的抄写格式是一样的。

（三）我们仔细检查残抄本的抄写笔迹，发现共有七个人参加抄写。这七个人的笔迹书体各有可资识别的特征。我们根据这些特征再检查己卯本，发现这七个人的笔迹在己卯本里也都可以找到。这就是说，己卯本基本上就是这七个人抄下来的。除了第六十四回（抄者不详）和由武裕庵抄补的第六十七回不算，以及后来陶洙抄补的部分也不算外，只有极少量是由另外的人抄写的。

（四）尤其值得注意的是，我们在残抄本里，发现两处避"玄"字的讳，把"玄"字写作"玄"；一处避"祥"字的讳，把"祥"字写作"祥"；一处避"晓"字的讳，把"晓"字写作"晓"。我们根据这一情况检查己卯本，发现己卯本也同样避这几个字的讳。如第一册第一回第六页上两处"玄机不可预泄"的"玄"字，均写作"玄"；第四册第十七至十八回第二十三页 B 面薛宝钗诗"华日祥云笼罩奇"一句里的"祥"字，写作"祥"，同回二十七页 A 面正文第五行下双行小字批"故用一不祥之语为谶"一句里的"祥"字，写作"祥"；第二册倒数第四页 B 面倒数第三行"我是初造尊府的，本也不晓得什么"一句里的"晓"字，写作"晓"；第三册第十三回第二页第一行"如何连两句俗语也不晓得"一句里的"晓"字，写作"晓"等等。在己卯本里，这几个字的避讳，还可以举出很多例子。

当然，在残抄本里也有一个"晓"字没有避讳，在己卯本里也有

"晓"字不避讳的。这很可能是由于疏忽，偶然有几个"晓"字忘记少写一笔。自然，也可能是由于别的原因。但是，不论是什么原因，这几个"晓"字的不避讳，并不能否定上述"晓"字的避讳，更不能否定"祥"、"玄"等字的避讳。

根据残抄本和己卯本的以上这许多相同点，我们认为残抄本并不是现在已知的《石头记》抄本之外新发现的另一个抄本，而是己卯本的一部分。这个散失了这么久的三回又两个半回的《石头记》乾隆时的抄本，居然能在今天重新复合，这不能不说是《红楼梦》版本史上的一段佳话。这种奇迹的出现，也只有在社会主义的新中国，在大家重视《红楼梦》的阅读和评论的气氛环境下才有可能。

己卯本是怡亲王府的原抄本

在流传下来的《石头记》抄本中，己卯本一向是为研究者们所重视的。但它当年究竟是谁家的抄本？从来没有人知道。这次由于它的散失部分被发现，却使我们弄清了它原来是怡亲王府的抄本。仅从这一点来说，这个残抄本的发现，也就很有意义的了。

前面已经提到在新发现的己卯本的散失部分里和原己卯本里，都存在着"玄"、"祥"、"晓"等避讳的字。那末，它们究竟避谁的讳呢？"玄"字缺笔很明显是避康熙的讳，因康熙名"玄烨"。这种避讳，在康、雍、乾时代的抄本和刻本里是很普遍的，这是当时的"国讳"。因此，仅仅根据这个字的避讳是不能判断它是谁家的抄本的。但是，"祥"字和"晓"字避讳的意义就不同了，弄清这两个字是避谁的讳，也就可以弄清这是谁家的抄本了。我们首先在残抄本里发现"晓"字的避讳，因此联想到康熙的第十三个儿子允祥曾被封为怡亲王。雍正八年允祥死，允祥的第七子弘晓袭怡亲王爵。我们当时考虑这个"旷"字有可能是避弘晓的讳，同时为了查证残抄本的笔迹和己卯本是否相同，我们又仔细检查了己卯本。结果在己卯本里除发现了"晓"字的避讳外，又发现了"祥"字的避讳（后来我们又在残抄本里也发现了"祥"字的避讳）。由于"祥"字避讳的发现，我们才确信这个抄本是怡亲王府的原抄本。因为只有怡亲王家，才需要避"祥"和"晓"字的讳。加上"玄"字的避讳，正好避讳的是怡亲王家的祖孙三代。

我们在研究过程中，又发现了《怡府书目》的原抄本。这个抄本上，除盖有"怡亲王宝"阳文篆字方章外，还盖有"讷斋珍赏"和"怡王讷斋览书画印记"两章。这三个图章，有力地证明了：一、它确是怡亲王府的书目抄本原件；二、这个抄本是第二代怡亲王弘晓时的东西，因为讷斋是弘晓的斋名。按弘晓生于康熙六十一年（1722 年），死于乾隆四十三年（1778 年），他与曹雪芹大体上是同时代人。重要的是，这个抄本书目里，也同样避"玄"、"祥"、"晓"等字的讳。除此之外，它还避"弘"字的讳。如《赤水玄珠》的"玄"写作"玄"，《弘明集》的"弘"写作"弘"，《晓亭诗钞》的"晓"写作"旷"，《宝元天人祥异书》的"祥"写作"祥"，等等。

以上这些情况，毫无疑问地证实了己卯本（包括残抄本）是乾隆时怡亲王府的一个原抄本。

应该重视对己卯本的研究

由于以上的发现，我们认为己卯本具有重要的价值，应该对它进行认真的研究。

（一）它的底本有可能是现存抄本《石头记》的底本中最早的一

个。目前已发现的属于脂本系统的《石头记》抄本，共有十二种，其中更早一些的有己卯本、庚辰本、甲戌本等几种。现存己卯本的底本是乾隆二十四年（1759 年）脂砚斋的四阅评本。它实际上可能比甲戌本、庚辰本等的底本都早，胡适定为"甲戌本"（乾隆十九年，1754 年），是不确切的。有的同志早已指出［参见吴世昌《残本脂评〈石头记〉的底本及其年代》（见《文学研究集刊》第一册）和《论脂砚斋重评石头记（七十八回本）的构成、年代和评语》（见《中华文史论丛》第六辑）］，在这个所谓的"甲戌本"里，已经把丁亥（乾隆三十二年，1767 年）畸笏叟的墨笔眉批，和同回其他几条红笔眉批与正文一起抄在此本第二十六回之后，作为本回的"总批"。这个"总批"是与正文同时由一个人写下来的。由此可见，现存所谓"甲戌本"的底本，决不可能是真正的甲戌年的"再评"本。因为甲戌比丁亥早十三年，在十三年以后才写下来的文字，怎么可能却在十三年以前就早已被抄录下来了呢？这岂非成了咄咄怪事！上述这一事实，有力地说明了现存"甲戌本"底本的年代，最早也不能早于乾隆三十二年的丁亥年。可见它比乾隆二十四年己卯本的底本至少也要晚七年。

再拿这个本子与庚辰本比较，这两个本子，不仅各自标有"己卯冬月定本"（乾隆二十四年，1759 年）和"庚辰秋月定本"（乾隆二十五年，1760 年）的纪年，更重要的是，这两个本子的正文有很多出入，有的地方，己卯本的文字多于庚辰本。例如第三回王熙凤初见黛玉时问黛玉年纪的一段文字，己卯本是这样的：

问妹妹几岁了，黛玉答十三岁了。
又问道，可也上过学？

庚辰本的这一段文字却是这样的：

> 问妹妹几岁了，可也上过学？

这显然是因为把黛玉刚到贾府时的年岁写得太大了，所以庚辰本才作了改动。

再如第四回冯渊的家人到应天府贾雨村处告薛蟠打死冯渊时说的话，己卯本是：

> 望大老爷拘拿凶犯，剪恶除凶，以救孤寡。

这句话里的"剪恶除凶"四个字，可能是因为它的批判锋芒太尖锐了，所以在庚辰本里就被删掉了。

再如第五十七回薛姨妈生日演戏，贾母、王夫人等去看戏，新发现的残抄本的文字是：

> 至晓散时，贾母等顺路又瞧了他二人一遍。

庚辰本有意删去了"晓"字。因为薛姨妈生日演戏不可能演一个通宵，即使演了一个通宵，贾母也决没有那么大的精神看"至晓"，所以庚辰本少这个"晓"字肯定不是漏抄，而是改笔。

以上这些例子，说明己卯本的文字较为原始些，庚辰本则已经做了一番加工，有的情节改得合理了一些，但有的地方却减弱了它的批判锋芒。

这些正文改动之处，正说明它比己卯本要稍晚一些。

（二）曹家与怡亲王允祥，可能有较好的关系。所以在雍正二年，雍正在曹頫的《请安折》上批示："若有人恐吓诈你，不妨你就求问怡亲王，况王子甚疼怜你，所以朕将你交与王子。"（见雍正二年，《江宁织造曹頫请安折》后面雍正的朱批。）现在既然弄清楚了己卯本就是怡亲王府的原抄本，那末，他们抄写时的底本直接来自曹家或脂砚斋等人之手是很有可能的。

（三）己卯本较多地保留了曹雪芹原稿的面貌，这对我们研究曹雪芹的思想、研究《红楼梦》、研究《红楼梦》抄本和脂批等，都是很有用处的。

从以上几个方面来看，己卯本是很值得我们重视的。《红楼梦》的早期抄本已经很少，己卯本的三回又两个半回的早年散失部分的被发现，实在是一件令人高兴的事。

（原载 1975 年 3 月 24 日《光明日报》）

论 己 卯 本

——影印《脂砚斋重评石头记》己卯本序

现在国内所藏《脂砚斋重评石头记》的早期抄本共有十一种，另有一种木活字本俗称程甲本，其底本也是一个脂砚斋评本。合计起来脂评系统的《石头记》，共有十二种之多。① 这十二种本子，唯独过录己卯本②已确知它的抄主是怡亲王弘晓，因而也可大致确定它抄成的年代约在乾隆二十五年到三十五年之间。③ 其他的各种抄本，至今都还不能确知它的抄主和抄成的确切年代。即此一点来说，这个己卯本也就弥足珍

① 现在国内所藏的脂评系统的早期抄本，计有：《脂砚斋重评石头记》（己卯冬月定本）、《脂砚斋重评石头记》（庚辰秋月定本）、《脂砚斋重评石头记》（甲戌本）、《乾隆抄百廿回红楼梦稿本》、蒙古王府本、《戚蓼生序本石头记》、《戚蓼生序南京图书馆藏本石头记》、梦觉主人序本、舒元炜序本、郑振铎藏本、《俄藏本石头记》。其中甲戌本现藏美国康乃尔大学，俄藏本现在俄国圣彼得堡东方学研究所，我国均只有影印本。

② 现存己卯本、庚辰本等《石头记》早期抄本，都是过录本，本文所用己卯本、庚辰本等名称，也都是指现存的过录本，为省简故以下不再加"过录"两字，本文凡提到己卯本、庚辰本的原本时，即称己卯原本、庚辰原本，以示区别。

③ 详见拙著《论庚辰本》。这里说的抄主，不是指抄写者，而是指主持抄写此书及书成后此书的所有者。吴恩裕同志认为怡亲王弘晓本人也参与了此书的抄写，此说可参考。见其所著《现存己卯本石头记新探》，载其所著《曹雪芹丛考》。上海古籍出版社1980年出版。

贵了。

己卯本名称的来历，是因为在这个抄本上有"己卯冬月定本"的题字，所以简称"己卯本"。己卯是乾隆二十四年，当然这个年份是指底本的年份而不是现在这个本子抄定的年份。

现在所知己卯本最早的收藏者是近人董康。董康字绶经，别署诵芬主人，清末进士，著名法学家，卒于1942年左右。他喜好刻书，所刻多精本。现在我们要调查己卯本在董康以前的藏者已不容易了，连董康如何得到此书的，我们也一无所知。董康有《书舶庸谭》一书，1929年印，卷四说：

> 生平酷嗜《石头记》，先慈尝语之云：幼时见是书原本，
> 林、薛夭亡，荣、宁衰替，宝玉糟糠之配实维湘云，此回目中
> 所以有"因麒麟伏白首双星"也。

又在《题玉壶山人琼楼三艳图》第三首《枕霞阁》诗末自注云："末联据原本《红楼梦》。"这里虽然前后两次提到《石头记》或《红楼梦》，但显然还不是这部己卯本。我认为这时他还没有收藏这部己卯本，如果已经收藏了，他就会同时提到了。[①]

这部己卯本后来归了陶洙，陶洙何时收到此书的，我们也不得而知，但他在己卯本上有三段署年的题记，一题"丙子三月"，即1936年，一题"丁亥春"，即1947年，另一题"己丑人日"，即1949年。或

---

① 1979年2月，接到日本友人《红楼梦》研究专家松枝茂夫先生来信说："桥川时雄先生曾对我说，他在北京董康先生（已故）家里看过一部古抄本《石头记》，一卷厚大本，不分回的。"这部古抄本《石头记》，我们至今还未见到，但这也不可能是己卯本，因己卯是分册装的，不是"一卷厚大本"，而且己卯本是分回的，不分回的《石头记》至今还未见过。

许他收到此书就是在 1947 年春天也未可知，因为董康恰于前一年死去。陶洙收到此书时，已残缺得很厉害，据他的记载，此抄本残存一至二十回，三十一回至四十回，六十一回至七十回，内六十四、六十七回原缺，已由武裕庵抄补。武裕庵大概是嘉、道时人。① 这就是说，陶洙收藏此书时，实际上此书已残存三十八回，其中首回还残三页半，第十回还残一页半，加上武裕庵抄配的两回，也只有四十回。

陶洙在收到此书后，就进行了校录补抄，一是补足了首回和第十回的残页，二是据庚辰本抄补了二十一回至三十回，三是用蓝笔过录了甲戌本的全部批语和凡例，用朱笔过录了庚辰本的全部批语，并用甲戌、庚辰两本校改了己卯本。陶洙进行这项工作，其目的当然是为了使这部残缺的书得以抄补齐全；但他没有想到，这样一来，就把己卯本的原貌全部破坏了。尤其是他用朱笔校改己卯本的墨抄正文部分，与己卯本上原有朱笔旁改的文字很难悉数区别，这样就给这部书的研究工作带来了很大的困难，这当然是他始料不及的。幸亏陶洙精细地留下了此书残存回目和页数的记录，也留下了他用甲戌本、庚辰本抄补情况的详细记录，还注明了抄录不同抄本时所用不同的颜色，所以我们现在要加以区别还不算太困难。比较麻烦的是用朱笔校补到己卯本上的庚辰本的文字，与己卯本上原有的朱笔旁改文字一时难以区别，这就要研究者细心地去辨认了。至于完全是由他补抄的部分，如二十一回至三十回这十回，己卯本只字俱无，全从庚辰本上过录，而且还多有抄误。现庚辰本早已影印出版，研究者可以直接用庚辰本，无须再用此转抄的文字了。其他如用蓝色抄补的甲戌本上的文字，研究者也可一望而知是甲戌本的文字，与己卯本无关，也可以不必为它浪费时间。

---

① 在六十七回末尾有"《石头记》第六十七回终，按乾隆年间抄本，武裕庵补抄"一行字，从"按乾隆年间抄本"这句话的语气看，武裕庵不可能是乾隆时期人，当是嘉庆、道光时人。

对于这个珍贵抄本，长期以来，学术界一直没有对它进行深入的研究。1963 年陈仲箎同志在《文物》上发表了《谈己卯本脂砚斋重评石头记》一文，打破了这种沉寂，引起了人们对此抄本的注意，但这个研究并没有继续深入下去，因而也没有探索到这个抄本的真正重要的方面。

1975 年，历史博物馆王宏钧同志将他早些年前为该馆收藏的三回又两个半回的《石头记》抄本送给吴恩裕同志鉴定。经吴恩裕研究，认为有可能是己卯本散失的部分，他还发现了此残抄本上有"晓"字的避讳，因而怀疑这个缺笔的"晓"字有可能是避怡亲王弘晓的讳。他将这个想法告诉了我，并约我去北京图书馆查核原己卯本。在查核过程中，我又发现了多处"祥"字的避讳。后来我又借到了原抄本的《怡府书目》即怡亲王府的藏书书目，上面钤有"怡亲王宝"、"讷斋珍赏"、"怡王讷斋览书画印记"等图章。在这个抄本书目里，同样有"晓"字和"祥"字的避讳。之后，吴恩裕同志又发现了在三回又两个半回的《石头记》残抄本里，也有"祥"字的避讳。这样，我们才确定这个三回又两个半回的《石头记》残抄本，确是己卯本的散失部分，而且还进一步确定这个己卯本是怡亲王府的抄本，主持抄藏此书的人当是怡亲王弘晓。

这是《红楼梦》版本史上的一次重要发现，这个发现的首创者是吴恩裕同志。①

由于发现了己卯本是怡亲王府抄本，这就给我们提出了一个新的问题，同时也带来了解决这个问题的可能性。这就是怡府过录己卯本时所用底本的来源问题。要探讨这个问题，首先要弄清楚怡亲王允祥与曹家

①　详见拙作《己卯本〈石头记〉散失部分的发现及其意义》。载 1998 年人民文学出版社出拙著《石头记脂本研究》。

的关系。关于这方面的史料还很少，但雍正二年曹頫请安折上雍正的朱批，是一件十分重要的文献资料。朱批的全文说：

> 朕安。你是奉旨交怡亲王传奏你的事的。诸事听王子教导而行。你若自己不为非，诸事王子照看得你来；你若作不法，凭谁不能与你作福。不要乱跑门路，瞎费心思力量买祸受。除怡王之外，竟可不用再求一人托累自己。为什么不拣省事有益的做，做费事有害的事？因你们向来混账风俗贯（惯）了，恐人指称朕意撞你，若不懂不解，错会朕意，故特谕你。若有人恐吓诈你，不妨你就求问怡亲王。况王子甚疼怜你，所以朕将你交与王子。主意要拿定，少乱一点，坏朕声名，朕就要重重处分，王子也救你不下了。特谕。①

这段雍正朱批，从字面上来看，带有很明显的感情色彩。从内容上说，它反映了：一、怡亲王允祥与曹頫的关系是比较密切的，"诸事听王子教导而行"，"诸事王子照看得你来"，"除怡王之外，竟可不用再求一人托累自己"，"若有人恐吓诈你，不妨你就求问怡亲王，况王子甚疼怜你，所以朕将你交与王子"等等这些话，不能把它看作全是官样文章；如是官样文章，只需蜻蜓点水，点到就算了，何必翻来覆去说那末多，反复交代怡亲王对他的关切？二、雍正对曹頫似乎也还略存照顾之意，没有做得太绝。这方面，只要看隋赫德在奉旨抄了曹頫的家以后的奏折说："曹頫所有田产房屋人口等项，奴才荷蒙皇上浩荡天恩，特加赏赍，宠荣已极。曹頫家属蒙恩谕少留房屋，以资养赡，今其家不久回

---

① 原件存故宫博物院明清档案部。

京，奴才应将在京房屋人口酌量拨给。"① 曹𬞟在抄家以后，还"蒙恩谕少留房屋，以资养赡"，可见他还没有弄到家破人亡。同样的事情，在李煦被抄后，却是将他的家属及家仆等共"二百馀名口，在苏州变卖"。在苏州卖不出去，还将他们"记档"，解送到北京，"交崇文门监督五十一等变价"。② 对待李煦本人，在查出"李煦买苏州女子送阿其那"以后，即"依例将奸党李煦议以斩监侯，秋后斩决"。雍正则批示："李煦着宽免处斩，发往打牲乌拉。"③ 于是七十三岁的李煦，还要充军到打牲乌拉，终于死在那里。但同样曹𬞟私藏塞思黑（雍正之弟胤禟，康熙第九子）镀金狮子的事被查出告发以后，雍正却不予理睬，未作任何处理。④ 那末，雍正为什么对曹𬞟会独留青眼呢？我看并不在于雍正对曹𬞟有什么好感，而是为了照顾怡亲王的情面。这固然是猜测之辞，但却不是毫无依据的，前面提到的雍正朱批，就是这种猜想的依据之一。何况曹寅是康熙的奶兄弟，允祥是康熙的第十三子，康熙南巡时以曹寅的江宁织造署为行宫，还称曹寅的母亲孙氏为"此吾家老人也"，⑤ 而曹𬞟则"自幼蒙故父曹寅带在江南抚养长大"。⑥ 由于康熙与曹寅的这种特殊的亲密关系，那末康熙之子允祥与曹寅这一家，与曹𬞟有较为密切的关系也是情理中的事。基于以上种种背景，怡亲王弘晓

---

① 《江宁织造隋赫德奏细查曹𬞟房地产及家人情形折》，见《关于江宁织造曹家档案史料》第 187－188 页，中华书局 1975 年 3 月版。

② 雍正二年十月十六日，《内务府总管允禄等奏李煦家人拟交崇文门监督变价折》，见同上书，第 208 页。

③ 雍正五年二月二十三日，《内务府总管允禄奏刑部议李煦为胤禟买女子罪名折》，见同上书，第 213－214 页。

④ 雍正六年七月初三日，《江宁织造隋赫德奏查织造衙门左侧庙内寄顿镀金狮子情形折》，见同上书，第 188 页。

⑤ 冯景《解春集文钞》卷四页一：《御书萱瑞堂记》。

⑥ 康熙五十四年七月十六日，《江宁织造曹𬞟复奏家务家产折》，见《关于江宁织造曹家档案史料》第 132 页。

论己卯本

（允祥之子）直接从曹家借到己卯本的原稿本来组织人力进行过录，确实是有可能性的。何况弘晓与曹雪芹的好友敦诚也有较深的交往，这种关系反映在弘晓的《明善堂诗集》和敦诚的《四松堂集》里，从这方面来看，弘晓也有可能借到己卯本的原稿来进行过录。这样看来，这个己卯本的过录本，完全有可能是己卯原本的直接过录本，抄写的款式是完全按照己卯原本的款式，因此我们还可从现在的过录己卯本推知己卯本原稿的面貌。[①] 从这一点来看，这个抄本，确是更值得珍视的了。借用一句鉴定书画的话来说，也可以称作是"下真迹一等"的珍品了。

既然大量的无可辩驳的事实证明现存的这个过录己卯本，确是怡亲王府的抄本，那末，这个抄本上所写的"己卯冬月定本"的题句，自然不可能是商人随便加的而是完全真实可靠的了。同样，这个本子的抄藏者既然确定是怡亲王弘晓，其底本来源又有很大的可能直接来自曹家，那末，这个抄本上题的"脂砚斋凡四阅评过"自然也不可能是商人随意加的了；何况我们按脂砚斋评阅的年份依次排列，到己卯年又恰好是第四次评阅，[②] 可见这个"四阅评过"的题句，是脂砚斋评阅《石头记》的一个确切的记录和极为重要的证据，连同上述这条"己卯冬月定本"的题记，形成了此本区别于其他早期抄本的一个显著的特征，因此对这两条题字决不能随便加以否定。

在研究己卯本的过程中，另一个重大的突破和收获是发现了现存庚辰本是据现存的怡府过录己卯本抄的，而且其抄写款式，与过录己卯本一模一样，连过录己卯本的错字，空行，附记等等，也完全一样，甚至在庚辰本第七十八回，还保留了一个与己卯本完全一样的避讳的"祥"字，这就有力地证明了现存庚辰本确实是据现存己卯本抄的。前面已经

①　见《论庚辰本》。
②　见《论庚辰本》。

说过，怡府过录的己卯本目前只剩四十一回又两个半回，其余部分已不可见。现在既然大量的事实证明，现存庚辰本是据怡府过录己卯本抄的，其款式也完全一样，因此我们从庚辰本，就可以看到已丢失的己卯本的全部面貌。当然庚辰本上大量的朱笔批语，在己卯本上是一条也没有的，我们说的两本一样，是指它的墨抄部分，不包括朱笔批语。① 但是现在庚辰本上二十四条署明己卯年的脂砚斋批语，毫无疑问应是己卯原本上的批语，怡府过录时因迫于时间，仅过录了墨抄部分，未及过录原本上的这些脂批，因此我们要探索己卯原本的面貌，应该把过录己卯本和过录庚辰本联系起来一起进行探讨，而不应该把它们孤立起来，因为这两个本子本来就有这样不可分割的血缘关系，如果把它们孤立起来研究，我们也就探索不到它们的历史面貌了。

在《红楼梦》的版本研究史上，对己卯本和庚辰本的原始面貌的认识，是一个重大进展。由于这一进展，我们才能正确认识己卯本的重大学术价值，我们也才能正确认识庚辰本与己卯本的血缘关系和可以互为补充的这种特殊依存情况，才能正确认识庚辰本的重大的学术价值。现在可以这样说，在目前的《石头记》早期抄本中，己卯本是过录得最早的一个本子，也是最接近原稿面貌的一个本子，其残缺部分的情形，可以从庚辰本得到认识，庚辰本几乎就是一部完整的己卯本。因此，现存的己卯本和庚辰本，可以毫不夸张地说，是《石头记》乾隆抄本中的一双拱璧。

1979 年 6 月 4 日凌晨 7 时半序于瓜饭楼

2001 年 7 月 28 日改写于京东且住草堂

---

① 见《论庚辰本》。

关于己卯本的影印问题

《脂砚斋重评石头记》（己卯本），据近几年来的研究，已确知其为怡亲王弘晓的抄藏本，其抄成的年代，大约在乾隆二十五年到三十五年之间，它是在目前所有的脂评抄本中抄成年代最早的一种。由于它的抄主是怡亲王弘晓，而弘晓是与曹雪芹家有直接关系的，老怡亲王允祥曾经是曹𫖯的"传奏"的人，曹雪芹的年辈，与第二代怡亲王弘晓是同辈。所以怡府的这个抄本，它的底本有可能直接来自曹家，因此这个己卯本的怡亲王府抄藏本，在许多《石头记》抄本中，具有特殊重要的价值。

自从发现了己卯本是怡亲王府的抄本，其底本来源极有可能直接来自曹家以后，红学界和学术界的同志，就热切地希望这部珍贵版本能够影印出版，早日问世，供红学界和学术界的朋友们作深入研究之用。

现在这个本子已于去年6月由上海古籍出版社影印出版，锦缎套，黄绢面，照原大线装。另有布套瓷青纸面原大线装一种，价稍低。现在正在印此书的缩印简装本，并加了"凡例"和"后记"，编了页码，以便查阅。

此书的锦缎套黄绢面本，曾在去年6月美国召开的首届国际红楼梦研讨会上展出，当时得到了国际红学家们的赞赏。此书在国内外发行后，受到国内外学术界的很高评价，国外学者不断来函托购，有的学者还来函要求将其余几种乾隆抄本也一并影印，于此也可看到国内外对于《红楼梦》版本的重视。

此书出版以后，也有少数朋友来信商讨或询问。提出的问题，主要问为什么不照现存己卯本带陶洙抄补过录朱批及校改的原样影印，为什么要把陶洙的这些从别本过录的文字悉数去掉，只剩下少数难以辨认是陶校还是原校的文字？

本文的任务就是回答上述这个问题。

己卯本的残缺和抄补情况

原藏北京图书馆的己卯本《石头记》，是一部残缺了半部书以上的残本。对于此书的残缺情况，此书的原收藏者陶洙曾作过详细的记录。记录共三条，现抄录于下：

一

此己卯本阙第三册（二十一回至三十回），第五册（四十一回至五十回），第六册（五十一回至六十回），第八册（七十一回至八十回）。又第一回首残（三页半），第十回残（一页半），均用庚辰本抄补，因庚本每页字数款式均相同也。凡庚本所有之评批注语，悉用硃笔依样过录，甲戌残本只十六回，计（一至八）、（十三至十六）、（廿五至廿八），胡适之君藏，周汝昌君抄有副本，曾假互校，所有异同处及眉评旁批夹注，皆用蓝笔校录。其在某句下之夹注，只得写于旁而于某句下作Ƨ式符号记之，与庚本同者以〇为别，遇有字数过多，无隙可写者，则另纸照录，附装于前，以清眉目。

己丑人日灯下记于安平里忆园

二

己卯本残存

存：一回至二十回。第一回首残三页半，已据庚辰本补全，尚未钉入。① 第二回末后有评批，第四回有注，无多，各书无。第十回有行间批语，亦各本无。末残一页半，已据庚辰本抄补，尚未钉入。第十二至二十回均有注，十七八回未分卷，与庚本同。第十六回末有题语，十九回无回目有抄补，与庚本同。第二十回有后评，与戚本同。

二十一回至三十回，缺。此十回现据庚本已抄补齐全，并以甲戌本、庚辰本互校，所有评批均依式过录，尚未裁钉。

存：三十一回至四十回。三十一回无注有前后评批，庚本无。三十二回有前评，三十四回有注，无多。三十五回有后评，三十六回有注有后评，三十七至三十九回均有注，四十回有注，只一处。

四十一回至六十回。缺。未抄补（拟照庚辰抄以戚本校）。

存：六十一回至七十回。六十三回有注，无多。六十四回有，系同时从别本抄补，但非一手所抄，与戚本虽有异同，大致无差。庚本无。六十五回有注。六十七回有。此回亦庚

---

① 现存己卯本均已将抄补部分装订成册。

本所无，此亦同时从别本抄补但非同时所写，与戚本相
较，大不相同，竟另一结构（无从校起，只得另写一篇附
后）。

七十一回至八十回，缺。未抄补（亦拟照庚本抄补，以戚本
校）。①

以上己卯抄本残存回数及与庚本异同大概情形也。凡八十回之
本，只见四种：

（一）甲戌本　胡适之氏藏，只有十六回。（一至八）（十三至
十六）　（廿五至廿八）

（二）己卯本　即敝藏，缺四十回，存一至二十回、三十一回
至四十回、六十一回至七十回。

（三）庚辰本　今在燕大，内缺六十四、六十七两回，十七八
回未分卷，有眉批、行间评语，但至廿八回即止，以
下无。

（四）戚蓼生本　即有正书（局）印行者，最完全，惟无眉批
行间评批耳。

三

庚辰本八十回，内缺六十四、六十七两回。此己卯本封面
亦书"内缺六十四、六十七回"，而卷中有此两回，并不缺。
细审非一手所写，但可确定同时在别本抄补者，与通行本相
近，可知即高鹗所据之本也。尝以戚本对校，则六十四一回异
同虽多，大体无差，六十七一回则大不相同，直是另一结构，

---

① 此十回后来陶洙未抄补。

无法可校，只得抄附于后，以存初稿时面目。

丁亥春，记于沪上忆园，时年七十。

以上陶洙的三则题记虽然有重复处，但却忠实地记录了己卯本原来残缺的情况和他抄补的情况，特别是说明了他抄补上去的文字的版本根据。根据以上题记，我们可以确切地知道，己卯本在陶洙抄（包括过录脂批）补以前，实际只存：

一至二十回。其中第一回开头残三页半。第十回末残一页半。

三十一回至四十回。

六十一回至七十回。其中六十四、六十七回系早期抄配。

以上一般称己卯本存四十回，实际上只有三十八回，其中第一回首和第十回末都还有残缺。除以上四十回外，己卯本都缺。

以上就是陶洙抄补以前己卯本的残存实况。

为什么要清除陶洙抄补的文字

我们在影印这部珍贵的己卯本《石头记》时，为什么要清除陶洙抄补上去的这些文字呢？要说明这个问题，首先让我根据陶洙的记录和抄补后的实际情况，来说明一下究竟陶洙抄补了哪些文字，存在些什么问题，然后再说明为什么要把这些文字去掉。

甲、陶洙抄补的实际情况及存在的问题

陶洙抄补的部分，计：

（一）开头十三面，这十三面的情况：

1. 甲戌本"凡例"，共四面。

2. 甲戌本第一回回目和"列位看官你道此书从何来……待在下将"正文一行。其中在"何"字下漏抄一个"而"字。

3. "悲号惭愧"到"缩成扇坠大小的可"甲戌本多出诸本的四百余字。按：实际多出的文字是从"说说笑笑"到"登时变成"共 429 字，陶洙是从"悲号惭愧"抄起，一直抄到"扇坠大小的可"字为止，比实际多出的文字又多出 51 字。

4. 庚辰本第一回之"脂砚斋重评石头记卷之""第一回"及回目以及回前评。

5. 紧接着庚辰本第一回回目和回前评，开始抄正文时又依甲戌本行款抄"列位看官……"单独另行起头。

6. 在整段依庚辰本抄录的开头文字中"无材可去补苍天"一诗，又依甲戌本行款双行并列单独抄出。

7. "满纸荒唐言"一诗，庚辰本系一行直抄，陶抄则又依甲戌本双行并列单独抄出。

（二）第十回末补抄一页半，第十六回末补抄 21 字，第二十一回至三十回全部补抄。第七十回末补抄 500 多字。

（三）过录了甲戌、庚辰两本的全部脂批，包括眉批、行间批、回末批等等。

（四）在原书第 8 页"护官符下小注"贴条以后的第 9 页，又插入了多抄的第一回第 7 面"从头至尾抄录回来……不以功名为念，每日"

这半页庚辰本的文字（其中"满纸荒唐言"一诗的抄写款式，又是据甲戌本的款式），以至文字前后重复，莫名其妙。

特别是在开头抄补的这十三面中，陶洙竟抄错有 28 处之多。现列举如下：

1. 甲戌本"凡例"第五条原文作："故将真事隐去，而撰此石头记一书也。"陶抄作："故将真事隐去，而借通灵之说，撰此石头记一书也。"中间整整多出一个短句"而借通灵之说"六字，按此六字是庚辰本第一回回前评中的文字，陶洙却将它羼入此处。

2. 甲戌本凡例第五条原文作："自云今风尘碌碌。"陶抄于"自"字上突增一"又"字，成为"又自云"。按庚辰本此句作"自又云"，则此句既非甲戌本，也非庚辰本，显系抄错。

3. 甲戌本凡例第五条原文："敷演出一段故事来。"陶抄漏一"来"字。

4. 甲戌本第一回第一行作"你道此书从何而来"，陶抄漏一"而"字。

5. 甲戌本"细谙则深有趣味"，陶抄作"细按……"。按庚辰本作"细按"，但陶抄此处（陶抄的第四面）系据甲戌本，故显系抄误。

6. 陶抄之第五面甲戌本独有的"悲号惭愧……"一大段文字，第三行倒第五字"想"字上漏一"也"字。甲戌本原文是："也想要到人间……"

7. 同上第四行末句甲戌本原文作"向那僧道说道"，陶抄漏第一个"道"字，抄成"向那僧说道"。

8. 同上第五行甲戌原文作"适问二位……"，陶抄作"适闻"。

9. 同上第五行甲戌本原文作"谈那人世间"，陶抄误作"但那人世间"。

10. 同上第十四行甲戌原文作"也只好跐脚而已"。"跐"，陶抄误

197

作"怗"。

11. 同上第十四行甲戌原文作"助你助"，陶抄作"助你一助"，多抄了一个"一"字。

12. 同上第十五行甲戌原文作"那僧便念咒书符"，陶抄漏一"咒"字。

13. 陶抄庚辰本正文第六行（从"此开卷"一行数起），庚本原文为"背父兄教育之恩"，陶抄"兄"字误作"母"字。按甲戌本凡例第五条作"母"字。

14. 同上庚辰本原文"负师友规谈之德"，陶抄"谈"字误作"训"字。按甲戌本凡例第五条作"训"字。

15. 同上第十二行庚本原文"虽我未学"，陶抄误作"虽我末学"。

16. 同上第十三行庚本原文"悦世之目"，陶抄误作"悦世之耳目"，增一耳字。甲戌本作"亦悦人之耳目"。

17. 同上第十五行庚本原文"提醒阅者眼目"，陶抄误作"耳目"。

18. 庚辰本正文"列位看官"承"立意本旨"直抄下来，陶抄又将"列位看官"依甲戌本单行另起。

19. 庚本正文"只单单剩了一块"，陶抄误作"剩下一块"。

20. "无材可去补苍天"一诗，庚本一行直下，二、三、四句间各空一字。掏抄又按甲戌本将四句诗单独列出。

21. 庚本"小才微善"，陶抄误作"小材微善"。

22. 庚本"歪诗熟话"，陶抄误作"歪诗熟词"。

23. 庚本"那里有工夫看那理之书"，第二个"那"字下旁添一"道"字，作"道理之书"。陶抄作"那里有工夫去看那理治之书"。按甲戌本作"那里去有工夫看那理治之书。"

24. 庚本"也不定世人"句"定"字下旁添一"要"字。陶抄作"也不要世人"，漏一"定"字。

25. 庚本"也不定要世人喜悦检书",陶抄"检书"作"检读"。按甲戌本作"检读"。

26. 庚本"我师意为何如",陶抄误作"我师以为何如"。

27. 庚本"满纸荒唐言"一诗,一行直抄,每句各留一空格,陶抄又依甲戌本款式另行单抄。

28. 庚本"情性贤淑",陶抄作"性情贤淑"。

以上就是陶洙抄补此书的实际情况及其存在的问题。其中除开头抄补的这十三面我作了详细的校核,发现了仅这十三面抄补的文字就有二十八处错误之多外,其余大量抄补的文字,包括抄录的全部眉批、行间批、回末批,我一概未再加校核,因为仅从上面校核过的十三面,已经可以说明陶洙抄补的实况了。

乙、经过陶洙抄补校核后己卯本的面貌

这部残缺不全的己卯本《石头记》在经过陶洙的抄补校核以后,它的版本面貌,变成什么样子了呢?是否还仍旧保持己卯本的面貌呢?从上面所详述的情况可以看出,这个本子经过这一番加工以后,就大大地改变了面貌了:

(一)这部原来是无头(开头已残缺)的己卯本,经过陶洙抄补后,变成了有两个头的畸形儿。开头增加了甲戌本的"凡例",甲戌本第一回的回目和第一回正文的第一行。这就是说陶洙给这个断头的己卯本按上了一个甲戌本的"头"。但是陶洙还并不以此为满足,在紧接着补抄了甲戌本独有的"说说笑笑"一段(陶洙是从"悲号惭愧"抄起的)文字后,又完全依庚辰本的开头写"脂砚斋重评石头记卷之""第一回""甄士隐梦幻识通灵 贾雨村风尘怀闺秀"回目,"此开卷第一回也"两段回前评,然后紧接着写"列位看官"以下的正文,一直到

199

接上己卯本原抄"只以观花修竹，酌酒吟诗为乐……"。这也就是说，除甲戌本这个"头"以外，陶洙又为它接上了另一个庚辰本的"头"。但是，陶洙在抄录庚辰本的这个"头"时，却又不按庚辰本的款式，而是按甲戌本的款式，将第一回的两段回前评按甲戌本比正文低二格写，"列位看官"起的正文，比回前评高出两个字。中间"无材可去补苍天"一诗和"满纸荒唐言"一诗，也没有按庚辰本的款式一行直下，每句间空一格抄写，而是前一首诗是双行另起并列低两格抄写，这是甲戌本的款式，后一首诗是另行四句间各空两字，一行直下抄写。这个款式，既非甲戌本，也非庚辰本。

　　总而言之，陶洙为这个断头的己卯本，按上了甲戌本的"头"和庚辰本的"头"，而且还都不是地地道道的甲戌本的"头"和庚辰本的"头"。例如抄甲戌本的"头"时，"凡例"末的"诗曰"及那首律诗的款式，又完全是陶洙自己的安排，与甲戌本迥然不同。第一回回目，甲戌本上下句末两个字都是占一格并列写的，陶洙就没有再让它们挤在一起，并肩而坐，而让它们顺次排列了。在抄庚辰本的"头"时，如前所述，又参照了甲戌本的款式。这样，经过陶洙的这种抄配，一开头就完全破坏了己卯本的面貌，使它成为了一个一身两头的畸形儿。

　　（二）陶洙在抄补己卯本残缺的其他部分文字时，又没有严格按照版本系统的文字和格式，常常把两个不同本子的文字羼杂在一起（例子上文已举过），这样这些抄录下来的文字，就再也不具备原有的版本格式和价值了，相反却成了不可依据的文字。

　　（三）陶洙的抄补校核工作，做得相当地马虎。我并不熟悉陶洙，也未与他见过面，但从他抄补校核己卯本的工作来看，他的目的似乎主要是求"全"，把别本有而己卯本没有的东西统统过录上去，过录时，又不注意不同抄本的款式，特别是不注意过录文字的准确性，以致在仅仅是开头的十三面中，就出现了28处错误。

（四）经过陶洙抄补后的己卯本，不仅变成了两个"头"，而且中间躯体部分也配上了庚辰本，即二十一回至三十回，这十回书完全是用庚辰本抄配的。这十回书中究竟有多少抄错的地方，我没有再花费时间校阅统计，但这十回数量不少的文字不属于己卯本原抄，这是毫无疑问的，因为陶洙自己记载得很明确。

（五）现存的己卯本本身基本上没有脂批，但经陶洙校补集纳了甲戌、庚辰两本的大量脂批，而红蓝并陈，令人眼花缭乱，一反己卯本原来素净的面貌。由于把属于不同版本的批语集纳到了一起，这样也就进一步搅乱了己卯本的版本面貌。

根据以上五个方面来看，经过陶洙抄补校核以后的己卯本，已完全改变了面貌，成为一个"四不像"的本子了，再也不是己卯本的真面目了。

"不要苛责古人"，那末，陶洙并不是古人而是今人，他是在解放以后去世的，是否可以苛责他呢？我也不赞成对他苛责。相反对他的劳绩，还要适当地给予历史评价。我们首先要理解当陶洙收到此己卯本时，完全是在与现在不同的历史时期，那是孤本秘籍，如同枕中鸿宝，互相秘不示人，偶尔有一二同好，肯慷慨相借，允许过录，那是千载良机，自然不能错过，所以陶洙会费那么大的力气，亲自来抄录补配己卯本。因为他本意原在求"全"，所以他并不注意各版本的款式，因为那时研究《红楼梦》版本，还没有发展到像今天这样细致，同时他对《红楼梦》的认识程度，也没有达到今天这样的水平，所以他在过录时，也没有过细地注意文字的准确性，甚至在他明确地写了"此本照庚辰本校讫，廿五年丙子三月"（写在三十一回至四十回的总目右下端）、"三十六回至四十回，庚辰本校讫，廿五年丙子三月"（写在四十回末）、"庚辰本校讫，丙子三月"（写在十六回到二十回末）等题记的部分，也没有进行过细的校核，其疏漏之处，可以说是比比皆是。我发现庚辰本与己卯本之间的关系，特别是发现在己卯本为朱笔旁改的文字，在庚辰本已为墨书正文，就是从陶洙的校对疏忽中发现的。起先我想比较己、庚两本的异同，心想只要看陶洙的校字就可一目了然了，但当我用庚辰本对勘己卯本时，发现有相当数量的异文，未经陶洙校出，同时又发现了在己卯本为朱笔旁改的文字，在庚辰本已为墨书正文，可见陶洙的校勘工作，并不是那么过细的。但是平心而论，假如在他校录后不久，甲戌、庚辰两本如果一旦毁于某种事故或战争，陶洙的这个过录本，不是便成为天壤间的《石头记》的孤本秘籍了吗？所以我们不应该因为历史并未给他造成这种奇迹而抹煞他的辛劳。但是，另一方面，我们总还要尊重历史，尊重事实，现在甲戌、庚辰两本，毕竟并未损毁，非但没有损毁，而且都已公开影印于世了，这样一来，才使得陶洙的一番辛劳黯然减色，而他抄错或疏忽之处，反倒引起了人们的注意。

既然陶洙所据以补抄的两个本子都早已影印于世，而且陶洙在抄补此书时，似未曾作过进一步的研究，因此他笔录在己卯本上的文字，都是从抄补这部《石头记》的角度写的，除前引的三段题记外，如第五回前写"蓝笔依甲戌本校录，硃笔依庚辰本校录"等等，这些记录，除便于我们识别他抄补上去的文字的来源，以及有利于我们现在予以清除外，它实在很难说有更多的研究价值。

特别是如果原封不动地照陶洙抄补过的己卯本现貌影印的话，不仅要用红、蓝两色来印这些原属甲戌、庚辰本上的批语，而这些批语，连同甲戌、庚辰两种抄本，都早已公开影印行世了，而且还要印第二十一回到三十回这十回全属庚辰本的文字，其中当然还会有抄错。这样，单从这部书的篇幅来说，就要凭空增加现有篇幅的四分之一到三分之一左右（包括甲、庚两本的批语），这些多印出来的文字，对研究者非但没有什么研究价值，相反却可能因为他大量的抄错而引起不必要的麻烦，因为我们实在没有必要让读者花费时间去研究这些抄补的文字。从经济的角度来说，增印十回书和用两色印批语，起码会增加这部书的四分之一以上的价格。

由于以上种种考虑，所以我们决定删除陶洙抄补上去的文字。我们这样做，一是从实际出发，觉得这些文字的原本都早已印出来了，实在没有必要再去重印这些转录的文字了；二是因为这些转录的东西错误很多，反而容易乱人耳目，而于实际无补；三是为了减轻读者的一些经济负担，删除陶抄文字对读者和研究者是有益无损的。

为什么要保留少量陶洙朱笔旁改的文字

清除陶洙抄补在己卯本上的文字，这个工作我认为是做得很准确的。原因是哪些部分是陶洙的抄补，他作了详细的记录，他说明正文部分哪些是原存，哪些是他的抄补，他还说明脂批部分蓝笔是甲戌本的脂批，硃笔是庚辰本的脂批。根据这些记录，核实纸色（正文的补抄部分）笔迹和脂批的颜色，我们就可以准确无误地清除陶洙抄补的墨抄正文和硃、蓝两色的脂批，这是无可怀疑的。

但是除去以上两部分外，在己卯本上，还有一部分陶洙的笔迹，这就是在己卯本墨抄正文的行侧的硃笔校字。前面已经提到他在第十六回到二十回末，第三十一回至四十回的总目右下端，第四十回末，都写明"照庚辰本校讫"的字样，事实上经过他校的倒并不是只有这十五回，细查其余部分，也有他的校字笔迹，较明显的如第三回第三行"忽遇见雨村"以下的"故忙道喜，二人见了礼，张如圭便将此信告诉雨村"这一段文字以及第五回开头"第四回中既将薛家母子在荣府内寄居等事略已表明，此回则暂不能写矣"这一段文字，明显的是陶洙的笔迹。其余同样属于他的笔迹还有不少，兹不一一列举。

　　如果说，己卯本上所有硃笔旁改的文字都是出于陶洙的手笔，其来源则来自庚辰本正文，如果是这样，那末只要一律将这些硃笔校字悉数去掉，事情也就好办了。问题是经过仔细校核，发现己卯本上的硃笔旁改文字，有一部分显然不是来自陶洙的手笔，最明显的是第二回第十六面上一部分旁改的文字，如"讨讨情"、"密法"、"出来"、"御史"、"做"等字的笔迹和硃色，都与陶洙的笔迹和硃色不一样，显然它是在陶洙以前就校在行侧了，这样的与陶洙的字迹不一样的在陶洙以前就校改在己卯本正文行侧的硃笔文字，仔细检查，在全书还有相当多的数量。而且它们在庚辰本上都已经是墨抄正文了。如果说，这类文字都像上举第二回第十六面上的这几个例子一样差异十分明显时，事情也仍然不难办，但是事实并没有那么单纯，其中有一些字迹的硃色已显得陈旧，特别是那些单个校改的字，很难悉数准确地区别出陶洙的笔迹还是陶洙以前的别人的笔迹。有的同志以为我故意把问题说得那么玄乎，其实我是讲的实事求是的话，现在陶洙收藏过的怡府过录的己卯本藏在北京图书馆，不相信我的话，完全可以去复按，在这许多硃笔旁改的笔迹中，是否确是可以确定一部分是陶洙的笔迹，又是否确是有一部分可以确定不是陶洙的笔迹，除这两部分外，是否确实还有一部分，其中特别是单个字或一二个字，书写在一起的，不是整行书写的，对于这类字，确实难以准确无误地确定是陶洙的笔迹还是别人的笔迹。说实在的话，在笔迹的鉴定上，一方面是可以凭借各种条件和经验，鉴别出某些人的笔迹的特征，从而确认他的笔迹，毫不差误。我与吴恩裕同志在辨认己卯本的抄手的时候，就用这种方式准确地辨认出这个抄手在历史博物馆藏的三回又两个半回里出现，又在北图藏的己卯本里出现，从而确认这三回又两个半回就是己卯本的散失部分，当然，当时被我们辨认出来的不止这一个人的笔迹，并且还有缺末笔避讳的特征等等。但辨认笔迹，也确是十分重要的一种手段。但是我们又不能不承认，而且即使是最权威的鉴定家，也不能不承认绝对不可能把孤立的上下不连的每个单个的字或二三个字，都能确切无误地辨认出它的书写者来，特别是对那些并不是著名的书法家而是一般的抄手来说。这同样是实事求是的话，只要是在这方面略知甘苦的人，就不难理解我的这个说法。由于这个缘故，所以我们在清除己卯本砾笔旁改文字的时候，就采取从宽清理的办法，凡是不能有十分把握是陶笔的旁改文字，就一律予以保留，以为红学爱好者研究之资。我们认为这样的态度和处理办法，是比较稳妥的。

我要借此谢谢不少国外的朋友和国内的朋友，他们纷纷来信，表示赞赏我们现在的处理办法。

同时，我还要顺便说到，我的几位好友，还有一部分虽不相识而关心这项工作的同志，不仅支持我们现在的做法，而且认为，凡己卯本上所有的砾笔旁改文字，全可以删除，现在删得还不干净。他们说，看历史博物馆藏的三回又两个半回的残本，竟一清如洗，没有一个砾笔校字，由此可知，所有砾笔旁改文字，可以悉数删除。这个意见，我认为是有一定的道理的，应该引起我们的重视。不过我认为我们不妨考虑问题在先，作结论则应该经过慎重深思。我认为仅有这三回又两个半回的白文，而要证明全部怡府抄藏己卯八十回的面貌就是如此，则数据似还不够，为时还早了一点。①

因此，我认为我们现在整理己卯本《石头记》的做法，是一种审慎而稳妥的做法。第一，我们现在删去的己卯本上陶洙抄补的文字，是完全有根据的，而且这些抄补的文字的母本已公开发行了，这样这些被抄

---

① 如果认为怡府抄己卯本最初的墨抄正文的原样应如三回又两个半回那样，直到庚辰秋定以后，才又添入砾笔旁改文字，如果是这个意思的话，则我们的意见比较接近。我认为这三回又两个半回之所以没有庚辰的砾笔校字，可能有多方面的原因，还应该进一步研究，正如我们不能因为庚辰本前十一回无脂批，因而就断定脂砚斋对这十一回根本未加评论一样。

在己卯本上的并且是错误很多的文字，纯粹是属于多余的了，留着它只能引起混乱：模糊己卯本的面貌，其抄错的文字还可能给予不明情况的读者带来麻烦。所以清除这些文字，就显得十分必要。第二，我们保留了很早就存在在己卯本上的硃笔旁改文字，这些硃笔旁改文字在庚辰本上已全部转为墨抄正文，我们保留了若干难以准确无误地确定为陶抄的文字，即近似陶抄而很可能不是陶抄的文字，我们还保留了一部分显然也是后来校上去的文字（但肯定在陶洙以前，我估计是乾隆末年或嘉庆初年），因为以上这几种情况的文字对我们研究己卯本本身和它的流传情况有一定的价值，保留下来没有什么坏处。我个人则认为这部分近似陶抄的旁改文字似乎还可以多保留一些，现在删得似乎多了一点，因为即使真是陶洙校改在行侧的文字，我们少删去几条多保留几条，也是不会引起什么太大的麻烦的。

　　己卯本的影印工作还可能存在着其他方面的缺点，我们衷心地欢迎批评和指正。

1981 年 2 月 16 日夜 3 时于宽堂

论《脂砚斋重评石头记》
甲戌本"凡例"

——1980年6月在美国首届国际《红楼梦》研讨会上的报告

　　自从1927年胡适买到《脂砚斋重评石头记》甲戌本并于1928年发表《考证红楼梦的新材料》一文以来，至今已整整五十三年。自从1961年胡适将此书影印出版以来，也已经二十年了。前三十年，因为此书一直归胡适私人收藏，所以除了胡适对它做了研究并写了文章以外，据我所知，还没有第二个人对此书发表过研究文章。后二十年，由于此书已公开发行，所以开始有了研究文章。就我所知，这五十多年中，对此书先后发表过较为重要的研究文章的，计有：胡适、俞平伯、周汝昌、吴世昌、潘重规、赵冈、周绍良、文雷、刘梦溪、王孟白等诸位先生。五十多年来，对于这个甲戌本的研究做得很不够，在已经进行的研究中，分歧又特别大，从这个本子的名称"甲戌本"起，几乎有关这个本子的所有的问题都有争论。这种争论，对于这个本子的研究来说，对于学术研究来说，是好事而不是坏事。有了这样的争论，我们的认识才可能有所前进，才可能最终认识这个本子的真面目。

　　我对这个本子并没有做过认真的深入的研究，只是近几年来由于工作的需要，才对这个本子的状况做了一些了解，阅读了我所能找到的关于这个本子的一系列的讨论文章，也产生了一些不成熟的看法。这些看法，有的是赞同某一种意见的，[①] 有的是不赞同某一种意见的，有的则是我自己的一些看法。不论是哪一种看法，对我来说，都只是一种不成熟的意见，至多供大家讨论或参考而已。我对于甲戌本"凡例"的看法，尤其是如此。

脂评《石头记》开头的形式

现存脂评《石头记》乾隆抄本，计有：己卯本、庚辰本、红楼梦稿本、蒙古王府本、戚蓼生序本、南京图书馆藏本、甲辰本、舒元炜序本、郑振铎藏本、苏联藏本、程甲本以及我们目前正在进行讨论的这个甲戌本共十二种。其中程甲本虽是木活字本，但它的前身是一个脂评抄本，因此我们仍把它算在乾隆抄本之内。在这十二种抄本中，己卯本、郑藏本都已经没有开头。不过己卯本的开头还可以从庚辰本看到，因为它是庚辰本的祖本，庚辰本是依它的原行款抄写的。[②] 以上十一种带有开头的脂评《石头记》，其开头的形式，大致可分为两类：一类是己卯本、庚辰本的类型，即开卷在一至十回的总目以后，另页起第一行顶格写"脂砚斋重评石头记卷之"，第二行顶格写"第一回"，第三行低三格写回目，第四行顶格写以下大段文字，作为全书开头：

此开卷第一回也。作者自云：因曾历过一番梦幻之后，故

---

① 如对于本书"凡例"的看法，我比较赞同吴世昌先生的意见。参见其论文《残本脂评〈石头记〉的底本及其年代》，载《红楼梦研究资料》，北京师范大学学报丛书之三。
② 详见本书《论庚辰本》。

论《脂砚斋重评石头记》甲戌本"凡例"

将真事隐去而借通灵之说，撰此《石头记》一书也，故曰甄士隐云云。但书中所记何事何人。自又云：今风尘碌碌，一事无成，忽念及当日所有之女子，一一细考较去，觉其行止见识皆出于我之上，何我堂堂须眉诚不若此裙钗哉，实愧则有馀，悔又无益之大无可如何之日也。当此则自欲将已往所赖天恩祖德，锦衣纨绔之时，饫甘餍肥之日，背父兄教育之恩，负师友规谈之德，以至今日一技无成，半生潦倒之罪，编述一集，以告天下人，我之罪固不免，然闺阁中本自历历有人，万不可因我之不肖，自护己短，一并使其泯灭也。虽今日之茅椽蓬牖、瓦灶绳床，其晨夕风露，阶柳庭花，亦未有防（妨）我之襟怀笔墨。虽我未学，下笔无文，又何妨用假语村言敷演出一段故事来，亦可使闺阁昭传，复可以悦世人之目，破人愁闷，不亦宜乎，故曰：贾雨村云云。

……

此回中凡用梦用幻等字，是提醒阅者眼目，亦是此书立意本旨。列位看官，你道此书从何而来，说起根由虽近荒唐，细按则深有趣味，待在下将此来历注明，方使阅者了然不惑。（下略）

与这个格式相同的，还有红楼梦稿本、蒙古王府本、戚序本、南图藏本、甲辰本、舒序本和程甲本。

红楼梦稿本第一页第一行顶格写"红楼梦第一回"，第二行写回目，第三行低一格写"此开卷第一回也"这两段与上引庚辰本一样的文字，[①] 然后紧接着写"列位看官，你道此书从何而来"以下文字。从整

---

① 此处是指梦稿本原抄正文，不是指圈改后的旁改文字。又梦稿本原抄正文也有少数文字与庚辰本上引文字有出入，这是抄误，不足为怪的，我们这里是就它的整体而说的。

209

体来看，红楼梦稿本开头的形式，与庚辰本是完全相同的。

蒙古王府本第一页第一行低一格写"第一回"三字，无书名，第二行写回目，第三行顶格写"此开卷第一回也"以下的文字，但在"贾雨村云云"以下，缺现在的第二段"此回中凡用梦用幻等字"这一段文字，"列位看官"这句，是紧接着"贾雨村云云"的。蒙府本在内容上比庚辰本少了一小段文字，但就其整体来说，它开头的形式，仍是与庚辰本相同的。

戚序本和南图本则完全同于蒙府本的开头，连少掉"此回中凡用梦用幻等字"这一段也完全一样。

舒序本第一页第一行顶格写"红楼梦第一回"六字，第二行写回目，第三行顶格写"此开卷第一回也"以下一大段文字，第二小段"此回中凡用梦用幻等字"这一段也不缺，然后于"亦是此书立意本旨"下紧接"列位看官"以下文字，其款式与庚辰本完全一样。

甲辰本第一页第一行顶格写"红楼梦"三字，第二行低一格写"第一回"三字，第三行低两格写回目，第四行低一格写"此开卷第一回也"以下相同于庚辰本开头的两段文字，然后又顶格写"列位看官，你道此书从何而来"以下的文字。也就是说，把一向与正文同样抄法的两段回前评语降低了一格抄写，从而使它与正文区别了开来，但就其开头的形式来看，它当然仍旧相同于庚辰本。

程甲本第一页第一行顶格写"红楼梦第一回"六字，第二行低两格写回目，第三行顶格写"此开卷第一回也"至"故曰贾雨村云云"一段文字，接下去庚辰本"此回中凡用梦用幻等字"一小段，则略有改动，但基本意思未变，文字虽有变动，但变动不大。因此就其总体来说，也仍然是与庚辰本一致的。

以上是与庚辰本的开头形式相一致的各本的状况。

与庚辰本的开头形式不一样的另一种开头的形式，就是甲戌本这一种。也就是说，现存十二种乾隆抄本《石头记》，除有一种已不存在开头的文字外，其余十种都是庚辰本一个类型，① 甲戌本这种开头的形式，只此一本。现在我们把甲戌本的开头，全文抄录于下，以便大家对照研究：

脂砚斋重评石头记

凡例

红楼梦旨义　是书题名极多，□□红楼梦是总其全部之名也。又曰风月宝鉴，是戒妄动风月之情。又曰石头记，是自譬石头所记之事也。此三名皆书中曾已点睛矣。如宝玉作梦，梦中有曲名曰红楼梦十二支，此则红楼梦之点睛。又如贾瑞病，跛道人持一镜来，上面即錾风月宝鉴四字，此则风月宝鉴之点睛。又如道人亲眼见石上大书一篇故事，则系石头所记之往来，此则石头记之点睛处。然此书又名曰金陵十二钗，审其名则必系金陵十二女子也。然通部细搜检去，上中下女子岂止十二人哉，若云其中自有十二个，则又未尝指明白系某某。极至红楼梦一回中亦曾翻出金陵十二钗之簿籍，又有十二支曲可考。

书中凡写长安，在文人笔墨之间，则从古之称，凡愚夫妇儿女子家常口角，则曰中京，是不欲着迹于方向也。盖天子之邦亦当以中为尊，特避其东南西北四字样也。此书只是着意于闺中，故叙闺中之事切，略涉于外事者则简，不得谓其不均也。

此书不敢干涉朝廷，凡有不得不用朝政者，只略用一笔带

---

① 苏联藏本的开头形式与庚辰本完全一样。

211

出，盖实不敢以写儿女之笔墨唐突朝廷之上也，又不得谓其不备。

此书开卷第一回也。作者自云因曾历过一番梦幻之后，故将真事隐去而撰此石头记一书也，故曰甄士隐梦幻识通灵。但书中所记何事，又因何而撰是书哉，自云今风尘碌碌，一事无成，忽念及当日所有之女子，一一细推了去，觉其行止见识，皆出于我之上，何堂堂之须眉，诚不若彼一干裙钗，实愧则有馀，悔则无益之大无可奈何之日也。当此时则自欲将已往所赖上赖天恩，下承祖德，锦衣纨绔之时，饫甘餍美之日，背父母教育之恩，负师兄规训之德，已致今日一事无成，半生潦倒之罪，编述一记以告普天下人，虽我之罪固不能免，然闺阁中本自历历有人，万不可因我不肖则一并使其泯灭也。虽今日之茅椽蓬牖，瓦灶绳床，其风晨月夕，阶柳庭花，亦未有伤于我之襟怀笔墨者，何为不用假语村言敷演出一段故事来以悦人之耳目哉，故曰风尘怀闺秀，乃是第一回题纲正义也。开卷即云风尘怀闺秀，则知作者本意原为记述当日闺友闺情，并非怨世骂时之书矣。虽一时有涉于世态，然亦不得不叙者，但非其本旨耳，阅者切记之。

诗曰

浮生着甚苦奔忙，盛席华筵终散场。

悲喜千般同幻渺，古今一梦尽荒唐。

谩言红袖啼痕重，更有情痴抱恨长。

字字看来皆是血，十年辛苦不寻常。

第一回

甄士隐梦幻识通灵　贾雨村风尘怀闺秀

论《脂砚斋重评石头记》甲戌本"凡例"

> 列位看官，你道此书从何而来，说起根由虽近荒唐，细谙
> 则深有趣味，待在下将此来历注明，方使阅者了然不惑。

（下略）

上面所引这个甲戌本的开头，显然与庚辰本是完全不一样的，它不是个别文字上的出入，而是根本的不同。

那末，为什么会出现这种情况呢？是曹雪芹和脂砚斋当时在写作这部《石头记》并加评的时候，一开始就写出了这两种不同的开头吗？或者脂砚斋在加评的时候，就搞了这两种开头的形式吗？我认为这种可能性并不存在。那末这两种开头形式必有一种是真正接近于原始面貌的开头形式，而另一种则是后起的。

我们试假定甲戌本是最早的开头形式。但是当我们提出这个假定时，就发觉这个假定本身就很难成立，因为甲戌本的这个开头它本身的矛盾就很多。矛盾之一：是此书既名"脂砚斋重评石头记"，则可见已经是经过两次加评了。尽管这两次加评不一定把八十回（我不相信曹雪芹一开始只写了这十六回书的这种说法，当另文分析）书都逐一加了回前、回后、眉端、行间、行下的评语，但这第一回回前评总应该是初评时就有的，迟至再评就不可能连第一回的回前评都没有，这实在是不合情理的。何况事实上现存各脂本除开这个甲戌本外，都保存着这段回前评。① 但奇怪的是，就是这个"脂砚斋重评石头记"甲戌本，却在开头第一回回目以后，就是"列位看官，你道此书从何而来"的正文，而没有回前评。这岂不有点文不对题？矛盾之二：是既然"凡例"里说了不少"此书不敢干涉朝廷"、"实不敢以写儿女之笔墨唐突朝廷之上"、

---

① 甲戌本也是保存着这段回前评的，不过已被改装成为"凡例"的最后一条，详见下文分析。

"作者本意原为记述当日闺友闺情，并非怨世骂时之书"等等的话以为此书的"保护色"，那末为什么过了几年，到乾隆二十四、二十五年的时候，反而把这些话连同"凡例"一起取消了呢？我们知道当时的文字狱是很严重的，就在甲戌（乾隆十九年）的后一年乙亥，就爆发了胡中藻案。胡中藻因写诗而冒犯了朝廷，终于被戮。在当时的情况之下，如果写了这个"凡例"而又把它取消，这是不大可能的。这就是说，后来的己卯本、庚辰本都不带这个"凡例"，不可能是把原有的"凡例"删掉，把"凡例"的最后一条改变为第一回的回前评。何况事实证明现在的己卯本、庚辰本过录的时间早于这个甲戌本的过录的时间，甲戌本比起己卯本、庚辰本来，抄成的时间要晚得多呢！由此可见这个"凡例"只可能是后来产生的。①

要证明这个结论，还须要看以下各节的分析。

明清之际评书的形式与脂评的关系

"脂砚斋重评石头记"这种评书的形式，是继承明中叶以后直至清初的评书形式，这一点是大家公认的。明代后期出现了大评书家李卓吾、冯梦龙，明清之际出现了另一个大评书家金圣叹。脂砚斋评《石头记》就是受了他们的影响，具体地继承了他们的评书形式，其中特别是受了金圣叹的影响，这在《石头记》的一些批语里表现得很明显。② 因

---

① 我认为甲戌本正文的原底本是甲戌（乾隆十九年）形成的，但这个原底本并不带这个"凡例"，说详下。

② 甲戌本第三十回批云："写尽宝、黛无限心曲，假使圣叹见之，正不知批出多少妙处。"蒙府本、有正本第五十四回回末总评云："作者已逝，圣叹云亡，愚不自谅（量），辄拟数语。"这几处"圣叹"虽然是另一批者（我认为是畸笏）用来借指脂砚斋，同时也证明了脂批受金圣叹的影响。

此具体地研究分析一下这一时期评书的方式和形式，弄清甲戌本"凡例"的一些问题是有意义的。

李卓吾评书很多，其中影响较大的是《水浒传》。李评《水浒传》今存明万历三十八年的容与堂本，① 现查这个刻本卷首并无"凡例"，有一篇"小沙弥怀林谨述"的"批评水浒传述语"，共六条。内容是怀林转述李卓吾评《水浒》的情况，并不是李卓吾评《水浒》时立的"凡例"。此书评的形式，有回末总评，但并不叫"总评"而叫"李和尚曰"，"李载赞曰"，显然还是继承《史记》"太史公曰"的形式。另外还有眉批、行间批、行下双行小字评，还有密圈、竖线和上下引号等方式。

现存李卓吾评的《琵琶记》，也是容与堂刻本。此书同样没有"凡例"，其他评的方式一如评《水浒》，但在每回后面的"总评"，不再用"李和尚曰"这种形式而明确标上"总批"两字，有时"总批"之后再加"又批"。

现存容与堂刻的李卓吾评《幽闺记》，其评书的方式一如评《琵琶记》。

另一个评书家冯梦龙，他评的戏曲总称为《墨憨斋定本传奇》，全部十四种传奇，没有一种传奇是有"凡例"的，只有少数几种有全剧的总评，放在卷首，其评的方式也很简单，主要是眉批。

金圣叹评书也很多，其影响最大者要算是《水浒传》和《西厢记》，我们查验两书也都无"凡例"，《水浒》有"序"三篇，另有"读第五才子书法"一篇，后者实际上略同"总评"。《西厢记》除《恸哭古人》、《留赠后人》两篇序外，也有《读第六才子书"西厢记"法》一篇，其性质也同于"总评"。

① 按今存明万历四十二年（1614 年）杨定见、袁无涯刻《出像批点忠义水浒传全书》，前有李贽的"序"和"发凡"，据考此书为伪托李贽之名，实非李贽评书。见萧伍著《试评李卓吾对〈水浒传〉的评点》，载 1964 年 5 月号《学术月刊》。

此外，如明嘉靖壬午刻本《三国志通俗演义》以及比曹雪芹略早的蒲松龄的《聊斋志异》（手稿本、铸雪斋钞本）和吴敬梓的《儒林外史》（卧闲草堂本），这些书一概都无"凡例"。① 我查到有"凡例"的是杨定见、袁无涯刻的伪托李卓吾评的《水浒传》和毛宗岗评的《三国演义》。毛评《三国演义》卷首有"凡例"十条。这十条"凡例"，其中有七条是关于此书的校订整理方面的，有三条是涉及"评"的。除了毛宗岗评《三国演义》的"凡例"，我们当然还可以找到一些其他小说戏曲的"凡例"，如明万历刻本清远道人题叙的《牡丹亭》，前面就附有四条"凡例"，为了节省篇幅，就不再一一罗列。

我们大体了解了明清之际评书的风气、评书的形式以后，大致可以得出这样几点意见：一、脂砚斋评《石头记》确是继承明清之际的评书的风气和评书的形式；二、当时一些著名的评书家和他们所评的一些有代表性的作品，大都没有立"凡例"，立"凡例"虽然在明清之际的评书中早已存在，但并不普遍；三、脂砚斋评书的形式：回前、回后的总评、眉评、行间评、句下双行小字评这种种形式，都是明清之际的流行的评书形式。在评书的形式上，脂砚斋并没有创造什么新形式。明确了以上几点之后，我们再试想一下，甲戌本的"凡例"究竟从何而来呢？是曹雪芹当年写《石头记》时为自己的小说立下的"凡例"吗？我觉得并非如此。因为曹雪芹当年写《石头记》时，虽然成书在胸，但他并不是先立好了"凡例"再写的，相反倒是常常一气直下，连写数回，连章回标目都是到后来才标出来的。如果说"凡例"是全书写完后总结写作而立下的话，那末，《石头记》直到曹雪芹去世时还没有写完，有的回还未分开，有的回还未有回目，有的回还缺漏文字，这种情况说明，

① 按：《聊斋志异》乾隆三十一年青柯亭刻本，有莱阳赵起杲所作《例言》十条，亦即"凡例"，但已是曹雪芹逝世后第三年，与《石头记》的写作和评论无关。

他不可能先留下一个"凡例"来，何况立"凡例"并不是当时写小说的通例。既然这个"凡例"不可能是曹雪芹立的，那末似乎只可能是脂砚斋为评这部《石头记》而立的了。然而又不像，这五条"凡例"没有一条涉及到"评"，哪怕像《三国演义》的"凡例"那样只有三条略与"评"有关也好。或许是脂砚斋为总结曹雪芹写的《石头记》，因而写下了这几条"凡例"吧？这也完全不可能。理由前面说过，如果脂砚斋在甲戌年已写下了这个"凡例"，那末，就没有理由过不三五年就把这个"凡例"删掉。

由此看来这个"凡例"确实是有问题的。

"凡例"的内在矛盾

在讲明了上述这些情况以后，我们就应该进一步来分析这个"凡例"本身了。

如前所述，曹雪芹没有可能为此书留下"凡例"，这五条"凡例"也不像是脂砚斋的手笔。上述这个结论，我们还可以从"凡例"本身的种种内在矛盾中加以进一步证实。"凡例"本身的矛盾，大致有以下几点：

一、此书第一页第一行标题"脂砚斋重评石头记"，第二行标"凡例"两字，第三行开始即是"凡例"本身。"凡例"第一句标目是"红楼梦旨义"，然后是"是书题名极多"云云。按此书明标"重评石头记"，书中正文在"满纸荒唐言"一诗以后又特书"至脂砚斋甲戌抄阅再评仍用《石头记》"，这就是说这个《石头记》的名字是脂砚斋特意给它恢复的，而且写明了就是这次"甲戌抄阅再评"的事，然而奇怪的是"凡例"标目却说"红楼梦旨义"。前一行正名是用的《石头记》，"凡例"的正名却又改了《红楼梦》，书中大书特书本次再评恢复了

《石头记》的原书，"凡例"却大讲特讲"《红楼梦》是总其全部之名也"，即此一点已经前后矛盾，自乱体例了，更何况这第一条"红楼梦旨义"，却只是罗列许多书名，从正文里找出这些书名的来历，而关于《红楼梦》的"旨义"，却只字未及，言不及"义"，这又是文不对题。

二、曹雪芹既没有可能为此书写下"凡例"，则此"凡例"最多只可能是属于评书时加上去的，则此"凡例"应该是评书时的"凡例"。但现在细检"凡例"又没有涉及"评"的内容。这就是说这五条"凡例"既不曾规定此书的"编述"体例，也没有规定出一个评批此书的体例。这样，这个"凡例"，就有点不太合乎"凡例"本身的体例。

三、"凡例"文字累赘，词义含糊，如第一条噜噜苏苏说了本书的许多书名，实则都是从书里摘取出来的。尤其是第一条的后半部分，"此书名曰金陵十二钗，审其名则必系金陵十二女子也，然通部细搜检去，上中下女子，岂止十二人哉；若云其中自有十二个，则又未尝指明白系某某。"这一大段文字，反反复复，不知所云，倒像是向读者提出一连串疑问。接下去说："极至红楼梦一回中亦曾翻出金陵十二钗之簿籍，又有十二支曲可考。"按翻出金陵十二钗之簿籍及红楼梦十二支曲这两个情节都在第五回而不在第一回。如果所谓"红楼梦一回中"是泛指《红楼梦》中，那末他完全可以删去"一回"两字，如果就是指的第五回，那末他完全可以明确写"极（及）至红楼梦五回中"或"第五回中"，没有必要吞吞吐吐，含糊其词，以至"凡例"与正文完全脱节，互不相干，如同"凡例"第二条说："凡愚夫妇儿女子家常口角则曰中京，是不欲着迹于方向也。"说得煞有介事，但细查本书，却根本没有"中京"这个字眼①。

---

① 吴世昌先生已指出这点，见其论文《残本脂评〈石头记〉的底本及其年代》，见载前。

四、"凡例"字句重复，缺少一个贯串思想，倒像是拼凑成文。如第三条说："此书只是着意于闺中，故叙闺中之事切，略涉于外事者则简，不得谓其不均也。"这条文字的意思就是说此书描写重点是在"闺中"，涉及"闺中"以外者就"简"，这也就是不敢干涉朝廷的意思。但是第四条一开头却又说"此书不敢干涉朝廷"云云，而到第五条末尾，又说："作者本意原为记述当日闺友闺情，并非怨世骂时之书矣，虽一时有涉于世态，亦不得不叙者。"请看一共五条"凡例"，倒有三条"凡例"在文字和内容上不断反复，这样的文字，能像曹雪芹和脂砚斋的手笔吗？

五、"凡例"说："《红楼梦》是总其全部之名也。"这一点完全不符合脂砚斋的观点，更不符合本书的具体描写。按《石头记》开头"列位看官，你道此书从何而来"以下讲的大段故事，就是整部《石头记》的"来历"，特别是下面这段文字：

后来不知又过了几世几劫，因有个空空道人访道求仙，忽从这大荒山无稽崖青埂峰下经过，忽见大石上字迹分明，编述历历，空空道人乃从头一看，原来就是无材补天，幻形入世，蒙茫茫大士、渺渺真人携入红尘。历尽离合悲欢，炎凉世态的一段故事，后面又有一偈云：

无材可去补苍天，枉入红尘若许年。

此系身前身后事，倩谁记去作奇传。

诗后便是此石堕落之乡，投胎之处，亲自经历的一段陈迹故事，其中家庭闺阁琐事以及闲情诗词，到还全备，或可适趣解闷（中略），因毫不干涉时世，方从头至尾抄录回来，问世传奇。

可以说，小说一开头就是讲明了这整部小说就是石头上所记之事，是空空道人抄录下来的。因此凡书中所有之人之事，无所不包，都在这个"记"里，因此脂砚斋才给它定名为《石头记》；也只有《石头记》才确是这部书的总名。至于《红楼梦》，书中是这样提的：

> 此离吾境不远，别无他物，仅有自采仙茗一盏，亲酿美酒一瓮，素练魔舞歌姬数人，新填红楼梦仙曲十二支，试随吾一游否？
>
> ……
>
> 宝玉称赏不迭。饮酒间又有十二个舞女上来请问演何词曲，警幻道："就将新制红楼梦十二支演上来。"舞女们答应了，便轻敲檀板，款按银筝，听他歌道是……
>
> 第一支红楼梦引子
>
> 开辟鸿濛，谁为情种？都只为风月情浓，趁着这奈何天，伤怀日、寂寥时，试遣愚衷，因此上演出这怀金悼玉的红楼梦。
>
> ——第五回

这十二支曲（连"引子"和"结尾"是十四支）就是十二钗的结局。这十二钗当然在《石头记》里占有特殊重要的地位，所以"曹雪芹于悼红轩中披阅十载，增删五次，纂成目录，分出章回，则题曰：金陵十二钗"。但这十二支红楼梦曲毕竟不是小说的全部，因此"脂砚斋甲戌抄阅再评，仍用《石头记》"是大有道理的。既然脂砚斋自己为此书定名为《石头记》，而且曹雪芹也同意他的定名，因此乾隆时早期抄本都称《石头记》，特别是在这部甲戌本里还申明了"仍用《石头记》"的缘由，那末怎么可以为此书写"凡例"的时候，完全不顾以上事实，劈头第一句就是"红楼梦旨义",然后又说"红楼梦是总其全部之名也"呢?这里的提法与脂砚斋的思想不是完全背道而驰吗?

有人提出甲戌本的脂评里就有三处提到《红楼梦》,另外还有一处行间墨批提到《红楼梦》,这不是证明脂砚斋自己也仍旧用《红楼梦》这个名称的吗?

上述这一情况确是事实,而且很有必要把它分析清楚。按甲戌本脂评里提到《红楼梦》的有下列几处:

(一)妙,设言世人亦应如此法看此《红楼梦》一书,更不必追究其隐寓。

此段批于第五回宝玉听完第三支"枉凝眉"曲以后正文"宝玉听了此曲散漫无稽不见得好处,但其声韵凄惋,竟能消魂醉魄,因此也不察其原委,问其来历就暂以此释闷而已"之上。另外就在"就暂以此释闷而已"句旁,还有墨笔旁批"此结(法?)是读红楼之要法"一句。显然上面这条脂批和下面这条墨批,都是批的上举这一段文字。我认为这里朱笔脂批里所说"世人亦应如此法看此《红楼梦》一书"里的"红楼梦"三字和墨批里的"红楼"二字,都是作为书名用的,都是指的《石头记》。

(二)一句接住上回红楼梦大篇文字,另起本回正文。

此段批于第六回宝玉偷试云雨情以后正文"自此宝玉视袭人更与别个不同,袭人侍宝玉更为尽职,暂且别无话说"句下双行小字朱批。显然这里的"红楼梦"是指"上回"(第五回)"梦演红楼梦"的大篇故事,而不是指相当于《石头记》的书名。

（三）自红楼梦一回至此则珍馐中之虀耳，好看煞。

此段批于第六回正文"家中冬事未办，狗儿未免心中烦虑，吃了几杯闷酒，在家闲寻气恼"之上。这段批语有点"复杂性"，如单从字面上看，似乎毫无疑问是书名，但从批语所指的文字来看，则实际应指第五回，盖第五回文字香艳浓丽，所谓"开生面梦演红楼梦，立新场情传幻境情"也。比起本回狗儿叹穷的情节来，确实有如珍馐虀盐之别。由此看来，则这里的"红楼梦"三字，仍有可能是指第五回的文字而不是整个《红楼梦》。

关于甲戌本脂批提到"红楼梦"三字的情况略如上述。

此外，其余脂本脂批中提到"红楼梦"三字的总数大概还有八九处，其情形也不外乎上面两类，一是作书名，一是指"梦"或指"十二支曲"，为了避免烦琐，不再罗列。

过去有的研究者认为《红楼梦》是大名，《石头记》是小名。说：

若将名称分为正副，恐怕不恰当，可以分为"大小""新旧"两项来谈。若问：谁为大名？谁是小名？应该回答：《红楼梦》大名；《石头记》小名。若问：谁为新名？谁为旧名？应该回答：《红楼梦》新名，《石头记》旧名。这从甲戌本来看，都是很明白的。

"红楼梦旨义"说："红楼梦是总其全部之名也。"照这句话解释，曹雪芹计划中的全书，从开头到结尾，每一个字都是"红楼梦"。如开头有"题诗"、"缘起"或叫"楔子"，结尾或者有"馀文"、"跋识"等等，都在这"红楼梦"大名的范围以内。"石头记"却不然。各本都有"按那石上书云"一句，或作"按那石头上书云"，自此以下"当日地陷东南……"云云才是"石头记"的文字。书将完时，当有一处结束，我们虽无缘得读，亦可想而知。就今甲戌本论，开首约有四页半多一点，都不在石上所记范围内；在"按那石上书云"句傍有脂批一条："以（下）石上所记之文"，更为明白。

"石头记"好比个小圈子，"红楼梦"好比个大圈子，小圈包括在大圈之内；虽然这两个圈儿范围差得不多，计算起首一部分不过一千六百多字，就全书比例来说原很渺小，但毕竟有些差别。此乃性质之区分，并不在乎字数之多少。"石头记"是书中之书，又作为全书之名称，所以有时会使人迷惑①。

其实上面这种说法并不见得有道理。一是，所谓《石头记》、《红楼梦》、《金陵十二钗》云云，都是小说家言。说《石头记》，并非真是记在石头上又从而抄下来的一大篇文字，说《红楼梦》也并非真是做了这一场真正的梦，这些无非是假托而已。如果要依上面的这种分法，把"按那石上书云"以下的才算《石头记》，就不免有点胶柱鼓瑟。幸亏曹雪芹、脂砚斋当年为这部小说起了不少别名，如果当时只起一个《石头记》的名字，那末这部小说就将无法命名了，因为如叫《石头记》，则"按那石上书云"以前的文字就没有了名目。如果以此类推，则鲁迅的《狂人日记》的名字也就成了问题，因为在那狂人日记之前，还有一大段文字，可惜当年鲁迅虑不及此，未为它再起一个可以包括这段文字在内的名字，然而人们至今仍很习惯地叫它为《狂人日记》，并未发生日

---

① 俞平伯：《影印"脂砚斋重评石头记"十六回后记》，《中华文史论丛》第一辑，1962 年 8 月。

记前一段文字叫何名称的问题。其实这种情况在中国小说史上是极普通的，今传宋元话本和明代的短篇小说，大都在正文开始之前，另有一个完整的小故事，名曰"入话"，然后才是正文，即正式叙述的故事。但话本的名目仍以主要故事命名，并不因为前面另有一个小故事而再起一个名目。由此可见上述那种"大名"、"小名"的分析并不切合实际。何况所谓《红楼梦》是总名的这个说法的立足点，恰好就是甲戌本"凡例"里现在引起讨论的那句话，因此作为这个理论的依据，它本身就发生了问题。总之，把《石头记》看作是"小名"，把《红楼梦》看作是"大名"，是并不符合当时曹雪芹、脂砚斋为此书命名的真意的。

现在可以回到讨论的本题上来了。脂砚斋申明"甲戌抄阅再评仍用石头记"，而在"凡例"里一开始就称此书为《红楼梦》，证之以脂批里也多次称此书为《红楼梦》，那末前面所说的那种矛盾究竟是否还存在呢？我认为我在本节第五点里指出的矛盾仍然存在，并未因为发现脂批里有几处称此书为《红楼梦》而使这种矛盾消失，其道理并不难解，因为脂砚斋郑重声明的是指这部书的正名，所以在本书正文里第一次出现《石头记》这个名称时，脂砚斋在行间批曰"本名"。"本名"者，本来之名也。在第五回"红楼梦"三字旁又批曰："点题。"何谓"点题"，脂批紧接说："盖作者自云所历不过红楼一梦耳。"这里把两者的关系说得清清楚楚：《石头记》是"本名"，《红楼梦》是"点题"，是"所历不过红楼一梦"的意思。要打个比喻的话，《石头记》就是"名"，《红楼梦》是"字"，"字"是表述"名"的，意谓石头所记之事，乃"红楼一梦耳"。

明白了上面这两者的关系，那末问题就至为清楚了。当着脂砚斋为此书正式题名时，他郑重声明此书名叫《石头记》，所以首页题签叫作"脂砚斋重评石头记"，这在所有早期署明脂砚斋评本的抄本上，无不如此。当着他在评批此书时，则他既可以用《石头记》的本名，也可以用此书的别名，如《红楼梦》、《金陵十二钗》等等。所以脂批里用了《红楼梦》这个书名，并不能说明"凡例"里用《红楼梦》这个名称并把它作为"总其全部之名"的合理性，更不能用来证明这个"凡例"的可靠性。

另外，还有一点，甲戌本提到"红楼梦"的三条脂批，其中作为书名用的两条都是眉批，那条不作为书名用，专指第五回的批语则是句下双行小字批。据我的看法，甲戌本的眉批，都是后来的批，并不是甲戌抄阅再评时的批，因此这两条专指书名的批，其时代要后于甲戌得多，而第五回的那条行间墨批则更是后来的批，所以从这一点来说，这两条脂批也不能作为甲戌本"凡例"确是甲戌原文的证据。

由此可见，脂砚斋在正文里郑重声明"至脂砚斋甲戌抄阅再评仍用石头记"，书的首行题签也是"脂砚斋重评石头记"，但紧接着"凡例"的第一句却径然改名"红楼梦"，这种突如其来的改换名称与脂砚斋的郑重声明之间的明显矛盾，是无法用上述几条脂批来加以消除的。

六、"凡例"拼凑改窜痕迹十分明显。"凡例"第五条第一句说："此书开卷第一回也。"幸好这一大段文字有庚辰本等其他脂本可资对照。按庚辰本这段文字的第一句作："此开卷第一回也。"其他所有脂本均同（包括程甲本），此外如程乙本、东观阁本、本衙藏板本、藤花榭本、王雪香评本等等也无不如此。唯独这个甲戌本多出一个"书"字。那末，列位看官，你道此"书"从何而来呢？原来这个"书"字是拼凑者为了与前两条"凡例"格式上一致才硬加进去的，请看第三条"凡例"是"此书只是着意"云云，第四条"凡例"是"此书不敢干涉"云云，于是这第五条"凡例"也就只好加个"书"字，变成"此书开卷第一回"了。殊不知加一"书"字，马脚全露，这么一加，整个句子就完全读不成文了。① 这一句用现在的话来说，就是"这书是开卷第一回"或"这部书是开卷第一回"，这成何文理呢？实际上，原来的文字是很通的，因为它原是第一回的回前评，故开头就说"此开卷第一回也"，语意十分妥帖。再看第二回的回前评，首句说"此回亦非正文本旨"，我们再试把这两段回前评前后联系起来读，第一回回前评说"此开卷第一回也"，第二回回前评说"此回亦非正文本旨"，前后语气多么一贯，这样对照一下，拼凑者的斧凿痕不是昭然若揭了么？

拼凑改窜的第二个例子是下面这段文字：

> 此书开卷第一回也，作者自云因曾历过一番梦幻之后，故将真事隐去，而（借通灵之说）撰此石头记一书也，故曰甄士隐梦幻识通灵（云云）。但书中所记何事（何人），又因何而撰是书哉，自又云今风尘碌碌，（下略）

以上这段文字，凡字下加横线者，均为甲戌本独有的文字，凡加（　）号者，均为庚辰本及其他脂本共有的文字而被甲戌本删去者，也就是说其他各脂本除了个别本子（如程甲本）有个别或少数文字的出入外，基本上都同庚辰本。现在我们试看这段甲戌本的文字，开头多出一个"书"字已在前面分析过了，不再论及，下面多出"梦幻识通灵"五字，也暂且不论。我们先看下面多出来的这句"又因何而撰是书哉"，这是一个问句，这句话问得奇怪，问得没头没脑。为什么？因为作者"因何而撰是书"的问题，在此段开头，也即是此句以上两短句以前，就是作者正面回答这个问题的："作者自云因曾历过一番梦幻之后，故将真事隐去，

---

① 吴世昌先生已指出："添一'书'字，反而弄得文理不通了。"见其所著《残本脂评〈石头记〉的底本及其年代》。

而借通灵之说，撰此石头记一书也，故曰甄士隐云云。"这不是把问题说得清清楚楚了吗？怎么忽然又横插一杠子，紧接着再问"又因何而撰是书哉"呢？这样一句孤立突出的问句，不是十分明显地可以看出，它是后来被硬楔进去因而上下都无法贯通的多余的文字吗？这不又是一处明显的拼凑改窜的痕迹吗？

我们再来看看下面这段文字：

何为不用假语村言，敷演出一段故事来以悦人之耳目哉，故曰风尘怀闺秀，乃是第一回题纲正义也，开卷即云风尘怀闺秀，则知作者本意原为记述当日闺友闺情，并非怨世骂时之书矣，虽一时有涉于世态，然亦不得不叙者，但非其本旨耳，阅者切记之。

这段文字庚辰本作：

又何妨用假语村言，敷演出一段故事来，亦可使闺阁昭传，复可悦世之目，破人愁闷，不亦宜乎，故曰贾雨村云云。
此回中凡用梦用幻等字，是提醒阅者眼目，亦是此书立意本旨。

请将以上两段文字对照一下，甲戌本拼凑改窜的斧凿痕不是更清楚了吗？尤其是"故曰风尘怀闺秀，乃是第一回题纲正义也"，这里已经讲了"风尘怀闺秀"了，紧接下去，又说"开卷即云风尘怀闺秀，则知作者本意"云云，文字重床叠架，令人不可卒读。其拼凑改窜的痕迹，十分明显。然而试读上引庚辰本的这段文字，行文多么妥帖顺当。何者为脂砚斋原文，何者为拼凑改窜之文，相形之下，不是十分清楚了吗？

七、这篇"凡例"的结尾，是"诗曰"以下的一首七律。"凡例"而用诗作结，这在我们所能见到的"凡例"里，还是孤证。那末，这是不是这位"凡例"作者的创造性呢？我看不是。相反倒是又一处改窜的斧凿痕，请看下面二、六两回的回前评及诗即可明白（三、四、五回甲戌本无回前评）：

第二回

此回亦非正文本旨，只在冷子兴一人，即俗谓冷中出热，无中生有也。其演说荣府一篇者，盖因族大人多，若从作者笔下一一叙出，尽一二回不能得明，则成何文字，故借用冷字（子）一人略出其大半，使阅者心中已有一荣府隐隐在心，然后用黛玉、宝钗等两三次皴染，则耀然于心中眼中矣，此即画家三染法也。

未写荣府正人先写外戚，是由远及近，由小至大也。若使先叙出荣府，然后一一叙及外戚，又一一①至朋友至奴仆，其死板挂据之笔，岂作十二钗人手中之物也（耶？），今先写外戚者，正是写荣国一府也，故又怕闲文癥瘰，开笔即写贾夫人已死，是特使黛玉入荣之速也。通灵宝玉于士隐梦中一出，今于子兴口中一出，阅者已洞然矣，然后于黛玉、宝钗二人目中极精极细一描，则是文章锁合处，盖不肯一笔直下，有若放闸之水，然信之爆，使其精华一泄而无馀也。究竟此玉原应出自钗黛目中，方有照应，今预从子兴口中说出，实虽写而却未写，观其后文可知。此一回则是虚敲傍击之文，笔则是反逆隐回（曲）之笔。诗云：

---

① 原本以下抄重三十八字，未录。

一局输赢料不真，香销茶尽尚逡巡。

欲知目下兴衰兆，须问旁观冷眼人。

第六回

宝玉袭人亦大家常事耳，写得是已全领警幻意淫之训。此
回借刘妪却是写阿凤正传，并非泛文，且伏二递（进）三递
（进）及巧姐归着。

此刘妪一进荣国府用周瑞家的又过下回无痕，是无一笔写
一人文字之笔。

题　朝叩富儿门，富儿犹未足。

曰　虽无千金酬，嗟彼胜骨肉。

这两回回前评，都是先有一段本回的总评，然后附一首诗，诗前各有
"诗云"或"题曰"两字。按照以上回前评的形式，我们再来看这个
"凡例"的第五条，我们如果把"凡例"第五条多出于庚辰本第一回回
前评的文字一律删除，换句话说这第五条即依庚辰本的文字，然后加上
"诗曰"那首七律，这不恰好就是与上举二、六两回回前评一样的形式
吗？我认为极有可能庚辰本回前评加上甲戌本的"诗曰"及那首七律，
就是原始状态的第一回的回前评。庚辰本是丢失了"诗曰"及那首诗，
或者是四阅评过时删去了。甲戌本则是把那段评语作了删削改动，移作
了"凡例"第五条。

顺便说一下，那首诗决不是曹雪芹的作品，胡适硬把它说成是曹雪
芹的诗是没有根据的，把它写在他的影印甲戌本的前面并标明"甲戌本
曹雪芹自题诗"，这更是显得主观武断。就诗而论，这首诗写得并不警
策，开头四句只写得一个"梦"字，中两句是写黛玉和宝玉，也寓红楼
之意。末两句是称赞曹雪芹。前六句只是《石头记》内容的简单概括，

而且注意它的"梦""幻"一面多，对于它对这个时代的深广意义则毫无认识。末两句对曹雪芹和他写《石头记》充满了同情和赞扬，诗句也较精警。这反映了作诗的人对《石头记》这部书的伟大而深刻的意义尚认识不足，但对曹雪芹其人和他写这部书的情况倒是很了解的。这种情况我认为只有脂砚斋才是最恰当的这首诗的作者。为什么说这首诗不可能是曹雪芹写的呢？一是曹雪芹自己来概括这部著作，一定会更深刻，更具有思想意义，试看那首五绝："满纸荒唐言，一把辛酸泪；都云作者痴，谁解其中味！"诗写得何等概括，何等有思想、有感慨，诗意是何等深沉，对比之下，上面这首诗就是浮在面上的了。二是末两句出之于曹雪芹之口，实在难以使人想象，与上四句诗比一比，难道不可以看出那四句诗才是夫子自道，而那两句诗只能是别人的赞扬吗？那么谁来赞扬呢？当然只有这位脂砚斋最为合适。

　　八、前面已经论及，此书名《脂砚斋重评石头记》，而第一回却无回前评，这是大不合情理的。那末，如果我们承认庚辰本第一回回前的那段文字，确是脂砚斋为第一回写的评，也就是说，假定现在甲戌本"凡例"的第五条除去那些后加的成分外，其余的文字确是脂砚斋写的第一回的回前评，同时，我们又暂且假定这个"凡例"也是脂砚斋写的，那末，难道脂砚斋在写定"凡例"的时候，又把这第一回的回前评从第一回删了下来，纳入了这个"凡例"？我们认为这是绝不可能的。第一，这段话经删改拼凑后，文字有些地方简直不通。第二，好端端的第一回回前评，被硬引来作为"凡例"第五条，这样首先使这个评本开头的形式受到了破坏，作为此书的评者脂砚斋是决不会这样做的，而且，脂砚斋的文字也决不至于如此不通。由此看来这个"凡例"的作者决不可能是脂砚斋，也就是说这五条"凡例"形成的时间，必定大大后于脂砚斋的时代。

"凡例"形成的时代

那末，这五条"凡例"究竟是什么时候形成的呢？我认为它的形成时代比较晚。在《红楼梦》版本史上，最早以《红楼梦》这个名称作为全书的（抄本）总名称的，是梦觉主人序本，也就是甲辰本。下面我们把改称《红楼梦》的各本列一张表，使大家看起来更加方便明了：

梦觉主人序本	乾隆四十九年甲辰	1784 年
舒元炜序本	乾隆五十四年己酉	1789 年
×　　本	乾隆五十五年庚戌	1790 年
程　甲　本	乾隆五十六年辛亥	1791 年
红楼梦稿本	乾隆五十六年前后	

第三行"×本"是指周春在《阅红楼梦随笔》里说的那部《红楼梦》。《随笔》说：

> 乾隆庚戌（五十五年，1790 年）秋，杨畹畊语余云：雁隅以重价购抄本两部：一为《石头记》，八十回，一为《红楼梦》，一百二十回，微有异同，爱不释手，监临省试，必携带入闱。闽中传为佳话。

《红楼梦稿本》从它后四十回的笔迹与前八十回为同一批人抄成这点来看，它抄成的时代必在乾隆辛亥（1791 年）程甲本问世前后。上述这些事实说明，至少在乾隆四十九年以后，或在此稍前才用《红楼梦》这个名字来代替《石头记》作为全书的总名的。值得注意的是上述几种本子的序言。

梦觉主人序本的序言说：

　　辞传闺秀而涉于幻者，故是书以梦名也。夫梦曰红楼，乃巨家大室儿女之情事，有真有不真耳。红楼富女，诗证香山，悟幻庄周，梦归蝴蝶，作是书者藉以命名，为之红楼梦焉。（下略）

舒元炜序本序言：

　　登高能赋，大都肖物为工；穷力追新，只是陈言务去。惜乎《红楼梦》之观止于八十回也。全册未窥，怅神龙之无尾，阙疑不少，隐斑豹之全身。（下略）

程甲本程伟元序：

　　《红楼梦》小说本名《石头记》，作者相传不一，究未知出自何人，惟书内记雪芹曹先生删改数过，好事者每传抄一部，置庙市中，昂其值得数十金，可谓不胫而走者矣，然原目一百廿卷，今所传只八十卷，殊非全本。（中略）一日偶于鼓担上得十余卷，遂重价购之，欣然繙阅，见其前后起伏，尚属接筍，然漶漫不可收拾。乃同友人细加厘剔，截长补短，抄成全部，复为镌板，以公同好，《红楼梦》全书始至是告成矣。（下略）

程甲本高鹗序：

论《脂砚斋重评石头记》甲戌本"凡例"

余闻《红楼梦》脍炙人口者，几廿馀年，然无全璧，无定本。（下略）

还有舒坤《批本随园诗话》① 卷二说：

乾隆五十五六年（1790—1791）间，见有钞本《红楼梦》一书，或云指明珠家，或云指傅恒家。（下略）

以上这些材料排比起来看，《石头记》改称《红楼梦》的时间，集中在乾隆四十九年到五十六年之间，特别是乾隆四十九年甲辰本的序，对"红楼梦"这个名字大加解释，程伟元的序则说"《红楼梦》小说本名《石头记》"，这些都似乎是初期改名时的迹象，因此我倾向于认为《石头记》改名为《红楼梦》，其时间大致是乾隆四十九年前后到乾隆五十六年之间。当然我们知道曹雪芹同时代的永忠②和稍后一点的明义③等，都曾叫这部书作《红楼梦》，但第一，明义所见之本，有可能是一个较早的稿本，今本《石头记》里的许多重要情节在明义的诗里都没有提到，④ 而且明义明确说明"惜其书未传，世鲜知者"，可能明义

---

① 袁枚《随园诗话》乾隆五十七年（壬子）刊本卷二也说："康熙间，曹練（楝）亭为江宁织造，（中略）其子（孙）雪芹撰《红楼梦》一部。"其刻书时间正是程乙本的年代。

② 永忠，字良辅，又字敬轩，号瞿仙。生于雍正十三年（1735年），死于乾隆五十八年（1793年）。他是康熙第十四子胤禵的孙子，多罗贝勒弘明的儿子。著有《延芬室集》，内有《因墨香得观红楼梦小说吊雪芹三绝句》。原稿本藏北京图书馆。

③ 明义，姓富察，号我斋，满洲镶黄旗人，都统傅清的儿子，乾隆时任上驷院侍卫，生于乾隆五年（1740年）左右，著有《绿烟琐窗集》。内有题《红楼梦》诗二十首，其序云："曹子雪芹出所撰《红楼梦》一部……惜其书未传，世鲜知者，余见其钞本焉。"

④ 见吴世昌：《论明义所见〈红楼梦〉初稿》，载《红楼梦学刊》1980年第一辑。

看到的确是一个较早的本子。① 第二，明义称这部书叫《红楼梦》，可能是用这部书的多种名字中的一个，即用了这部书的别名，我认为这与永忠题诗（按永忠的三首诗作于乾隆三十三年戊子）也称此书为《红楼梦》是同一情形，都是用的这部书的别名而不是正名，因而还不能根据这两条记载来证明此书早期的正名就叫《红楼梦》。第三，重要的是事实上也确是乾隆前期传下来的关于此书的抄本无一不叫《石头记》而无一叫作《红楼梦》。由此看来，此书的改名为《红楼梦》确实是乾隆四十九年前后的事。

我们费了很多笔墨来弄清楚《石头记》改称为《红楼梦》的时代，目的是为了辨明甲戌本"凡例"究竟是什么时候的产物。我们认为产生这个"凡例"的时代上限大致是乾隆四十九年前后到乾隆五十六年之间，早于这段时间的可能性很小。甲戌本"凡例"第三句"红楼梦是总其全部之名也"这一句话完全露出了马脚。这部小说的乾隆早期的抄本都叫《石头记》，没有叫作《红楼梦》的。己卯本第三十四回末尾用墨笔抄写标明"红楼梦第三十四回终"，有人认为这是《石头记》早期曾用《红楼梦》这个名字的证据，其实这是误解。这一行字是此书后来的一位藏者据程本添上去的。此人的笔迹在己卯本里有多处，其特征是笔迹粗拙，字迹幼稚，其旁改的文字都是程本的文字，所以这一处"红楼梦"的字样决不能作为早期抄本曾命名为《红楼梦》的证据。

任何事物都离不开它自己产生的时代，因此也不可能完全彻底地摆

---

① 据吴恩裕先生研究，明义的诗约写于乾隆二十三四年（1758—1759），如果真是这样，则这时不仅有了甲戌本，就连己卯本也都已有了。所以我以为如果不是诗的作年应提前的话，则就不能说"惜其书未传，世鲜知者"了，何况明义与曹雪芹是完全有可能有交往的，弘晓又是明义的亲戚，如果这二十首诗晚至乾隆二十四年作的话，则他就不大可能完全不了解当时此书就在他的朋友圈子里传抄的情况。所以我认为：一、这二十首诗的作年还应提前，二、所题的应是一个较早的本子，当时这个本子还未传开，后来即增删成为流传至今的乾隆早期抄本的《石头记》。

脱时代给它的从气质一直到形态的影响，所以对于作伪者或者模仿者来说，要完全消除这方面的痕迹是很难的，常常于无意之中流露出自己时代的痕迹。"凡例"这句话，就是《红楼梦》已经代替了《石头记》这个名称的历史印记。抄者手里依据的是一个脂砚斋重评本《石头记》，他又要使这个脂砚斋重评《石头记》与当时通行的《红楼梦》这个名字一致起来，所以在"凡例"第一句就用了《红楼梦》的名字。他哪里想到脂砚斋早已在正文里申明这个本子的正名"仍用《石头记》"，不叫《红楼梦》、《风月宝鉴》或者《金陵十二钗》了，这一点是这个粗心的"凡例"伪造者的一个疏忽，而这恰好给我们留下了识别他的伪造的一个间隙，一个线索，我对这个"凡例"的怀疑，就是从这里透进我的思想的。

以上就是我找出的这个"凡例"的几点自相矛盾的地方。

堡垒是最容易从内部攻破的，"凡例"本身的内在矛盾，自然也只能成为它最终被人们识破其伪造真面目的依据。

结　论

我认为甲戌本《石头记》的"凡例"其前四条是后加的，其第五条是就脂砚斋重评《石头记》第一回的回前评改窜的。

"凡例"伪造的时代，最早大致不能早于乾隆四十九年前后，因为《石头记》这个名字逐渐被《红楼梦》所替代，是在乾隆四十九年前后，在此以前，一般还叫《石头记》。

现存甲戌本抄定的时代，我认为是较晚的，它最多只能是乾隆末期或更晚的抄本。全书不避"玄"字讳，是标志它的时代不大可能是乾隆前期甚至也不大可能是乾隆末期的一个硬证。

甲戌本的字迹特别端正，这也是证明它不是早期抄本的重要证据之一。据我的研究，凡属早期抄本，其字迹一般不可能很整齐很够水平，更不大可能由一个人端楷一抄到底，因为当时此书被目为"谤书"，不能公开拿来作商品，抄者大都是为了自己收藏。为了免祸，一般都是自己秘密抄藏，所以参与抄写的人总是较多，己卯、庚辰两本的情况都是如此。到了乾隆末年，此书已风行，庙市中已公开发售，已成为商品，在这种情况下，书贾才觉得有利可图，才组织人力进行抄写，为了便于售出和售高价，当然他要抄得尽可能地端正些，但他们的文化水平不高，因此常常有错字，特别是那些批语抄错的很多（因为批语原迹是用行书写的），所以字迹的端正和错别字连篇，恰好是这种情况的真实反映。

《石头记》抄本成了商品以后，标新立异，"昂其值"以求售，就成为很自然的道理。甲戌本的"凡例"我认为就是在这样的背景下产生出来的。

这个本子的底本，① 确实是脂砚斋重评《石头记》的一个早期评本，即甲戌再评本，因而我们应该予以足够的珍视，相反倒是版口的"脂砚斋"三字，大成问题。我认为这三个字是不可靠的，因此把这个本子作为脂砚斋的自藏本，是又要上当的。道理很明白，脂砚斋的自藏本不可能不避"玄"字讳，如果脂砚斋的原本是避讳的，那末那时的抄者就决不可能将原本上的"玄"字讳全部去掉，因为这是当时人人应遵的国讳，不是一家一姓的家讳。我们检查现存十多种乾隆抄本《石头记》，无一不避"玄"字讳，这就是明证。如果它的底本是脂砚斋的自藏本，就更没有必要来给这个本子造一个假的"凡例"放在卷首。所以我认为前面的"凡例"和版口的"脂砚斋"三字都是《石头记》抄本

---

① 这里所说的"底本"，是指这个本子的正文和第一、二期脂评，后来的脂评当然不属于甲戌底本的文字。

商品化以后的产物。

　　总起来说，我认为这个本子除去开头的"凡例"和版口的"脂砚斋"三字以及甲戌以后的脂评外，其余部分都是脂砚斋重评《石头记》甲戌抄阅再评本的文字，[①] 是现存曹雪芹留下来的《石头记》的最早的稿本（当然是经过过录的），它与庚辰本恰好是一先一后，一个是现存曹雪芹生前最早的本子，一个是现存曹雪芹生前最晚的本子。甲戌本可以看到这部伟大著作的早期面貌，庚辰本则可看到这部伟大著作的后期接近定本的面貌，因此这两个本子，都是弥足珍贵的历史文献，是研究这部伟大著作的最为珍贵最为重要的资料。

　　我们指出来这个本子的"凡例"的上述这些问题，只是做了去伪存真的工作，丝毫也不影响这个本子的珍贵价值；相反，把假的成分剔除出来了，其余真正可靠的部分，就可以成为我们藉以研究的可靠文献了，我们作出的研究结论也就有了坚实的基础。

　　当然，我的这种看法也可能犯了曹雪芹早已指出的"假作真时真亦假"（用庚辰本中语）的毛病的。因此我的这一认识是否正确，是否探求到了客观真理，还要由今后的社会实践来加以鉴定。倘使我对甲戌本"凡例"的这个结论是错误的，那末说明我在认识客观世界的时候，又犯了一次主观主义的毛病。

　　我期望我的上述认识，能得到我所尊敬的在座的专家们的指正。

　　　1980 年 3 月 11 日凌晨草毕于京华宽堂，4 月 19 日凌晨改定

---

　　① 甲戌本正文也有后来加工或改动的痕迹，这里是就其主要方面来说的。

影印《脂砚斋重评石头记》
甲戌本上被胡适删去的几条跋文

1980 年，我与周汝昌、陈毓罴两同志一起去美国参加首届国际《红楼梦》讨论会，开会期间，胡适藏的《脂砚斋重评石头记》甲戌本被借去展览。会后，我又借得此本带到旅馆里仔细翻阅，当时我检阅的重点是此书的纸张是否是乾隆竹纸，"玄"字不避讳其最末的一笔是否是后加。经细看，纸张确是乾隆时的竹纸，纸色很旧，与我所看到的己卯本、庚辰本的原抄大体相同，但并不比上两本更旧。"玄"字的末笔不是后加，是一气写下来的，所以"玄"字不避讳是无可怀疑的。我在检阅过程中，意外地发现了原本上的五条跋文，已被胡适在影印本上删去了，为此我特意将这几条跋文拍了照片，同时还拍了其他部分的一些照片。现将这五条被删去的跋文抄录发表，以供研究之用。

1982 年 2 月 15 日

影印《脂砚斋重评石头记》甲戌本上被胡适删去的几条跋文

一

现存的八十回本《石头记》，共有三本，一为有正书局石印的戚蓼生本，一为徐星署藏八十回钞本（我有长跋），一为我收藏的刘铨福家旧藏残本十六回（我也有长跋）。三本之中，我这个残本为最早写本，故最近于雪芹原稿，最可宝贵。今年周汝昌君（燕京大学学生）和他的哥哥借我此本去钞了一个副本。我盼望这个残本将来能有影印流传的机会。

胡　适　1948. 12. 1

二

我得此本在 1927 年，次年 2 月我写长跋，详考此本的重要性。1933 年 1 月我写长跋，考定徐星署藏的八十回本（缺六四、六七回，又廿二回不全）脂砚斋四阅评本。1948 年 7 月，我偶然发见（在清进士题名录）德清戚蓼生是乾隆三十四年（1769）三甲廿三名进士，这就提高戚本的价值了。

胡　适　1949. 5. 8 夜（在纽约）

三

王际真先生指出，俞平伯在《红楼梦辨》里已引余姚戚氏家谱说蓼生是乾隆三十四年进士，与题名录相合。

胡　适　1950. 1. 23

四

　　此余所见《石头记》之第一本也，脂砚斋似与作者同时，故每抚今追昔若不胜情，然此书价值亦有可商榷者：非脂评原本乃由后人过录，有三证焉。自第六回以后，往往于抄写时将墨笔先留一段空白，预备填入朱批，证一；误字甚夥，触处可见，证二；有文字虽不误而抄错了位置的，如第二八回（页三）宝玉滴下泪来无夹评，却于黛玉滴下泪来有夹评曰"玉兄泪非容易有的"，此误至明，证三。又凡朱笔所录，是否出于一人之手，抑有后人附益，亦属难定。其中有许多极关紧要之评，却也有全没相干的，翻览可见。例如"可卿淫丧天香楼"得此书益成定论矣，然十三回（页三）于宝玉闻秦氏之死，有夹评曰："宝玉早已看定可继家务事者可卿也，今闻死了大失所望，急火攻心，焉得不有此血，为玉一叹。"此不但违反上述之观点，且与全书之说宝玉亦属乖谬，岂亦脂斋手笔乎？是不可解者。以　　适之先生命为跋语，爰志所见之一二于右方，析疑辨惑，又俟君子。

　　　　　　　　　　二十年六月十九日俞平伯阅后记

五

　　卅七年六月自　适之先生借得与祜昌兄同看两月并为录副

　　　　　　　　　　周汝昌谨识　卅七·十·廿四

论 甲 戌 本

在《石头记》的抄本史上，现存纪年最早的抄本，是署"至脂砚斋甲戌抄阅再评"的本子。甲戌是乾隆十九年（1754年），比己卯、庚辰都要早。但现存的甲戌本，是过录本，不是甲戌原本，而且只残存十六回：即第一回至第八回，第十三回至第十六回，第二十五回至第二十八回。看来是四回装一册。现存的一至八回，是第一、二两册，第十三回至十六回是第四册，第二十五回至第二十八回是第七册，如果甲戌本也是八十回的话，则应该是共二十册。我觉得这个可能性是很大的。但刘铨福于同治二年癸亥（1863年）五月廿七日跋云：

脂砚与雪芹同时人，目击种种事，故批笔不从臆度，原文与刊本有不同处，尚留真面，惜止存八卷，海内收藏家更有副本，愿钞补全之则妙矣。

五月廿七日阅又记

这里说"止存八卷"，则可见是二回一册，故十六回是八册。但两回一册实在太薄，甲戌本是乾隆竹纸，更是极薄极薄，两回一册，只有现在宣纸印本的一半厚度还不到。如是八十回，则应装四十册。我想刘铨福之父刘位坦买到此书时，可能是经书贾改装过的，到刘家后，又重新合装成四册。因为从现存此书的情况来分析，刚好是符合四回一册的情况。也由此可以想见甲戌本散失时是整册整册地散失的，不是未装成册时散乱地散失的。如果原装是二回一册，则散失一册就是二回，反之残存一册，也应是二回。现在从残存的情况来看，刚好都是四回相连，可见当时应该是四回一册。

胡适说：

> 可见雪芹作此书在乾隆十八九年之前，也许其时已成的部分止有这二十八回。

他又说：

> 我曾疑心甲戌以前的本子没有八十回之多，也许止有二十八回，也许止有四十回。

后来他又说：

> 曹雪芹在乾隆十九年甲戌写成的《红楼梦》初稿止有这十六回。

> 我现在进一步说，甲戌本虽然已说"披阅十载，增删五次"，其实止写成十六回……（原文如此——庸）故我这个甲戌本真可以说是雪芹最初稿本的原样子。所以我决定影印此本

流行于世。

……

所以我近来的看法是，曹雪芹在甲戌年写定的稿本只有这十六回，——第一到第八回，第十三到第十六回，第二十五回到第二十八回。中间的缺卷，第九到第十二回，第十七到第二十四回，都是雪芹晚年才补写的。

（以上均引自《胡适红楼梦研究论述全编》，上海古籍出版社 1988 年 3 月版。）

以上是胡适对甲戌本回数的全部论述。总括起来，就是雪芹在甲戌年只写了十六回，其中断缺的回目，是他跳过去的，当时并非连贯写的，后来这些所缺回目虽补上了，但这是后来补写的。我个人认为胡适的这个判断是不符合实际的，甲戌本第一回说：

后因曹雪芹于悼红轩中披阅十载，增删五次，纂成目录，分出章回，则题曰金陵十二钗，并题一绝云："满纸荒唐言，一把辛酸泪。都云作者痴，谁解其中味。"

至脂砚斋甲戌抄阅再评，仍用《石头记》。

很明显，当时如果只写了十六回，则如何要"披阅十载，增删五次，纂成目录，分出章回"。因为在甲戌本前面有题诗，最后两句说："字字看来皆是血，十年辛苦不寻常。"雪芹花了十年工夫，只写了这十六回，却"披阅十载，增删五次"，但过了五年，到己卯年（乾隆二十四年）却八十回基本完成了。十年只写十六回，五年却写出六十四回，这样的情况，是令人不可理解的。更何况"披阅增删"的情况，都只能是在全稿初成之后，十六回占八十回的四分之一都不到，如何去增删呢？因为这是一个结构庞大复杂呈网状形的整个长篇故事，文章才写出开头一点点，就进行增删批改了，这是不符合创作规律的。如果《红楼梦》像《聊斋志异》一样是短篇故事，那末写完一篇修改一篇是完全可以理解的，而《红楼梦》却完全不是如此，更何况，雪芹到临终也未能将书写完，就是已完成的八十回，也还留有不少残缺。所以，我认为雪芹在乾隆十九年的时候，已写完八十回了，甚至八十回之后也已写有若干篇幅了，这从脂批里可以看出。现存的"己卯冬月定本"、"庚辰秋月定本"，还有"乾隆二十一年五月初七日对清，缺中秋诗，俟雪芹"这些文字，才是确切地说明了雪芹以八十回作为一个大段落，进行了整理，也可以说是"披阅增删"，而且，从十九年到二十一年，首尾虽然跨了三年，实际中间只隔一年，所以甲戌前完成八十回初稿以后，雪芹便在悼红轩中开始"披阅增删"，到甲戌年脂砚斋又抄阅再评。到乾隆二十一年又作一次对清，直到己卯、庚辰，一直在做改定工作，最后亦未完全结束。当然这项整理工作除雪芹外，还有脂砚等人。至于为什么到乾隆二十七年壬午除夕雪芹去世时，这整整八年，《红楼梦》未再见增补续写，连缺的回末文字、中秋诗等都未能补上，致使脂砚慨叹："此回未成，而芹逝矣，叹叹！""壬午除夕，书未成，芹为泪尽而逝……"我想，雪芹身世坎坷，其后来遭遇，莫可能知，这正是我们要探索研究的课题。关于不同意胡适所说甲戌年雪芹只写了十六回的问题，最早俞平伯先生即有驳论，甚有说服力，见《俞平伯论红楼梦》下。吴世昌先生亦有驳论，吴先生并对甲戌本的"凡例"等也很早就提出质疑，均见《红楼梦探源外编》。最近徐乃为君有新的驳论，见其所著《甲戌本石头记辨误》。

论甲戌本

二

甲戌本的出现，在红学的研究史上，确实是起了划时代的作用的。大家知道，在雪芹逝世前后到乾隆末年嘉庆初年，《红楼梦》流传的方式，最初只是己卯、庚辰这种传抄方式，还只限少数人阅读。到乾隆末年，不仅庙市上可以出售抄本，而且也开始有了一百二十回的续书。然而到乾隆五十六年辛亥木活字本（程甲本）问世，遂至风行天下，各书坊翻刻评点，尽是程甲本，第二年重印的程乙本反倒不及初印本风行。在嘉道之间，抄本也还流传，流传到俄国去的俄藏本就是道光十二年传过去的。但此后，直到 20 世纪 20 年代胡适发现甲戌本之前，这将近一百年之间，人们就逐渐不大知道有《红楼梦》的早期抄本了，更不知道早期抄本与程本之间有重大的差别。

所以胡适发现甲戌本，是《红楼梦》研究史上的一大发现，它揭开了更接近曹雪芹原著的脂本研究的一页，为红学研究开辟了一个广阔而深远的新天地。

由于甲戌本上有不少脂砚斋、畸笏叟的批语，更由于隔不几年（1933 年），胡适又发表了关于庚辰本的论文，此本的底本是乾隆二十五年，现存本是庚辰本的过录本，存七十八回，距八十回只差两回。而此本上又有大量的署名脂砚斋、畸笏叟等人的批语。甲戌、庚辰的批语，涉及作者曹雪芹的家世，涉及作者创作此书的背景，涉及此书的许多生活素材和隐藏的许多秘事，也涉及此书的美学欣赏。

原先于 1921 年，胡适就发表了《〈红楼梦〉考证》（改定稿），详考了作者曹雪芹的家世；及至甲戌、庚辰两本出，则对曹雪芹家世和《红楼梦》本事的考证，又大大地向前跃进，成为红学研究中的一个重大课题。

除了曹雪芹家世考证外，由于脂评提供了许多背景资料和美学鉴赏分析，包括脂批透露的八十回以后的一些情节线索，于是红学研究中，又形成了研究脂评的一种专门学问。于是红学的版本学（主要是抄本）、曹雪芹家世学、脂评（包括畸笏等同时人的评）学，遂成了 20 世纪红学的三大热点，而《红楼梦》探佚学，也从胡适时代就开始了。

仅从以上几个方面，也就可以看到甲戌本《石头记》的重大价值和在红学研究史上的重要作用了。然而，甲戌本却从 1948 年 12 月被胡适带到台湾后，直到 1961 年，胡适去世前一年，才在台湾影印出版，之后，大陆也有了影印本。1980 年我去美国参加国际《红楼梦》研讨会，曾借得甲戌本原书放在住处细加翻阅约一周，并拍得少量照片。在这之前，我因校订《红楼梦》，己卯本和庚辰本两种原本（指过录本），都曾长期在我手里研读，所以对此三本的印象特深，并写有专论，也算是我个人的眼福。

己卯、庚辰早已有了影印本了，唯独甲戌本虽曾一度印过，至今已隔数十年，此书已成星凤。所以为纪念曹雪芹逝世二百四十周年，北京图书馆出版社重新精印此书，实在是及时的一件壮举。

三

然而，影印甲戌本，其意义并非仅仅是为了纪念。就我个人来说，我认为此本因为流传极晚又极少，研究得极为不够。此次重印，正好满足红学界对此本深入研究的要求。

我个人认为，至少有以下几个方面的课题须要深入研究：

（一）甲戌本的"凡例"我认为是后加的，因为曹雪芹创作《红楼梦》无须先定"凡例"。他写《红楼梦》，其中不少是自身经历过的事或自己家庭的往事，常常是直抒胸臆，一泻而下，所以至今还留下几回连在一起，留待分回的原型。从写作的经验来说，"凡例"一般总是后设的，是全书完成后总结出几条原则，以为全书的总则。现在甲戌本的"凡例"，既不是有关《红楼梦》的创作，又与脂砚的评批毫无关系。何况书名叫《脂砚斋重评石头记》，是脂砚斋亲自定名并加强调说明写入第一回正文的。但"凡例"却开头第一句就讲"红楼梦旨义"。并说"是书题名极多，《红楼梦》是总其全部之名也，又曰《风月宝鉴》，是戒妄动风月之情，又曰《石头记》，是自譬石头所记之事也"。这里《石头记》的名字被排到了第三位，与正文里大书特书的"至脂砚斋甲戌抄阅再评仍用《石头记》"的意思大相径庭，这是"凡例"与正文的自相矛盾。这种矛盾也是有历史原因的，《石头记》早期，也曾偶尔叫过《红楼梦》，但直到乾隆四十九年甲辰（1784年）梦觉主人序本出，才正式叫《红楼梦》。这说明到乾隆晚期，社会上已习惯叫此书为《红楼梦》了，所以"凡例"开头第一句就讲"红楼梦旨义"，这正是这个"凡例"后加的一种历史反映。尤其是"凡例"的第五条，明显地是从庚辰本的回前评移过来的。这样一移，这部"甲戌再评"的《石头记》第一回就没有了回前评，这能是脂砚斋再评后的本子吗？这样的前言不对后语，实在太过离奇了。不仅如此，还把这段回前评大改特改，弄得文理不通，例如原庚辰本回前评第一句是"此开卷第一回也"，"凡例"却改成"此书开卷第一回也"，加一个"书"字，弄得不成文理。这样的改动，短短一段文字，不下数十处，无法一一列举，特别是又在文末加上一段画蛇添足的文字，使得"凡例"不像"凡例"，不知该叫什么好。所以我认为这个"凡例"决不是《石头记》原本上所有的，而是后来加上去的。1980年我在美国参加《红楼梦》的国际研讨会，提供的论文就是《论脂砚斋重评石头记甲戌本凡例》，文中有较详的论述，此处不再重复。

（二）此书是经过后来重新整理过的本子，其抄成时间较晚，雪芹原稿款式已有若干被变动。

1.《石头记》早期抄本，尚在秘密传抄阶段，未敢公开。故都是多人分头合抄，如己卯、庚辰都是经六七人以上或分回或分册合抄的，故字迹极不统一，好的极好，差的极差。其所以要多人合抄，是因为要赶时间，不能拖延。因为多人分头合抄，所以必须严格按照原书的款式，如每页几行，每行几字等等，必须按照原书规格，否则就不能合成一书。因为如此，所以客观上就保存了原稿本的款式。今检己卯、庚辰两本均是如此。此类抄本抄出的时间大致在乾隆二十年以后到三四十年之间。而此甲戌本却出一人手迹，且字迹工整，正文和朱批，没有一个行草字，都是工整的小楷。这正好与戚蓼生序本、南京图书馆藏本、甲辰本、舒序本等相同。这些本子的抄定，都是在乾隆末年，那时庙市已有《红楼梦》抄本出售，所以抄写不必分头秘密赶抄，可以书写力求工整悦目，以招顾客。因为是一人抄写到底，所以抄写的款式也可以不必按照底本的款式，不会影响全书的合成和统一。恰好甲戌本第二回第一页B面第一行第四字起，到第三行第八字止共三十八字是抄重的文字。甲戌本回前评是每行十七字，如果它是按底本的行款抄，那底本也该是每行十七字。这样它的抄错只要到行末或转行，就会发现了，不至于抄错将近三行才发现。这一例子，恰好说明了甲戌本不是照底本的行款抄写的。

2. 此本不避"玄"字讳，现存的十六回中，所有"玄"字皆不避讳。按现在所见乾隆抄本，一般都是避"玄"字讳的，将"玄"字缺末笔写成"玄"。有的本子，也偶有几个不避讳的"玄"字。但这是疏漏，不是不避讳。从全书来说，一般都是避讳的。不仅如此，有的连半边的"玄"字也缺末笔避讳，如己卯本上"眩"、"弦"、"炫"，半边的

"玄"字都缺末笔写成"玄"。我开始以为这种避讳，可能与这个抄本出自怡亲王府有关。但后来查其他抄本也大都如此。如俄藏、杨藏本的避讳，与己卯本完全一样，戚序、蒙府、舒序、程甲等本的避讳是将"玄"字改写为"元"字，甲辰本第一页两个"玄"字一个避讳，一个不避讳。总之以上各本，一律都是避讳的。只有甲戌本上第一回第10页 B 面第九行、第十一行两个"玄"字都不避讳，第14页 B 面第四行"弦"字，其右半"玄"字也不避讳，第二回第9页 A 面第八行的"玄"字也不避讳，第六回第9页 A 面第九行"眩"字右半的"玄"字也不避讳。当然甲戌本现存只有十六回，其余部分因无法见到，是个未知数，无法拿来作论证的依据。再拿以上诸字来检验庚辰本，庚辰本上第二回两个"玄"字一个避讳，一个未避讳。第二回第38面末行第一字"玄"避讳写成"玄"。第六回第138面第五行两个"眩"字，一个半边"玄"字避讳，一个未避讳。第四十一回"玄墓"的"玄"字也未避讳。可见庚辰本的避"玄"字讳没有己卯本那么严格。但总还是避讳的，不是不避讳。唯独这个甲戌本，所有的"玄"字和半边的"玄"字一律不避讳，这就使人感到不大可能是抄手偶尔疏忽。这种情况，也只有到乾隆晚期才有可能。甚至像戚本、蒙府本、程甲本等乾隆末年的本子也都是避讳的，所以甲戌本的不避讳确是一个独有的现象。

3. 甲戌本上脂批的署名，统统被删去，有的脂批则被移动了位置，批语与正文不相应，造成错位。这又证明此书不是按原款式抄的。这样的例子太多，我只能略举数条为例：

（1）庚辰本第十六回眉批："大观园用省亲事出题是大关键事，方见大手笔行文之立意。畸笏。"这条庚辰本的眉批，是批在"凤姐忙问道：'省亲的事竟准了不成？'"这句话的书眉上的，但到甲戌本上却成为了十六回的回前评，并且删去了"畸笏"的署名。

（2）庚辰本第十六回"本是从此扎角墙下引来一段活水"一大段

249

正文的行间，有脂批云："园中诸景最要紧是水，亦必写明方妙。余最鄙近之修造园亭者，徒以顽石土堆为佳，不引泉一道，甚至丹青唯知乱作山石树木，不知画泉之法，亦是恨事。脂砚斋。"甲戌本上这段脂批位置与庚辰本一样，但却删去了"脂砚斋"的署名。

（3）庚辰本第二十五回末"薛宝钗、林黛玉、平儿、袭人等在外间听信息，闻得吃了米汤，省了人事"一大段上，眉批云："通灵玉听癞和尚二偈，即刻灵应，抵却前回若干《庄子》及《语录》机锋、偈子。正所谓物各有主也。叹不能得见宝玉悬崖撒手文字为恨。丁亥夏畸笏叟。"此批在甲戌本上的位置与庚辰本同，却删去了"丁亥夏畸笏叟"六字署名。

（4）庚辰本第二十六回红玉与佳蕙的一段谈话上，有两段眉批："（红）玉一腔委曲怨愤，系身在怡红，不能遂志，看官勿错认为芸儿害相思也。己卯冬。""狱神庙回有茜雪、红玉一大回文字，惜迷失无稿。叹叹！丁亥夏畸笏叟。"这两段批语，在甲戌本的同一位置上出现，但已删去了"己卯冬"和"丁亥夏畸笏叟"的纪年和署名。

（5）庚辰本第二十六回在写冯紫英的一段文字上有墨书眉批云："写倪二、（紫）英、湘莲、玉菡侠文皆各得传真写照之笔。丁亥夏，畸笏叟。"在这段文字上有墨书眉批云："惜卫若兰射圃文字迷失无稿。叹叹。丁亥夏，畸笏叟。"这两段眉批，都被甲戌本删去了纪年和署名，移作回后评。

还有庚辰本第二十六回"耳内忽听得细细的长叹了一声道：'每日家情思睡昏昏'"一段文字之上，有朱笔眉批云："先用凤尾森森，龙吟细细八字，一缕幽香自纱窗中暗暗透出，细细的长叹一声等句，方引出'每日家情思睡昏昏'仙音妙音来，非纯化工夫之笔不能，可见行文之难。"这段批语，已被甲戌本移作回后评，且开头删去了"先用"两字，末尾又删去"可见行文之难"一句，中间的"非纯化工夫之笔不能"，"非"字改为"俱"字，"夫"字庚辰本眉批即为衍文，甲戌本也照样多此一字，下边又删去"不能"两字，遂使上下文字不通和不完整。

（6）此本版口上端有"石头记"三个字，版口下端有"脂砚斋"三个字，中间是卷×和页码，正文工楷抄写。这样的版式，在《石头记》早期抄本中是没有的，但我们可以找到类似的版式，如《戚蓼生序本石头记》，它的版口上端就有"石头记"三个字，鱼尾下是卷×，再下面是页码。正文是用乌丝栏稿纸工楷抄写。如蒙古王府本是用专印的乌丝栏稿纸抄写，版口上端印"石头记"三字，鱼尾下是卷×，最下是页码。如郑振铎藏残本《红楼梦》，也是用专印的乌丝栏纸工楷抄写，版口上端印"红楼梦"三字，鱼尾下是回数，下端是页码。再如木活字印的程甲本，也是乌丝栏纸，版口上端是"红楼梦"三字，鱼尾下是回数，下端是页数。但这些本子，都是乾隆晚期的本子。所以从以上诸端来看，这个甲戌本抄定的时间，只能在乾隆后期甚至更晚，就其批语的删去脂砚、畸笏的署名署年并加移位等情况来说，肯定是经过重整并有意地删去署名改易批语位置，从而造成许多错误的。这样的本子，我认为不可能真是脂砚斋的整理定稿本，因此版口的"脂砚斋"等字样，也是应打问号的。所以胡适称这个本子"是世间最古又最可宝贵的《红楼梦》写本"（见胡适《影印乾隆甲戌〈脂砚斋重评石头记〉的缘起》，《胡适红楼梦研究论述全编》，上海古籍出版社1988年版），这个说法是不符合实际的。

（三）此书底本年代的探测。长期以来，此书一直称"甲戌本"，这是因为书中有"至脂砚斋甲戌抄阅再评仍用《石头记》"这一行文字的缘故。大家知道，现在传世的这个"甲戌本"是一个过录本，甚至可以说是重新整理过录本。因为它的"凡例"是后加的，它的正文开头的回前评被割裂改作"凡例"了，它的一部分针对性很强的眉批被移作离开了对应文字的回前评了。这些明显是一种重新整理。而其整理后抄定的时间是很晚的。我在 1980 年 3 月写的《论〈脂砚斋重评石头记〉甲戌本"凡例"》一文的"结论"里说："现存甲戌本抄定的时代，我认为是较晚的，它最多只能是乾隆末期或更晚的抄本。"（见拙著《石头记脂本研究》，人民文学出版社 1998 年 12 月版）我现在仍是这个看法。

但是我现在说的及二十年前说的，都是指现存的这个胡适藏的"甲戌本"，而不是指它的原底本。我认为现在这个本子上的"甲戌抄阅再评"的纪年文字，没有充足的实证是不能轻易否定的。我们不能忘记明义的《绿烟琐窗集》有二十首题《红楼梦》的诗，吴恩裕先生考证明义的诗约写于乾隆二十三四年，我个人认为还应该提前一点，因为乾隆二十四年已经有己卯本了。明义是怡亲王弘晓的亲戚，从他题红诗的自叙："曹子雪芹出所撰《红楼梦》一部，备记风月繁华之盛。盖其先人为江宁织府，其所谓大观园者，即今随园故址。惜其书未传，世鲜知者，余见其钞本焉。"可以看出，一、他与雪芹有深交，否则雪芹不可能把自己的《红楼梦》稿子给他看；二、他看到的是"一部"，不是几个片断，则可知此时曹雪芹的《红楼梦》已经大约有八十回左右了。再证之他的咏红诗，也可见其内容已基本上与今传八十回本大同，而其中若干情节与今本尚有差异；三、他看到的是抄本，则可确证此时已有八十回的抄本了，因其中若干情节与己、庚两本尚有差异，故这个抄本，应该还是很早期的稿本，而不是己卯本。由于这些事实，《红楼梦》在己卯之前的乾隆十九年已有最早的八十回抄本，并且是脂砚斋的再评本，是雪芹增删第五次的本子，是完全可能的。还有永忠于乾隆三十三年有《因墨香得观红楼梦小说吊雪芹》诗三首，这时曹雪芹已去世，但永忠的堂叔、乾隆的堂弟弘旿亲笔批云："此三章诗极妙，第《红楼梦》非传世小说，予闻之久矣，而终不欲一见，恐其中有碍语也。"（见永忠《延芬室集》乾隆三十三年戊子稿，上海古籍出版社 1990 年版）则可见远在永忠题诗之前，弘旿就"闻之久矣"，那末也就有可能是乾隆十九、二十年前后的事。所以根据以上的线索，说乾隆甲戌年有《石头记》最早的八十回脂砚斋重评的原稿本，不是没有根据的。所以我们不能轻易地否定《石头记》上郑重写下的"甲戌"这个纪年。因此我认为对现存的这个重新整理的过录本甲戌本《石头记》加以珍视，并作认真研究是完全必要的。何况据我的亲见，现存"甲戌本"确是用的乾隆竹纸，其黄脆程度，超过己卯、庚辰两本，己、庚两本也是用的乾隆竹纸，都是乾隆时代的物证，都有同样的时代特征。相反，俄藏本《石头记》的用纸，已经不是乾隆竹纸了。这种实际的时间区别，还是应该注意到的。我原先以为俄藏本也是乾隆竹纸，但纸质光洁细密的程度不如甲戌、己卯、庚辰三本，后来我才明白，俄藏本的纸已是嘉庆或以后的竹纸了。

所以我相信，"甲戌本"是据原底本或原底本的过录本重新整理过录的，因此它的正文还是极珍贵的，是红学研究的一份珍贵资料。

当然，它的正文也有复杂的情况，其中有乾隆末年甚至更晚一点重新整理过录时的改笔补笔，需要我们细心地审读，认真地研究，但更主要的，我认为它的原文还是"甲戌"以前形成的，这一点是最根本的，离开了这一点去讨论甲戌本，则无异是缘木而求鱼。

四

以下我略举甲戌本正文独特之处，稍作疏解，以表示我对甲戌正文的初步理解：

（一）甲戌本第一回有比庚辰本多出四百多字的一段文字，历来解说不一，有人甚至以为是后添的，不是甲戌原文。为了说清这个问题，我先抄庚辰本的这段文字，加以分析，然后再抄甲戌本的这段增出的文字，看看究竟是原有还是后添。庚辰本这一段说：

> 原来女娲氏炼石补天之时，于大荒山无稽崖炼成高经十二丈，方经二十四丈顽石三万六千五百零一块。娲皇氏只用了三万六千五百块，只单单剩了一块未用，便弃在此山青埂峰下。谁知此石自经煅炼之后，灵性已通，因见众石俱得补天，独自己无材不堪入选，遂自怨自叹，日夜悲号惭愧。一日，正当嗟悼之际，俄见一僧一道远远而来，生得骨格不凡，丰神迥异，来至石下，席地而坐长谈。见一块鲜明莹洁的美玉，且又缩成扇坠大小的可佩可拿。那僧托于掌上，笑道："形体倒也是个宝物了！还只没有实在的好处，须得再镌上数字，使人一见便知是奇物方妙。然后携你到那昌明隆盛之邦，诗礼簪缨之族，花柳繁华地，温柔富贵乡去安身乐业。"石头听了，喜不能尽。

上面这段庚辰本的文字，有几点值得注意：一是青埂峰，这是一个山峰。二是被娲皇补天所弃的石头，此石即在青埂峰下。三是一僧一道来至石下，席地而坐。看来这块石头不小，所以只好在"石下"席地而坐。四是"见一块鲜明莹洁的美玉"。记住，此时石头是石头，美玉是美玉，两者无关，不能混淆。五是"且又缩成扇坠大小"。注意，这时石头还是石头，玉还是玉，两者依然没有任何关系。这玉如何"缩成扇坠大小"的，也并无交待。且僧道见这玉时，究竟是已缩成扇坠大小呢，还是未缩呢？词意不明。但细玩其文句，初见时应该是一块大玉，如果初见时就是一块扇坠大小的小玉，他何以会知道小玉是大玉"缩成"的呢？六是僧道主动说"携你到那昌明隆盛之邦，诗礼簪缨之族……"美玉自己并未提出要求。七是"石头听了，喜不能尽"。石头接受了僧道携带之意。

这里有几个关键问题，首先是石头与玉并未发生关系，石是石，玉是玉，这是整个故事情节中在关键问题上断了线。其次是玉也并未主动提出入世的要求，反倒是僧道主动提出的，这与后面绛珠仙草主动要求下世以眼泪回报不相一致。而且玉虽然入世，与被弃在青埂峰下日夜悲号惭愧的石头仍旧没有关系，所以玉之入世，与石无涉。这是情节上的一个大漏洞。因此我相信庚辰本此节确有大漏洞。可能是此处原有脱文，经过修补，故情节有误，文字先后不接。

下面再看甲戌本的此段文字：

原来女娲氏炼石补天之时，于大荒山无稽崖炼成高经十二丈，方经二十四丈顽石三万六千五百零一块。娲皇氏只用了三万六千五百块，只单单的剩了一块未用，便弃在此山青埂峰下。谁知此石自经煅炼之后，灵性已通，因见众石俱得补天，独自己无材不堪入选，遂自怨自叹，日夜悲号惭愧。

一日，正当嗟悼之际，俄见一僧一道远远而来，生得骨格不凡，丰神迥别，说说笑笑，[①] 来至峰下，坐于石边高谈快论。先是说些云山雾海神仙玄幻之事，后便说到红尘中荣华富贵。此石听了，不觉打动凡心，也想要到人间去享一享这荣华富贵；但自恨粗蠢，不得已，便口吐人言，向那僧道说道："大师，弟子蠢物，不能见礼了。适闻二位谈那人世间荣耀繁华，心切慕之。弟子质虽粗蠢，性却稍通；况见二师仙形道体，定非凡品，必有补天济世之材，利物济人之德。如蒙发一

---

① 自"说说笑笑"至"登时变成"共429字为甲戌本独有。

点慈心，携带弟子得入红尘，在那富贵场中、温柔乡里受享几年，自当永佩洪恩，万劫不忘也。"二仙师听毕，齐憨笑道："善哉，善哉！那红尘中有却有些乐事，但不能永远依恃；况又有'美中不足，好事多魔'八个字紧相连属，瞬息间则又乐极悲生，人非物换，究竟是到头一梦，万境归空，倒不如不去的好。"

这石凡心已炽，那里听得进这话去，乃复苦求再四。二仙知不可强制，乃叹道："此亦静极思动，无中生有之数也。既如此，我们便携你去受享受享，只是到不得意时，切莫后悔。"石道："自然，自然。"那僧又道："若说你性灵，却又如此质蠢，并更无奇贵之处。如此也只好踮脚而已。也罢，我如今大施佛法助你助，待劫终之日，复还本质，以了此案。你道好否？"石头听了，感谢不尽。那僧便念咒书符，大展幻术，将一块大石登时变成一块鲜明莹洁的美玉，且又缩成扇坠大小的可佩可拿。那僧托于掌上，笑道："形体倒也是个宝物了！还只没有实在的好处，须得在（再）镌上数字，使人一见便知是奇物方妙。然后好携你到那昌明隆盛之邦，诗礼簪□（缨）之族，花柳繁华地，温柔富贵乡去安身乐业。"石头听了，喜不能禁……

这里引的甲戌本文字，并非只引庚辰本所缺的四百余字，而是前后各多引了一点，以便读者明了前后情节，上面引庚辰本的文字，也是如此。

现在我们来分析这段甲戌本的文字：一是甲戌本是"来至峰下，坐于石边"。与庚本的差异就在庚本是"来至石下，席地而坐"，这样峰与石的关系就被抛开了。但甲戌本在"青埂峰"上有眉批云："妙。自谓堕落情根，故无补天之用。""青埂"就是"情根"，"石"与"青埂"是有紧密关系的，不能没有交待。二是石头听了僧道说红尘中的荣华富贵，就打动了凡心，便主动提出要求带他下凡，不是僧道要带他下凡。这与后面绛珠仙草闻得"神瑛侍者"（石之前身）已经下凡，故他也要求下凡是一致的。三是僧道劝告他红尘中"美中不足，好事多魔"，"乐极悲生，人非物换，究竟是到头一梦，万境归空"。这几句话，已经点出了以后的结局。四是石头苦求再四，僧道才允所求，但又警告他"到不得意时，切莫后悔"。五是石头答应不悔，然后僧道才大施佛法相助，但又事先说明"待劫终之日，复还本质，以了此案"，然后才"大展幻术，将一块大石登时变成一块鲜明莹洁的美玉，且又缩成扇坠大小的可佩可拿"。这里已交待清楚了石头与玉的关系。

仔细琢磨甲戌本的文字是顺理成章，历历分明的。第一是把石头与玉的关系交待得清清楚楚，而且还交待了玉的由大变小的过程。第二是下凡是石头的强烈要求，僧道反倒劝他不要后悔，不是僧道主动要携他下凡。而且在僧道劝说的过程中，已将"乐极悲生"、"到头一梦"、"劫终之日，复还本质，以了此案"等事说在前头，实际是与整个《石头记》故事的结局相呼应，比第五回的曲词还要早。

过去对这一段甲戌本多出的文字讨论得较多的是这段文字是后补呢还是原有漏抄？对这段文字的内容，却谈得较少。俞平伯先生、周绍良先生均曾谈到，还有别的同志也曾约略谈及，但均语焉不详。我认为从以上分析中，可以看出，庚辰本的文字是不成文理的，不可能是雪芹的原稿，甲戌本上的这段文字，应是雪芹早期原稿所有，这段文字不仅将石头、美玉的关系交待得一清二楚，使读者清楚石头、美玉与后来的贾宝玉的三位一体的关系，而且已预示故事结局："乐极悲生"、"复还本质，以了此案"。这样重要的文字，自然在雪芹初稿中即应有此。且明义的咏红诗里已有"石归山下无灵气"之说，与此段文字正好相合。至于这段文字如何丢失，后来又如何修补成庚辰本上现在的文字，却很难确知。然而即使不能确知，也无妨此段文字的原稿性质。有的同志认为庚辰本是原稿的文字，甲戌本是后补上去的，我认为事情正好相反。

（二）庚辰本第二十八回在云儿唱曲到"肉儿小心肝，我不开了你怎么钻"下有一段脱文，现据甲戌本补引在下面：

唱毕，饮了门杯，说道："桃之夭夭。"令完了，下该薛蟠。薛蟠道："我可要说了：女儿悲——"说了半日，不见说底下的。冯紫英笑道："悲什么？快说来。"薛蟠登时急的眼睛铃铛一般，瞪了半日，才说道："女儿悲——"又咳嗽了两声，说道：

"女儿悲，嫁了个男人是乌龟。"

众人听了，都大笑起来，薛蟠道："笑什么，难道我说的不是？一个女儿嫁了汉子，要当忘八，他怎么不伤心呢？"众人笑的弯腰说道："你说的很是，快说底下的。"

以下即接庚辰本上"薛蟠瞪了一瞪眼"。甲戌本以上这段文字，有两处脂批，一是在"又咳嗽了两声，说道"句旁有侧批："受过此急者，大都不止呆兄一人耳。"一处在"众人听了都大笑起来"一段上有眉批："此段与《金瓶梅》内西门庆、应伯爵在李桂姐家饮酒一回对看，未知孰家生动活泼。"查戚序、蒙府、列藏、杨藏、甲辰、舒序、程甲诸本，皆有此段文字，文字小有出入，但各本皆无脂批，独甲戌本有脂批。我认为甲戌本这段文字是可信的，不仅有其他各本的旁证，还有它独有的脂批，这是它优于各本之处。那末为什么庚辰本独缺这一段呢？查己卯本，己卯本从二十一回至三十回全已丢失。我再看庚辰本，庚辰本每页十行，行三十字，此页已抄五行，尚空五行的位置，而转页第一行就是接下去的"薛蟠瞪了一瞪眼",此行是顶头写的,也即是说庚辰本只留下半页五行的位置。我再数所缺的文字,共一百五十字,刚好应占庚辰本的五行。这就是说庚辰本的缺漏,并非庚辰年时雪芹还未写出这段文字,这段文字,他早在甲戌时已经写出,甲戌是雪芹的原文,庚辰是所用底本破失此五行,因庚辰本是严格按底本行款抄的,故留出五行刚好是残缺文字的位置。这样我们可以相信甲戌本这段文字是可靠的,不是后来的添补。庚辰本原也应有此段文字,是因底本残破或其他缘故丢失此段文字的,不是雪芹当时还未写出。

(三)《红楼梦》早期抄本上多有文字错乱、脱漏、重改等现象,而错乱改动最多的,无过于甲戌本第三回对林黛玉眉眼描写的修改了。而且现存各脂本在这段文字上差异很大,我们只能将各本的文字一一列出,才能看出其前后变化的轨迹,辨清孰前孰后,谁真谁假。我于1984年12月16日受国务院、文化部、外交部的委托,由李一氓老主持其事,嘱我与周汝昌、李侃两先生去前苏联列宁格勒鉴定东方研究所列宁格勒分所所藏抄本《石头记》。于1985年1月16日由中央批准,由我驻苏大使与苏方签订两国联合出书的协议。回国后,我受李一氓老的委托,写一篇介绍列宁格勒藏本的短文,交中华书局《古籍整理出版情况简报》发表。我于1985年3月12日写成《列宁格勒藏抄本〈石头记〉印象》一文,由《古籍整理出版情况简报》和《红楼梦学刊》同时发表。我在此文里排列了甲戌、己卯、庚辰、戚序、列藏诸本对于这段文字的描写,指出它们的歧异。我在1989年2月写的《论梦叙本》一文里,再次论证了这个问题,并且指出了"列藏本的文字是正确的"。现在这个结论已得到红学界的一致认同,所以这次将各本文字的排列,即以列藏本的文字为首,以此为标准,然后将各本的文字并列对照,以便大家作比较判断。表中甲戌本列两行,第二行上句空白,是表示原句未改动,与上行一样,下句是改句。下面己卯、杨藏也是如此。

各脂本第三回对林黛玉眉眼描写文字的对照表

列　藏	两湾似蹙非蹙罥烟眉，一双似泣非泣含露目
甲　戌	两湾似蹙非蹙笼烟眉，一双似喜非喜目 　　　　　　　　　　一双似喜非喜含情目
己　卯	两湾似蹙非蹙罥烟眉，一双似目 　　　　　　　　　　一双似笑非笑含露目
庚　辰	两湾半蹙鹅眉，一对多情杏眼
蒙　府	两湾似蹙非蹙罩烟眉，一双俊目
戚　序	两湾似蹙非蹙罩烟眉，一双俊目
杨　藏	两湾似蹙非蹙罥烟眉，一双似目 　　　　　　　　　　一双似喜非喜含情目
甲　辰	两湾似蹙非蹙笼烟眉，一双似喜非喜含情目
程　甲	两湾似蹙非蹙笼烟眉，一双似喜非喜含情目
舒　序	眉湾似蹙而非蹙，目彩欲动而仍留

　　以上这个表格有几点要说明：一是甲戌本上的文字改动较多，用表格无法表达，就是光凭眼力，也不容易辨识得准确无误，好在本文就是为这次仿真影印本写的，读者可以据影印本来仔细辨识。二是杨藏本上句"罥"字被另笔圈去旁改为"笼"字，下句在"似"字下，旁添"喜非喜含情目"六字。己卯本下句的改文，在"似"下旁添"笑非笑含露目"六字。我仔细辨认，己卯本这六字的旁添，是原抄者的改笔，这六个字的写法，在己卯本里都可找出是一个抄书人的笔迹。现在北图

出版社已有仿真影印本行世，读者可以细心地辨认，当信予言不虚。①这样就是说在己卯本上已是"两湾似蹙非蹙罥烟眉，一双似笑非笑含露目"了。这两个句子里，只错了一个"笑"字。这是十分值得重视的情况。

现在我要回到对甲戌本文字的分析上来了。甲戌本上句的"笼"字，是经过重笔改过的字。被他用重笔盖在底下的字究竟是什么字，实在已很难辨认。我原曾认为是"罥"字，现在细看，也难确认。徐乃为同志认为是"眉"字，我觉得也难确认。因为"两湾似蹙非蹙眉烟眉"，实难解释。下句的文字我曾说"下句'喜'字与'泣'字声音相近而误"（见拙著《石头记脂本研究》第268页，人民文学出版社1998年版），现在我觉得还是如此。乃为同志认为这重笔改动的两个字是"冥"字（见徐乃为《甲戌本石头记辨误》第59页，中国文联出版社2003年版），我认为不可能是"冥"字。"冥"字下边的两点是无法涂改掉的，"喜"字是可以看清楚的，好在读者可就原本辨析，不必强同。这里还有一点要重视的是这下句有五个朱笔方框，而且在第一个朱笔方

①　按此两句在北图出版社新出仿真本《脂砚斋重评石头记己卯本》上是第74页第二行，在"似"字下原笔旁添"笑非笑含露"五字。经细辨，此五字是此段文字抄手的原笔旁添，此人抄完此行转至第三行开头写了"微微闲静"四字，就换人接抄了。其明显的区别是改笔抄者写的"笑"字是"⺮"下一个"天"字。下面接抄的人写的"笑"字，都写成"⺮"下一个"大"字（有时还写成"咲"）。如本页第四行有两个"笑"字，第六行一个"笑"字，都是"⺮"下一个"大"字。这就是这个接抄的人抄的，这也就是这两个抄手的习惯不同。现在我们来寻旁添"笑非笑含露"五字的这个抄手的笔迹。请先看第六回126页第一行、第三行两个"笑"字，下半都是"天"字。再看本回132页第七、八两行各有一个"笑"字，下半也是"天"字。再看第五回112页第十行的"非"字，再看第十回209页第九行行间一个"非"字也都是此人的笔迹。再看第八回回目，第169页，刚好上句有一个"露"字，下句有一个"含"字都是此人笔迹。再看本回172页第四行一个"含"字，本回184页第五行一个"露"字也是此人笔迹。这样这旁添五个字的笔迹我们都找到了，都是这个原抄书人的笔迹，不是若干年后别人另行旁添的。这就证明在己卯本过录的时代，这九个字的对句已经完全了，其间只有一字之差："泣"被误抄为"笑"。这是抄书人的笔误，不能就认定是曹雪芹原稿之误。

框下，又写一个"非"字，"非"字下再连画四个朱框。这一现象说明什么呢？它告诉我们现存甲戌本的底本上是有字的。可能是行书或较草的字，抄手不认得，所以他在原位置上画一个朱框，中间空着待填写。那个"非"字他认得，所以方框下又写一个"非"字，下边四个字又不认识，所以又画四个朱框。这样就证明在"甲戌再评"本上，这两句已是九个字一句的对句了，现在朱框里的字是后填后改的。如果不是底本上原有这九个字的对句，则下句何以写了"一双似"、"非"四个字以后，又留出五个字的朱框来呢？这不是很明白的道理吗？因为抄手的水平差，有的字不识，所以就先留空位待填。现在再回到这两个句子上来，按照我们现在辨识的结果，甲戌本上经改后的两句，应是：

两湾似蹙非蹙笼烟眉

一双似喜非喜含情目

这甲戌本改后的句子，与甲辰本、程甲本全同，与己卯本的改笔也只差三个字，与列藏本的正确答案则差四个字。我们要特别留心的是甲戌本上已经是九个字的对句这一事实。我的意思是说在甲戌年雪芹的稿本上已经是九个字的对句了，只是抄手不认识，才留下空格。到"己卯冬月定本"上，这九个字的对句已很完整了，从甲戌到己卯，除开两头的本年，中间只隔四年。这对句已很完整，比列藏本上公认为正确的对句只差一个"笑"字。正确的字应该是"泣"字。但再看甲戌现存过录本上改后的字是一个"喜"字，连起来就是"似喜非喜"。按这个"喜"字与"泣"字声音相近，容易致误。由此可以联想在甲戌雪芹原稿本上很可能就是"泣"字，因当时抄书常常是一人读，一人抄的，所以在今传《石头记》抄本上音近而误的字特别多，而己卯本上的这个"笑"字，很显然是从甲戌本上的"喜"字衍化过来的。这样我们要追溯己卯本的底本。大家知道，己卯本是怡亲王府的抄本，这是由吴恩裕先生和我考出来的。大家又知道，老怡亲王允祥与曹家特别是曹頫关系亲密，有雍正的朱批为证。第二代怡亲王弘晓，与曹家也很亲密，特别是在曹家败落过程中，老怡亲王是多有照顾的，那末，现在发现了怡亲王府所抄的《石头记》，则它的底本来源直接从曹家来是完全可能的。雪芹还曾把自己的稿本借给明义看过，怡亲王弘晓要抄此书自然其底本来源当直接来自曹家了，更何况此时社会上还无传抄本，只有曹家一个来源。则由此可知己卯本上只差一个字的这个对句，完全可能就是雪芹原本上的文字，而这个"笑"字是抄手误抄。

现在再说今存甲戌过录本上四个字的差误的问题。现在我们看到的是乾隆后期甲戌本的过录本，不是雪芹原稿本。其抄定时间距乾隆十九年甲戌已有四十来年，因此我们不能绝对肯定雪芹原笔文理不通，如果真是这样，那脂砚斋何以在上句旁批："奇眉妙眉，奇想妙想。"在下句旁批："奇目妙目，奇想妙想。"在书眉上又批："又从宝玉目中细写一黛玉，直画一美人图。"连林黛玉的眉眼还不全，就能这样评赞吗？如果文句真是这样不高明的句子，脂砚斋也能这样乱吹吗？列藏本上的正确的两句，只能是曹雪芹以后的人越改越好吗？我觉得这一系列的推想，中间缺了两个重要概念：一是现在见到的无一是曹雪芹的亲笔原稿本，除开己卯、庚辰较为接近原稿外，其他都是转辗传抄本，周绍良先生还称甲戌本是"蒸锅铺本"（见周绍良《读甲戌本〈脂砚斋重评石头记〉散记》，《红楼梦研究集刊》第三辑，上海古籍出版社 1980 年 6 月版），即清代北京卖馒头铺的伙计，抄写后放在店里供出租的本子。那末，这些本子上出现的问题，都是曹雪芹原本上的问题吗？二是从甲戌到乾隆末年，已整整四十年，这些本子几经传抄，迭有增损，很难说后人愈改愈好，是"由粗到精"（见徐乃为《甲戌本石头记辨误》第 59 页，中国文联出版社 2003 年版）。依照这样的逻辑，不是变成曹雪芹的原稿是"粗"，后人的改稿是"精"吗？大家知道，《红楼梦》第一次被整理修改用木活字排印行世是乾隆五十六年，世称"程甲本"。第二年又再经删改重印，世称"程乙本"。这两个本子可以说是一改再改了，按照上述理论，应该是精而又精了。那末难道程伟元、高鹗的本子是比曹雪芹的本子精而又精吗？我实在不敢相信这样的理论。

这个甲戌本值得认真研究的问题实在还有很多，如甲戌本的回目与别本的差异，甲戌本的人名与别本的差异，特别是甲戌本有大量的脂评。其中有关曹雪芹的卒年，有关曹家的家世，有关《石头记》某些情节的本事，有关《石头记》后部情节等等。这些脂批，对于研究《红楼梦》至关重要，但这些脂批又有不少抄误，须要校读。

总之，现存"甲戌本"是《石头记》诸多抄本中发现最早、署年最早的一个重要抄本，在《石头记》诸多抄本中居于特别重要的地位，也一直特别为红学界所重视。然而，它又是一个底本虽早而重整过录时代较晚（乾隆晚期）的本子，又只残存十六回，存在着若干待解的疑问。由于人们长期以来见不到此书，对它研究得相对来说还不够深入。因此趁这个珍本影印之际，略陈管见，以为引玉之砖。

我自知我的这些见解，是极为粗浅的，并不敢自是，所以真诚地希望得到高明的指正！

2004 年 3 月 22 日于京东双芝草堂

纪念曹雪芹逝世二百四十周年
重印甲戌本题记

现存署年最早的《石头记》抄本，就是这个十六回的《脂砚斋重评石头记》甲戌抄本，在红学史上最早发现并被重视的也是这个甲戌本。胡适于 1927 年收藏并于 1928 年介绍这个本子，但直到 1961 年才在台湾影印面世，其后大陆也曾陆续印过，至今早已绝版。

1980 年我去美国，曾借得此书原本留在我住处细看一周，并拍有少量照片，抄录影印本上被删去的五条批文。

由于甲戌本和稍后的庚辰本的出现，红学的研究才发生了突破，但至今红学界和学术界的朋友要读此书，却成为难事。

幸而红友中有热心于公益者，愿出资重印此书，作为对伟大作家曹雪芹逝世二百四十周年的纪念。我手里恰好有甲戌本收藏者刘铨福题唐开元银简拓本的墨迹，还有其父刘位坦题汉议郎碑残石拓本的墨迹，更有十多年前我在绵阳时，承曾在甲戌本上加批者孙桐生后人见示刘铨福给孙桐生的七封信原件，并承允拍照，这些历史资料在今天也是很难得的了。更意想不到的是友人从社科院近代史所胡适的遗物中，清理出当年胡星垣向胡适推荐甲戌本的原信，这真是意外之奇，故特将这些珍贵文献附印于后，以奉读者鉴赏。

红学越是往前发展，这些抄本及有关文献，则更是历久弥新。甲戌本的重印，意在纪念，但对红学亦必将有新的推动，是为记。

2003 年 7 月宽堂冯其庸敬记

雪泥辨痕

——关于甲戌本原收藏者刘铨福、刘位坦父子的几件墨迹及
胡星垣为出让甲戌本给胡适的原信的说明

本书附录了几幅刘铨福和他父亲刘位坦的手迹，还附录了胡适当年
购得甲戌本时原藏书者胡星垣给胡适的原信，现对这些墨迹作简要说明
和辨析。

第一是刘铨福的父亲刘宽夫（字位坦）题《汉议郎残碑》精拓本
的题跋。

此件是我50年代末从琉璃厂购得，当时是为这个拓本购得，对上
面的跋文未加深究。后来才认出拓本上半部分有七处题记都是刘位坦题
的。"议郎残碑"四个字，也是他的篆书题签，其他六处题记也都是他
的墨迹。史载他精于篆书，亦擅隶书及行草、绘画，今看他的笔迹，确
是高妙：篆书极雅而极见功力，行书参以隶书、章草的笔意，而行云流
水，体气高妙。较之下部陆和九的书法，儒雅多多。此拓本较《增补校
碑随笔》所录还多出若干笔迹，可见确是早期精拓本。因为刘位坦是刘
铨福的父亲，大收藏家、大学问家，但他的墨迹我却从未见到，所以将
这仅见的一件贡献给大家。

第二是刘铨福为唐开元银简拓本所作的长题。

此件右边叶名澧的长诗，由刘铨福用工楷抄写，文长不录。左边是刘铨福记此开元银简的始末，兹移录于下：

　　丁巳夏日，侨寓长沙，友人持铜简求售，云前衡山令易小坪所得者，字两面刻，碧如翠玉，鄞县沈栗仲、桂林刘石癯曾有考证，记得简颠末，未之见也。爱玩不忍释手，以价昂未能得之，因拓数纸归赠金石同好。戊午春，叶润翁为题诗，鹤巢夫子命录此卷上，以纪墨缘。湖南今复用兵，此简不知流落何所，更觅拓之不可得矣。夫子行将入蜀，载之浣花溪上，展对晴窗，定追念此日翁羽巢中情事耳。

　　　　　　　九月二十五日小集散雪团香词馆
归寓又记　　"铨六"一小章①

　　右边录叶名澧诗后题云：

大兴　子重刘畐录于海王邨桥亭卜研斋

　　　　　　"子重"　　"刘铨畐之印"（两小章）

银简的铭文是：

　　大唐开元神武皇帝李隆基，本命乙酉八月五日降诞。凤好道真，愿蒙神仙长生之法。谨依上清灵文，投剌紫盖仙洞。位

---

　　① 这枚图章很别致，其构图是：🔳。按：《说文》："𠂇"为"六"字。胡适说刘位坦至少有四个女儿，一个儿子。那末或许还有一个夭亡的，刘铨福是最小，是老六。故图章有一个"六"字。也未可知。又刘铨福有印章甚富且精，并且很少在同一件作品上用重复的图章。当然我说的是很少，不是绝对没有。

忝君临，不获朝拜，谨令道士孙智凉赍信简以闻，惟金龙
驿传。

太岁戊寅七月戊戌朔廿七日甲子告文

背面刻：

内使朝散大夫行内侍省掖庭局令上柱国张奉国，本命甲午
八月十八日生，道士徐处道，判官王越宾，壬寅八月十日，傔
人秦延恩。

这件银简，是咸丰丁巳（咸丰七年，1857 年）刘铨福在湖南长沙
见到的，当时刘铨福随其父在长沙，刘宽夫以御史出任长沙知府。而刘
铨福自任河间府肃宁县教谕后一直赋闲，此时正在长沙，因得此简的拓
本。后来此简便不知下落，现在得知这件文物现藏浙江省博物馆，是银
质。因"碧如翠玉"，所以刘铨福以为是铜简。这个银简，涉及古代的
一种投简制度，古代帝王为求福消灾或求长生，就制成简册，刻上告
文，投放于深水或高山之巅，以求上天得知而赐予保佑，这种活动，是
属于道教性质的活动。现存最早的实物有战国时的玉简，唐代除此件外
还有武则天的金简等等。简文里有一句"惟金龙驿传"，这是说投简时
同时还有一件金龙，作为信使（驿传）同时投放。

刘铨福的这件墨迹是用工整的小楷写的，是回到北京后在他的海王
邨寓处写的，刘铨福的蝇头小楷很少见，所以特地印出来供大家参考。

第三是刘铨福给绵州孙桐生（筱峰、小峰）的七封信。孙桐生就是
在甲戌本上加批的"左绵痴道人"，也是向刘铨福借得《妙复轩石头
记》批本，化了十年心力加以整理，又卖田当屋加以刻印的一位"痴

人"。孙桐生於咸丰七年四月到长沙候职，因此获交刘铨福，刘铨福于同年十月离长沙返京，孙桐生又于同治五年到京，再与刘铨福相往还，孙桐生因得在甲戌本上加批，今甲戌本上有孙桐生同治五年丙寅季冬的一条署名署年批可证。这里公布的七封信，似都是在长沙时期写的。

第一封信是诗笺，诗云：

闰五月廿三日有召饮
以燕窝饷者漫作

想见银涛十丈齐。衔鱼有愿遂双栖。
早知翠釜供人采，悔不梁间学垒泥。

衰亲客舍甘无肉，稚子家园色苦饥。
偏我应官多口福，万钱不饱数茎丝。

张罗已竭悲荆楚，巢幕堪危叹豫章。
赖此尚能除内热，当筵栗栗汗如浆。

小峰先生我师笑之　道林游侣未是草

子重（印章）

这三首七绝是咸丰七年写的，因为这年正好是闰五月，道林寺就在岳麓山下。自称"道林游侣"，想他们常同游道林寺。诗是感时而有讽，因时值太平军势逼湘鄂，人民生活苦於饥寒，而富豪们依然以燕窝宴客。故刘铨福写诗寄讽。

第二封信是同年七月廿二日，信已残前部，剩笺云：

……也，倘傥幸归装，不能面别，惟有一函以罄离绪，知好同人都望尊速速举笔，颇□离恨，奈何奈何！

  小峰太史尊兄　　小弟富再拜，丁巳七月廿二日

  　　　　　　　　　　　　　空波白鹭（印章）

从信里可知刘铨福已整归装将回京了。以下几封，都未署年月，或当是同年在长沙之作：

  如临行时有不能携归什物，存者交令兄收之，或明春归燕仍返旧巢，免再衔泥之苦，幸甚幸甚。交物必有清单望点之。

  　　　　　　　　　　高又白　空波白鹭（印章）

此信肯定是在长沙时写的，看来是临行前写的。

  据此课占，恰是楚所不用之人，而改就京职也。荆，南服也，廊庙器内用□，贾胡工部也，或水曹郎乎，诗人或应在此，日断如是。

  小峰先生衡安

  　　　　　　　　　弟富拜　刘□（印残）

  昨日

  阁下看卷后，似於靖州事略有头绪，可否仍请听其谳也。弟拟□兄亲察询解饭食，入京事，肯同行否耶？

  小峰先生尊兄大人

  　　　　　　　　　　小弟富拜（印章不清）

交来钱百四十文，已收到，精核如是，真吏才也。专此□
安，不一。

小弟畐再拜，初八日（印章不清）

林琴生兄铁笔超妙，欲求镌"吟鹭舫"三字，朱白文俱
可，不识许否？先此问之。
小翁先生尊兄大人

小弟高再拜　（刘铨福印）

以上四信，均无署年，暂未能确定其时间，只是草草释文，未能究
其内容，释文亦可能有误识，固留待研究者精究也。

本附录中意外之得，是友人竟从社科院近代史所胡适的遗物中查到
当年胡星垣给胡适介绍甲戌本的原信，信面写：

本埠静安寺路投
沧州饭店
胡适之先生　台启

马霍路德福里三百九十号胡缄

信内说：

兹启者，敝处有旧藏原抄脂砚斋批红楼，惟祇存十六回，
计四大本，因闻先生最喜红楼梦，为此函询，如合
尊意，祈
示知，当将原书送阅，手此，即请

适之先生道安

　　　　　胡星垣拜启　五月二十二日

此信信面上有两个邮戳，一个是"五月廿二"日，当是发信当天的邮戳，另一个看得清"廿三"两字，当是收信日的邮戳。这封信距离现在已经七十六年了。1961年胡适在写《跋乾隆甲戌脂砚斋重评石头记影印本》时，也以为已经丢失了，他引1928年写的《考证〈红楼梦〉的新材料》里的文字说：

　　　去年我从海外归来，便接着一封信，说有一部抄本《脂砚斋重评石头记》愿让给我。我以为"重评"的《石头记》大概是没有价值的，所以当时竟没有回信。不久，新月书店的广告出来了，藏书的人把此书送到店里来，转交给我看。我看了一遍，深信此本是海内最古的《石头记》抄本，遂出了重价把此书买了。

接着又说：

　　　大概三十多年后的青年人已看不懂我说的"新月书店的广告出来了"一句话了。这句话是说：当时报纸上登出胡适、徐志摩、邵洵美一班文艺朋友开办新月书店的新闻及广告。那位原藏书的朋友（可惜我把他的姓名地址都丢了）就亲自把这部脂砚甲戌本送到新开张的新月书店去，托书店转交给我。那位藏书家曾读过我的《红楼梦考证》，他打定了主意要把这部可宝贵的写本卖给我，所以他亲自寻到新月书店去留下了这

书给我看。如果报纸上没有登出胡适之的朋友们开书店的消
息，如果他没有先送书给我看，我可能就不回他的信，或者回
信说我对一切"重评"的《石头记》不感兴趣，——于是这
部世间最古的《红楼梦》写本就永远不会到我手里，很可能
就永远被埋没了！

这是胡适四十年前回忆 1927 年获得这部甲戌本的情景，世人哪里会想
到隔了七十六年，连胡适都以为丢了的这封信，还有在胡适之前甲戌本
的藏者胡星垣这个名字，都一齐重新出现了呢？

2003 年是新的世纪之初，也是曹雪芹逝世二百四十周年，莫非因为
这两种原因，这些有关的宝物才一一呈现出来的吧！

这篇文章，只是为了纪念，只是为了提供珍贵的资料，至于深入研
究《红楼梦》和这个甲戌抄本，当然有待于大家了。

2003 年 6 月 25 日，北京非典疫病解除后第二天，

写于京东双芝草堂

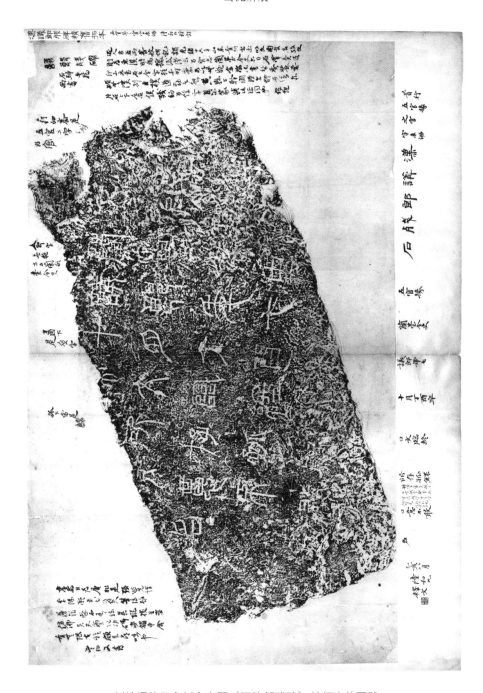

刘铨福的父亲刘宽夫题《汉议郎残碑》精拓本的题跋

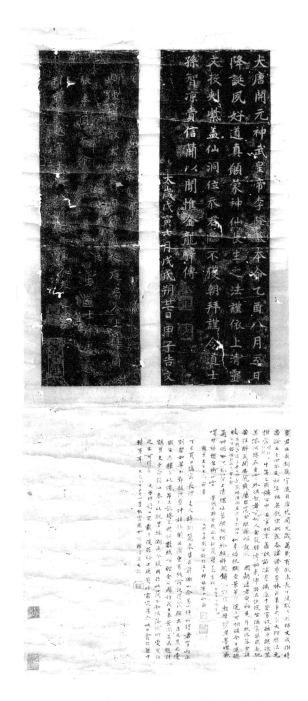

刘铨福为唐开元银简拓本所作的长篇题跋

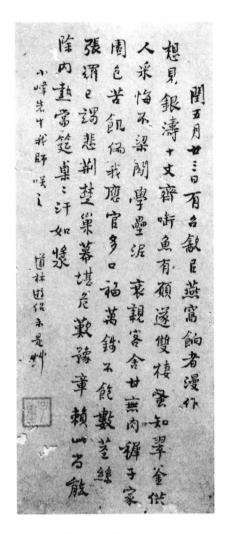

刘铨福致孙桐生书信之一

释文：

闰五月廿三日有召饮以燕窝饷者漫作

想见银涛十丈齐。衔鱼有愿遂双栖。早知翠釜供人采，悔不梁间学垒泥。　衰亲客舍甘无肉，稚子家园色苦饥。偏我应官多口福，万钱不饱数茎丝。　张罗已竭悲荆楚，巢幕堪危叹豫章。赖此尚能除内热，当筵栗栗汗如浆。

小峰先生我师笑之　　　　　　　　　　　　道林游侣未是草　子重（印章）

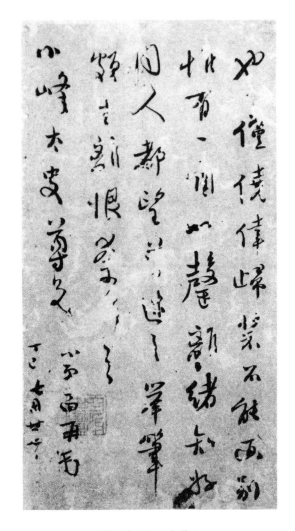

刘铨福致孙桐生书信之二

释文：

……也，倘侥幸归装，不能面别，惟有一函以罄离绪，知好同人都望尊速速举笔，颇□离恨，奈何奈何！

小峰太史尊兄　　　　　　　小弟畐再拜，丁巳七月廿二日　空波白鹭（印章）

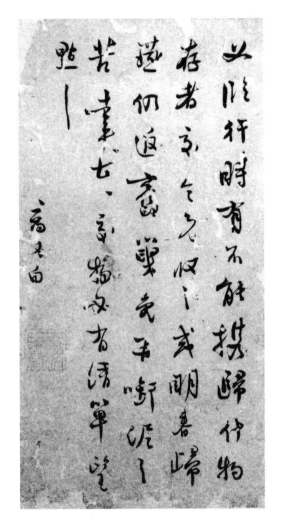

刘铨福致孙桐生书信之三

释文：

　　如临行时有不能携归什物，存者交令兄收之，或明春归燕仍返旧巢，免再衔泥之苦，幸甚幸甚。交物必有清单望点之。

富又白　空波白鹭（印章）

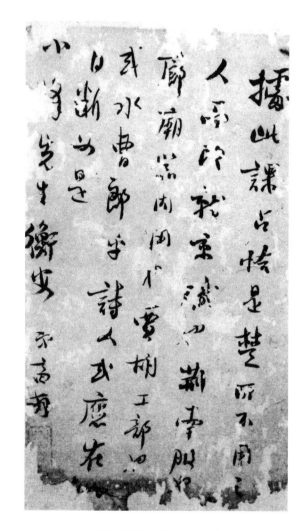

刘铨福致孙桐生书信之四

释文：

据此课占，恰是楚所不用之人，而改就京职也。荆，南服也，廊庙器内用□，贾胡工部也，或水曹郎乎，诗人或应在此，日断如是。

小峰先生衡安　　　　　　　　　　　　　　　　弟畐拜　刘□（印残）

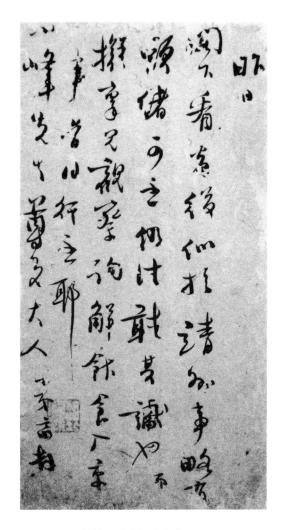

刘铨福致孙桐生书信之五

释文：

昨日

阁下看卷后，似於靖州事略有头绪，可否仍请听其谳也。弟拟禀兄亲察询解饭食，入京事，肯同行否耶？

小峰先生尊兄大人　　　　　　　　　　　　　　　小弟畐拜（印章不清）

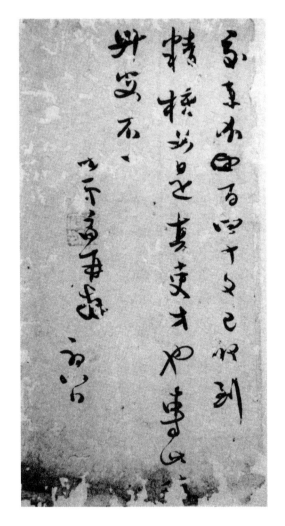

刘铨福致孙桐生书信之六

释文：

交来钱百四十文，已收到，精核如是，真吏才也。专此□（竹？）安不一。

小弟畐再拜，初八日（印章不清）

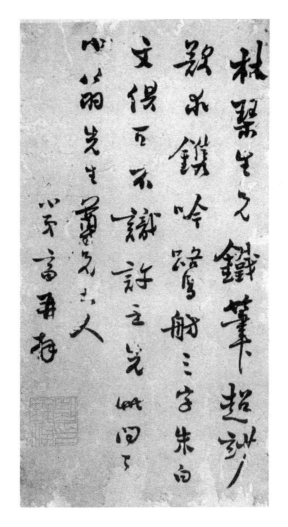

刘铨福致孙桐生书信之七

释文：

　　林棨生兄铁笔超妙，欲求镌"吟鹭舫"三字，朱白文俱可，不识许否？先此问之。小翁先生尊兄大人

小弟富再拜　　（刘铨福印）

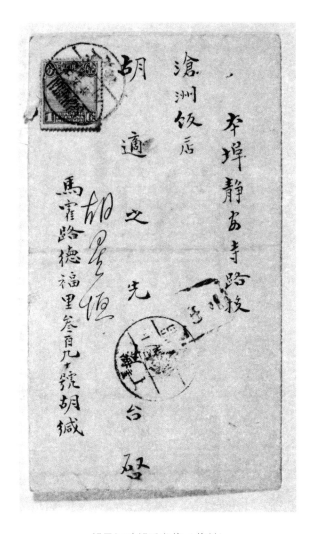

胡星垣致胡适书信（信封）

释文：

本埠静安寺路投

沧州饭店

胡适之先生　台启

马霍路德福里三百九十号胡缄

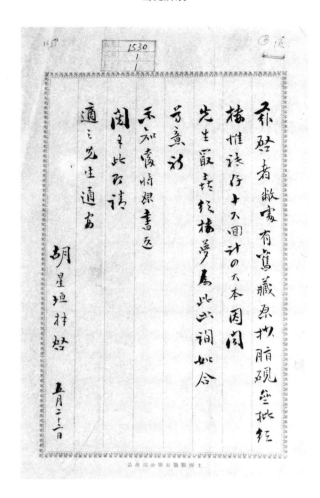

胡星垣致胡适书信

释文：

兹启者，敝处有旧藏原抄脂砚斋批红楼，惟祗存十六回，计四大本，因闻先生最喜红楼梦，为此函询，如合尊意，祈示知，当将原书送阅，手此，即请

适之先生道安

胡星垣拜启　五月二十二日

列宁格勒藏抄本《石头记》印象

　　1984 年 12 月 16 日至 25 日，我偕同周汝昌、李侃两同志一起去苏联，任务是考察苏联科学院东方研究所列宁格勒分所所藏的我国古典名著《石头记》的一个早期抄本。并与苏方进行协商，争取此抄本能由我中华书局影印出版。一切外交上的手续都早已由有关部门办理妥了，我们的任务就是鉴定抄本和进行协商谈判。

　　在苏期间，我们受到了苏方的热情接待，任务完成得比较顺利，既见到了这个珍贵的抄本，协商谈判也取得了一致的意见，并且在 1985 年 1 月 16 日已正式签订了协议，此书在不太长的时间内将由中华书局影印出版。

　　唯一不足的是我们在苏的时间太短，用来鉴定这个抄本的时间则更短，大概一共不到五个小时。

　　现在把我在这短短的几小时中考察这个抄本的初步意见写出来，向大家报告。

　　据苏联方面的介绍，这个抄本是在清代道光十二年（1832 年）由帕维尔·库尔梁德采夫从中国带回去的。帕氏当时是随同俄国的宗教使团于 1830 年来中国的，两年后就因病离开北京回俄国，回去时带走了这个《石头记》的手抄本。

这个抄本共 35 册，开本是 18.5×25.5 厘米，线装。抄本的纸张是乾隆竹纸，但比起我所见到的"庚辰本"、"己卯本"、"甲戌本"（此本为胡适携至台湾，现藏美国康乃尔大学图书馆。1980 年 6 月我赴美参加会议，借到了此抄本，仔细观察了一个星期，还拍了数十张照片）等这些乾隆抄本《石头记》来，此本虽然也是竹纸，但纸质光洁细密的程度不如以上三种抄本，纸面看上去和摸上去都有点粗糙，颜色则不如以上三种呈深暗黄色。此本的颜色是浅黄色。

此本毫无疑问是经过重装的。仔细查看此本的装订线，可以发现，有的本子在现有装订线捻的两个线眼的外边，还有另一排四个装订线的洞眼，这一情况，检视第六十四回的一册，最为明显。但有的本子则没有，这是因为重装时有的是用原洞眼穿线的，有的则是用新洞眼穿线的，所以有的本子留有一排老洞眼的痕迹，有的本子则看不到这种痕迹。

这个本子重装的另一个重要证据是此抄本的衬页是用的乾隆御制诗集第四、五集的书页。细检这些乾隆御制诗的书页，可以发现有的书页天头只留下一点点，地头却留得较宽，而有的衬页则相反，天头留得较多，地头却剩下了一点点。无论如何它已经不是乾隆御制诗集的原貌了。乾隆御制诗集决不可能天头留下一点点，地头倒较天头长，也决不可能参差不一。这种情况，只能说明此抄本在重装后又加切齐，因衬纸夹入时放得不整齐，因而切过后就出现了上述情况。根据以上两点来判断此书经过重装，这是毫无可疑的。

用乾隆御制诗的书页作为衬页，是重装时放进去的，因为原抄时不一定要衬页，现在的"己卯本"、"庚辰本"、"甲戌本"就都还没有衬页（按：庚辰本在前几年已经过重装，此次重装是否加了衬页，临文时未及去复查，特此说明）。关于这个问题，台湾的潘重规教授说：

据缅氏（按指缅希科夫）的描述：此抄本系用清高宗御制诗的衬页作稿纸写本，而反以御制诗作为抄本的衬页。我在列宁格勒仔细观察，认为是用乾隆时普通抄书的竹纸墨笔抄写的。竹纸的质地很薄，并非御制诗集的衬纸。想来原抄本被读既久，书页的中缝都离披裂开，不便翻揭。经收藏者重加装订，于是拆开御制诗集做衬页。为了竹纸很薄，故把御制诗反折起来，将有字的一面隐藏，免得文字透映竹纸，扰乱视线。用当朝皇帝的御制诗集做衬纸，这真是犯下了藐视朝廷的滔天大罪！我检阅每页的中缝皆已裂开，而且粘贴在衬纸的边缘上，翻起来，和新书同样方便，这便是此抄本重加装订的确证。这一事实，和抄本产生的时代有重大的关系。因为乾隆御制诗五集是乾隆六十年才印成的，倘若抄本用它的衬纸做稿纸，则抄写的时期必不能在乾隆六十年（公元 1795 年，御制诗五集印成的时间）以前，当然也不会在道光十二年（公元 1832 年，库尔梁德采夫带抄本回俄的时间）以后。现在确知道是重装时用的御制诗集做衬页，则抄写的时间便远在乾隆六十年以前。这一事实，在红学研究上是必须首先辨明的。如果不是亲眼看见此抄本，纵然将来把它影印出来，也没法知道缅氏评介的错误，这不能不说是我此行的收获。①

我以为在潘重规教授的上述判断里，有一个意见是错误的，还有一个意见其结论虽然正确，但其论据却缺乏科学性，因而他的正确的结论

① 见潘重规：《列宁格勒藏抄本红楼梦考索》。此文是 1980 年 6 月潘先生在美国威斯康辛国际红楼梦研讨会上宣读的论文，收入香港中文大学出版的周策纵编《首届国际红楼梦研讨会论文集》。

是带有偶然性的。

这里先说后一个意见。潘先生判断此书重装的根据是："我检阅每页的中缝皆已裂开，而且粘贴在衬纸的边缘上，翻起来，和新书同样方便，这便是此抄本重加装订的确证。"我的意见恰恰相反，我认为潘先生所述，正不足以为确证，甚至根本不可以为证据。道理很明显，有些抄本，书抄成后第一次装订时就加了衬页，这样到后来书页中缝裂开后，自然可用糨糊把书页粘在衬纸上，不必一定要重装破裂后才能如此。我这里当然是泛指各类抄本，不是专指《石头记》抄本。我曾见过不少这类抄本，都是抄好后初装就加衬页的，这是藏书者对抄本的珍视。所以潘先生的这个证据是不能成立的，因而他的结论虽然正确，他的论据却是无效的。

现在再说他的错误的一点。潘先生说："现在确知道重装时用的御制诗集做衬页，则抄写的时间便远在乾隆六十年以前。"这一意见，我认为是错误的。乾隆御制诗五集印成于乾隆六十年，此手抄本《石头记》重装时用乾隆御制诗五集作为衬纸，则此书重装的时间，当然只能在乾隆六十年以后，如嘉庆中叶或末叶，甚至道光年间。从逻辑上来说，只要是乾隆六十年御制诗五集印刷出来以后，就有这个可能，而且越是离六十年远一点，这种可能性就越大一点。但是这一点，无论如何也不能用来证明此抄本抄成的时间便一定"远在乾隆六十年以前"。乾隆御制诗五集印成的时间只能与此书重装的时间发生一定的有限度的界限关系①，却不能与此书抄成的时间发生任何关系。道理也很明白，假定此书抄成于嘉庆十年（1805 年），到嘉庆二十五年（1820 年，嘉庆最

---

① 因为乾隆六十年御制诗第四、五集刚印成，人们决不可能立即把它拆掉用它的正页来作重装《石头记》的衬页。我这里用"一定的有限度的界限关系"这句话，只是大致上表明它的重装时间的最大的极限，也不能超过乾隆六十年，而实际重装的时间，应该在此以后较长一段时间。说详下文。

后一年）需要重装，则此时自然可以用乾隆御制诗五集做衬页来重装此书，甚至到道光时期或以后也同样如此。换句话说，只要手里有了乾隆御制诗五集，则任何时候（包括今天）抄此书或重装此书，都可以用它为衬纸，这个道理不是很明白的吗？所以乾隆御制诗五集只能在一定程度上用来界定此书重装的上限，却不能以此作为抄定此书的下限。如果以重装时作为衬纸使用的乾隆御制诗印成的时间来作为确定抄本抄定时间的依据，则反过来假定有人用明版的残书衬入清末或更后的《石头记》抄本中作为衬页，那末，岂非要得出此《石头记》抄本系明抄本的荒唐结论来吗？这样的推论，并非过甚其词，在解放初期，我曾多次买花生发现包花生的纸是明版书这样的事，那末，如果拿来作为抄书的衬纸，又有什么稀奇。有人提出，倘若现在"列藏本"抄写正文的乾隆竹纸，确是当时乾隆御制诗第四、五集初印时的衬纸，抄写者确是用乾隆御制诗的衬纸来写《石头记》，而以乾隆御制诗的书页反过来作为衬纸衬入了《石头记》的抄本里。如果情况确是这样，可不可以确定此抄本抄定的时间应在乾隆六十年以前呢？我认为同样不可以。道理仍很简单，第一，就是在今天，假定有一部乾隆御制诗，我们仍可以利用它的衬页来抄写《石头记》，而以它的正页作为衬页，我们这样做了以后，难道我们抄写下来的《石头记》，就能一下变成乾隆六十年以前的抄本吗？当然不可以。第二，此乾隆竹纸在乾隆六十年既已被衬入新印成的乾隆御制诗第四、五集里，而衬入的时候完全是空白纸，并非是早已抄好的一部《石头记》，那末，现在发现此空白衬纸已被抄成一部《石头记》，此《石头记》抄成的时间，怎么反倒会在乾隆六十年御制诗第四、五集装成以前呢？这当然是绝不可能的事，这只要稍稍思索一下就不难明白。所以，归根到底，此"列藏本"《石头记》衬页所用的乾隆御制诗书页，只能作为此书重装的极有限度的上限，而决不能作为此书抄定时间的下限。甚至，严格来讲，以御制诗四、五集印成的时间，作为此书重装时间的上限，也很不确切，很不科学。因为决不可能乾隆六十年御制诗四、五集刚印出来，就拿来把它拆开，将它的正页反过来衬入已经早已抄好用损需要重装的《石头记》里。这样的事是不可思议的，在当时是绝不可能发生的事，因此实际上此书重装的上限，应该在乾隆六十年以后相当长的一段时间内。据我的推测，此书重装的时间，大约总得在嘉庆后期或道光初年才有这种可能。

至于此书重装的下限则应是道光十二年，因为道光十二年，帕氏已将此书带回俄国了。当然，实际上这个抄本重装的时间，也不会正好是道光十二年，而很有可能比这个下限要早得多，略如上文所说的道光初年，等等。至于判断此抄本的抄定时间，乾隆御制诗五集根本起不了任何作用，只能另作判断。

据我的初步意见，此书抄成时间可能是在乾隆末年或嘉庆初年，而且后者的可能性更大。一是从纸张的质地和黄脆的程度来看，它不如大约抄定于乾隆中叶的"己卯"、"庚辰"等本黄脆得严重，此本显得要"新"一点。二是从抄本的文字来看，如十七、十八回"庚辰"、"己卯"本均未分开，而此本则已分开；十九回"己卯"、"庚辰"都无回目，而此本已有回目。又如十九回"庚辰本"在"小书房名"以下有五个字的空白，而此本则只残留下两个字的空白。特别是"庚辰本"在下面一行还有二十个字的空行（占全行的三分之二），而此本则已没有痕迹。以上这些地方，都说明此书抄成的时间，要比"庚辰本"晚。当然也有一些例子可以用来说明此本的底本较早，如最后两回此本只作第七十九回一回，根本未分开。这一点是此本独有的情况，这说明它的底本确实较早。但所据的底本早不等于它本身抄定的时间早，这一点是不能模糊不清的。而且据以上两种情况，则这个本子或这个本子的底本，仍有可能是几种本子合抄的，其所据底本有早有晚，因而抄成以后，有的部分显示出早期抄本的特征，有的部分又显得略晚一些，我想或许正是这个原因，才会出现以上这种矛盾情况。当然对于这个抄本的底本来源，仅凭我们短短五小时左右的浏览，是不能做出很恰当的判断的，我希望等这个本子正式影印后，再来认真做这件工作。

此本的抄手人数，苏联的缅希科夫教授和李福清教授以及台湾的潘重规先生，都认为是由四个人抄的，但此次经李侃同志注意检核后，李侃同志认为起码有六人参加抄这部书。

此书没有首册的总目，也没有像"庚辰本"、"己卯本"那样每十回一个总目。此书第五、第六两回已丢失，这两回刚好是一册，按顺序应是第三册，但现在的第三册是第七、八两回。这就是说从册数的顺序上来看，现在已看不出这种缺失了，这一点也说明此书第五、六两回的缺失，可能是在此书重装以前。如果卷首确有一个总目单成一册的话，则这个总目的丢失也可能与五、六两回的丢失是同一个时间，即也是在重装以前。

此书现存共三十五册，除第四册（九、十、十一三回）、第五册（十二、十三、十四三回）、第二十册（四十三、四十四、四十五三回）、第二十三册（五十、五十一、五十二三回）、第二十六册（五十七、五十八、五十九三回）、第二十九册（六十四、六十五、六十六三回）、第三十一册（六十八、六十九、七十三回）、第三十二册（七十一、七十二、七十三三回）皆为每册三回外，其余皆为每册两回。但第三十册却只有六十七回完整的一回，还有第六十五回之一部分合订在此册内。而六十五回这一回，却分散在第二十九册（六十五回的1至6页）、第三十册（六十五回之7至33页）、第三十一册（六十五回之34页）这三册内①，这一点也可以补充证明此书确系经过重装，而且重装

---

① 此节参见Л. Э. 缅希科夫、Б. Л. 里弗京《长篇小说〈红楼梦〉的无名抄本》，载胡文彬、周雷编《红学世界》，北京出版社1984年版。

得不甚仔细。

此书每回回首的题叙并不一样，可分三种情况：一是作"石头记第×回"，二是作"红楼梦第×回"（按：这种格式仅第十回如此，此外，在六十三、六十四、七十二各回末尾则又作"红楼梦卷×回终"），三是不标书名，仅标回数及回目。

此书回目的书写有两种格式，一是双行并列，如第一回即是如此，两句回目并列着写，这种情况，过去我们只有在郑振铎藏抄本《红楼梦》中看到。二是两句回目作上下一行，中间空开，这种格式是通行的格式。

此书最惹人注目之处：一是六十四、六十七回的问题，二是七十九、八十回未分开的问题。这次我们因为时间太匆促，没有能够对这四回文字作逐字的校核。1977 年 6 月，我在写《论庚辰本》的时候，关于"列藏本"《石头记》六十四、六十七两回文字以及这个抄本的时代，曾作过一些说明，我说：

> 这里附带要说一下，我认为现在苏联的那个抄本，是几个本子拼起来的，其抄定的时代最早也只能在乾隆末或嘉庆初年。它的六十四、六十七两回，实际上同于戚本（蒙本的六十四回与戚本同）。因此可证它的六十四回是程本系统经过删改的文字，它的六十七回则是戚本系统的文字。

关于抄本的时代问题，前面已经说过，现在经目验，我更确认原来的估计不错。关于六十四、六十七回的问题，此次虽未能逐字检核，但经检核庞英先生关于这两回文字的详细校记，① 并用戚本及其他各本复核，

---

① 胡文彬、周雷编：《红学世界》，北京出版社 1984 年版。

我也觉得从版本系统方面来看，"列藏本"的六十四、六十七两回，基本上同于戚本，当然文字上还有若干出入，但这并不影响它的版本系统的归属。

至于七十九、八十回不分开的问题，这在《石头记》抄本中，还是第一次发现。这一特殊的版本情况，对我们研究《石头记》抄本的演变以至于曹雪芹的写作情况，无疑是十分重要的，值得我们加以重视。按"庚辰本"这两回已分开，但八十回仍无回目。"己卯本"这部分虽已不存，但从它与"庚辰本"的关系来看，可知"己卯本"也是如此。所以从这一点来说，这两回不分的情况，似乎又证明这个本子的底本要早于"己卯本"和"庚辰本"，但这种情况在"列藏本"中又不是全部，而只是所占比重不很大的局部，因此我认为"列藏本"的底本是几个不同时期的本子合抄的，有的部分晚于"己卯本"和"庚辰本"，而这一部分则又早于以上两本。

这个抄本的批语，据初步统计，约二百多条，其中眉批约九十多条，行间夹批约七十多条，双行小字批约二十多条。这次我们没有能逐条核实，这个数字是据缅希科夫教授、李福清教授以及潘重规教授的统计核校得出的，我估计这只是一个接近实际的数字，等到此书影印出版后，当可统计出一个准确的数字来。

这许多批语，据我在列宁格勒阅读此书时随手检查到的，觉得有的批语较"庚辰本"等准确，如第七十六回 1870 页①第三行到第四行"彼此都不禁有凄凉寂寞之意，半日方知贾母伤感，才忙转身陪笑发语解释"下的双行小字批，"庚辰本"作：

转身妙画出对呆不觉尊长在上之形景来月听笛如痴如

---

① 据 1975 年人民文学出版社影印《脂砚斋重评石头记》，下同。

这段文字，显然读不通，但检视"列藏本"，却通顺可读，作：

> 转身妙。画出对月听笛，<u>如痴如呆</u>，不觉尊长在上之形景来。（标点和横线是笔者所加）

又如第十九回405页第三行，"庚辰本"作：

> 因想，这里素日有个小书房，内曾挂着一轴美人，极画的得神，今日这般热闹，想那里那美人自然是寂寞的，得我去望慰他一回。①极不通，极胡说中写出绝代情痴，宜乎众人谓之疯傻也。

以上这段文字在"列藏本"里是这样的：

> 因想，这里素日有个小书房，名□□，内堂挂着一轴美人。极画的得神，今日这般热闹，想那里自然冷静，那美人也自然是寂寞的，得我去望慰他一回。写出绝代情痴，宜乎众人谓之疯傻。

以上两段文字，包括正文和双行批语，对照了看，正文部分可以看出"庚辰本"有脱文，第一处"名"字下的空白可能是原稿上尚未想

---

① 按：此段"庚辰本"在"小书房"下有一"名"字，用墨笔涂去，下空五字，空白处有一竖线指示直接下面"内曾"一段。在下一行"想那里"下有"自然"两字，用墨笔涂去，下空二十字，空白处亦用竖线指示直接下行，下行在"那美人"下有一"也"字，又用墨笔涂去。

出这个书房的名字来，暂时空着待补，后来一直未补上。下一个二十字的空白，可能是因两个"自然"两字致误，夺去第一个"自然"下面的"冷静"两字，径接"那美人"句，语意无法接通，因而索性将原有的"自然"两字也涂掉了。下句"那美人"下一个"也"字，原文因呼应上文"想那里自然冷静"句，所以下文才于"自然"两字前着一"也"字。"庚辰本"因第一个"自然"两字被涂去，故只好连下面一个"也"字也涂去了。现在有了"列藏本"作对照，对"庚辰本"上这两处空白及涂改，也就比较容易理解了。但"庚辰本"第二个空白实际只差两个字，为什么要留下二十个字的位置，这其间恐怕还有一些原因，没有进一步的材料，就不好猜测了。从这两处的正文来看，自然是"列藏本"比"庚辰本"好，① 但下面的两段双行小字批语，却刚好相反，"列藏本"脱落"极不通，极胡说中"七字，使这段批语成为残文，但如无"庚辰本"对照，则一时也不易看出来，待到见了"庚辰本"上此段批语的全文，则又可看出，增加前面七个字，这段批语才见精彩。虽区区七个字，文章却大有高下之别，于此也可见脂砚斋批语的原文，也是极为可贵的。

再如第三十七回咏白海棠诗末"庚辰本"后添"次看宝钗的是"一句，下接"珍重芳姿昼掩门"，以下是"宝钗诗全是自写身份，讽刺时事，只以品行为先，才技为末，纤巧流荡之词，绮靡浓艳之语，一洗皆尽，非不能也，屑而不为也。最恨近日小说中一百美人，诗词语气只得一个艳稿"这一大段双行小字批语，"己卯本"与"庚辰本"完全一样，连"次看宝钗的是"这句后添的话的笔迹都是一个人的笔迹，② 但

---

　　① 按："甲辰本"于"自然"下添了"气人"两字，文意虽然可通，但比起列藏本的"冷静"两字，高下立见，于此也可见曹雪芹的原文是至为可贵的，俗手是不容易补的，戚本则干脆用"庚辰本"涂改后的文字，而涂改的痕迹已一丝不存。

　　② 参见《论庚辰本》。

"列藏本"则作"大家看了，称赞一回，又看宝钗的道"，以下即直接"珍重芳姿昼掩门"句，而句下前引大段双行小字批语，已一字无存。单就正文来说，"列藏本"同"戚本"，注文则"戚本"已删去"才技为末"下的大段文字，只保留此句以上的文字，但比起列藏本来，还稍胜一筹。

特别是第四回护官符下小注，"己卯本"、"庚辰本"皆无，但"己卯本"在卷首有贴条，补抄了护官符及注文，抄手为原抄手。此外，"甲戌本"、"戚叙本"等皆有小注，文字小有出入。现在令人瞩目的是"列藏本"护官符第三条"东海缺少白玉床，龙王来请金陵王"下的注文作：

> 都太尉流制县伯王公之后，共十二房，都中两房，馀在籍。

这段小注里"伯王"，"甲戌"、"己卯"作"伯玉"，"馀在籍"，"己卯"作"馀皆在籍"，这些且不论。现在要请注意的是注文开头"都太尉流制"的"流制"两字，显然不通，查"甲戌"、"戚叙"皆作"统制"，显然"流"字是"统"字之误。再查"己卯本"卷首夹条上补抄的护官符这段小注，居然同样作"流制"，[①] 这种"列藏本"与"己卯本"同样抄错的情况，值得我们注意，我们虽然不能仅据此一条材料来对"列藏本"的版本渊源作出任何判断，但这无疑也是研究这个版本渊源的一条线索。

此外，如第二回第40页第八行"庚辰本"作"成则王侯败则贼"，

---

① 按：现今北京图书馆所藏己卯本上这个"流"字，已用朱笔改为"统"字，这是后来陶洙所改。

列藏本则作"成则公侯败则贼",同"己卯本"、"戚本"。第三回第56页第四行"庚辰本"作"双衡皆玫瑰","列藏本"作"双衡比目玫瑰",同"甲戌本"。同页第五行"庚辰本"作"大红萍缎","列藏本"作"大红洋缎",同"甲戌本"、"戚本"。再如第三回歧异最多的两句:

甲戌本:两湾似蹙非蹙胃烟眉,一双似喜非喜含情目。

己卯本:两湾似蹙非蹙胃烟眉,一双似笑非笑含露目。

庚辰本:两湾半蹙鹅眉,一对多情杏眼。

戚叙本:两湾似蹙非蹙罩烟眉,一双俊目。

列藏本:两湾似蹙非蹙胃烟眉,一双似泣非泣含露目。

以上五个本子,这两句没有完全一样的,比较接近一些的,是"己卯本"。

上述这些版本上的歧异情况,粗粗地罗列出来,但这些还远远不足以判断这个版本的渊源,只能供关心此本的版本状况的同志作为参考。专家们或许已从以上这些材料里,看到一些端倪,也未可知。

最后还要说明一下,这个本子第一回僧道二仙与甄士隐对话一段的两个"玄"字,皆避讳缺末笔作"玄",这一点,大体上也是乾嘉时期抄本的共同特征。

由于我们接触此本的时间实在太仓促,以上所记各点,也未必都记得很准确,只能在已发表的那些文章以外,稍稍补充一点新的信息。至于全面的研究,则只能等此影印本的出版了,到那时,这个任务,就可由广大的红学爱好者们和研究者们共同来承担了。

1985 年 3 月 12 日于京华瓜饭楼

影印列宁格勒藏抄本《石头记》序

苏联科学院东方学研究所列宁格勒分所所藏《石头记》清代抄本，经苏联汉学家 Л. Н. 缅希科夫和 Б. Л. 里弗京氏撰文研究和介绍，①近十余年来，颇为国内外红学界人士所重视。1980 年夏，美国威斯康辛大学主办国际《红楼梦》研讨会，香港潘重规教授曾发表长篇论文报告他的研究结果。②

1984 年 12 月，冯其庸、周汝昌、李侃等三位同志应苏联科学院东方学研究所副所长宋采夫同志的邀请，访问了苏联，任务就是到列宁格勒考察这个抄本。由于他们在列宁格勒只停留了三天，没有足够的时间

① 缅希科夫，其汉文名字为"孟列夫"，苏联科学院东方学研究所列宁格勒分所高级研究员，语文学博士，敦煌学研究专家，著有《敦煌写经目录》二卷，红学论文有《长篇小说〈红楼梦〉的无名氏抄本》。里弗京，其汉文名字为"李福清"，苏联科学院高尔基世界文学研究所高级研究员，语文学博士。李福清氏为中国俗文学及小说戏曲研究专家，红学论文有与孟列夫合写的《长篇小说〈红楼梦〉的无名氏抄本》。列宁格勒藏抄本《石头记》为李氏所发现。缅希科夫和里弗京合撰之《长篇小说〈红楼梦〉无名氏的抄本》发表于 1964 年莫斯科出版之《亚非人民》杂志第五期。译文载胡文彬、周雷编《红学世界》，1984 年北京出版社出版。

② 潘重规：《列宁格勒藏抄本〈红楼梦〉考索》，载周策纵编《首届国际〈红楼梦〉研讨会论文集》。香港中文大学出版社 1983 年版。

来详细阅读这个本子。现在这个抄本即将影印出版了，但是在付印之前，还来不及作认真细致的阅读，更谈不上研究，只好把在列宁格勒初步检读此书的印象作一些概述。

此《石头记》抄本共三十五册，线装，有包角。抄本用的纸张是清代常见的竹纸，纸色浅米黄，纸质似不够薄净光洁，比起"甲戌本"、"己卯本"、"庚辰本"等乾隆抄本的纸质和黄脆程度来，似都显得"新"一点，纸质也较粗糙。

这个抄本的底本是属于脂砚斋评本，这是无可怀疑的。一是这个抄本的本文，用脂评系统的"庚辰本"、"甲戌本"等，可以大致检核出来；[1] 二是这个抄本上的某些残缺处，也可以从"庚辰本"上查到根据，如抄本第二十二回末尾只到惜春的灯谜"前身色相总无成，不听菱歌听佛经。莫道此生沉黑海，性中自有大光明"为止，以下残缺，查"庚辰本"这一回正文，与此抄本残缺的情况完全一样；三是抄本上还保留着脂砚斋的批语数十条，这些批语大多可以从"庚辰本"、"甲戌本"等脂评本上找出来。由此可见，这个抄本确是出于脂本系统是无可怀疑的。

这个抄本上的批语，包括眉批、正文下双行小字批、正文旁夹批，大约共有三百余条，眉批和夹批应是后人的批语，正文下的双行小字批，则当是脂批旧文为多。现举七十九回（包括八十回）数例如下：

亏得这样情性，可谓奇之至极。（正文，下同）

别书中形容妒妇，必曰黄发鬓容，岂不可笑。（批语，下同）

---

[1]　此本有若干回同庚辰本，但第二十八回庚辰本中间断缺，此本不缺，检甲戌本，与此抄本同。

只因七事八事，都不遂心。

　　草蛇灰线，后文方后不见突然。

按：第二个"后"字是衍文，已点去。

说着满屋里人都笑了。

　　王一贴又与张道士遥遥一对，时犯不犯。

按："时"应作"特"。

王一贴心有所动。

　　四字好。万端生于心，心邪则意在于财。

按：末句似应作"心邪则意邪"，"庚辰本"作"心邪则意射则在于邪"，亦误。

便骂我是醋汁子老婆拧出来的。

　　奇文奇骂，为迎春一哭，又为荣府一哭，恨薛蟠何等刚霸，偏不能以此语及金桂，使人怨怨。

　　此书中全是不平，又全是意外之料。

以上所举各例，都见于"庚辰本"同回，文字小有歧异，可以互校。即此，不仅可证批语确系脂批，亦且可证正文实为脂本文字。

此抄本抄定的年代，据十七、十八回已分开，十九回已有回目，十九回"庚辰本"于"因想，这里素日有个小书房，名□□□□□内曾挂着一轴美人"这段文字内，有五个字的空白。现此抄本尚残留两个字的空白。又"庚辰本"于此下一行"日这般热闹，想那里自然"以下，有二十字的空白，此抄本已完全抄满，不留空白。据此，则可知此抄本所据底本，似当晚于"庚辰本"，而其抄定之时间，据纸色纸质均不及"甲戌"、"己卯"、"庚辰"各本，则最早似不能早于乾隆末年（乾隆五十年到六十年，1785—1794 年），最晚不能晚于道光初年（道光元年到道光十年，1821—1830 年），或当在嘉庆年间最为可能（1796—1820 年）。

此抄本另一重要特点，是六十四、六十七两回不缺和七十九、八十两回未分开。按国内各本第六十四、六十七回有的还保留着残缺，如"己卯本"、"庚辰本"①，有的则已补齐，如"戚本"、"王府本"等等。经初步考查，此抄本的六十四、六十七回，或亦出于"戚本"系统，至于七十九、八十回两回未分开这一情况，为各本所无，至今还是《石头记》抄本中仅见之现象。大家知道，曹雪芹当年创作《石头记》，并不是按回目逐回撰写的，而是下笔一气写出好多文字，然后"纂成目录，分出章回"，因此这未分章回、未纂目录的本子，自然绝大可能是早期的本子（指其所据底本而言）。检之"庚辰本"，这两回已经分开，只是八十回尚无回目，则可见"庚辰本"这两回又似乎当晚于此抄本。由此可以想象，此抄本底本的若干部分，应是早于"庚辰本"（这部分所占比重不大，现在还只能确指七十九、八十回），而其余部分，则当晚于"庚辰本"。也即是说，此本在抄写之时，所借底本，有可能不是一个来源，而是借用几种抄本合成的，否则就难以解释以上这种矛盾现象。

此抄本所用衬纸，是清高宗的御制诗第四、第五两集。按御制诗第

---

① 己卯本上现有六十四、六十七回是后人抄补的。庚辰本上此两回仍缺，现在影印本上是借别本补的。

四集刻成于乾隆四十八年（1783 年），第五集刻成于乾隆六十年（1795年），则此衬纸，当系重装时衬入，其重装时间，必在嘉末道初。总之，当在其抄毕装成后相当一段时间内再行重装，则其时必已晚于乾隆六十年甚久，否则，庶民抄书装书，岂敢犯封建皇帝之"天威"！

此本重装之证据，一为检视抄本，尚可见残留装订线之洞眼；一为第二十六回末，有一行批语：

此下在十篇之后，误订，今挪正。

此外，尚有第六十五回被分装在第二十九册、第三十册、第三十一册这三册内。以上三种情况，皆足证明此书确经重装，无可疑议者①。

此抄本所据底本既系脂本旧文，且其中部分还保存早期未分回之初状，抄本正文虽颇有脱漏，然亦甚多可以与其他脂本对校，足以补其他脂本之抄误抄漏者，固已弥足珍贵矣。

《石头记》抄本，自 20 年代始，即续有发现，至今屈指已得十一种矣（靖藏本得而复失，故未计入）。此本于道光十二年（1832 年）传入俄京，迄今已越一百五十二年，乃赋归来，实为红学界之盛事，亦中苏文化交流之佳话也！

1985 年 5 月 28 日

---

① 按：以上各处原本页码错乱，此次影印均已纠正。

列宁格勒藏抄本《石头记》回归记

一、赴苏以前

1984 年 12 月 16 日，我与周汝昌、李侃两同志，受国务院、外交部、文化部的委派，去前苏联列宁格勒东方学研究所鉴定该所原藏《石头记》旧抄本。

这件事，有一个很长的由来，先是我们看到《参考消息》上报道苏联藏有《石头记》抄本的消息，我反复读了这篇报道，觉得这个本子很有一点特色，对我们研究和校订《红楼梦》可能有用处，但苦于当时中苏关系已经冻结多年，无由沟通，看不到这个本子，后来又陆续看到缅希科夫（汉译孟列夫）和里弗京（汉译李福清）的文章，这篇文章题为《长篇小说〈红楼梦〉的无名抄本》，发表在 1964 年第五期的苏联《亚非人民》杂志上，后来又读到台湾潘重规先生的《列宁格勒藏抄本〈红楼梦〉考索》，载 1982 年香港《明报月刊》上。从以上这些文章的介绍来看，这个抄本，可能确有一些价值。

当大家正在关心这个本子而无由得见的时候，中央负责古籍整理的领导李一氓同志也注意到了这个本子，并设法正在不断与苏方沟通，希

304

望能把这个本子弄回来。

李老的努力还是卓有成效的，记得是 1984 年上半年，大约是四五月份，李一氓同志的秘书和中华书局的编辑柴剑虹同志到艺术研究院来看我，我们即在我办公室外的小会议室见面，李老的秘书沈锡麟说，去苏鉴定《石头记》抄本并争取拿回胶卷的事，已基本与苏方谈成了，李老的意思想请我去负责此事，并希望我再能推荐一位专家同去，我当即推荐了周汝昌同志。沈锡麟、柴剑虹同志回去向李老汇报后，李老很快就与研究院取得了联系，并得到了院领导的同意。记得 7 月 2 日我因事去中华书局，恰好碰到沈锡麟同志，沈锡麟告诉我说，中国艺术研究院已正式同意我的建议，已去了公函，并随即以公函示我。沈锡麟还告诉我，中华书局正在考虑由谁去，很快也能确定。

但事情并没有那么顺利，直到 9 月 8 日，尚无进一步的信息，恰好我在中华书局又碰见沈锡麟同志，大家为此事着急，当时决定由沈锡麟同志去向李老汇报，请李老再催促。外交部苏欧司苏联处的同志，因为李老的特殊关系，对此事也特别认真，苏联处的王凤祥同志是我的好朋友，不断将情况告诉我，也不断帮着催促。到 9 月 21 日，王凤祥同志告诉我，去苏联的事已批下来，日期是 10 月 15 日。到 9 月 24 日，我院外事办也接到了国务院的批准文件及有关办手续的细则，此时中华书局也早已确定由中华书局总编李侃同志去。9 月 27 日，我见到了李侃同志，他告诉我，李老已与文化部商量过，这次赴苏，由我负责，任团长①。到 10 月 8 日，得知苏方又提出要对等的邀请，故行期可能还要延迟。10 月 10 日，李一氓同志说：（一）这个小组只有三个人的成员，由冯其庸负责任组长；（二）小组的对外发言由冯其庸代表，不要大家

---

① 后来因为一共只有三个人，李一氓说就叫组长罢。

都发，以免差误；（三）有不同意见，不要在苏联争论，我们的目的是把书弄回来，有不同意见，你们回来再争论；（四）不要争着发文章，等书出版后大家研究。我觉得李老的嘱咐是很中肯的，只要紧记李老的嘱咐，以大局为重，这几点都没有什么不能做到的。

我们的行期原定 10 月 15 日，但签证迟迟不来，到了 10 月 15 日仍不见动静。后来电询外交部苏欧司苏联处，得知已改在本月 28 日。于是我们再做 28 日启程的准备。但到了 27 日签证仍未到，那末 28 日显然又不能成行。到了 12 月 6 日，又通知说 12 月 16 日赴苏，当时我们都不大敢相信不会再改变日期，好在一切都早准备好了，随时可以走的。到了 12 月 13 日，得到中华书局的正式通知，赴苏日期定在本星期日，即12 月 16 日。并通知 14 日到中华书局李侃同志处开会，领取护照机票，并由沈锡麟同志代表李老再次宣布他原嘱咐过的话，再次明确小组由冯其庸任组长，一切有关事宜由他负责，并同时明确李侃同志负责小组的费用管理和有关出版事宜。

至此，我们赴苏前的准备工作和出国的手续，才算全部完成。

12 月 16 日，我早晨 4 点起床，5 点来车接我，即去南竹竿胡同接周汝昌同志，一起赴机场。恰值昨夜大雪，严寒，地上积雪甚厚，因为起得早，路上积雪尚未清除，路很难走，但我们到机场时，李侃同志早就到了，还有许宏同志帮我们办登机的各项手续，7 时飞机准时起飞。机舱中很冷，我穿的全部衣服都未脱，因为起得早，所以我在机舱中又蒙蒙眬眬地睡着了。飞机飞行八个半小时，即到莫斯科机场，因时差，莫斯科的时间为中午 12 时。在飞机降落时，我看到莫斯科也是大雪，半空中俯视，真是一片冰雪世界。

二、列宁格勒、莫斯科的鉴定和谈判

下机后，经过海关，检查甚严，检查人员拿着我的护照，从护照照片对照我的脸来回对照足有四五次，后面的人等得很着急，但没有办法，大概足有十分钟的时间，才算安全通过。在海关外等候的有我使馆一秘梁沈修同志和其他同志，苏方是由苏联国家出版委员会派外事局副局长奥·李·别兹罗德内依及汉学家李福清前来机场迎接的，我们出关以后，就与使馆人员和苏方人员会齐。经会面后，苏方为表示礼貌，提出希望我能坐他们的车送我到使馆。经我使馆一秘梁沈修同志与对方商量后，决定让我坐苏方的车，于是我就与李福清一起上车。李福清的汉语甚好，一路不断与我说话，介绍他发现这个藏本的情况，他的主要目的是想了解我们对这个《石头记》抄本的评价，并且直接问我对这个本子的看法。我回答他说，我们很重视这个本子，所以国家才会应你们的邀请派我们来鉴定，但还没有见到原书，还不可能说出什么意见来，等看后自然明白了。李福清就说：你说得很对，还是等看过书后再说罢。他说我希望你们在莫斯科和列宁格勒能非常愉快！接着他就给我介绍沿途的景色。到将近莫斯科时，要过一座桥，他说当年卫国战争时，希特勒法西斯的部队已接近这个桥头，但始终没有能越过这个桥，桥上至今还留有许多弹痕。我等车开到跟前时，果然看到桥柱上弹痕累累，可见当年苏联抗击德国法西斯的保卫莫斯科之战的惨烈。我不禁对苏联红军的英勇无畏和对斯大林反法西斯的指挥若定、临危若安的统帅风范深深表示敬意。车子很快就到了使馆门口，他们的车还没有来，按例苏方的车不能开进我们的使馆，所以我就在使馆门口下车，与李福清告别，自己进入使馆，约等了半小时，他们的车方到，即一同进入使馆的招待所。

使馆面积很大，面临友谊街，对面就是莫斯科大学。正当苏联大雪，所以一眼望出去全是冰雪天地，但气温还不算太冷。

午饭后，稍事休息，即与杨守正大使见面，杨大使很关心此事，他嘱咐我们到列宁格勒看书后，不要立即发表意见，等回来再谈。

莫斯科下午5时即掌灯，我们因为一天的疲劳，所以晚饭后即睡，由梁沈修同志为我们安排住房。因为使馆内客房紧张，所以让我与李侃同志同住一室，周汝昌同志年龄较大，就单独安排一室，设备较好，比较安静，便于他休息。

第二天上午，即12月17日，苏联国家出版委员会副主席宴请我们，席间，各致寒暄，气氛很好。我代表小组将带去的精装《红楼梦》送给他们，他们说书出得很好。副主席说，希望加强交流，他非常欢迎我们去。他说到列宁格勒看本子后，他等我们回来，他已准备好签字的钢笔，希望能很快达成协议。整个会议的气氛相当热烈，我使馆的同志还告诉我，说今天苏方用来招待的巧克力，是最高级的一种，这意味着他们对我们的去非常重视，也意味着他们希望谈成。

当天晚上11时50分，去列宁格勒的火车开动，使馆的二秘许恒声同志陪同我们同去列宁格勒，苏方则由李福清和出版局长别兹罗德内依同去。车行一夜，第二天清早8时半到达列宁格勒，车到时，天还未大亮，东方学研究所的人已派人派车来接，把我们送到莫斯科大饭店，住房设备很一般，但房价却要41美金一天。在饭店早餐后，因离东方学研究所较远，上午已来不及去研究所，即送我们去参观冬宫博物馆。冬宫是一座有名的建筑，收藏极富，为全世界有数的几家博物馆之一。博物馆馆长是苏联科学院院士，极为热情，说冬宫博物馆对尊敬的中国贵宾，没有不可以开放的部分。然后拿出有刘少奇、陆定一签名的大签名本来要我们签名，并说从他们两位以后，直到今天，我们是第一次来。

签名后，我们随即参观中国馆，其中陈列极富，但都是从我们这里拿去的，看了也令人别有一番滋味在心头。因为时间关系，实在来不及看，我只认真看了西夏的部分，即从我国额济纳旗黑水城盗去的那些珍贵文物，真是洋洋大观，但我也只是草草而过，不能过细地看。

下午，即去东方学研究所。东方学研究所在涅瓦河畔，面临涅瓦河，对面即是彼得堡要塞。阿芙乐尔号巡洋舰原即停于涅瓦河内，这时刚好开出去修理，我们未能见到。

到东方学研究所后，先是开了欢迎会，由所长佩德罗相讲话表示热烈的欢迎，参加会议的有缅希科夫、索罗金、李福清，所学术秘书等人，简单谈话以后，即去参观他们的藏品，先是给我们看黑水城出土的文书，接着又让看他们藏的敦煌卷子。我当时心里很着急，不知道为什么让看这些东西而不首先安排看《石头记》抄本？我只得告诉孟列夫，因为时间太紧，还是先看抄本罢，这样，终于拿出了《石头记》抄本。我们在一张书桌上挨次检看，开始时，李福清、别兹罗德内依等都紧张地在等着我们说话，后来看到我们三人都在认真地仔细看书，连我们自己也不说一句话，他们才渐渐散去。

列宁格勒一直是雨雪天气，终日见不到太阳，下午4时以后天就渐黑，5时后就要点灯了。我们下午到东方所，开完欢迎会又看黑水城的文书，又看敦煌卷子，到正式看《石头记》抄本已经快3点了。到5点已经天黑了，看不见了，所以我们也只好结束看书，回旅馆了。

我从北京出发前，是做了一些准备的，我考虑到在那里匆忙看书，不可能有充足的时间，如果想从头看下去，是不可能的。只能抓本子的特征，用它的特征来与国内乾隆抄本的特征作比较，这样才能较快地基本判断出它的时代和抄本的大致渊源来。好在我这十多年，一直在研究《红楼梦》的早期抄本，并且写过文章。特别是国内的一些早期抄本如"庚辰本"、"己卯本"、"蒙古王府本"、"甲辰本"等我都看过原抄本；

1980 年我在美国时，还看过"甲戌本"原本，而且还让我借用了一个多星期。所以在这样的基础上，我把这些主要本子的特征梳理了一下，其中尤其注重庚辰、己卯、甲戌三本的特征，因此当我去看这个抄本的时候，主要是寻找这些本子的特征，用来与它作对照比较。在这两个多小时里，仅仅比较这些我所需要比较的抄本特征，当然时间是够用了，但要进一步研讨这个本子的特点和评价它的价值，那当然需要认真研读这个本子，三五个小时的时间是无济于事的，好在现在不是对这个本子作研究，而是要对它有一个初步的基本的认识，因此经过这两个多小时的对照，我对这个本子的状况，已经大致上心中有数了。

考虑到只有明天上半天看书的时间了，下午就要开会，特别是明天上午看完了书后，我们没有时间也没有地方可以从容商量了，而且形势摆在那里我们不可能不发表意见。我与李侃、周汝昌同志商量，他们也觉得下午开会我们不讲我们对这个本子的看法是不可能的，甚至对我们的工作是会不利的。因此，我征求周汝昌同志对这个本子的看法，想不到他说："我已有我的看法了，现在我不说。"我当时觉得很突然，就去找李侃同志还有使馆的许恒声同志。李侃说只有现在可以商量了，明天不可能商量了，他和许恒声同志都认为应该马上开会。于是我就把周汝昌同志请到茶座里来，因为茶座四面是空的，比较安全。我再次请周先生发表意见，周先生仍沉默不说，李侃就说，那你就把你的看法说给他听，看他有没有意见，于是我就把我准备的意见说了一遍，大意是肯定这个本子，也肯定李福清、孟列夫的文章，并认为这个本子有出版的价值，建议中苏联合出版等等。周先生听后仍表示沉默，一言不发。李侃就说，既然没有别的意见，明天就照这个意思说罢，许恒声也表示同意。

第二天（12 月 19 日）早饭后，苏方出版委员会外事局副局长又安排我们到曙光出版社座谈以后合作出书、相互交流的事，我们当时觉得十分被动，但又不好拒绝，只好勉强去座谈。幸好时间不长，到 10 时，我们再到东方学研究所看书，又看了两个小时，中午，由东方学研究所招待吃饭，他们非常热情好客，其中有一位是研究宝卷的，也研究变文。我给他讲了一段我小时候在寺庙里听宣卷时的情况，他特别感兴趣；另一位是研究宋以后的语录的，都希望与我们交谈，可惜时间不允许了。午饭后，我们继续去看书，一直看到 3 时 10 分，才到下边会议室开会，商讨此书的评价和出版问题。

实际上这是我们此行的最关键的时刻，也是我们昨天预计到的必然要做的事，我思想上很明确，我们的目的是来取回《石头记》抄本的，经过目验和与国内"庚辰"、"己卯"、"甲戌"等本的特征对照，这个抄本确是有价值的，可以补国内各本之不足，所以必须让会议开好，让他们乐意与我们合作出版，把微缩胶卷弄回国。另外根据这两天的接触，我感觉到那位出版委员会外事局副局长奥·李·别兹罗德内依，是希望合作出版成功的，一是因为这是他工作范围内的事，达成协议，也是他的工作成绩之一，二是他自己说很想来中国，达成协议后，就有可能来中国了。再从李福清、孟列夫来说，他们已发表了文章，认为这是一个珍贵抄本，当然希望我们能肯定他们的见解，如果合作出版成功，更证明他们的见解高，汉学水平高。如果我们对此抄本评价不高，那他们就会感到非常难堪。事情就会对他们很不利。所以综合起来看，这次会议，只要我们能实事求是地鉴定评价这个抄本，实事求是地评价他们对这个抄本研究的成绩，合作出书的目的是完全有可能实现的。

参加会议的人，我方除我们三人外，还有我使馆的二秘许恒声同志，由他任翻译。苏方的参加人员是：东方所所长佩德罗相、副所长克昌诺夫，以及汉学家孟列夫、李福清、苏出版委员会外事局副局长别兹罗德内依，还有东方学研究所的其他人员约十四五人。

会议开始，苏方等待我们发表意见的情绪比较急切，在宣布开会，双方说了些礼节性的话以后，我方就由我代表小组发言，我说明我们只是匆匆看了一下，一共不到五个小时，看得很匆忙简略，意见不可能很准确，请大家原谅。我说：一、这个抄本的底本是脂砚斋本系统的本子，是一个好的底本；二、抄定的时间大约在乾隆末年或嘉庆初年，以后者的可能性为大；三、苏联学者对此本的发现报道并发表研究文章，是有贡献的，文章也是有见解的；四、此抄本值得影印。苏方听了我的四点意见后，情绪非常兴奋活跃，孟列夫就说：冯其庸同志的发言非常好，非常正确，他说只看了五个小时，但也只有真正的专家才能在这几小时内作出这样精辟的判断。接着为了尊重周汝昌同志，我就说请我们周先生发表意见。周汝昌同志当即发表了他的看法，说了一些礼节性的话以后，他说：这是一个白文本（即不带任何批注的本子）；这个本子上的批语没有任何价值，全是后人写上去的，不是脂批；三、这个本子抄定的时间是道光年间……当周汝昌同志讲到第三点意见时，会场气氛非常紧张，会议几乎要陷进僵局。当时我与李侃同志非常着急，特别是使馆的许恒声同志也很着急，因为杨大使有指示，一定要配合我们把这件事做成，所以我们不断向周先生示意。周也看到了这种形势，才连忙说这只是我个人的意见，大的方面，我同意刚才冯先生的意见。当周汝昌同志说完这句话时，会场的气氛和情绪才开始缓和。这时东方学研究所所长佩德罗相立即就说，时间很紧了，赶快商谈关于联合出书的事罢。因此，我抓紧这个时机，请李侃同志讲话。李侃同志就代表中华书局讲了欢迎联合出版此书的几点意见，这正是苏方所希望的，所以他们听了特别高兴，这样会议就再次转入热烈的气氛中，紧接着东方学研究所所长佩德罗相就立即表示愿意合作出书，条件是由双方的学术机构共同署名，中方用"红楼梦研究所"的名义，苏方用"苏联科学院东方学研究所列宁格勒分所"的名义；另外，希望由双方专家各合写一篇序言，放在卷首，中方希望由冯其庸、周汝昌合写，苏方由李福清与孟列夫合写。佩德罗相讲完了他的意见后，就由我代表我方表示完全同意他们的意见，这样会议就取得了完全圆满的结果，会议也在非常和谐的气氛中结束。晚上有一位旅俄的华侨庞英先生，请小组人员吃晚饭，庞英也写过有关这个抄本的文章，所以我们三人和使馆的许恒声同志一起去了，晚饭后回到住处已很晚。

12 月 20 日，苏方又安排我们参观冬宫博物馆、俄罗斯博物馆，他们拿出来不少中国的年画想让我鉴定，我告诉他们我没有研究年画，但我们研究院有一位王树村先生是年画专家，以后可以请他鉴定。后来，他们真的找到了王树村先生。

中午，外事局副局长别兹罗德内依与我们一起在餐馆吃饭，吃饭时他突然对我说："你是一个好人！"当时我不明白他的意思，他又说："如果这次鉴定你们说这个本子不好，不值得出版，那李福清、孟列夫就会受到我们宣传部的严厉批评，现在你们说这个本子很好，所以李福清、孟列夫就高兴了，不会受到批评了，而且你还称赞了他们！"这样我才明白他的意思，也可见苏方当时很怕我们说这个本子没有价值，让国际学术界见笑，据说我们苏联之行的多次推迟，都是因为怕我们去了否定了这个抄本，让他们为难，后来终于排除了顾虑，让我们去了，想不到结果却让他们意外地满意。

当天晚上我们乘火车回莫斯科，第二天（12 月 21 日）早 8 时半左右，我们回到了莫斯科，梁沈修同志已备车来接，到使馆吃早餐。早餐后，即向杨大使汇报，杨大使对我们的鉴定工作极为满意。下午，我们即去苏联出版委员会谈判，不想恰值苏联国防部长去世，出版委员会副主席等人都去告别遗体，谈判的时间只能另定。

当天晚上，我因疲劳过甚，半夜里受凉，当时莫斯科夜间的温度是零下二十四摄氏度，我第二天就发高烧，不能吃东西，由使馆的大夫来打退烧针。恰好因为苏方国防部长去世的事，不能开会，我与李侃同志商量，要争取草拟出一份协议书来，这样就可以省去许多周折。我正在生病，李侃同志马上就进行起草，他起草完后我再看，作了些修改定稿，又将稿子交周汝昌看，周汝昌同志说没有什么意见，立即就交梁沈修同志送杨大使审定。杨大使看过后，让梁沈修同志来说，他完全同意，没有作修改。这样就由梁沈修同志去安排翻成俄文，准备中、俄两种文本的文件。

翌日，即 12 月 23 日，天特冷，我高烧到三十八度四，大夫继续给我打退烧针，晚上，杨大使设宴宴请，我因身体不好，中途退席。原定苏方与我们正式谈判的日期是 12 月 24 日上午，后因上午是苏联国防部长的追悼会，谈判改在下午 3 时举行。下午 3 时，我们到出版委员会，这是最后一次正式的谈判，与在列宁格勒的情形不同，在列宁格勒虽然谈得很成功，但还只是意向性的，要正式形成中苏合作出书的文件，取决于这次的谈判，所以我们提前准备出协议的文本来也是十分必要的。我们到苏联出版委员会后，出版委员会副主席接见了我们，然后就开始会议，我即将我们刚刚翻译成俄文的两国合作出版《石头记》抄本协议草案文本交给他，请他看看有什么修改或补充的意见，他们认真看后，认为这个协议文本起草得很好。这个文本的草案是这样写的：

中国艺术研究院红楼梦研究所、苏联科学院东方研究所列宁格勒分所联合整理《石头记》抄本，由中国中华书局影印出版协议书（草案）

1984 年 12 月中华人民共和国文化部中国艺术研究院派出专家冯其庸、周汝昌、李侃就合作出版苏联科学院东方学研究所列宁格勒分所收藏的《石头记》抄本问题，与苏维埃社会主义共和国联盟出版委员会 及苏联专家孟列夫、李福清进行了会谈，并达成如下协议：

一、双方确认苏联列宁格勒分所所藏《石头记》抄本所据底本是一个早期的本子，对研究《红楼梦》具有一定的价值。同意由中国艺术研究院红楼梦研究所、苏联科学院东方学研究所列宁格勒分所共同署名，由中国中华书局影印出版。

二、双方同意由中华人民共和国文化部中国艺术研究院红楼梦研究所指定《红楼梦》研究专家冯其庸、周汝昌，由苏联出版委员会指定苏联汉学家共同进行整理，并由中苏两国整理者为本影印本各自撰写一篇论述《红楼梦》的学术序言。

三、苏联东方学研究所列宁格勒分所藏《石头记》抄本，由中华人民共和国中华书局影印出版线装本和平装胶印本两种版本。两种版本印数由中华书局根据中国新华书店征求读者的印数确定。

四、1985 年 1 月 31 日以前，根据影印出版的技术要求，由苏方将《石头记》抄本全部合格的底片提交中华人民共和国驻苏联大使馆。中华书局将在 1985 年 12 月 31 日以前，完成线装本的出版工作；于 1986 年 12 月 31 日以前，完成平装本的出版工作。

五、影印出版后，由中国文化部向苏联出版委员会赠送线装本二十部，平装本一百部，作为对苏方的报偿。同时，中国文化部将向苏联出版委员会提供已经在中国出版的《石头记》影印本三至五种各一部。

本协议由中、俄文写成，两种文本具有同等效力。

他们对文件提出了两点修改意见：一是文件说抄本有一定的参考价值，他们希望改为有较高的价值即有本质的价值；二是希望出书后赠书二百部平装（原写一百部）。这两点意见，我们都同意了。这样，这个协议就算正式圆满通过。这样，我方就由我代表大家肯定和确认这个协议书并代表我方向苏方发出口头邀请，邀请他们三至四人在 1985 年适当时期访华一至二周，他们立即表示满意。这样，这件事到此就宣告圆满结束。只等双方的政府机构正式签字，就可生效。

当晚 10 时，我们告别杨大使和梁沈修、许恒声同志即赴机场，使馆仍由梁、许二位送我们去机场，李福清同志还赶到机场送别，飞机准时起飞，我们在苏联的活动也到此结束。

三、出书前后

我们于 12 月 25 日中午 12 时回到北京。因为在苏联的几天活动过于疲劳，我又生过一次病，所以回家后就休息。

12 月 27 日，是中国作家协会第三次代表大会的报到日期，我下午要去报到。不想一清早，我刚起来，沈锡麟同志即来接我，说李一氓老要我速去汇报，只有很短的时间，李老还有别的事。我上车时，见李侃同志已在车里，沈锡麟同志原想再去接周汝昌同志，但李老正在等着，只有很短的时间，怕李老着急，所以直接把我们送到他家里。李老已经在等了，见到我们非常高兴，因为时间紧迫，我们将通过的协议草案交给他，很简要地说了谈判的情况，并说明双方还要有对等的签字，才能生效。李老当即就说由我驻苏联大使杨守正代表中方签字，这样问题立即就解决了。因为李老另有事，一共只谈了十几分钟，我们就告别了。回到家里，我院外事办也找我，先要了解一下情况，因院里要向文化部、外交部汇报，所以我又去院外事办，简要地谈了一下赴苏鉴定和谈判的情况，并将协议草案交外事办向上汇报。

列宁格勒藏抄本《石头记》回归记

1985年2月7日，我因另一事去中华书局，碰到李侃同志，他说沈锡麟也在找我，李老让我速为中华书局的内参（即《古籍整理出版情况简报》）写一简要介绍列藏本《石头记》的文章，要快。我回来后，当即写了一篇短文《列藏本〈石头记〉印象》交沈锡麟同志。到3月30日，沈锡麟同志来电，说李老已看完了我的文章，并写了一首诗给我，建议将这首诗连同我的文章，一起发《红楼梦学刊》。另外，我的这篇短文，已发《古籍整理出版情况简报》第137期。

4月1日，我去沈锡麟同志处取回李老诗稿，诗云：

> 《石头记》清嘉道间钞本，道光中流入俄京，迄今已百五十年，不为世所知。去冬，周汝昌、冯其庸、李侃三同志亲往目验，认为颇有价值。倾其全书影本，由我驻苏大使馆托张致祥同志携回，喜而赋此。是当急谋付之影印，以饷世之治红学者。一九八五年三月二十日
>
> 李一氓

> 泪墨淋漓假亦真。红楼梦觉过来人。
> 瓦灯残醉传双玉，鼓担新钞叫九城。
> 价重一时倾域外，冰封万里识家门。
> 老夫无意评脂砚，先告西山黄叶村。

我得到李老的诗稿后，十分高兴，当即敬步其原玉，奉和一首，诗云：

> 列宁格勒藏《石头记》抄本归，李一氓丈赐诗为贺，敬步原玉

世事从来假复真。大千俱是梦中人。

一灯如豆抛红泪，百口飘零系紫城。

宝玉通灵归故国，奇书不胫出都门。

小生也是多情者，白酒三杯吊旧村。

4月12日下午，我又得周汝昌同志寄来奉和李老的诗，诗云：

奉和氓老新篇，盖因苏藏石头记古钞付印有期而志喜
也，效原倡真元两韵合用体

烘假谁知是托真。世间多少隔靴人。

砚深研血情何痛，目远飞鸿笔至神。

万里烟霞怜进影，一航冰雪动精魂。

迷埃荡尽功无量，喜和瑶章语愧村。

1985年3月18日，我驻苏使馆托张致祥同志带回此抄本的全部胶卷，于是此书的出版就进入了具体操作的程序。中华书局确定此书的责任编辑是戴燕。戴燕有一次来找我，说苏方寄来的胶卷有脱漏，怎么也接不起来。我请她把胶卷拿来，我经过仔细核对，发现摄影者并不在行，原来他只拍书页的 A 面，不拍书页的 B 面，所以基本上凡 B 面都缺，这样中华书局又通过外交部转致我驻苏使馆，告诉苏方照片缺 B面，苏方过了一段时间，又将 B 面补来，这样，我们先把它全部印成小照片，然后用照片依着《石头记》文字逐张贴出来，全部贴完这些照片是 1986 年的 1 月 17 日。我的日记记着："上午，贴完列藏本照片，缺18 张。"这样，中华书局又通过外交部及我驻苏使馆，终于补齐了这 18张缺页。在整个编排过程中，我感到责任编辑戴燕是非常认真负责的，

要不是她的细心，中间出点差错是极容易的，但此书直到今天，也没有发现有编排上的错误，大家哪里知道，此书的胶卷会是如此地零乱。

此书的影印工作，一方面是胶卷的编排问题，另一方面是序言问题。李老是一位热肠快性的人，事事讲求实际，他认为这部书的序言不必写长篇学术文章，只需写一篇短文介绍此书的来龙去脉，说清原由就行，所以文字限定在三千字以内。并嘱沈锡麟同志通知我，先由我起草，因为我较为年轻，可以快，然后交周汝昌同志改定，名字周汝昌在前。至于研究性的长文章，等书印出来后让大家都来写。我认为李老的胸怀是放之四海的，他不希望有人先垄断资料，虽然李老没有这样说，我领会他是这个意思，所以我谨遵这个原则，不着一字。现在李老要我赶写一篇介绍性的序言初稿，以省些周汝昌同志的力气，最后由他来定稿付印。我完全照李老的意见办了。记得序言是 5 月 29 日写好的，只花了一天的时间。因为只要三千字，而且只要介绍性的文章，所以并不费事，文章的署名是周汝昌在前，我在后。我将文章很快就寄给了沈锡麟同志转李老。由李老看过后再转周汝昌同志改定。到很晚，我才知道周汝昌同志不同意我的初稿，也不同意共同署名，只同意用他已发在《云南民族学院学报》上题为《"在苏本"旧抄本〈石头记〉论略——中苏联合影印本代序》这篇文章，由他独自署名，并将他的文章寄给了李老。李老不同意这样做，因为两国合作出书的协议写得清清楚楚，要两位学者共同署名。后来没有办法，由李老决定，序文用我写的稿子，署名用中国艺术研究院红楼梦研究所的名义，后者是我的建议，因为我不愿署名，以免不必要的纠葛。

与此同时的另一问题是苏方的序言。这篇序言是 7 月中寄来的，到 9 月中译成中文，有三万多字，李老觉得无论如何太长，且多有不妥之处。李老要我把它压缩到一万字左右，这实在是给我出了一个难题，而且苏方是否能同意也是问题。我一直踌躇再三，举笔难下。过了些时候，1985 年 12 月 2 日，李福清来北京，中华书局李侃同志宴请他，请我陪席。席间我初步谈了他们的序言的情况，我也把我方的短序给他一份，请他斟酌。他住在和平饭店，我又专门约定时间到和平饭店去与他商量此事。我开诚布公地对他说他们的文章过长，还有一些不妥之处，须要压缩和改定。例如这个本子不可能从扬州恭王府流传出来的，扬州并没有恭王府，恭王府实际就在我们现在的脚底下，他住的和平饭店就是恭王府的原址，中国历史博物馆还藏有一张恭王府的图。其他还举了一些例子。恳谈以后，他完全相信我们是好意，没有任何误解。就说由我全权为他们的文章做压缩、删削、修改定稿工作，他也同意压缩到一万字或一万五千字左右。这个原则确定以后，我就放开手来帮他们改写。经过恳谈后，增加了相互的了解和信任，他们也不希望文章出差错，所以，过了不久，我就将压缩稿完成，交给李老审阅后转苏方，征求他们的意见。到 1986 年 2 月 3 日，中宣部的贾培信同志从苏联回来，带来了李福清请他带回的序言压缩稿，并附信完全同意我们的改稿，他们一个字也没有改动。这样这件最难的工作就算基本完成了，只等中华书局的影印出版了。

在此之前不久，在李福清到京并与他商定他们的序言压缩改定的原则以后，12 月 12 日，国务院古籍整理规划小组正式给我和周汝昌、李侃同志一封信，信说：

冯其庸、周汝昌、李侃同志：

你们好！你们受我组和李一氓同志委托，由冯其庸同志带队，于去年年底到苏联访问，和苏方商谈中苏联名出版列藏本《石头记》问题。在我驻苏使馆的大力支持协助下，经过你们的努力，现已把列藏本《石头记》全部胶卷引回国内。你们圆满完成了任务，对学术界特别是《红楼梦》研究作出了贡献，特向你们表示衷心的感谢。

目前，中华书局正在安排出版事宜。我们已委托中华书局，由他们负责处理具体问题，包括苏方序言的定稿工作，也由他们直接和苏联有关部门联系商定。特此奉闻。谨致

敬礼！

国务院古籍整理出版规划小组

一九八五年十二月十二日

抄送：文化部艺术研究院

   文化部艺术研究院红楼梦研究所

   中华书局

这封信，标志着我们去苏联取《石头记》抄本工作的最后圆满完成，当然也可以作为我这篇回忆文章的结束。自然，赴苏前后的整个过程和出书前后，还有若干琐事原也可以一谈，但为避免烦琐，不再枝蔓了。

2002 年 4 月 23 日清晨于京东且住草堂

附 件 说 明

我与周汝昌、李侃两同志由李一氓先生筹划，经国务院、文化部、外交部批准，商得苏方的同意，由苏方邀请，于 1984 年 12 月 16 日赴苏考察鉴定苏联列宁格勒东方学研究所藏《石头记》抄本，并商量两国联合出版此书事宜。争取两国达成联合出书的协议，是我方的目的。

我们于 12 月 16 日到莫斯科后，第二天，12 月 17 日晚 11 时 50 分乘火车去列宁格勒，18 日早 8 时 30 分到列宁格勒，安排好住宿后，已来不及到东方学研究所。下午到东方学研究所，开完欢迎会，3 时左右开始看《石头记》抄本，5 时已天黑不能看书。第二天，19 日上午 10 时再到东方学研究所看书，约二小时即午餐，下午 3 时即与苏方开会，对此抄本由我方在会上作出评价，由我代表鉴定组发言，肯定此书的学术价值，建议由两国联合出书。苏方对此表示非常赞赏，接着就是周汝昌发言，之后就由李侃同志代表中华书局作联合出书的发言，苏方热烈欢迎，至此初步达成联合出书的一致意见。12 月 20 日晚乘车回莫斯科，21 日早 8 时 30 分到莫斯科，住我使馆招待所，由李侃和我起草联合出书协议草稿，经周汝昌看过同意，再交使馆杨守正大使批示。杨大使完全同意文件的文字，没有作任何修改，即安排译成俄文，印成中、俄两种文本。12 月 24 日下午 3 时与苏方出版委员会正式开会签订协议，中俄两种文本的正式文件因俄文翻译及印制问题，到开会前才赶印出来，送到会场。苏方对文本很满意，只作了细微的修改即顺利通过。当晚 10 时我们即乘机回国，12 月 25 日中午 12 时回到北京。12 月 27 日清早向李一氓先生汇报，因李老有事，只十分钟即结束，接着院外事办也急要听汇报，随即又向院领导和外事办作了汇报，周汝昌同志一起参加了汇报，过了几天，1985 年 1 月 3 日，又由我和周汝昌、李侃向文化部作了书面报告。至此，我们赴苏鉴定《石头记》抄本并由中苏两国联合出书的任务已算圆满完成，李一氓老还赋诗祝贺。

完全没有想到的是周汝昌竟在全国政协会议上捏造事实，诬告我和李侃同志，还写信大骂李侃同志，政协为此作成提案，要求我们答复，为此我与李侃同志对政协的提案作了如实的答复。李一氓先生的秘书是全过程经办此事的，也向政协作了答复。以下就是关于此事的有关文件和我们答复政协的文件原文。

冯其庸

2010 年 1 月 21 日

附件1：文化部简报

文化部：关于与苏联东方研究所
列宁格勒分所商谈合作出版该所
收藏抄本《石头记》问题的情况简报

1984年12月16日至12月24日，应苏联东方研究所副所长宋采夫和高级研究员李福清的邀请，由文化部中国艺术研究院和古籍整理出版规划小组分别派冯其庸、周汝昌、李侃三同志赴苏与苏方就合作出版东方研究所列宁格勒分所收藏的《石头记》抄本一事进行商谈。出发前，李一氓同志对商谈提出两点原则性意见：一、力争把抄本搞到手，由中华书局出版；二、对该抄本的价值不必评价过高，说明我们的目的主要是为了把《红楼梦》现存的抄本出全，供研究者参考。并指示三人小组就此事向驻苏大使杨守正同志请教商量。赴苏之后，杨大使先后与我们见面、交谈五次，他同意一氓同志意见，并对此项工作给了热情帮助。大使馆文化处一秘梁沈修、二秘许恒声同志一直陪同我们与苏方有关人士商谈。商谈情况和结果大致如下：

12月17日上午，由苏联国家出版委员会副主席瓦·安·斯拉斯捷年科接待了三人小组及驻苏使馆的梁沈修、许恒声同志，苏方参加的有国家出版委员会外事局副局长奥·李·别兹罗德内依以及苏东方研究所的汉学家索罗金和李福清（宋采夫因病未到）。苏方表示欢迎合作，态度比较友好，特别是两位汉学家热情较高。斯拉斯捷年科表示，请中国三位专家到列宁格勒亲自看看抄本《石头记》以后，回到莫斯科再谈合作出版问题，并拿出铅笔说，他随时准备签订协议。

12 月 18 日到 20 日，三人小组在苏东方研究所列宁格勒分所，翻阅了该所所藏抄本《石头记》，并就此抄本的价值问题与该所所长佩德罗相、副所长克昌诺夫以及苏汉学家孟列夫、索罗金、李福清等进行了讨论。他们主要是听取我们的意见。经事前商量，我们表示该抄本所据底本较早，是一个比较有价值的抄本，有出版价值。苏方对这一评价表示满意，一再表示愿意合作，并希望今后双方能有更多的研究项目进行交流和合作。但具体协议由我方与苏联国家出版委员会商定。

12 月 21 日回到莫斯科，因苏国防部长逝世，商谈协议拖到 12 月 24 日下午 3 时。在谈判前，我们把情况和对协议的内容要点向杨大使作了汇报，杨大使的意见是尽量争取达成协议。会谈仍由苏出版委员会副主席主持，参加人员除增加一位宋采夫外，与第一次完全相同。会谈时，我们提出了一个协议草案（中俄文本各一份）。苏方基本同意，只提出两点意见：（一）协议草案对抄本评价为"对研究《红楼梦》具有一定参考价值"。他们认为按苏联解释"一定价值"较低，建议改为"具有比较重要的价值"；（二）协议草案提出，由苏方于协议签订一个月内，将全部合格的照相底片交给我驻苏使馆，一年之内，由中华书局出版影印线装本，两年之内出版平装本。印数根据新华书店提供数字决定。出版以后，向苏方赠送线装本二十部，平装胶印本一百部，作为对苏方无代价提供照片的报偿。苏方要求平装本增加赠送一百部（共二百部）。对以上两点，我们当时表示同意。会谈时我们以冯、周、李三人名义，正式向苏方发出口头邀请，欢迎他们在协议签订后，于 1985 年适当时间派汉学家以及出版委员会有关人员三人或四人到中国访问，时间一周至十天。书面邀请将通过外交途径发出。但苏出版委员会副主席最后表示：由于此事不是简单地交换图书，而是由苏国家出版委员会出面主持的文化合作措施，不宜立即签署协议（意思是不对等），提出要经过中国外交部出面与苏联外交部联系后再签订协议。我们将此情况向杨守正大使报告以后，杨大使表示，为了避免事情发生变化，如三人小组认为可以，他可以很快约见苏联国家出版委员会主席或副主席，说明中国文化部、外交部委托驻苏大使与苏方签署协议。我们表示赞成杨大使的意见。

12 月 27 日，由冯其庸、李侃将赴苏商谈情况向李一氓同志作了汇报（已将协议草案交给一氓同志）。一氓同志表示同意协议草案内容，并赞成由杨大使代表中方与苏方签署协议。

详细情况，容后报告。

冯其庸　周汝昌　李　侃

1985 年 1 月 3 日

附件2：中苏联合出版协议草案

中国艺术研究院红楼梦研究所、苏联科学院
东方研究所列宁格勒分所联合整理
《石头记》抄本，由中国中华书局影印
出版协议书（草案）

　　1984 年 12 月中华人民共和国文化部中国艺术研究院派出专家冯其庸、周汝昌、李侃就合作出版苏联科学院东方研究所列宁格勒分所收藏的《石头记》抄本问题，与苏维埃社会主义共和国联盟出版委员会及苏联专家孟列夫、李福清进行了会谈，并达成如下协议：

　　一、双方确认苏联列宁格勒分所所藏《石头记》抄本所据底本是一个早期的本子，对研究《红楼梦》具有一定的价值。同意由中国艺术研究院红楼梦研究所、苏联科学院东方研究所列宁格勒分所共同署名，由中国中华书局影印出版。

　　二、双方同意由中华人民共和国文化部中国艺术研究院红楼梦研究所指定《红楼梦》研究专家冯其庸、周汝昌，由苏联出版委员会指定苏联汉学家共同进行整理，并由中苏两国整理者为本影印本各自撰写一篇论述《红楼梦》的学术序言。

　　三、苏联东方研究所列宁格勒分所藏《石头记》抄本，由中华人民共和国中华书局影印出版线装本和平装胶印本两种版本。两种版本印数由中华书局根据中国新华书店征求读者的印数研究。

　　四、1985 年 1 月 31 日以前，根据影印出版的技术要求，由苏方将《石头记》抄本全部合格的底片提交中华人民共和

国驻苏联大使馆。中华书局将在 1985 年 12 月 31 日以前，完成线装本的出版工作；于 1986 年 12 月 31 日以前，完成平装本的出版工作。

五、影印出版后，由中国文化部向苏联出版委员会赠送线装本二十部，平装本一百部，作为对苏方的报偿。同时，中国文化部将向苏联出版委员会提供已经在中国出版的《石头记》影印本三至五种各一部。

本协议由中、俄文写成，两种文本具有同等效力。

附件3：古籍整理出版规划小组的信

古籍整理出版规划小组

（85）古发字882号

冯其庸、周汝昌、李侃同志：

　　你们好！你们受我组和李一氓同志委托，由冯其庸同志带队，于去年年底到苏联访问，和苏方商谈中苏联名出版列藏本《石头记》问题。在我驻苏使馆的大力支持协助下，经过你们的努力，现已把列藏本《石头记》全部胶卷引回国内。你们圆满完成了任务，对学术界特别是《红楼梦》研究作出了贡献，特向你们表示衷心的感谢。

　　目前，中华书局正在安排出版事宜，我们已委托中华书局，由他们负责处理具体问题，包括苏方序言的定稿工作，也由他们直接和苏联有关部门联系商定。特此奉闻。谨致

敬礼！

国务院古籍整理出版规划小组

一九八五年十二月十二日

附件 4：关于赴苏考察列藏本《石头记》事实经过情况

关于赴苏考察列藏本《石头记》事实经过情况

一、关于赴苏考察组的组成

我国的一部《石头记》早期抄本于清代流入俄国。近十多年来，国内得知此事后，一直想获得此抄本的缩微胶卷而未能得。前年，李一氓同志致书我驻苏使馆，请杨大使向苏方提出希望能要回胶卷，此事得到苏方的积极反应，希望我方派专家去鉴定，并协商出版事宜，因此由李一氓同志主持，并商得国务院、外交部、文化部的同意，组成一个三人考察小组。李老提出由红楼梦研究所及中华书局共同派人，红楼梦研究所决定由所长冯其庸同志去，中华书局由总编辑李侃同志去，另一位由冯其庸同志提名周汝昌同志去。以上三人得到李老及组织上的同意并正式批准。临行之前，李老秘书沈锡麟同志向三人宣布，考察组由冯其庸同志任组长，一切有关事宜由他负责，李侃同志负责小组的费用管理和有关出版事宜。

二、在苏考察的情况

1. 考察组于 1984 年 12 月 16 日到莫斯科，由我驻苏使馆一秘梁沈修同志及其他同志备车去机场迎接，苏方由国家出版委员会派外事局副局长及汉学家李福清备车前去迎接，在机场与我使馆人员会面。苏方提出希望有一人坐他们的车送往我使馆，经我使馆梁同志同意，即由冯坐苏方的车，周、李坐我使馆的车开往我使馆。为便于工作，我们即住在使馆招待所。当时房子较紧张，由梁沈修同志安排周汝昌住一间单人房间，设备较好，比较安静，便于他休息，冯、李合住一房间，较挤一些。使馆这样安排，显然是对周汝昌的照顾，并无其他意思，冯、李住一室，也是因使馆房间较紧，无法与周汝昌一样安排。当时周汝昌并不是不了解这一情况，现在却反而提出质问，似乎冯、李住一室是别有用意，而不说明是住在使馆内的招待所，是由使馆安排的，使人感到似乎我们是住到使馆以外去了。周汝昌的这种质问，其用心颇深，必须揭明。

2. 到列宁格勒后，住莫斯科大饭店，我们都是每人一个单身房间，陪同去的有使馆的二秘许恒声，任翻译，有苏联国家出版委员会外事局副局长，还有汉学家李福清。

第一天在东方研究所看钞本未看完，决定第二天再去看，并在第二天下午与东方所的负责人和专家们会谈。考虑到明天看完书后我们三人不可能有机会在东方所开会商量，所以在第一天下午看完钞本回到住处后，就由冯其庸同志召集周、李二位及许恒声同志在茶座里商量，并先由冯去通知周，告诉他明天要会谈，我组要准备意见，因此征询他的意见并进行商量。想不到周竟对冯说："我已有我的看法了，现在我不说。"（周的原话）冯说现在就是要商量，怎么可以不说，周就沉默不答。冯无奈地将此情况告知李侃，李侃想了一想就说：还是把他请来，他不肯说，你就把你的意见说给他听，问他同意不同意，如同意就照此发言，如不同意再讨论。当时即依此办法一起到了茶座（因为防止窃听，所以不能在房内谈，要到茶座去谈）。由冯其庸同志说了自己的看法：（一）此抄本的底本是脂砚斋本系统的本子，是一个好的底本；（二）抄定的时间大约在乾隆末年或嘉庆初年，以后者的可能性为大；（三）苏联学者对此本的发现报道并发表研究文章，是有贡献的，文章也是有见解的；（四）此抄本值得影印。冯其庸同志讲了此四点意见后，周仍一语不发，既不说同意，也不说不同意。茶座里还有别的国家的人，我们无法认真讨论，李侃同志就说既然没有意见或不说意见，明天就照这几点讲，当时周也不表态。周在他写的诬陷我们的材料里，竟然胡扯什么"整个过程，未和我商量一句话，未略略告诉我任何情况"。事情过去仅仅只有一年多一点，就完全抹煞事实，另造谎言，周汝昌的这种撒谎本领实在令人吃惊。

3. 在东方研究所第二天看书到下午 3 时，即下楼与东方所的所长和专家们会谈，参加的人，除我方四人外，苏方有东方所所长、汉学家孟列夫、李福清、外事局副局长，还有另外一些人约共十四五人。翻译我方是许恒声同志。会议开始，苏方等待我们发表意见的情绪比较迫切，在宣布开会，双方说了些礼节性的话以后，我方就由冯其庸同志代表小组发言，在正式发表意见前，冯其庸说明我们只是匆匆看了一下，一共不到五小时，看得很简略，意见不可能很正确，请大家原谅。然后即讲了他的四点看法。苏方听了冯其庸同志的发言后，情绪非常兴奋活跃，孟列夫说，冯其庸同志的发言非常好，非常正确，他（指冯）说只看了五个小时，但也只有真正的专家才能在这几小时内作出这样精辟的判断。（大意）接着冯其庸同志就说请我们周先生发表意见，周汝昌当即说了他的看法，除了一些礼节性的话外，他说：一、这是一个白文本（即不带任何批注的本子）；二、这个本子上的批语没有任何价值，全是后人写上去的，不是脂批；三、这个本子抄定的时间是道光年间。当周汝昌讲到第三点意见时，会场气氛非常紧张，会议几乎要陷进僵局。冯、李及许恒声同志都很着急，一再向周示意，周也看到了这种形势，才连忙说这只是我个人的意见，大的方面，我同意刚才冯先生的意见。当周汝昌说完这句话时，会场气氛和情绪才开始缓和，东方研究所所长随即说就进入商谈关于联合出版的事罢。因之，即由李侃同志代表中华书局讲了欢迎联合出版此书的意见，这样会议就完全转入热烈的气氛中，就由我方冯其庸同志给大家拍照留念。（其细节从略）

以上情况，冯其庸同志曾在中国艺术研究院全体领导同志和外事工作的同志到场的会上向院领导作了汇报，周汝昌自始至终听了冯的汇报，汇报中冯除未讲周在苏的以上发言及发言前在莫斯科大饭店拒绝商量的种种表现外，基本内容即如上述。事后冯并为中国红学会的《红学通讯》写了报道（附件一，报道内容也如上述，《红学通讯》周汝昌也是收到的）。冯在向领导汇报完后，请周汝昌补充，周在会上说冯讲得很好，很全面，很细致，没有什么好补充了等等。以上情况，研究院的领导也会有印象，《红学通讯》也可查阅。但周汝昌却居然撒谎说："在正式会议场合，冯一言不涉他本人看法，事先不打招呼，临时指定要我（周自称）当众发表看法。"（见他的诬告件）"我由我国有关部门的委派，专程访苏，考察此本的真相，判断是否有影印的价值，目验此本之后，由我向苏联的东方研究所领导、出版委员会官员、汉学专家、中国驻苏大使馆前来协助工作的同志们作了正式的发言，表述我对此本的初步学术见解。中苏双方达成协议，愿将此本付诸影印。"（见附件二：周汝昌在《云南民族学院学报》1985年第三期上发表的《'在苏本'旧钞善本〈石头记〉论略——中苏联合影印本代序》）周汝昌撒谎的胆量已经到了不顾一切的地步，竟会把事实的真相完全颠倒过来，他以为这些事情都是在苏联的活动，由他胡说一气便可以欺蒙国内不明真相的人了，其实当时担任翻译的许恒声同志已经回国，在国际广播电台工作，只要向他了解，就可以一清二楚，其次苏联的李福清、孟列夫、外事局副局长、东方所所长哪一个不能证明呢。对于一个"学者"而居然这样谎话连篇，这实在令人惊讶！

三、在列宁格勒除了看书外，还应苏方的邀请访问了曙光出版社，参观了冬宫博物馆。在看书和与东方所同志会谈完毕后的第三天，我们又应苏方的邀请再去冬宫博物馆。当时列宁格勒正下大雪，周眼睛不好，每次参观都由许恒声同志事先征求他的意见。周说自己身体不好，走不动了，要留在旅馆住处休息，考虑到他的身体，所以我们就没有勉强他去参观，到中午吃饭时，才由许恒声同志老远地赶回旅馆安排他吃饭（因为他不会俄语）。时间略晚了一点，大约是 12 时半或 1 点的样子。许恒声同志安排完他吃饭后，再回到我们一起继续参观，直到下午 4 时天黑吃晚饭才回去（列宁格勒冬季下午 4 时即天黑），周汝昌竟说："有一天，把我独自留在旅馆，早点之后，直到下午 4 点才有人来照管我吃东西。"（附件三，见周给李一泯同志的信，1985 年 11 月 18 日）这又是居心不良的谎言：一、语言故意含混不清，不说我们应邀去参观，只说把他独自留在旅馆，好像我们不知干什么去了；二、不说明就是使馆二秘许恒声同志赶回来安排他吃饭，而含混其词只说"才有人来"，以便无从对证；三、明明是下午 12 时半到 1 时之间吃的午饭，却胡说到下午 4 点才吃，下午 4 点是吃晚饭的时间，许同志如何再能赶回到我们一起陪同我们参观，我们真不明白周汝昌为什么要这样信口造谣，难道连一点点起码的人格都不要了吗？

四、回到莫斯科以后，我们仍住原房间，周也是原房间，一应打开水，招呼他吃饭等都是我们干的，其间，冯其庸同志因为夜间受冻发高烧两天，由使馆的大夫治疗，恰好碰上苏方国防部长去世，无法进行正式会谈，冯得以在使馆休息。在此期间，想到正式会议时，没有任何文字依据，事后再追记不大合适，因此就由李侃同志起草了一个协议书，冯其庸同志在病中作了修改，然后交周汝昌提意见修改，周看后说很好，没有什么意见。因此，我们就将此件交一秘梁沈修同志，请他修改并请杨大使过目。经杨大使同意，就由使馆立即译成俄文，形成中、俄两种文字的文本，以备会谈时使用。周却又歪曲事实，说："赴会前一刻，冯才将已拟好的、清钞的协议书文本给我看，要我'提意见'。我事先对其内容一字不知，当然也无法提出任何意见。"赴会前将协议书给他看，确是事实，但这已是他早已看过草稿，他说很好，没有意见以后，经使馆修改整理并已据此印出俄文本的文本了。为什么到赴会前才给他，因使馆翻译打印颇费时间，到赴会前才全部准备好。明明这个文件的初稿他是看过的，却硬要赖掉说没有看过，明明是在大使馆主持之下正式译成中、俄两种文字的正式文件，却硬要说没有经过他（实际上是经过他了），以此来中伤毁谤别人，我们真不知周汝昌是何居心？

关于从苏联回来以后的情况，李一氓同志秘书沈锡麟知之最详，并始终参与其事，事实真相由沈锡麟同志逐一说明。

像周汝昌这样满口谎言、诬陷别人不择手段的"学者"，确实是少有的。我们认为，这样信口造谣，恶言诬陷中伤别人，经常无中生有制造事端的人，实在有损一个政协委员的荣誉和应有的思想品德。特别是在政协会议这样庄严郑重的场合，故意歪曲，伪造事实，用来诬陷、攻击、中伤别人，而且还把攻击别人的谎言编成书面提案，这样做不但应负道义上的责任，在法律上说也是不允许的。

在此，我们提出强烈的请求：

（一）请求政协彻底查明此事，澄清事实真相，消除周汝昌所散布的恶劣影响。

（二）我们的这份材料请政协发给文化组的所有政协代表，发送的范围应与听过他的发言和收到此提案的人相等。

（三）我们也请艺术研究院党委根据事实严肃处理周汝昌的问题。

（四）对此事的经过，如有疑问，请再作调查，我们也愿意随时提供情况。同时，鉴于周汝昌多次施展诬陷、威胁甚至谩骂手段，我们保留法律上申诉的权利，保留要求他赔偿名誉、精神损失的权利。

冯其庸　李　侃

一九八六年五月二十日

附件 5：关于列藏本《石头记》影印和序言问题

关于列藏本《石头记》影印和序言问题

周汝昌先生在全国政协会议上，提出"要求顺利落实中苏联合影印珍贵古书所订协议书条款案"（提案 323 号），好像我们违反了中苏双方签订的协议。但奇怪的是：苏方对此并没有提出异议，又何劳周先生越俎代庖，为苏方慷慨陈词？要回答这个问题，还得从周先生的"我被委派"谈起。

一、所谓剥夺汇报权问题

从苏联引回列宁格勒藏抄本《石头记》，是李一氓同志提出的。在外交部和我驻苏使馆的大力支持下，通过外交途径，苏方邀请我们派二名"红学"专家和一位出版社负责人访问苏联。国务院古籍整理出版规划小组和李一氓同志委托红楼梦研究所所长冯其庸推荐一位专家，冯提出周汝昌。这样即由冯、周和中华书局的李侃三人承担这一任务，由冯带队，冯、周二人看书，李商谈出版问题。

冯、周、李三人于 1984 年 12 月 16 日赴莫斯科，12 月 25 日回国。27 日上午，李侃同志交给我一份中苏联名影印出版《石头记》协议书，让我送一氓同志，并说：协议书尚未签字，对方是部级单位，要求我方也派出部级单位代表。鉴于事情紧迫，而当天下午冯、周即要到京西宾馆参加作协三次会议，于是由我临时安排当天上午向李老汇报。

我和李侃同志去找冯先生（同行的还有《中国旅游报》记者王槐一同志，他是李老约见的人，到办公室来找我，一起上李老家的）。他刚起来，睡眼惺忪，十分疲乏。我想：冯先生尚且如此，周先生更可想而知了。当时车上已有四个人，车就直开李老家。对这种临时安排，我向李老作了解释，并请示说：要不要接周先生？李老说："不必了，请冯其庸和他打个招呼。"由于与《中国旅游报》记者谈话是事先约定的，冯、李二人的汇报只用了十来分钟的时间，李老提议由我驻苏使馆杨大使代表中方签字，问题就解决了。

1985 年 1 月上旬，周先生致函李老，说他没有当面汇报，太不礼貌了。李老对我说：什么礼貌不礼貌，我不讲究这一套。现在天寒地冻，老先生出门不方便，你给他写封信，就说不必了。我即将李老此意函告周先生，并于 1 月 12 日登门拜访，当面转达。谈话中，周先生说汇报撇开他，是冯其庸捣的鬼。我当即说明：此事与冯先生无关，完全是我个人安排的，只是急于解决签订协议问题，我又担心你太累了，出不了门。如果不妥当，万望鉴谅。

3 月 18 日，苏方提供的胶卷由张致祥同志带回北京。4 月 1 日，李老召集中华书局有关领导安排出版事宜。4 月 5 日，我再次拜访周先生，通报这一情况。周先生又提出要面见李老。4 月 12 日，我用车接他到李老家里。这次谈话，从《石头记》抄本的引回到《曹寅集》的编纂，谈了一个半小时，可见周先生是畅所欲言的。周先生一直在汇报问题上大作文章，然而李老当面听取了周先生的汇报，这终归是事实，是任何谎言也改变不了的。

二、所谓剥夺写作权问题

从苏方提供胶卷到出书，按协议书规定是一年时间。在这期间，谁抢先发表研究文章，都有垄断材料之嫌。李老让我向冯、周打招呼，希望他们不要急于发表研究文章。我于 4 月 5

日拜访周先生时作了传达，他当面表示同意。

周先生是否真的"同意"呢？事实恰恰相反。这里有《云南民族学院学报》为证。该刊 1985 年第三期上，刊载了周先生的大文：《'在苏本'旧抄本〈石头记〉论略——中苏联合影印本代序》。是谁授予周先生单独撰序，抢先发表的权力？我回答不了，只能请教周先生。但我敢说，连周先生也回答不出来。

但周先生还振振有词，他的理由无非是：冯其庸"抢先"发表了文章，他只好"被逼"应战。其实，这也完全不符合事实。

还在 1985 年 3 月，李一氓同志即让我约冯先生撰文，介绍列藏本《石头记》简况。该文发表在《古籍整理出版情况简报》第 137 期上，题为《列藏本〈石头记〉印象》。后来又刊载在《红楼梦学刊》1985 年第三期上。这都是李老的提议，纯属宣传的需要，并非研究论文。这一情况，我在同年 6 月 8 日访问周先生时，即向他作了介绍。7 月 29 日，我和冯先生去周家时，又再次作了说明。他当即表示，误会消除了。我真不明白，既然是"误会"，而且是"消除"了，又为什么还要到处造谣？

李老的叮嘱，纯是好意。他只不过是建议，绝不是下令不准谁写文章。周先生置中苏协议书于不顾，置李一氓同志的意见于不顾，单独撰序，抢先发表，强加于规划小组和李一氓同志要"以此为准"。周先生的"代序"，受到抵制，是理所当然的。

三、所谓剥夺撰序权问题

中苏双方协议书规定：各由专家二人撰写影印本序言。这两名专家是谁，并没有言明。当然，鉴于冯、周到苏联看书的历史背景，由他们写序，是顺理成章的事。但这和周先生的"非我莫属"，毕竟是两码事。

1985 年 5 月初，李老让我约请冯先生撰写初稿。5 月 28 日，冯先生写出来了，但其时李老和我都在外地，李侃同志赴日本，我们都没有看到。6 月上旬，我回到北京，得悉周先生来找过我，即于 6 月 8 日回访。周先生问我：报纸上登了广告，说《石头记》快出书了，序言是怎样处理的？我说：李老让冯先生起草初稿，我还没看到。以后给你送来，请你定稿。周先生说：我一辈子给人跑龙套，被人利用，这种事我再也不干了。我说：冯先生的稿子，请你定稿，你的名字列在前面。周先生说：冯写的，我的名字怎么列在前面？我说：难道你愿意列在后面？周先生说：我不干。我说：索性不要序言，改为出版说明，怎么样？周先生对此颇感兴趣，说：这样做好！我说：这只是我个人想法，还需请示李老。

这之后，李侃同志接连收到周先生的信，第二封信（7 月 11 日）竟破口大骂，什么"阴毒卑鄙"呀，"欺蒙戏侮"呀，并威胁说："你们不要认为我就再也没有地方讲理了，我也有办法让全世界知道我们这儿'学术'、'文化'、'出版'界的怪现状。"这两封信，李侃同志都转给了李老。李老让我再找周先生解释。7 月 29 日，我约同冯先生访问周先生。就汇报、写文章、撰序言三事，再次向他作了说明。周先生当即表示，一切误会都消除了。还一再对我说：我和老冯的关系十分亲密，从未有过矛盾。还说：前些时他给李侃的信，语言不太好，望多多原谅。他知道李老也看过他的信，要我代他向李老解释，从前种种，纯属误会。这一次，我们当面把序言初稿交给他。我说：李老意见，还是以冯先生初稿为基础，请你定稿，联名发表。冯先生表示：全部推倒重来也可以。我说：苏方序言即将由信使带来，我们拿到俄文本，请人译成中文后，再给你送来，以便考虑中方序言。

9月中旬，苏方序言（三万多字）翻译出来了。9月17日，由办公室的同志送到周先生家里。10月10日我出差回来，看到周先生退给李老的一包材料，计有：一、中方序言草稿，一字未改，但把署名中"周汝昌"三字删掉了；二、苏方序言；三、《云南民族学院学报》1985年第三期，中有周先生的"代序"，扉页上题字"一氓前辈哂正"，标题上手批"汝昌手自校定本，以此为准"。后来，周先生在给我的信中，强调要按他的"定本"发排，否则有碍"国际学术观瞻"，断然拒绝李老意见，直接发号施令了。

11月6日，我给周先生写了一封信，转达了李老的意见，希望周先生联名，否则只好由冯先生单独署名了。在信的尾末，我说：李老对先生十分尊重，愿先生也能考虑一下李老的意见（见附件一），但周先生在回信中，只字不提序言问题（见附件二），再次表示拒绝。

正在这时候，苏联汉学家李福清来华访问，要带走中方序言。我们提议只写出版说明，苏方不同意，苏方提议中苏联名写序，我们没答应。经请示一氓同志，最后提出，苏方序言压缩成一万四千字，仍由两名专家联名；中方序言三千字，即用冯先生撰稿，由中国艺术研究院红楼梦研究所署名。李福清返苏后，很快来信表示，苏方同意这种变动。于是序言问题就这样解决了。

1985年12月12日，国务院古籍整理出版规划小组致函冯、周、李三人，说明他们的任务已经完成，并对他们表示感谢。有关出版问题，统由中华书局处理（见附件三）。此件抄送中国艺术研究院、红楼梦研究所。1986 年 1 月 31 日，中华书局写了《关于列宁格勒藏抄本〈石头记〉影印工作的报告》，由古籍整理出版规划小组转报国务院，抄送中宣部、外交部、文化部、国家出版局、中国艺术研究院，正式宣布此事已经结束（见附件四）。

由此可见，中苏双方联名影印出版《石头记》协议书已经落实，该书由中华书局出版，预计今年 10 月即可与读者见面。周先生在政协的提案，纯属多余。提案中说什么"归国后，一切有关此事的情况不让我得知，撰序的事也得不到合理的落实保证，中华书局长期不与我作任何联系"，根本不符合事实。特此说明。

沈锡麟

1986 年 5 月 23 日

论 梦 序 本

——影印梦觉主人序本《红楼梦》序

1953 年在山西发现的梦觉主人序本抄本《红楼梦》，是一个具有特殊意义的本子。此本序言末尾署"甲辰岁菊月中浣"，此序文的书法与此本总目及第一、二两回和第三回开头部分的书法，完全是一个人的笔迹，并且此人的笔迹后面还有很多。因此，这个本子的抄成时间应该就是序文所署明的时间，也即是乾隆四十九年甲辰（1784 年）。

此本究竟有些什么特殊意义呢？

独标《红楼梦》

大家知道，《石头记》的最初阶段，有过很多名字。《脂砚斋重评石头记（甲戌本）》第一回有一段文字说：

> 遂易名为情僧，改《石头记》为《情僧录》，至吴玉峰题
> 日《红楼梦》，东鲁孔梅溪则题日《风月宝鉴》。后因曹雪芹

于悼红轩中披阅十载，增删五次，纂成目录，分出章回，则题
曰《金陵十二钗》，并题一绝云：

　　满纸荒唐言，一把辛酸泪。

　　都云作者痴，谁解其中味。

　　至脂砚斋甲戌抄阅再评，仍用《石头记》。

在这一段文字里，说明《石头记》初期，一共有《石头记》、《情
僧录》、《红楼梦》、《风月宝鉴》、《金陵十二钗》等五个名字。《红楼
梦》只是其中的一个名字，而且到了乾隆十九年甲戌，还"统一"了
名称，仍用《石头记》。尽管如此，《红楼梦》这个名字，也还时时出
现。爱新觉罗宗室富察明义在他的《绿烟琐窗集》（写本）里有《题红
楼梦》诗二十首，诗前有题记云：

　　曹子雪芹出所撰《红楼梦》一部，备记风月繁华之盛，
盖其先人为江宁织府，其所谓大观园者，即今随园故址，惜其
书未传，世鲜知者，余见其抄本焉。

此诗写作时间，据吴恩裕先生考证，是在乾隆二十三四年，即1758
或1759年前后。据我的推测，此诗写作时间还应提前，估计应该在乾
隆十九年以前。[①] 在这个诗题和"小序"里，都是用的《红楼梦》这个
书名。到了乾隆三十三年（1768年），宗室诗人永忠在他的《延芬室
集》里又有《因墨香得观红楼梦小说吊曹雪芹三绝句》三首，这里用
的又是《红楼梦》的书名。然而，从现在见存的十二种此书的早期抄本
来看，只有四种叫《红楼梦》，有七种叫《石头记》，另一种郑振铎藏

---

① 参见拙著《梦边集》，第352页，陕西人民出版社1982年版。

本残存第二十三、二十四两回，则回首题头叫《石头记》，版口鱼尾上又写"红楼梦"。不管怎样，这十二种传本仍以《石头记》的名字为多。很有可能此书最初阶段是《石头记》、《红楼梦》并称的，如现存的郑藏本这种格局，便是一种例子。再有细检甲戌本正文下双行小字朱批及眉批、夹批，共有称《石头记》的十六处，称《红楼梦》的六处。如单查正文下双行小字批，则《石头记》、《红楼梦》各有两处。据研究，甲戌本上正文下留空后填的双行小字朱笔批，可能是脂砚斋初评的文字，此本上的眉批和夹批，则可能是重评的文字。那末，如从初评的文字看，《石头记》、《红楼梦》是相等的；如从再评的文字看，则《石头记》之名占压倒优势。但无论是初评或再评，都应该看作是《石头记》的初期的情况。根据以上情况来看，则此书初期的名字，可能就是上述情况，两个名字都被人们运用，而《石头记》的名字占优势。

那末，什么时候使这一情况改变的呢？看来，就是从这个梦觉主人序本开始的（以下简称"梦序本"）。可不可能在梦序本之前就早已有别的抄本全称《红楼梦》了呢？这种可能性当然存在，何况前面已经分析到明义、永忠等人都曾单称此书为《红楼梦》过。然而，从目前的情况来说，真正可信的还是这个梦序本，因为它是至今确实的存在。而明义、永忠等人所举的本子，具体情况很难确定。因为这部书名字很多，会不会刚好举了他们所习惯或喜欢的名字，而在他们手上的抄本，也许仍是两名或多名并称的呢？会不会恰如郑藏本那样呢？也许真正竟是独标《红楼梦》的呢？由于以上种种的可能性都存在，因此我们就无法确定他们所见的本子就只有一种名字叫《红楼梦》。所以要以实物为证来说，真正独标《红楼梦》的，目前要举最早的本子，还只能举出这个乾隆四十九年的梦序本来，此外就无可再举了。至于在这个本子以后而称《红楼梦》的，那自然还有更多，如舒元炜序己酉本（乾隆五十四年，1789 年），杨继振藏本即《红楼梦稿》本，程伟元、高鹗木活字本等等等等，因为这些本子都在梦序本之后，所以就不在我们讨论的范围之内了。

那末，独标《红楼梦》，究竟有些什么值得称道的呢？

一、从《红楼梦》本身的历史来说，它是从《石头记》到《红楼梦》的一个重要标志，在此以前，此书的名字主要是《石头记》，从这部梦序本开始，以后此书的名字就主要是《红楼梦》了。

二、从《红楼梦》这个名字来说，它比《石头记》的名字，要富于内涵和引人注目一些。《石头记》这个名字，在经过了明代人的这个"记"那个"记"的种种传奇以后，使人感到有点眼熟，不那么新鲜夺目。

三、这两个名字的关系，我曾经说过，《石头记》是名，《红楼梦》是字，字是表名的，所以它对名有点解释的作用，因此它比《石头记》要更具体、更有内涵些。

这并不是要说《石头记》这个名字好还是《红楼梦》这个名字好，名和字是一体的，互为表里的，不存在好坏问题，只存在功能问题。

由于《红楼梦》这个"字"较富于内涵，较有吸引力，所以这个"字"就代替"名"而风行天下了。时至今日，《红楼梦》这个名字，几乎可以说是"红"遍全世界了。但如果要是说《石头记》，可能知道的人就要少一些，这与曹雪芹名霑，雪芹是他的字，但他却以雪芹这个字风行天下，知道曹霑这个名字的，肯定要少一些一样。

对于《红楼梦》这部书来说，至今风行全国和全世界的毕竟是《红楼梦》这个名字，那末，追本溯源，它的最早以此名行世的本子，其意义当然就非比寻常了！

保存了脂本的某些原貌和文字

梦序本的另一个重要特点，是保存了脂本的某些原貌和文字。我们目前虽然还拥有十多种早期抄本的《石头记》或《红楼梦》，但是除庚辰本外，[①] 它们并没有能完整地保存原本的抄写款式，它们只是在不同程度上保存了某些原本的款式；它们的文字，有些本子虽然未经人有意识地删改，但却免不了有相当数量的抄错和抄漏。因此，对于研究者来说，愈多接近脂本的早期抄本，就愈有利于我们认识脂本原本的面貌和文字。对于整理《红楼梦》这个本子，也同样是愈多早期抄本愈好，因为它有利于互相比较和作文字上的对校。从这一角度来说，这个梦序本，同样也有它的十分珍贵的价值。

例如《石头记》的开头第一回，应该是什么样的一个抄写款式？甲戌本第一回开头第一句，就是："列位看官，你道此书从何而来？"在这之前，却是各本皆无的一篇"凡例"。但是庚辰本的第一回开头第一句，却是："此开卷第一回也。"以下便是长长的两段序言式或自白式的文字，而"列位看官，你道此书从何而来"这一个甲戌本的第一回开头，却是紧接在"亦是此书立意本旨"这句话之后，根本没有另行抬头。那末此书究竟应该是怎样的开头呢？是"列位看官"那里算全书的正式开头呢？还是像庚辰本那样"此开卷第一回也"就是此书的正文的开头呢？特别要指出的是，目前所有的早期抄本，除甲戌本和这个梦序本外，其余如庚辰、己卯、戚序、蒙府、戚宁、梦稿、舒序、列藏、程

---

① 庚辰本从整体来说，它保存了曹雪芹原稿的款式面貌，己卯本与庚辰本同，但它已残损一半。从微观来说，庚辰本"列位看官你道此书从何而来"这开头第一句，却没有另行起头，而是紧接"亦是此书立意本旨"一句之后，位于行末。

甲、程乙乃至于后来的评点本，统统都是从"此开卷第一回也"开头的，所以过去读《红楼梦》，从来没有想到此书应从哪一句开头的问题。现在就是这个梦序本，却给我们提供了新的款式。这个梦序本第一回的款式是：第一行顶格写"红楼梦"三字，第二行低一格写"第一回"三字，第三行低二格写回目。第四行低一格写"此开卷第一回也"这段文字，直到"故曰假语村言云云"止（本段开头的"此"字与右边"第一回"的"第"字齐）。然后另行低一格写"此回中凡用梦幻等字"这一小段，直到"此书立意本旨"为止。"此开卷第一回也"和"此回中凡用梦幻等字"两段，都较正文低一格，然后是顶格写"列位看官你道此书从何而来……"这样一来，就十分清楚了，正文是从"列位看官"句开始的，它的抄写款式是顶格写的。正文前的两段低一格写的文字，是第一回的回前总评。这种款式，正好与甲戌本的第二、六、十三、十四、十五、十六、二十五、二十六、二十七、二十八各回的回前回后总评的款式相同。反过来，从梦序本第一回回前评的款式，又可证明甲戌本"凡例"第五条"此书开卷第一回也"云云，原本确是脂评第一回的回前评，"凡例"的编写者硬把这段文字移过去充作"凡例"的第五条，以致破坏了甲戌本脂评的款式，弄得这个号称"至脂砚斋甲戌抄阅再评"的本子，开头第一回就没有了回前总评。现在幸亏这个梦序本，保存了脂本原来的款式，因而使人们得以确切地认识：《红楼梦》的正文开头，是从"列位看官"句开始的，而"此开卷第一回也"这两段文字，是脂砚斋所作的第一回的回前总评。

在《石头记》的抄本中，有数处评语是与正文混淆难分的，但在这个梦序本中，却与别本不一样，别本作正文的，此本却明确地作评语抄录成双行小字。例如第三回庚辰本第54页第一行"黛玉方拜见了外祖母"之下，有"此即冷子兴所云之史氏太君，贾赦、贾政之母也"一句。庚辰本是作为正文连上句一起书写下来的，其余各本无不如此，甲戌本上还在此句旁加了一段朱笔批："书中人目太繁，故明注一笔，使观者省眼。"更显得此句应是正文。但在这个梦序本里，此句却是正文下的双行小字批，与正文有明显的区别。再如庚辰本第十七至十八回，第381页末行，在正文"说不尽这太平气象，富贵风流"之下，有一大段文字：

> 此时自己回想当初在大荒山中，青埂峰下，那等凄凉寂寞，若不亏癞僧跛道二人携来到此，又安能得见这般世面。本欲作一篇灯月赋省亲颂以志今日之事，但又恐入了别书的俗套。按此时之景，即作一赋一赞也不能形容得尽其妙。即不作赋赞，其豪华富丽，观者诸公亦可想而知矣。所以到是省了这工夫纸墨，且说正经的为是。

这一大段文字，在庚辰本里全是正文书写，其余各本也是如此，特别是在庚辰本上，有朱笔眉批云：

> 忽用石兄自语截住，是何笔力，令人安得不拍案叫绝。是阅历来诸小说中有如此章法乎？

在前引这段文字"且说正经的为是"之下，又有墨笔双行批语：

> 自此时以下，皆石头之语，真是千奇百怪之文。

又戚本在"此时"这段文字以下，亦有如庚辰本墨笔双行小字批语的文字。据以上各点来看，此段文字当属正文，似无可疑。

对待这段文字唯一不同的看法，是庚辰本在"此时自己回想"这句的"此"字上，加了一道墨笔横画，以与上句隔断，在眉端又加墨笔批云：

> 此时句以下一段，似应作注，其作省亲赋之说，或以讹作讹不可知。绮园

然而，就是这个梦序本，却与众不同，这段文字，也作双行小字批抄写，界线十分明确。再有庚辰本同回在前述这段文字的后面，在正文"明现着'蓼汀花溆'四字"以下，有一大段文字：

> 按此四字，并有凤来仪等处，皆系上回贾政偶然一试宝玉之课艺才情耳，何今日认真用此匾联？况贾政世代诗书，来往诸客，屏侍座陪者悉皆才技之流，岂无一名手题撰，竟用小儿一戏之辞苟且唐塞，真似暴发新荣之家滥使银钱，一味抹油涂朱毕，则大书前门绿柳垂金锁，后户青山列锦屏之类，则以为大雅可观，岂石头记中通部所表之宁荣贾府所为哉？据此论之，竟大相矛盾了。诸公不知，待蠢物（石兄自谦妙，可代答云：岂敢。）将原委说明，大家方知。

这段文字，庚辰本是完全作为正文抄写的，并且还有正文下双行小字墨笔批语，在其他各本也是如此。但在梦序本里，却是正文下的双行小字批语，文字则作了少量的删简。上述三段文字，究竟是庚辰本等把批语误作正文呢？还是梦序本把正文误作批语呢？这就值得进一步探讨。梦序本的价值是在于对这三段历来有疑义的文字，直接提供了一个新的款式，这个款式，无疑是符合"绮园"批语的观点的。至于它究竟是正文还是批语，当然还应审慎研究。

论梦序本

由于梦序本的原本是出于脂本，所以虽然此本的文字被改动得很多，但它仍保存着较多的脂本原文，可资校证。例如庚辰本第二回"第二胎生了一位小姐，生在大年初一这就奇了，不想次年又生一位公子"这句话里的"不想次年"四字，甲戌、己卯、梦稿、蒙府、列藏、程甲各本，皆同庚辰本，而戚序、舒序、宁本皆改为"不想后来"，程乙本则改为"不想隔了十几年"。这些本子之所以修改，显然是为了照应十八回的这一段文字："那宝玉未入学堂之先，三四岁时，已得贾妃手引口传，教授了几本书，数千字在腹内了，其名分虽系姊弟，其情状有如母子。"因为这里写着"其情状有如母子"，所以前面就不能说"不想次年"了。其实前面冷子兴的话，是不能算数的，作者为了写他攀附雨村，没话找话说，不懂装懂，故而信口乱说，真假参半，就如同他说"你们同姓，岂非一族"一样，充分显示出此人的无知而又爱吹，后来的人不加深究，没有参透雪芹的作意，只从字面上看好像前后矛盾，不相照应，因此就作了修改。而梦序本此处，却与庚辰、己卯、甲戌等早期抄本一样，仍保留着脂本的原文。单从这句话来看，梦序本胜过了戚、宁、舒、程乙等各本。又如在《石头记》里最为复杂的句子，无过于第三回从宝玉眼里看黛玉的一段文字了，因为这段文字早期的《石头记》抄本无一相同，只好把它全部排列起来以见全貌：

甲戌　两湾似蹙非蹙笼烟眉，一双似喜非喜含情目。①
己卯　""""""胃""，"""笑"笑"露"。
庚辰　""半"鹅眉，一对多情杏眼。
梦稿　两湾似蹙非蹙胃烟眉，一双似目。②

---

① 上句"笼"字是经改后的字，原抄不易辨认，很可能是"胃"字。下句"喜"字亦是改后的字，原抄似为"虚"字。

② 下句"一双似目"又旁改为"一双似喜非喜含情目"。

蒙府　　″″″″″″罩″″，″″俊″。①

舒叙　　眉湾似蹙而非蹙，目彩欲动而仍留。

列藏　　两湾似蹙非蹙罥烟眉，一双似泣非泣含露目。

梦序　　″″″蹙″蹙笼″″，″″″喜″喜″情″。

程甲　　″″″″″″″″″″，″″″″″″″″″″。

从上列这些文句来看，我认为列藏本的文字是正确的。另外，这个句子，恰好与甲戌、己卯、梦序、程甲等本相近。甲戌本原抄首句第七字似是"罥"字，后涂改为"笼"字，下句"喜"字与"泣"字声音相近而误，"情"字系"露"字之误。己卯本只差下句一个"笑"字，其余全与列本同。程甲本与梦序本都同甲戌本，也即是与正确的文句只差三个字。我为什么说列藏本的句子是正确的呢？因为从字句的上下对仗和对黛玉的描写来说，这两句最为切合和稳妥。请看在这两句之下的描写黛玉的文字：

态生两靥之愁，娇袭一身之病，泪光点点，娇喘微微。闲静似娇花照水，行动似弱柳扶风。心较比干多一窍，病如西子胜三分。

……

宝玉又道，妹妹尊名？黛玉便说了名。宝玉又道：表字？黛玉道：无字。宝玉笑道，我送妹妹一字，莫若"颦颦"二字极妙。探春便问：何出？宝玉道：《古今人物通考》上说：西方有石名黛，可代画眉之墨。况这妹妹眉尖若蹙，用取这两个字岂不甚美！

---

① 戚序，戚宁本均同蒙府本。

其实，这上面两段话，就是对那两句联语的确切解释。上句既然叫"似蹙非蹙"，下句自然应该是"似泣非泣"。按：蹙，紧迫也，引申作"紧聚"，王观《卜算子》："山如眉峰聚。"此"聚"字即"蹙"之意。又《孟子·梁惠王下》："百姓闻王钟鼓之声，管籥之音，举疾首蹙頞而相告。"按："蹙頞（额）"，皱眉也。宝玉说"况这妹妹眉尖若蹙"，"蹙"亦作"戚"，忧愁、悲伤貌，义通蹙。《书·盘庚上》："盘庚迁于殷，民不适有居，率吁众戚，出矢言。""眉尖若蹙"，是忧愁、悲伤的样子。何况宝玉正是给她取了"颦颦"这个表字。按：颦，皱眉也。《晋书·戴逵传》："是犹美西施而学其颦眉。"上面这些意思，正好注释了"似蹙非蹙"四个字，再加上"态生两靥之愁，娇袭一身之病，泪光点点，娇喘微微"几句，不是这个"似蹙非蹙"就十分形象化了吗？理解了这一句，那末，下句自然就只能是"似泣非泣"了，因为下句是上句的呼应。试想如果把"泪光点点"与"似喜非喜"连起来，怎么能连得上呢？怎么能成为呼应呢？接着还应解决的是究竟是"含露目"还是"含情目"的问题。这毫无疑义，应该是"含露目"。因为上句是"罥烟眉"，这上下各三个字，对得十分切。"罥"对"含"，"烟"对"露"，"眉"对"目"，如果中间是个"情"字，就无法相对了，而且因为是"似泣非泣"所以才"含露"，"露"也就是宝玉眼中的"泪光点点"。经过这样疏解以后，这两句话确实应该承认以列藏本最为正确无误了。然后，以此作为标准，可以看到这两句的文字，梦序本实际上与甲戌本相同。由此可见此本的一部分文字确是早期脂本的遗文（指其中未被后人改动部分）。虽然有部分文字已被改易了，但其未被改易的部分，仍是极为可贵的。

梦序本的改文

　　前面说过，梦序本的文字有一部分是经人删改过的，而且所占的分量并不太小。这里还要指出，在这许多删改过的文字里，又可分为两类，一类是与程高本相同的文字，另一类是与程高本不同，但也不同于脂本的文字。为了使大家能具体地看到这种情况，特选取部分文字，用表格排列，以显示庚辰（作为对照的底本）、梦序、程甲三本的异同：①

《石头记》第一回庚辰、梦序、程甲三本部分文字对照表

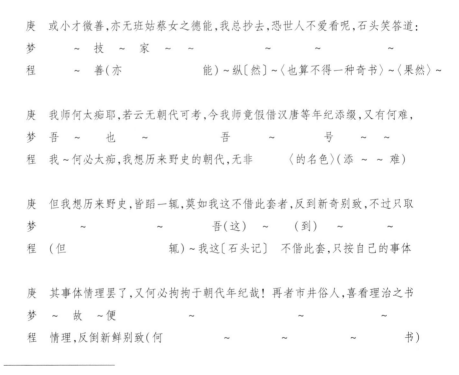

庚　或小才微善,亦无班姑蔡女之德能,我总抄去,恐世人不爱看呢,石头笑答道:
梦　　　　技　　家　~　　　　~　　　　~
程　　　　善(亦　　　　　　能)~纵〔然〕~〈也算不得一种奇书〉〈果然〉~

庚　我师何太痴耶,若云无朝代可考,今我师竟假借汉唐等年纪添缀,又有何难,
梦吾　~　　也　　　　　　吾　　　　　号　　~
程　我~何必太痴,我想历来野史的朝代,无非　　〈的名色〉(添　~　~难)

庚　但我想历来野史,皆蹈一辙,莫如我这不借此套者,反到新奇别致,不过只取
梦　　~　　　　　　　~　　　吾(这)　~　　(到)　~　　　~
程　(但　　　　　　辙)~我这〔石头记〕　不偕此套,只按自己的事体

庚　其事体情理罢了,又何必拘拘于朝代年纪哉!再者市井俗人,喜看理治之书
梦　~　故　~便　　　　　~　　　　~　　　　~
程　情理,反倒新鲜别致(何　　　~　　　　~　　　　~　书)

---

　　①　表内符号：~表示与上行文字全同,〔〕表示增加的文字,（）表示删去的文字,〈〉表示改动的文字。表内文字,均与庚辰本作对照。

庚	者甚少,爱适趣闲闻文者特多,历来野史,或讪谤君相,或贬人妻女,奸淫凶恶,不
梦	～　爱〔看〕适～　甚　～　　～　　　　　污～　　　～
程	(者　　～　　　　　多)〈况且那〉～〔中〕或　～　　　　～

庚	可胜数,至若佳人才子等书,则又千部共出一套,且其中终不能不涉于淫滥,
梦	～　纪,更有一种风月笔墨,其淫秽污臭,口惑人心,坏人子弟,不可胜数,至
程	～　数,　～　　　　　　　〈最易〉　　～　　(又　数)～

庚	以致满纸潘安子建,西子文君,不过作者要写出自己的那两首情诗艳赋来,
梦	若佳人才子等书,则又千篇一例,且其中不能不仍涉于淫乱,以致满纸潘安
程	于才子佳人～～,～开口文君,满篇子建,千部一腔,千人一面,且终不能不

庚	故假拟出男女二人名姓,又必傍出一小人其间拨乱,亦如剧中之小丑然,且
梦	子建,西子文君,不过作者要写出自己的那两首情诗艳赋来,故假拟出男女
程	涉淫滥,在作者　～　(　)　～　　　(　)　　～　　　　～捏　～

庚	环婢开口,即者也之乎,非文即理,故逐一看去,悉皆自相矛盾,大不近情理之
梦	二人名姓,又必傍出一人在其间拨乱,亦如剧中之小丑然,且鬟婢开口,即者
程	～　～　,〈添〉一〈小〉人拨乱其间(　)〈戏〉(　)～〈一般更可厌者之乎者

庚	话,竟不如我半世亲睹亲闻的这几个女子,虽不敢说强似前代书中所有之
梦	也之乎字样,敷陈满纸,故逐一看去,易生厌怠,竟不如我半世亲闻亲见的这
程	也,非理即文,大不近情,自相矛盾〉(易　　怠)　～　　　　见～闻～

　　我从庚辰本第一回里选取了十行,即从第6页第八行起,到第7页第七行止,以与这个梦序本和程甲本作对照,举凡梦序本改动脂本文字及程本袭取梦序本的情况以及程本异于梦序本,梦序本异于脂、程两本的地方,大致都可以看到一些梗概。但是这里要说明的是,这十行文字的对照,只能是一个梗概。因为从全书来说,梦序本改动脂本文字以及

程本袭取梦序本的文字，极不平衡，有些地方，梦序本改动脂本文字较多，有些地方程本完全同于梦序本，凡是这种情况，就不可能在这十行文字中一齐得到反映。特别还要指出的是，上述表格中的文字，显然可以看到，有些句子，梦序本对脂本故意作了前后的颠倒，程本对梦序本有时也有这种情况。凡是这种改动和故意将原本文字作前后颠倒，我认为都是没有意义的，都是对曹雪芹原著的一种破坏。但所幸这个梦序本一是在破坏之余，还保存了脂本原文的部分面貌，有的甚至其他各本都已不存原貌了，惟独这个本子还独留真面（如前所论），这就是很难得的了，另一方面，我们过去读程本的时候，只知道这种删改是从程本开始的。自从有了这个梦序本，就确切知道这种大量的删改原文，在程本之前就早已有了，至于是不是可以说是从这个梦序本开始的，也还很难说，因为大家知道，戚序本、蒙府本就早已做过文字上的整齐划一和补苴罅漏的工作了，只不过它的改动面较小而已。

这里还要指出，梦序本里也有补写的文字。大家知道，庚辰本第二十二回是一回未写完的文字，在此回"前身色相总无成"句上，有朱笔批语："此后破失俟再补。"在宝钗诗谜的末尾，有墨批："此回未成而芹逝矣，叹叹！丁亥夏，畸笏叟。"所以这回文字是残稿是不容怀疑的，现将这回末尾残缺的情形，照原文抄录如下：

　　　　贾政道：是算盘。迎春笑道：是。又往下看是：
　　　　阶下儿童仰面时，清明妆点最堪宜。
　　　　游丝一断浑无力，莫向东凤（风）怨别离。
　　　　（此探春远适之谶也。使此人不远去，将来事败，诸子孙
　　不至流散也，悲哉伤哉！）
　　　　贾政道：这是风筝。探春笑道：是。又看道是：
　　　　前身色相总无成，不听菱歌听佛经。

莫道此生沉黑海，性中自有大光明。

（此惜春为尼之谶也。公府千金至缁衣乞食，宁不悲夫！）

暂记宝钗制谜云

朝罢谁携两袖烟。琴边衾里总无缘。

晓筹不用人鸡报，五夜无烦侍女添。

焦首朝朝还暮暮，煎心日日复年年。

光阴荏苒须当惜，风雨阴晴任变迁。

此回未成而芹逝矣，叹叹！丁亥夏畸笏叟

　　这就是庚辰本二十二回末尾残存的大概面貌。但是这个残存面貌在蒙府本、戚序本里首先就消失了，到这个梦序本里，同样也已经补足了。但梦序本的补文与戚本却不是一回事，是另行补写的。为了节省篇幅，单将梦序本的补文引录如下，以便与前引庚辰本的残文对照：

贾政道：是算盘。迎春笑道：是。又往下看是：

阶下儿童仰面时，清明妆点最堪宜。

游丝一断浑无力，莫向东风怨别离。

　　打一物（此探春远适之谶也！）

贾政道：好像风筝。探春道：是。贾政再往下看是：

朝罢谁携两袖烟。琴边衾里两无缘。

晓筹不用鸡人报，五夜无烦侍女添。

焦首朝朝还暮暮，煎心日日复年年。

光阴荏苒须当惜，风雨阴晴任变迁。

　　打一物（此黛玉一生愁绪之意）

贾政道：这个莫非是香。宝玉代言道：是。贾政又看道：

南面而坐，北面而朝，像忧亦忧，像喜亦喜。

打一物（此宝玉之镜花水月）

贾政道：好好，大约是镜子。宝玉笑道：是。贾政道：是谁做的？贾母道：这个大约宝玉做的。贾政就不言语。往下再看道是：

有眼无珠腹内空，荷花出水喜相逢。

梧桐叶落分离别，恩爱夫妻不到冬。

打一物（此宝钗金玉成空）

贾政看到此谜，明知是竹夫人，今值元宵，语句不吉，便佯作不知，不往下看了。于是夜阑，杯盘狼藉，席散各寝，后事下回分解。

将这段文字与前引庚辰本的残文对照，不是已经补得整整齐齐了吗？但这个补文不是雪芹原文，这是毫无疑问的。因为雪芹根本没有写完这回文字。另外，这个补作的人连庚辰本的残文和批语都未能看到，如果看到了，他就决不会把宝钗的诗谜硬装到黛玉名下去了。戚本的补文，这首诗就仍属宝钗。狄平子在此诗的眉端还加批云：

宝钗一谜，今本改为黛作。不知作者本意在写贾氏失败之先兆，故作谜者为贾氏四姊妹及宝钗，以五人皆贾氏之人也。黛非贾氏人，是以无谜。

狄平子的批语，可谓深得雪芹作意，是讲得十分正确的。他所批评的"今本"，当然是指当时最通行的程本。然而，程本对此诗的处理，恰恰同于梦序本。

那末，当时的这个删改者和补作者，为什么要去做这种"可怜无补费精神"的事呢？我想，一是他们还没有充分认识到雪芹之伟大，曹雪芹的文章之不可企及，他们以为自己的手，还可攀上曹雪芹肩头。二是为了求全和求新，因为求全，所以要补齐，因为求新，所以就要删改。然而，由于曹雪芹的伟大，《石头记》的艺术魅力，这个虽经删改的本子，它的未被删改的原文原貌（原抄本款式），仍在向人们发出迷人的芬芳。

梦序本的批语

《石头记》的早期抄本，都是带着脂砚斋的评语的。曹雪芹的创作和脂砚斋的评不仅是同时进行的，而且也是无法分开的。甲戌本第一回眉批云：

能解者方有辛酸之泪，哭成此书，壬午除夕，书未成，芹为泪尽而逝。余尝哭芹，泪亦待尽。每意觅青埂峰再问石兄，余（奈）不遇獭（癞）头和尚何！怅怅！

今而后惟愿造化主再出一芹一脂，是书何本（幸），余二人亦大快遂心于九泉矣！

甲午八日泪笔 ①

只要读读上面这两条批语，便可明白他们两人亲密的关系，因此，

———

① 此两批研究者争议颇多，一种是说"壬午除夕"是批语下的纪年，如同"甲午八月"一样，因此"书未成"以下应为另一条批语。另一种是说"甲午"应作"甲申"，已见靖本同一批语。以上这些问题，本文都不涉及。此处只是借以说明曹雪芹与脂砚斋在创作和评批《石头记》过程中的亲密关系。

甚至可以说，如果要了解《石头记》的原始面貌的话，那就必须注意到它的正文和它的批语几乎是一体的，不可分割的。所以此书抄本的题签就是《脂砚斋重评石头记》。由于以上这种特殊情况，我们在研究《石头记》的抄本和此书的非常丰富的内涵的时候，就特别重视此书的评语。抄本有没有评语，评语是多是少，差不多是评价这个抄本的依据之一。

梦觉主人序本《红楼梦》，是带有较多的评语的一种抄本，因此它就十分值得重视。据统计，全书共有评语二百四十八条①。我认真统计了此本第一回的评语，共有九十四条②，为全书评语最多的一回。

梦序本的这许多评语，证明它的底本当是一个早期的抄本，可惜的是这许多批语，都经过删改和简化了，这是一大遗憾。但这些经过删简的批语，也仍然是有作用的，一是它可以证明此本的来源，二是它可以用来对证别本上的批语，三是它毕竟还有少量未被删简的批语，可以用来校核别本上的批语，起到互校的作用。另外，此本还有少量独有的批语，也可用来作为探索此本来源的一种资料。

梦序本批语被删简的情况，比较明显，现列举数例以见其大概：

1. 甲戌本第二回"谁想他命运两济"一段上眉批云：

> 好极。与英莲有命无运四字遥遥相映射。莲，主也。杏，仆也。今莲反无运，而杏则两全，可知世人原在运数，不在眼下之高低也。此则大有深意存焉。

---

① 见郑庆山《读梦觉本〈红楼梦〉批语札记》，《红楼梦学刊》1988 年第三期。
② 此回评语，周汝昌统计是 88 条，郑庆山统计是 95 条，与我的统计差一条。这个差别，可能是计算方法的不同，如应该作为两条批语的，却作了一条等等，当然也可能是我的疏忽。

这段甲戌本的眉批，在梦序本里，已移作句下双行小字批，且文字删简得只剩下十四个字：

妙。与英莲有命无运四字遥相对照。

2. 甲戌本第四回"长到十八九岁上，酷爱男风，最厌女子"句旁夹批云：

最厌女子，仍为女子丧生，是何等大笔。不是写冯渊，正是写英莲。

这段甲戌本的夹批，在梦序本里，已移作正文下的双行小字批，并且只删简成九个字：

不是写□渊，是写英□。

3. 己卯本第十八回"第四出离魂"下双行小字批：

伏黛玉死，牡丹亭中。所点之戏剧伏四事，乃通部书之大过节、大关键。

这段己卯本的正文下双行小字批，在梦序本里仍作双行小字，但已被删简成：

伏黛玉之死，牡丹亭。

八个字了。这样一来，连文句都无法通了。

4. 庚辰本第二十一回"翻身看时，只见袭人和衣睡在衾上"句下双行小字批云：

> 神极之笔。试思袭人不来同卧亦不成文字，来同卧更不同（同字衍——庸）成文字，却云和衣衾上，正是来同卧不来同卧之间，何神奇文，妙绝矣！好袭人，真好石头记，得真真好述者，错（真？）不错，真好批者，批得出。

这段批语，到了梦序本里，又被删简为：

> 若说袭人不来同卧固不成文字，来同卧亦不成文字，却云"和衣衾上"，是何神奇绝妙文字。

以上就是梦序本删简批语的情况。当然，梦序本里也有少数未被删简的批语，如甲戌本第一回"还只没有实在的好处"句旁夹批云：

> 妙极，之金玉其外，败絮其中者，见此大不欢喜。

甲戌本这段批语开头数字是读不通的，但在梦序本里，却是完整的畅通的一段文字：

> 好极！今之金玉其外，败絮其中者，见之大不欢喜。

这段批语，就完全畅通了。再如甲戌本第一回"温柔富贵乡去安身乐业"上眉批云：

> 昔子房后谒黄石公，惟见一石。子房当时恨不随此石去，余亦恨不能随此石而去也。聊供阅者一笑。

这段甲戌本的眉批，在梦序本里是双行小字批，全文云：

> 昔子房后谒黄石公，惟见一石。子房当时恨不随此石而去，余今见此石，亦惟恨不能随此石而去。聊供阅者一笑。

对照之下，显然梦序本的文字要正确完整得多。

梦序本还有四十多条独出的批，但据研究，可能都不是脂批。当然这些批，对研究此本的形成过程，还是有用处的。

梦序本的序言

在现存《石头记》或《红楼梦》抄本的序言中，最值得称道的，是戚蓼生写的序和梦觉主人写的序。戚序本文暂不旁及，现在单论梦觉主人的这篇序言。我认为这篇序言，表明了作者对《红楼梦》起码有五个重大问题的看法。

第一，它对《红楼梦》的命名提出了看法。序文说：

> 辞传闺秀而涉于幻者，故是书以梦名也。夫梦曰"红楼"，乃巨家大室儿女之情，事有真不真耳。红楼富女，诗证香山。悟幻庄周，梦归蝴蝶。作是书者，藉以命名为之《红楼梦》焉。

　　这段序文是说，《红楼梦》写的是"闺秀"，是"巨家大室的儿女之情"，有真实的，也有不真实的（幻），这种写法，可以证之以白香山（居易）的诗和庄子的文章。

　　白香山的诗，究竟是哪一首呢？我认为是指白居易写的《和梦游春诗一百韵并序》。这首诗见《全唐诗》卷四百三十七。这首诗本是和元稹的《梦游春七十韵》的。现在先看看白诗的有关部分：

> 昔君梦游春，梦游西山曲。
> 恍若有所遇，似惬平生欲。
> 因寻菖蒲水，渐入桃花谷。
> 到一红楼家，爱之看不足。
> 池流渡清泚，草嫩蹋绿蓐。
>
> 门柳暗全低，檐樱红半熟。
> 转行深深院，过尽重重屋。
> 乌龙卧不惊，青鸟飞相逐。
> 渐闻玉佩响，始辨珠履躅。
> 遥见窗下人，娉婷十五六。
> 霞光抱明月，莲艳开初旭。
> 缥缈云雨仙，氛氲兰麝馥。
> ……

　　在这一大段文字里，分明是描写了一个"红楼富女"。按这首诗是有本事的，本事就是元稹与莺莺（借用小说人名）的一段恋爱故事。元稹初与莺莺好合，后复弃之，并作《梦游春》诗以记其事。白居易对此事了解甚悉，故又作和诗。并且在诗序里说："大抵悔既往而悟将来也。"确实这首诗的用语（"到一红楼家"），以及诗中描写的"窗下人"，颇有点《红楼梦》的味道。无怪乎这位梦觉主人会说"诗证香山"了。

至于庄子的文，当然是指《齐物论》的最后一段文字：

> 昔者庄周梦为胡蝶，栩栩然胡蝶也，自喻适志与！不知周
> 也。俄然觉，则蘧蘧然周也。不知周之梦为胡蝶与？胡蝶之梦
> 为周与？周与胡蝶，则必有分矣。此之谓物化。

自从庄子的这一思想问世后，不知影响了后世多少文学家和思想家。这段话的基本思想，就是："不知周之梦为胡蝶与？胡蝶之梦为周与？"于是邯郸黄粱，南柯蚁穴，人生如梦，梦如人生，等等等等，为世上失意落魄的人提供了精神慰藉。甲戌本"凡例"末尾的诗，前四句是：

> 浮生着甚苦奔忙，盛席华筵终散场。
> 悲喜千般同幻渺，古今一梦尽荒唐。

这四句诗基本就是这一思想。梦觉主人认为《红楼梦》这个"梦"字的来源，就是出于庄周。曹雪芹本人的思想，是否同于庄周？我看未必，尽管庚辰本开头就说：

> 作者自云：因曾历过一番梦幻之后，故将真事隐去，而借
> 通灵之说，撰此石头记一书也。故曰甄士隐云云。

但贯串于全书的，并不是一切都是虚无和幻渺，如果都是"悲喜千般同幻渺"，那末《红楼梦》里哪来那末深沉的悲剧意识？但是如果仅仅是

指《红楼梦》这个"梦"字的出处，那末，无疑梦觉主人是说对的。梦觉主人认为，香山的诗，庄子的文，合起来就是《红楼梦》三个字的出处。

第二，关于《红楼梦》的真伪虚实问题。序文说：

> 今夫《红楼梦》之书，立意以贾氏□主，甄姓为宾明矣。真少而假多也，假多即幻，幻即是梦。书之奚究其真假，惟取乎事之近理，词无妄诞。说梦岂无荒诞，乃幻中有情，情中有幻是也。

《红楼梦》的情节，是梦是幻，迷离恍惚，真真假假，一时令人摸不着头脑，但梦觉主人却能透过表象，直揭本旨，他指出"奚究其真假，惟取乎事之近理"，"幻中有情，情中有幻"。这与书中所提示的"假作真时真亦假，无为有处有还无"是一样的意思。这实际上就是读此书的南针，是作者有意作的暗示。这一层深意，这位梦觉主人却一下就能识透，足证他确是一位"大知识"。

第三，是指出了此书"辟旧套，开生面"的问题。序文说：

> 环婢袅袅，秀颖如此，列队红妆，钗成十二，犹有宝玉之痴情，未免风月浮贬（泛？），此则不然。
>
> 天地乾道为刚，本秉于男子，簪缨华胄，垂绅执笏者，代不乏人。方正贾老居尊，子侄跻跻英年。如此世代朱衣，恩隆九五，不难功业华衮（衷？），此则亦不然。
>
> 是则书之似真而又幻乎？此作者之辟旧套，开生面之谓也。

梦觉主人指出了按常套，宝玉处于"列队红妆，钗成十二"之间，势必"风月浮贬（泛）"；然而书中却偏偏不是如此描写。此"辟旧套，开生面"之一。贾氏"世代朱衣，恩隆九五"，自然应该"功业华褒（衮）"，永保爵禄，然而"亦不然"，书中却偏偏来一个"忽喇喇似大厦倾，昏惨惨似灯将尽"，"落了一片白茫茫大地真干净"。此"辟旧套，开生面"之二。梦觉主人能独具只眼，看出此书之不落常套，并且加以赞赏，这就是很大的识力。

第四，是指出了此书"工于叙事，善写性骨"。序文说：

> 至于□（日？）用事物之间，婚丧喜庆之类，俨然大家，□□事有重出，词无再犯。其吟咏诗词，自属清□，不落小说故套，言语动作之间，饮食起居之事，竟是庭闱形表，语谓因人，词多彻性，其诙谐戏谑，笔端生活，未坠村编俗俚。此作者工于叙事，善写性骨也。

梦觉主人的这一段话，确切而深刻地指出了《红楼梦》在人物和生活描写上的真实性和生动性。所谓"语谓因人，词多彻性"，用我们现在的话来说，就是语言的人物个性化。

第五，提出了对八十回后是否需要续书的看法。序文说：

> 书之传述未终，馀帙杳不可得。既云梦者，宜乎留其有馀不尽，犹人之梦方觉，兀坐追思，置怀抱于永永也。

梦觉主人明确提出"宜乎留其有馀不尽"，这就是说八十回后无需续书，这与戚蓼生的观点是完全一致的。

综合上述五个方面，可以清楚地看出，梦序本在《红楼梦》的早期抄本的序列中，是一部具有独特面貌和特殊意义的抄本，它既是从脂评系统走到程本系统的一个桥梁，又是保存着脂本某些原始面貌，因而也是研究脂本的不可或缺的珍贵抄本。

1989 年 2 月 4 日，旧历戊辰岁小除夕夜 1 时

写毕于京华瓜饭楼

论程甲本问世的历史意义

—— 为纪念程甲本问世二百周年而作

一部没有定稿的奇书

《红楼梦》的出现，是中国历史上的一件大事，也是世界文化史上的一件大事。它的出现，好比在沉沉昏暗的午夜，忽然升起了一颗永远不落的明星，由于它的光芒，使人们从昏暗中隐约看到了朦胧的前景，由于它的光芒，使人们从沉睡中渐次苏醒……

可是这样一部不朽的巨著，无论是在曹雪芹的生前或是身后，也不论是流传下来的抄本或是后来的木活字排印本，统统都处在一个不稳定的不断删改之中。大家知道，现今流传的《红楼梦》抄本，计有以下十一种（以发现先后为序）：

一、戚蓼生序本《石头记》，八十回，1912 年上海有正书局石印。

二、《脂砚斋重评石头记》（甲戌本），残存十六回，1927年胡适收藏，原为大兴刘铨福所藏。

三、《脂砚斋重评石头记》（己卯本），残存三十八回，后又得三回又两个半回，现共有四十一回又两个半回。原为董康所藏，后归陶洙，现藏北京图书馆。

四、《脂砚斋重评石头记》（庚辰本），七十八回。1932 年由徐星署购得，现藏北京大学图书馆。

五、戚蓼生序本《石头记》，南京图书馆藏，八十回。此书与有正石印戚序本基本相同。

六、梦觉主人序本《红楼梦》，八十回。1953 年发现于山西。北京图书馆藏。

七、乾隆抄本百廿回《红楼梦稿》，一百二十回。1959 年春发现，现藏中国社会科学院文学研究所图书馆。

八、蒙古王府藏本《石头记》，原八十回，抄配成一百二十回，1960 年发现，现藏北京图书馆。

九、舒元炜序本《红楼梦》，残存四十回，吴晓铃藏，朱南铣有影抄本，藏北京图书馆。

十、郑振铎藏抄本《红楼梦》，残存二十三、二十四两回，现藏北京图书馆。

十一、列宁格勒藏抄本《石头记》，八十回，缺五、六两回，苏联科学院东方学研究所列宁格勒分所藏，现有中华书局影印本。

这十一种抄本，无一是曹雪芹的真正的定稿本，虽然在"甲戌本"上说：

> 后因曹雪芹于悼红轩中披阅十载，增删五次，纂成目录，分出章回……至脂砚斋甲戌抄阅再评仍用《石头记》。

玩其语气，好像是已经定稿了，但实际上这还只是一个再阅评本，从残存的十六回看，有的回末结尾尚未完成，有的文句尚在修改之中，何况再评之后，现还有四阅评本。就是这个"脂砚斋凡四阅评过"的庚辰本，虽然明明写着"庚辰秋月定本"的字样，但实际上这个本子照样存在着许多缺损，如二十二回末脂批云："此后破失俟再补"，"此回未成而芹逝矣，叹叹！""暂记宝钗制谜云：……"二十五回末尾脂批云："叹不能得见宝玉悬崖撒于（手）文字为恨。丁亥夏，畸笏叟。"七十五回前脂批云："乾隆二十一年五月初七日对清，缺中秋诗，俟雪芹。"以上这些批语，都明显地标志着这部奇书，还远未定稿。庚辰是乾隆二十五年（1760 年），下距乾隆二十七年或二十八年除夕雪芹之逝，只有二三年了，而且此后再也没有署年比庚辰更后的本子，可见就是这个前八十回，也不是雪芹生前的一个定本。至于庚辰以后的抄本，如戚序本、梦稿本、甲辰本等等，原先在庚辰本上残缺的文字，都已经统统补足，完整无缺，这更说明了这是后人的补作，并非作者的原稿。在后出的许多抄本上的文字的歧异，除了其中包含雪芹当年增删五次的改笔外，有一部分就是后人的改笔，所以仔细看看现存的这些早期抄本，就可以看到《红楼梦》这部奇书，长期以来，迄无定本。不仅仅是作者生前一直在对它披阅增删，而且是作者逝世后的读者们（包括抄本的藏者）也仍然在不断地对它批阅增删；不仅仅是抄本阶段一直没有停止过增删修改，就是到了木活字本的阶段，这种增删修改的情况也远远没有停止。据研究，程甲本之后竟有四次抽换木活字重印，即除人们熟知的程甲、程乙本外，还有程丙、程丁本。① 而且每次重印都有修订，如程

---

① 见台湾徐仁存、徐有为合著《程刻本红楼梦新考》，台湾编译馆出版，1982 年 10 月。

乙本改程甲本的文字，字数就达一万九千五百六十八字，其中前八十回即被删改一万四千三百七十六字，① 要了解这种情况，只要看看程伟元和高鹗在程乙本上的这段"引言"就很清楚了。"引言"说：

> 是书前八十回，藏书家抄录传阅几三十年矣，今得后四十回合成完璧。缘友人借抄，争观者甚夥，抄录固难，刊校亦需时日，姑集活字印刷。因急公诸同好，故初印时不及细校，间有纰缪。今复聚集各原本详加校阅，改订无讹，惟识者谅之。
>
> 一、书中前八十回抄本，各家互异，今广集核勘，准情酌理，补遗订讹。其间或有增损数字处，意在便于披阅，非敢争胜前人也。
>
> 一、是书沿传既久，坊间缮本及诸家所藏秘稿，繁简歧出，前后错见。即如六十七回，此有彼无，题同文异，燕石莫辨。兹惟择其情理较协者，取为定本。
>
> 一、书中后四十回系就历年所得，集腋成裘，更无他本可考。惟按其前后关照者，略为修辑，使其有应接而无矛盾。至其原文，未敢臆改，俟再得善本，更为厘定，且不敢尽掩其本来面目也。
>
> 　　　　　　壬子花朝后一日小泉、兰墅又识

按壬子是乾隆五十七年（1792 年），距雪芹逝世才二十八九年。上面这段文字里说"前八十回抄本，各家互异，今广集核勘，准情酌理，补遗订讹"，可见是做了一番相当规模的修订工作的。其具体改动字数已如上述，但此后不久，又有本衙藏板本《新镌全部绣像红楼梦》问

---

① 见北京师范大学出版社校注本《红楼梦》"校注说明"，1987 年 11 月版。

世，其题记云：

> 《红楼梦》一书，向来只有抄本，仅八十卷。近因程氏搜
> 辑刊印，始成全璧。但原刻系用活字摆成，勘对较难，书中颠
> 倒错落，几不成文；且所印不多，则所行不广。爰细加厘定，
> 订讹正舛，寿诸梨枣，庶几公诸海内，且无鲁鱼亥豕之误，亦
> 阅者之快事也。

这段题记，同时又在东观阁本《新镌全部绣像红楼梦》上一字不易地
照登，末尾加"东观阁主人识"六字。这说明在程乙本以后，其他各家，
仍以已刊各本有误，必须重加修订的名义，继续修订重刊。总之，这种不
断修订重刻的情形一直继续下去，直到汪元放的时代也没有结束。

《红楼梦》这部巨著，作者生前未能定稿，作者逝后则更是任人删
改刊行，无有宁日。而与此同时，这部书却又日复一日地深入人心，历
久不衰，这就是这部奇书的一大特点，是任何别的著作所不可能有的。①

程甲本的历史功绩

程甲本问世是历史的必然

乾隆五十六年辛亥（1791 年）程伟元、高鹗以木活字排印《红楼
梦》，从此《红楼梦》一书进入了印刷发行的阶段，这并不是一个偶然
现象，这是以当时的历史条件为前提的。程伟元在乾隆五十六年程甲本
的《序》里说：

---

① 这里指的是作家的作品，不是指一贯流传于民间的民间传说。

　　《红楼梦》小说本名《石头记》，作者相传不一，究未知出自何人，惟书内记雪芹曹先生删改数过。好事者每传钞一部，置庙市中，昂其值得数十金，可谓不胫而走者矣。

高鹗的《叙》里说：

　　予阅《红楼梦》脍炙人口者，几廿馀年，然无全璧，无定本。

程伟元、高鹗在乾隆五十七年为程乙本所作的《引言》里说：

　　是书前八十回，藏书家抄录传阅几三十年矣。

　　以上是程伟元、高鹗排印《红楼梦》当时及以前二三十年的情况，也就是雪芹逝世到程、高刻书这一段时期的社会情况，从上面三段材料中，已可见当时社会上对《红楼梦》的需要。同时，还有周春在《阅红楼梦随笔》里所记的情况，可以参证：

　　乾隆庚戌（乾隆五十五年，1790 年）秋，杨畹畊语余云："雁隅以重价购钞本两部，一为《石头记》，八十回；一为《红楼梦》，一百廿回。微有异同，爱不释手。监临省试，必携带入闱，闱中传为佳话。"时始闻《红楼梦》之名，而未得见也。壬子冬（乾隆五十七年，1792 年），知吴门坊间已开雕矣。兹茗估以新刻本来，方阅其全……甲寅（乾隆五十九年，1794 年）中元日黍谷居士记。

又裕瑞《枣窗闲笔》云：

> 此书（指《红楼梦》——引者）自抄本起至刻续成部，前后三十余年，恒纸贵京都，雅俗共赏，遂浸淫增为诸续部六种，及传奇、盲词等等杂作，莫不依傍此书创始之善也。

又梦痴学人的《梦痴说梦》说：

> 《红楼梦》一书，作自曹雪芹先生……嘉庆初年，此书始盛行。嗣后遍于海内，家家喜阅，处处争购，故《京师竹枝词》有云："开口不谈《红楼梦》，此公缺典正糊涂。"时尚如此，亦可想见世态之颠。于是续之，补之，评之，论之，遂撰遂刻，肆无忌惮，而昧者模形，迷者绝迹，仿效争趋，流毒至于今日。

上面这些材料，客观上真实地反映了程甲本问世前后社会上对《红楼梦》狂热的情况，特别是最后梦痴学人的话，很清楚他是完全站在反对《红楼梦》的立场上的，所以他说的当时社会对《红楼梦》的狂热的程度是绝对可信的。由此可见程伟元、高鹗投资排印《红楼梦》，决不仅仅是他们个人的喜好问题，而是整个社会的喜好问题，这就是历史的必然，如果没有这样巨大的社会市场，程伟元、高鹗无端排印这许多《红楼梦》岂不是发疯！

然而这样巨大的社会市场，它能为我们说明什么呢？我认为它说明当时社会的文化需要、精神需要、思想需要。这就是我说的历史必然的内涵。

程甲本的问世，保全了《石头记》
前八十回的基本面貌

　　前面已经说过，在《石头记》的创作过程和后来的刊刻过程中，始终没有停止过对正文的增删修改。所不同的是雪芹生前的一些抄本上的修改，是属于作者创作过程中的修改，并不是局外人的妄改或篡改，其中也包括着可能有的脂砚斋的改笔；而雪芹逝世以后，特别是连脂砚斋、畸笏叟等人也去世以后的许多改笔，自然就与前者截然不同，是属于局外人的拟改、拟补甚至妄改。① 这种改笔，对于作者的原稿来说，只能是属于一种异化或破坏，然而就《红楼梦》的流传过程来说，这种对原稿带有异化和破坏性质的修改，可以说在有清一代始终没有停止过。

　　大家知道，程甲本的前八十回就其大概而言，毫无疑问，它是属于脂本的系统，所以它的印行，无疑是使脂本系统的文字得以大规模地流传，而且是以一种固定的形式流传，不是口头流传或是以极粗劣的方式抄传。但是在分疏此点之前，还必须说明，程甲本的底本虽然确是脂本系统的文字，但它也像甲辰本、戚序本、蒙府本等等一样，它们对于雪芹生前的脂本如庚辰本来说，已经是作了一定程度上的文字改动或增补了。为了使读者明了程甲本的此种情况，我特选择两段文字作对照，以便增加读者的感性认识。其一如下：②

---

　　① 此处指前八十回抄本上的补笔和改笔，非指后四十回的续作，关于后四十回的问题，后文另论。

　　② 见《脂砚斋重评石头记》（庚辰本）第一回第 5 页，人民文学出版社 1975 年影印。程甲本《绣像红楼梦》第一回第 2 页，乾隆辛亥萃文书屋原本。

庚辰	来至石下席地而坐长谈，见一块鲜明莹
程甲	～到这青埂峰下席地坐谈，～着这块鲜莹
庚辰	洁的美玉且又缩成扇坠大小的可佩可拿
程甲	明洁的石头～～～～～～～一般甚属可爱
庚辰	那僧托于掌上笑道：形体到也是个宝物了。
程甲	～～～～～～～～～～～～～～～灵～～。

从上面这个表里，就不难看出程甲本与庚辰本文字上的异同了。下面再举第二十八回中间的一段文字，庚辰本此回只到"肉儿小心肝，我不开了你怎么钻"，以下文字断缺，但此段文字在甲戌本里不缺，今对照程甲本如下：

唱毕，饮了门杯说道："桃之夭夭。"令完了，下该薛蟠。薛蟠道："我可要说了：女儿悲——"说了半日，不见说底下的。冯紫英笑道："悲什么？快说来！"薛蟠登时急的眼睛铃铛一般，瞪了半日，才说道："女儿悲——"又咳嗽了两声，便说道："女儿悲，嫁了个男人是乌龟。"众人听了都大笑起来。方薛蟠道："笑什么？难道我说的不是，一个女儿嫁了汉子要当做忘八，他怎么不伤心呢？"众人笑的弯腰说道："你说的狠是，忙快说底下的。"罢

上面这段是甲戌本的文字，程甲本的文字对照的结果，只有十三个字的差异，其中加黑点的字是程甲本上没有的字，旁列的字，是程甲本上的

异文和增文。

　　上面列举的这两段文字，当然只占全书极小的一部分，但程甲本与脂本文字的差异，大体也能有所反映了。由此可证，说程甲本的前八十回是脂本系统的文字是完全可靠的，但它与早期抄本的文字，已有差异了。

　　如前所论，《红楼梦》的文字从曹雪芹生前的稿子起，一直到他身后庙市流传的抄本，迄无定本，一直在不稳定的任人删改的状态中。那末，程甲本的问世，岂不是将这种不稳定状态宣告暂止了。尽管程甲本以后的各家仍在删改，但终究有了一个流动中的被定型下来的本子了，因为它毕竟是印本，它可以一次印刷很多，可以便于流传和保存，从这一点上说，它确是比抄本大大地优越了。试看现存的十一种抄本，底本是雪芹生前的本子而又较完整的，只有庚辰本一种，存七十八回。其他如甲戌本只存十六回，己卯本只存三十八回，后又发现三回又两个半回，加在一起，也只有四十一回又两个半回。其他如戚序本、蒙府本等等，虽然八十回完整无缺，但都是雪芹身后经人整理补缀过的了，假定当年庚辰本也损毁了，那末我们今天岂不是就看不到接近雪芹真本的抄本面貌了，或者虽然看到，也是残损过甚，无从想象其全貌了。何况，庚辰本以及其他本子，当乾隆壬子、辛亥之际，它毕竟都是"抄本"，而且一般都由藏家珍藏，不可能广为流传，所以当乾隆辛亥之际，程甲本问世，这对保全《红楼梦》或《石头记》的初貌，不怕遭到更多更大的删改，确是有功的。

　　那末，现在庚辰本并未丢失，并且还有其他十种抄本存在，岂不是程甲本终究还是没有多大作用吗？完全不是如此。仅就研究《石头记》的前八十回来说，它也为我们提供了一个八十回完整的本子，这对研究和阅读都是大大有利的，何况程甲本的问世，对于《红楼梦》的流传来说，还有更重要的意义。

程甲本的问世，促成了《红楼梦》的第一次大普及

《红楼梦》从乾隆中期抄本流传时代起，就受到了社会上特别的欢迎，乾隆后期开始在庙市上抄卖，更是不胫而走。然而这时期《红楼梦》对社会的传布毕竟还是有限的，因为抄一部书需要很多时间，纯粹靠手抄传布，其局限性实在太大了，及至程、高的木活字本问世，这才真正突破了手抄的局限，开始了它向更大范围的传布，也才真正形成了一股全社会性的《红楼梦》热。下面这些材料，大体可反映当时的这种《红楼梦》热。

（一）逍遥子《后红楼梦序》：

> 曹雪芹《红楼梦》一书，久已脍炙人口，每购抄本一部，须数十金，自铁岭高君梓成，一时风行，几于家置一集。（乾、嘉间刊本）

（二）犀脊山樵《红楼梦补序》：

> 近日世人所脍炙于口者，莫如《红楼梦》一书，其词甚显，而其旨甚微，诚为天地间最奇最妙之文。（归锄子《红楼梦补》，嘉庆二十四年藤花榭刊本）

（三）尤夙真《瑶华传序》：

予一身落落，四海飘零，亦自莫知定所。由楚而至豫章，再由豫章而游三浙，今且又至八闽。每到一处，哄传有《红楼梦》一书，云有一百余回。因回数烦多，无力镌刊，今所流传者皆系聚珍板印刷，故索价甚昂，自非酸子纸裹中物可能罗致，每深神往。（丁秉仁《瑶华传》，道光二十五年慎修堂刊本）

上面这些材料，真实地反映了程本刊行后风行于世的情况，尤其是最后一段材料，反映了湖南、江西、浙江、福建等省，都已形成了《红楼梦》热，而且明确记载是程本刊行以后的事。由此可见，程本的刊行，确实是历史上第一次的《红楼梦》大普及。然而这种情况还不限于程本，事实上自乾隆辛亥程甲本刊行以后，很快就有了多种翻刻本。今据一粟《红楼梦书录》择要列举于下：

一、新镌全部绣像红楼梦　本衙藏板本

二、绣像红楼梦　嘉庆四年（1799 年）抱青阁刊本

三、新镌全部绣像红楼梦　东观阁刊本

四、新增批评绣像红楼梦　东观阁重刊本嘉庆十六年（1881 年）

五、批评新大奇书红楼梦　善因楼刊本

六、绣像红楼梦　嘉庆十一年（1806 年）宝兴堂刊本

七、绣像红楼梦　金陵藤花榭刊本嘉庆二十三年左右

八、绣像红楼梦　济南会锦堂刊本

九、新增批点绣像红楼梦　佛山连元阁刊本

十、绣像批点红楼梦　三让堂刊本

以上十种，大都刊于嘉庆年间，所据底本，都是据程甲本。于此可见在程本刊行后，《红楼梦》风行的程度确是惊人的，确实可以称之为一次《红楼梦》的大普及。

这里必须指出这个普及本，不是八十回的脂评本，而是一百二十回的程高木活字本。那末我们现在如何来评价这个后四十回呢？第一，我至今认为这后四十回，不是曹雪芹的文字，拿这个后四十回如果与前八十回比，我认为它有三个方面比不上曹雪芹的前八十回。一是思想不如曹雪芹。后四十回的民主思想明显地比前减弱了，锋芒不见了，增加了调和的色彩。二是生活积累不如曹雪芹。前八十回的生活都是作者身经的，因此有生活实感，叙事就像是从作者的肺腑里流出来的，处处都给你一种生活的新鲜感、亲切感，后四十回除了有些部分仍具有生活的新鲜感、真实感外，大部分却显得有些模仿前八十回的痕迹。虽然后四十回如黛玉焚稿、宝蟾送酒等段落，仍不失为佳章，尤其是焚稿这一段，确实赢得了千千万万的读者，无怪乎有人认为后四十回的有些段落，是曹雪芹剩稿，此点虽不能作为定论，但也可见后四十回的少数佳处仍是令人难忘的。三是，文笔不如曹雪芹。认真熟读前八十回后，再读后四十回，确实会觉得其文字的味道神韵，其叙事的内涵比起前八十回有明显的逊色。戚蓼生所说的"注彼而写此，目送而手挥，似谲而正，似则而淫"的这种境界，求之后四十回就很难得到。

但是以上只是拿后四十回与前八十回比，因为曹雪芹实在太过崇高了，所以后四十回难与比肩。但是如果拿后四十回与当时及后来的众多续书来比，它仍然是众多续书中的一座高峰，譬如华山，曹雪芹的前八十回如果是东峰、南峰、西峰这太华三峰的话，那末后四十回就是北峰。从山下走到北峰已经是十分艰险了，俯瞰周围也已经是群峰罗列了，但是再仰望三峰，依然是云雾缭绕，高不可攀。所以后四十回自有它不可磨灭的价值。

那末，这后四十回的作者是谁，它的来历如何呢？在没有其他可靠的证据之前，我认为仍然应该重视程伟元的话。程伟元说：

> 不佞以是书既有百廿卷之目，岂无全璧？爰为竭力搜罗，自藏书家甚至故纸堆中无不留心，数年以来，仅积有廿余卷。一日偶于鼓担上得十余卷，遂重价购之，欣然缮阅，见其前后起伏，尚属接笋（榫），然漶漫不可收拾。乃同友人细加厘剔，截长补短，抄成全部，复为镌板，以公同好，《红楼梦》全书始至是告成矣。书成因并志其缘起，以告海内君子。
>
> ——《红楼梦序》

要否定这段话，没有确凿的、充分的证据是不行的，所以我仍然相信程伟元的话。

特别我要指出在《红楼梦》的大普及的过程中，造成极大的社会影响的是百二十回的程、高本以及它的翻刻本，而不是八十回的脂本。脂本在其开始流传阶段所起的作用也是很大的，我们看到最早的一些记载如明义等人的诗和题记，都是指的脂评抄本。但是当时流传毕竟不广，后来在庙市里抄卖，流传范围广了一些，但终究因为是抄本，不可能比木活字本及刻本那样的造成大普及。所以对百二十回本所造成的《红楼梦》大普及、大狂热的积极的历史意义，我们千万不能低估。下面我再举两则笔记以证此论。

（一）乐钧《痴女子》：

> 昔有读汤临川《牡丹亭》死者，近时闻一痴女子以读《红楼梦》而死。初女子从其兄案头搜得《红楼梦》，废寝食读之。读至佳处，往往辍卷冥想，继之以泪。复自前读之，反

复数十百遍，卒未尝终卷，乃病矣。父母觉之，急取书付火。女子乃呼曰："奈何焚宝玉、黛玉？"自是笑啼失常，言语无伦次，梦寐之间未尝不呼宝玉也。延巫医杂治，百弗效。一夕瞪视床头灯，连语曰："宝玉，宝玉，在此耶？"遂饮泣而瞑。

——《耳食录》二编，道光元年青芝山馆刊本

（二）陈镛《樗散轩丛谈》：

常州臧镛堂言，邑有士人贪看《红楼梦》，每到入情处，必掩卷瞑想，或发声长叹，或挥泪悲啼，寝食并废，匝月间连看七遍，遂致神思恍惚，心血耗尽而死。又言，某姓一女子亦看《红楼梦》，呕血而死。

——嘉庆九年青霞斋刊本

与上面两则笔记类似的还有，兹不一一具录。这里应该说明的是这两则笔记里所提到的《红楼梦》，必定是百二十回本而不会是八十回的脂评本。因为按照故事记录的大致年代来看，正是百廿回本《红楼梦》通行之后。由此可见，具有完整故事情节的百廿回本《红楼梦》，它造成的实际的社会影响是远胜于脂评本的，直至现在，我们发行最多最广的仍然是百廿回本而不是庚辰本、戚序本或甲戌本。

由此，我们应该认识到，过去红学界有些研究者对程本系统的百廿回本深恶痛绝，予以全部否定，这是极为不公的，也是对《红楼梦》的流传过程及其社会影响缺少历史认识的一种表现。

程甲本的身前身后

程甲本的前身即它的底本究竟用的什么本子？这是至今尚未弄清的问题。当然，它的前八十回用的是脂本系统的本子是不成问题的，因为事实上前八十回从它的根本上来说，也只有脂评系统的本子。所谓不带脂批的白文本，乃是后来过录时将批语删去的缘故，例如庚辰本的前十回，就是一个删去脂评的白文本。

我们知道脂评系统的本子，也还有许多区别，那末这个程甲本的前身，是庚辰本一系的脂本呢？还是戚序本一系的脂本呢？或者还是甲辰本一系的脂本呢？或者还是另有渊源呢？这个问题比较复杂，不是很容易弄清的，下面分成四个小问题来谈。

（一）"石桥跨港"的问题

在己卯本第十七回至十八回"大观园试才题对额，荣国府归省庆元宵"里有两句话："石桥跨港，兽面衔吐。"①己卯本影印底本上"跨"字作"三"字，后经藏主用朱笔添补成"跨"字，此补笔看来是现代藏书家陶洙的手笔，其时间不会太早。今查此句庚辰本迳作"石桥三港"，同己卯本，但在"三"字旁又墨笔旁加一"跨"字。② 同样此句作"石桥三港"的，还有"蒙古王府本"、"甲辰本"、"舒元炜序本"（即己酉本）和程甲本。由这个"三"字再衍化，"列宁格勒藏本"和"红楼梦稿本"都作"之"字，此句变成为"石桥之港"。在众多的乾

---

① 见1981年7月上海古籍出版社影印《脂砚斋重评石头记》（己卯本），第320页第四行。

② 见1975年10月人民文学出版社影印《脂砚斋重评石头记》（庚辰本），第352页第六行。

隆抄本中惟独"戚蓼生序本"作"石桥跨港",文字完整无损。其余甲戌、郑藏本都缺此回,无从查考。倘依此字的衍化作为线索的话,那末程甲本这个"三"字的来源,只有己卯本、庚辰本、蒙府本、甲辰本和舒序本。按程本总体的文字较多近于庚辰本的情况来说,似乎它的底本应属于庚辰本一系,但是我们还是再看一些例子为好。

（二）"冷月葬诗魂"的问题

按七十六回黛玉与湘云联句,黛玉此句程甲本作"冷月葬诗魂",寻其底本渊源,则庚辰本此句作"冷月葬死魂","死"字点去原笔旁改为"诗",此句实是"冷月葬诗魂"。"列宁格勒藏本","甲辰本"皆作"冷月葬诗魂",唯有"戚序本"、"蒙府本"、"梦稿本"作"冷月葬花魂"。今以"诗"字为寻求程甲本底本的线索,则无疑又找到了庚辰本头上。

（三）"芦雪广"的问题

程甲本第四十九回李纨道:"我这里虽然好,又不如芦雪庭好。"这个"芦雪庭"四十九回凡七见,皆作"芦雪庭",到五十回一见,又作"芦雪亭"。查庚辰本四十九回七处,五十回一处皆作"芦雪广"。[①]"蒙府本"、"戚序本"、"南京图书馆藏戚序本"以上各处又皆作"芦雪庵","梦稿本"则又皆作"芦雪庭","列宁格勒藏本"又皆作"芦雪庐"。在众多乾隆抄本中,只有甲辰本与程甲本完全一样,故如果要以这个"芦雪庭"或"亭"字作为线索,来寻求程甲本的底本渊源时,又不免要找到甲辰本头上。

（四）"不想次年"的问题

程甲本第二回"冷子兴演说荣国府"一段,原文说:

---

① 读"掩",鱼检切。因岩架成之屋。

这政老爷的夫人王氏，头胎生的公子名唤贾珠……第二胎生了一位小姐，生在大年初一就奇了，不想次年又生了一位公子……

这个"不想次年"，脂本系统的"甲戌"、"己卯"、"庚辰"、"蒙府"、"列藏"、"梦稿"、"甲辰"诸本都是如此，只有"戚本"、"南京图书馆藏戚序本"、"舒序本"作"不想后来"。程乙本改程甲本时，又将此句改为"不想隔了十几年"。很显然，如果依此句来寻求程甲本的底本渊源、则只好得出程甲本出自早期脂本的大致结论来，事实上我看暂时也只好如此。因为乾隆中、后期，《红楼梦》的抄本很多，而且其前八十回必然出于脂评本。其所以有不同，乃是因为雪芹不断删改、脂砚不断评阅并不断传抄之故，并不是曹雪芹写了多种不同的《红楼梦》。所以从根本上来说，曹雪芹只写了一种《红楼梦》或叫《石头记》，因此现今流传的早期抄本，其正文虽有不同，但毕竟还是大体相同的。程甲本是乾隆五十六年（1791年）问世的，距今整整两百年。两百年前《红楼梦》抄本如此之多，流传到今天，已只剩了十来种，而且大多是残缺不全的，再加上程、高在刊行时，又做了一番"细加厘剔，截长补短"的工作，也就是说与当时庙市流传的抄本文字上必然又有若干不同，所以我们今天要想找出程、高当年付印时的直接底本来，实在是近乎不可能的。

不是前些年当"梦稿本"发现及影印的时候，红学界认为这就是高鹗的手稿本或高鹗改稿过程中近于定稿前的一稿吗？现在看来这种想法也不实际。我很赞成赵冈、陈钟毅教授的意见，从直接的感觉来说，我也一直感到不像是作家修改自己或别人的稿子的样子，倒很像是根据别种本子删改原有的抄稿。实际上这部《红楼梦稿》"是用刻本校改抄本的结果"。[①] 也就是说，藏者先有了这部包括后四十回的《红楼梦》抄

---

① 赵冈、陈钟毅：《红楼梦新探》，文化艺术出版社 1991 年 9 月重版。

本，后来又用程丙本校改这部抄本。这样改的结果，使我们今天从表面来看，很容易误看成是当时的改稿。至于当时的藏主为什么要用刻本去改这部抄本呢？除了赵冈、陈钟毅两位所分析的以外，因为当年的藏者，还并未认识到《红楼梦》或《石头记》的早期脂评抄本之可贵，相反他们却认为已经印成书了的文字总要比手抄的好，所以就用刻本来删改抄本。

上面我们列举了四条例子，又分析了"梦稿本"的情况，可见要用我们现在手里的一点点抄本查出程、高本的底本渊源来，确是不可能的，因为失去的中间环节实在太多了。要而言之，程、高排印木活字本当年所据前八十回的底本，确是一个脂评系统的本子，而且是比较地靠近庚辰本这个系统。这就是程甲本身前的情况。

程甲本问世以后，也即是程甲本身后的情况，可以说又是一番风光。首先是程本自身就连续修订重印过四次，留下了四次的不同印本。更重要的是当程甲本刚刚问世不久，据程甲本翻刻的本子就风起云涌，一下化身千亿，而且大部分是评本，仅据一粟所编《红楼梦书录》统计，自嘉庆到清末，就不下七十余种。于此可见程伟元、高鹗排印这木活字的《红楼梦》，其社会影响是如何之大了。

从程甲本问世至今已经二百年了，"红学"也已经成为一门国际性的学问，在《红楼梦》的传播过程中以及"红学"的发展过程中，程甲本是起了巨大的积极作用的，无论是研究前八十回脂评系统的本子，或者是研究百二十回系统的本子，这个程甲本都是具有特殊的重要性的，何况这样完整的程甲本已经很难得了，几乎可以说是孤本。所以我预计这部程甲本的重新影印问世，对《红楼梦》的研究必定会起到积极作用。

1991 年 12 月 12 日夜 1 时，

写毕于红庙北里瓜饭楼

论《红楼梦》的脂本、程本及其他

——为马来西亚国际汉学会议而作

最近，红学界展开了一场《红楼梦》版本问题的争论。南京的欧阳健先生提出来《红楼梦》的脂砚斋评本是刘铨福的伪造，最早的《红楼梦》不是脂本系统的抄本而是木活字本程甲本，即程伟元、高鹗于乾隆五十六年辛亥用木活字排印的本子。①

认真说来，我认为这根本不是什么学术问题。因为脂本系统在前，最早的脂本是曹雪芹写作修改和脂砚斋加评《石头记》的时候就多次抄传出来的本子，而程甲本是乾隆五十六年才问世的，这时，曹雪芹逝世已经二十九年了。这都是客观事实，是不能任意抹煞和改变的，而且这早已是学术界所公认的了，并不是只有红学家们才知道。所以我原本并没有准备写文章。现在争论开展起来了，也确实还有一部分人对《红楼梦》的版本问题不大了解，误以为欧阳健真的有了什么新发现了，所以借此机会再谈一谈脂本、程本等有关问题，看来还是必要的。

---

① 欧阳健：《〈红楼梦〉"两大版本系统"说辨疑（兼论脂砚斋出于刘铨福之伪托)》，《复旦学报》1991 年第五期。

关于脂本问题

（一）脂本的由来

"脂本"这个称呼究竟是怎么来的呢？当然是因为在甲戌、己卯、庚辰等《红楼梦》或《石头记》的早期抄本上都有"脂砚斋重评石头记"的标题；不仅如此，在"脂砚斋评本"的评语里，有的本子，还保留着"脂砚斋"的名字。甲戌本的评语，已没有批者的名字，看来是抄手省掉的或被统一整理删掉的，但在第一、二两回的眉批里，在行文中间，还保留着脂砚斋的简称"脂"和"脂斋"。这两段文字是：

第一回眉批：

> 能解者方有辛酸之泪，哭成此书。壬午除夕，书未成，芹为泪尽而逝。余尝哭芹，泪亦待尽。每意觅青埂峰再问石兄，余（奈）不遇癞头和尚何，怅怅！
> 今而后惟愿造化主再出一芹一脂，是书何本（幸），余二人亦大快遂心于九泉矣！
>
> 甲午八日泪笔

第二回眉批：

> 余批重出，余阅此书偶有所得，即笔录之。非从首至尾阅过复从首加批者，故偶有复处。且诸公之批自是诸公眼界，脂斋之批亦有脂斋取乐处。后每一阅亦必有一语半言重加批评于

389

侧，故又有于前后照应之说等批。

这两段批语，恰好把"脂"和"脂斋"两字夹在文中而不是在末尾署款处，故被保留下来了，这可证甲戌本中有不少批语是"脂砚斋"批。这种批语署名的情况，保留得最多的是庚辰本。我粗略地统计，庚辰本上有"脂砚"、"脂研"、"脂砚斋"、"脂砚斋再笔"、"脂砚斋评"等署名的批共30条，另有署名"畸笏"或"畸笏叟"的共50条，还有其他的署名，与讨论的问题无关，不再计入。特别要指出的是庚辰本里有大量的无署名的批，其中有相当多的一部分也是脂批，这是研究脂批的人所共识的。例如第七十五回：

乾隆二十一年五月初七日对清，缺中秋诗，俟雪芹。

这条批语虽无署名，大家认为是脂砚的，而且留下了脂砚斋帮助雪芹整理原稿"对清"抄稿，以及提示应补中秋诗的珍贵记录。再如第三十八回：

伤哉！作者犹记矮𫗦舫前以合欢花酿酒乎？屈指二十年矣。

这条批语，研究者们也认为应是脂砚的。因为只有脂砚最熟悉《石头记》中所写情节的本事，而且有不少是两人共同经历过来的。

至于在庚辰本里保留的有脂砚斋署名的批语，也可列举数条，以增观瞻。例如庚辰本第十六回影印本第338页行间朱批云：

余最鄙近之修造园亭者，徒以顽石土堆为佳，不引泉一道，甚至丹青唯知乱作山石树木，不知画泉之法，亦是误事。

脂砚斋

再如第二十四回，影印本第 539 页至 540 页朱笔眉批云：

> 这一节对水浒记杨志卖刀，遇没毛大虫一回看，觉好看多矣！
>
> 己卯冬夜　脂砚

己卯是乾隆二十四年，这时雪芹还在世，这条批语也反映了雪芹与脂砚生前共同合作的情况。再如第四十五回影印本第 1050 页正文下墨笔双行小字批云：

> 几句闲话，将潭潭大宅夜间所有之事描写一尽，虽偌大一园，且值秋冬之夜，岂不寥落哉！今用老妪数语，更写得每夜深人定之后，各处〔灯〕光灿烂，人烟簇集，柳陌之（花）巷之中，或提灯同酒，或寒月烹茶者，竟仍有络绎人迹不绝，不但不见寥落，且觉更胜于日间繁华矣。此是大宅妙景，不可不写出，又伏下后文，且又趁（衬）出后文之冷落。此闲话中写出，正是不写之写也。
>
> 脂砚斋评

再如第四十六回，影印本第 1062 页正文下双行小字墨批云：

> 余按此一算，亦是十二钗，真镜中花，水中月，云中豹，林中之鸟，穴中之鼠，无数可考，无人可指，有迹可追，有形可据，九曲八折，远响近影，迷离烟灼，纵横隐现，千奇百怪，眩目移神，现千手千眼大游戏法也。
>
> 脂砚斋

391

再如第四十八回，影印本第 1106 页正文下双行小字批云：

作者曾吃此亏，批书者亦曾吃此亏，故特于此注明，使后人深思默戒。

脂砚斋

这条批语，反映出作者与批者的共同经历和对生活的共同体认。再如同回影印本第 1108 页正文下双行小字批云：

细想香菱之为人也，根基不让迎、探，容貌不让凤、秦，端雅不让纨、钗，风流不让湘、黛，贤惠不让袭、平。所惜者青年罹祸，命运乖蹇，足为侧室，且虽曾读书，不能与林、湘辈并驰于海棠之社耳。然此一人岂可不入园哉！故欲令入园，终无可入之隙，筹划再四，欲令入园，必呆兄远行后方可。然阿呆兄又如何方可远行？曰名不可，利不可，正事不可，必将万人想不到，自己忽一发机之事方可，因此思及情之一字及呆素所误者。故借情误二字生出一事，使阿呆游艺之志已坚，则菱卿入园之隙方妥。回思因欲香菱入园，是写阿呆情误，因欲阿呆情误，先写一赖尚华（荣），实委婉严密之甚也。

脂砚斋评

再如第四十八回，影印本第 1123 页正文下双行小字批云：

一部大书，起是梦，宝玉情是梦，贾瑞淫又是梦，秦之家计长策又是梦，今作诗也是梦，一并风月宝鉴，亦从梦中所有，故红楼梦也。余今批评亦在梦中，特为梦中之人，特作此一大梦也。

脂砚斋

在庚辰本里有署名的脂批并且非常值得引录的还有不少，限于篇幅，只好割爱。

至于在其他脂本系统本子的批语里，实际也存在着一部分脂批，虽然已无署名，但批语文字与别本有脂砚斋署名的文字一样，这可证也是脂批。

正是由于本子上不仅有"脂砚斋重评石头记"的标题，而且还有内在的大量的由脂砚斋署名的批语，所以红学界和学术界一致称这种《红楼梦》的抄本为脂评本系统的抄本，简称"脂本"。

如果说，脂本系统的《红楼梦》或《石头记》都是刘铨福伪造的，这话真正是从何说起呢？现存脂本系统的抄本共十一种，出而复失的南京靖应鹍本未计在内。这十一个本子，并不是孤立的不相联系的存在，而是各有内在联系的。最明显的是己卯本与庚辰本是据一个本子抄下来的，而戚序本、蒙古王府本、南京图书馆藏本又是同一个系统的，三本的文字基本相同。甲辰本又是与后来的程甲本有密切联系的。所以这些本子由于内在的联系，就成为一个整体，是无法拆开其中一个或几个加以否定的，要整个地否定，更是不可能。只有对这些本子没有做过深入研究，对它们所知不多的人，才会轻飘飘地说出脂本系统的本子是刘铨福伪造的这类梦话来。

特别还要指出，就是被欧阳健认为是最早的《红楼梦》的程甲本，它实际上也是一个脂本。如果脂本系统的本子都是伪造的，那末不是连欧阳健所称道的程甲本也只好一起否定了吗？

说程甲本本身是一个脂本，是有铁的事实的，决不是猜想，关于这一点留在后面详谈。

（二）　脂本的直观

　　研究《红楼梦》的本子，要对它作出判断，首要的条件是要仔细看过、研究过原本。如果直接看过甲戌、己卯、庚辰等各个本子的原本（即现存本），那就会产生一种直接的共同的感觉，即乾隆时代的抄本，其所用的纸张都是竹纸，其黄脆的程度也是差不多的，特别是甲戌、己卯、庚辰三个本子。1980 年 6 月，我去美国威斯康辛大学参加在美国召开的《红楼梦》国际研讨会，会上展出了甲戌本。这就是胡适收藏的那个本子。会议结束后，我有幸借到旅馆里仔细阅读了好几天，并拍摄了十几张照片。由于拍摄得好，又是在美国冲扩的，照片的真实程度，可以说与原本一样，特别是黄脆的颜色，一丝不走，我至今还保存着。己卯本也曾在我手里保留相当长的一段时间，特别是后来发现历史博物馆藏的三回又两个半回的己卯本，与北京图书馆原藏的己卯本，墨迹、纸张、颜色完全一样。我们一开始就怀疑它是己卯本散失的部分，直观的感觉就是觉得与己卯本太一致了，看在眼里似曾相识。由于这种第一眼的直观的感觉，就使我们发现了这两处的本子外部的共性，进而吸引我们去深入研究它。

　　庚辰本原本我是在北大图书馆看的，使我去查看原本是因为我发现了第二次影印本上的问题。庚辰本的纸张、墨色等外观，也一样地具有乾隆时期的特色。

　　1984 年 12 月，我到列宁格勒看列藏本《石头记》，情况就略有不同。就其抄写、装订等外部情况来说，也基本上是早期抄本的面貌，但其纸张黄脆的程度不如甲戌、己卯、庚辰等本严重。这里有一点要说明，如果收藏得好，其黄脆程度可以减轻，但不可能减轻到像近代的纸色那样。列藏本的纸色就比以上几种的黄脆程度有所减轻，我鉴定认为是因为它抄的时间不如甲戌、己卯、庚辰本早，而不是保藏得好。就其书品可以看出它的保藏并不好，重装时还切掉了天头批语的半个字，可见保存不善，其所以黄脆较轻，是因为抄成的时间比以上几种估计要晚几十年，我较倾向于它的抄成可能到嘉庆初年了。

尤其是要辨别这些本子是否伪造的时候，如果不看原件，简直很难想象。我不知道欧阳健作出这种惊人之论的时候，到底看过原件没有？特别是甲戌本，不在国内，恐怕不容易看到。

顺便还要说到甲戌本不避"玄"字讳，是我在1980年参加美国《红楼梦》国际研讨会的论文里提出来的，论文在大会上宣读后，引起了大家的兴趣，晚间在周策纵先生家中的晚会上，大家还把甲戌本取来，仔细验看原本，果然发现不避"玄"字讳。参加这个晚会的，有日本的伊藤漱平教授、加拿大的叶嘉莹教授、台湾的潘重规教授，以及美国的余英时、赵冈等教授，总之那天晚会济济一堂，我国的周汝昌先生、陈毓罴先生也一起参加了这次晚会。后来，我的论文发表在1980年《红楼梦学刊》第四期上，题目是《论〈脂砚斋重评石头记〉甲戌本"凡例"》。另外，由周策纵先生编的《首届国际红楼梦研讨会论文集》（香港中文大学出版社1983年出版）也收录了本文。所以无论是国内外，要读到本文是非常容易的。没有想到在隔了十多年后，欧阳健却把这个问题当作自己的新发现了，这真叫人有点忍俊不禁。①

总而言之，鉴别版本，首先应该认真察看原件，不看原件，总是说不过去的。甚至可以说连起码的一步也没有跨，这怎么可以放胆肆论呢？

---

① 欧阳健在《〈红楼梦〉"两大版本系统"说辨疑（兼论脂砚斋出于刘铨福之伪托）》一文里说："一些红学家对己卯本的避讳津津有味，唯独未对甲戌本卷一第4页'神仙玄幻之事'，第10页'此乃玄机不可预泄者'，'玄机不可预泄'，卷二第9页'悟道参玄之力'等处的'玄'字不讳，提出过质疑！"按：着重点是引者所加。

（三）脂本的可信性

上文列举了甲戌、己卯、庚辰三本的脂批及题签的情况，脂本之不可能是伪造，看了这些脂批的文字，应该是可以明白了。但是，也许有人会说，这些脂本系统的本子，本身就是被怀疑对象，不能自身作证，应该另有旁证。这种想法，我认为是没有道理的，比如有人被诬作贼，难道能不允许遭诬者自身出来申辩吗？当然绝无这种道理。尽管如此，除了上述自身的证据，也即是内证外，我们还是可以找到旁证的。证据之一，就是裕瑞的《枣窗闲笔》，此书说：

　　《红楼梦》一书，曹雪芹虽有志于作百二十回，书未告成即逝矣。诸家所藏抄本八十回书，及八十回书后之目录，率大同小异者。盖因雪芹改《风月宝鉴》数次，始成此书，抄家各于其所改前后第几次者，分得不同，故今所藏诸稿未能划一耳。此书由来非世间完物也。

　　曾见抄本卷额，本本有其叔脂砚斋之批语，引其当年事甚确，易其名曰《红楼梦》。

这两段话，把抄本的差异、原本只有八十回，抄本卷额本本有其叔脂砚斋的批语等等说得明明白白。大家知道，裕瑞不是刘铨福时代的人，他生于乾隆三十六年（1771年），卒于道光十八年（1838年），他是豫良亲王修龄的第二个儿子。而刘铨福，约生于嘉庆二十三年（1818年），卒于光绪七年（1881年），他们的生卒相差四十七年，裕瑞四十七岁，刘铨福才一岁，他们完全是两个时代的人。由此看来，裕瑞关于脂砚斋的记录，与刘铨福是没有任何关系的，他的记录比刘铨福要早得多。可是裕瑞说的"抄本卷额本本有其叔脂砚斋的批语"这却与我们所见《石头记》的乾隆抄本是一致的，由此可见这些脂本不仅自身内在的脂批可以证明，而且还得到乾隆时期的文献记录为证。这种客观文献记录的一致性，难道不是脂本和脂评可信的铁证吗？

证据之二，是周春的《阅红楼梦随笔》。《随笔》说：

> 乾隆庚戌秋，杨畹畊语余云："雁隅以重价购抄本两部，一为《石头记》，八十回；一为《红楼梦》，一百二十回，微有异同。"

乾隆庚戌是乾隆五十五年（1790 年），正是程甲本用木活字排印的前一年，可见此时不仅八十回抄本广为流传，而且一百廿回的抄本也在流传了。这八十回抄本当然是指脂本系统的抄本。乾隆庚戌，下距刘铨福的出生还有二十九年，这就是说在刘铨福出生前二十九年，这八十回抄本的《石头记》已经早在流传了，难道这也是此后二十九年出生的刘铨福伪造的？这当然绝无可能。因此，这条文献材料再次证明了脂本系统的本子是完全可信的，绝无怀疑的余地。

关于程本问题

（一）程本前八十回即是脂本

欧阳健说《红楼梦》最早的本子就是程甲本，脂本是伪书。然而他不知道，程甲本前八十回本身就是脂本。现在我们先看看程伟元、高鹗怎么说的。

程伟元程甲本《红楼梦》序说：

> 《红楼梦》小说本名《石头记》，作者相传不一，究未知出自何人，惟书内记雪芹曹先生删改数过。好事者每传抄一部，置庙市中，昂其值得数十金，可谓不胫而走者矣。然原目一百廿卷，今所传只八十卷，殊非全本。即间称有全部者，及检阅仍只八十卷，读者颇以为憾。不佞以是书既有百廿卷之目，岂无全璧？爰为竭力搜罗，自藏书家甚至故纸堆中无不留心，数年以来，仅积有廿余卷。一日偶于鼓担上得十余卷，遂重价购之……乃同友人细加厘剔，截长补短，抄成全部，复为镌版，以公同好，《红楼梦》全书始至是告成矣……

程伟元在这篇序里说得很清楚：第一，他所见到的《石头记》是有"雪芹曹先生删改数过"的记录的，这与我们现在看到的甲戌、庚辰、①列藏、戚序、蒙府、杨藏等各本开头都有"后因曹雪芹于悼红轩中披阅十载，增删五次，纂成目录，分出章回"的文字相一致的。第二，文字两次强调当时所传抄本只有前八十回，这与我们现在见到的脂本系统的《石头记》的卷数也是完全一致的。第三，当时的本子都是传抄本，没有任何别的本子，而且价钱很贵。第四，八十回以后的文字是他历年搜求到的，先得二十余卷，后又得十余卷，合成四十回，即后四十回。前面八十回加后面的四十回即是程甲本开始普遍流行的木活字排印百廿回本。

再看程乙本上程伟元和高鹗共同的引言，引言说：

---

① 己卯本开头已残缺，依庚辰本推测，也应有此段文字，且杨藏本（过去称《红楼梦稿》本）前七回，是据己卯本过录的，现杨本开头也有此段文字，更可证己卯本必有此段文字无疑。

一、是书前八十回，藏书家抄录传阅几三十年矣，今得后四十回合成完璧……

一、书中前八十回抄本，各家互异；今广集核勘，准情酌理，补遗订讹……

一、是书沿传既久，坊间缮本及诸家所藏秘稿，繁简歧出，前后错见。即如六十七回，此有彼无，题同文异，燕石莫辨……

一、书中后四十回系就历年所得，集腋成裘，更无他本可考……

一、是书词意新雅，久为名公巨卿赏鉴，但创始刷印，卷帙较多，工力浩繁，故未加评点……

以上各条把问题交代得更加清楚明白，特别是把前八十回与后四十回再次作了区分，前八十回是"藏书家抄录，传阅几三十年"，后四十回是"今得"。另外他还说明了这个本子是经过他们"广集校勘，准情酌理，补遗订讹"过的，也即是说是经他们整理删改过的。尤其值得注意的是他们还说明了"六十七回，此有彼无，题同文异"。现在的庚辰本、己卯本都缺六十四、六十七回，并还在第六十一回至七十回的总目上写明了"内缺六十四、六十七回"，可见他们的这种说明与我们现在所见的真正早期的乾隆抄本也是一致的。还有一点，引言里交代了此书"创始刷印，卷帙较多，工力浩繁，故未加评点"。这段话的意思是说此书开始采用木活字印刷，因为篇幅太大，故只取正文，没有将评点文字一起加上。这就是说他们采用的前八十回是脂评本，是有评批文字的，因为如要印上评文，卷帙太大，所以把评文删去了。

前后两篇序言加起来看，我认为程伟元、高鹗不欺我也，是说得相当实在的。他采用的前八十回分明就是一个脂评本。

（二）程甲本中残留的脂评文字

我们说程甲本前八十回采用的本子是脂评本，说原有的脂评文字是木活字排印时删掉的，我说这两点是有根据的，根据就是现在在程甲本里残存的脂评文字，以及它的正文与脂本的一致性，只是因为作了少部分的删改，才产生了一定的差异。正文部分，读者自可核对，残存在程甲本里的脂评，我现在一一指出：

1. 程甲本第十三回叙述办秦可卿的丧事的过程中，有这样一段文字：

> 接着又听喝道之声，原来是忠靖侯史鼎的夫人来了，史湘云、王夫人、邢夫人、凤姐等刚迎入正房……
> ——引自书目文献出版社 1992 年出版的
> 影印本《程甲本红楼梦》，下同。

这里"史湘云"三字，是批语误入正文。但这个差误，并非始自程甲本，而是程甲本之前的一部分抄本已经抄误了。我们依着脂本系统的先后顺序，来看一看这一句话的演变轨迹。

甲戌本：

> 史小姐湘云消息也
> 接着又听喝道之声，原来是忠靖侯史鼎的夫人来了，王夫人、邢夫人、凤姐等刚迎至上房……

程甲本正文与甲戌本基本一样，只有最后四字有两个字的差异，但程甲本却在王夫人之前正文里多出来一个"史湘云"，这是显然不妥的。正文里不应有史湘云，即使要有，也决不会放在王夫人之前，而应该在凤姐之后，但根本的问题是这里不该有史湘云。那末这个"史湘云"是从何而来呢？看了甲戌本正文旁的朱笔批语"史小姐湘云消息也"一句，就明白这个"史湘云"是批语混入了正文，但为什么只混入这三个字呢？请再看己卯本：

接着便又听喝道之声，原来是忠靖侯史鼎的夫人来了（伏史湘云），王夫人、邢夫人、凤姐等刚迎入上房……

这里，甲戌本原有的八个字的朱笔旁批没有了，却在正文里多出来"伏史湘云"四个字，并且后来被人用朱笔加了括号。意思是指这四个字不是正文而是批语。我们可以看到从这个脂本开始批语已混入了正文，并被简化成四个字。

再看庚辰本，庚辰本的文字与己卯本完全一样，"伏史湘云"四字也混入了正文，同时又用墨笔在四字的上下加了方括号以示这是批语。特别是在此句的眉上后来又有人用墨笔加了一批："伏史湘云应系注解。"由此可见，此两本一方面是把这句批语简化后已混入正文，而同时又用笔括出以示这是批语。就是单从这四个字来看，其语气也属批语，与正文还是有区别的。其所以出现这些情况，因当时都是抄手抄的，有的抄手图省力，把部分批语省去和简化，有时不小心就误入正文。

再看戚序本：

接着便又听喝道之声，原来忠靖侯史鼎的夫人来了^{伏史湘云一笔}，那王夫人、邢夫人、凤姐等刚迎入上房……

戚本还是很清楚地作正文下双行小字批，"史湘云"没有混入正文，但戚本有一段眉批："'伏史湘云一笔'六字，乃小注，今本乃误将史湘云三字列入王夫人、邢夫人之上，谬甚。"这里的今本，当然是指流行的程甲本系统的本子，这段批语当是狄平子的批。

与戚本同一系统的蒙古王府本，正文和批语的形式与戚本完全一样，只不过没有眉批，这里就不再引录。

杨本（即过去称"红楼梦稿本"）和列宁格勒藏本的文字完全一样，正文内未混入史湘云，同时也不见了旁批或行间批，就是把原有的批语删去了，只抄录了正文。

现在要说到与程甲本密切相关的甲辰本了，甲辰本的文字：

接着又听喝道之声，原来是忠靖侯史鼎的夫人来了^{伏下文}，

史湘云、王夫人、邢夫人、凤姐等刚迎入上房……

大家知道，甲辰本是从脂本过渡到程甲本的一个过渡性的本子，从现在引录的这段文字来看，很明显，只要删去正文下的"伏下文"三字，便是程甲本的文字，只有"正房"和"上房"的一字之差。前面提到程伟元、高鹗在"引言"里声明"卷帙较多，工力浩繁，故未加评点"，即原有的评语未再加入，一律删除了。现在我们可以明白"伏史湘云"或"史湘云"或原有甲戌本的八字评，都是批语，逐渐演化，使"伏史湘云"误入了正文。程甲本的底本就是一个已经将"史湘云"误入正文的脂本。

2. 程甲本第十七回"大观园试才题对额"有一段文字：

还有什么石帆、水松、扶留等样的，见于左太冲《吴都赋》。

这段文字有点别扭，故事情节是写贾政与宝玉等人游大观园，观赏园中的奇花异草，"贾政不禁道有趣，只是不大认识"，于是大家就议论和辨认这些花草，怎么会见于左太冲《吴都赋》呢？查己卯、庚辰两本，原来是这样的：

还有石帆、水松、扶留等样，左太冲 吴都赋

己、庚两本的文字完全一样，"左太冲吴都赋"六个字，是正文下的双行小字批语，再查戚序、蒙府本，与己、庚两本完全一样，是正文下双行小字批。再查杨本和列藏本，则正文与以上各本同，正文下双行小字注则完全删去，光存正文。我们再查与程本关系密切的甲辰本，甲辰本的文字是：

还有石帆、水松、扶留等样的，见左太冲《吴都赋》。

与程甲本只差一个"于"字，其余完全一样，正文与双行小字批一律都变成了正文。于是我们再次看到了程甲本批语误入正文的渊源。

3. 程甲本第十七回紧接上面这段文字是下面这段文字：

又有叫做什么绿荑的，还有什么丹椒、蘼芜、风连，见于《蜀都赋》。

查己卯、庚辰两本，正文与上相同，"见于蜀都赋"五字，是双行小字

批，文字作"以上蜀都赋"。戚、蒙两本与己、庚完全相同，杨本、列本则保留了正文，完全删去了双行小字批。只有甲辰本与程甲本的文字一样，只少"见"字下的"于"字，作"见蜀都赋"，而且是正文与上文接连而下。

4. 程甲本第三十七回贾芸送白海棠的那封信，其最后一段是：

> 因天气暑热，恐园中姑娘们不便，故不敢面见，奉书恭启，并叩台安，男芸跪书，一笑。

查己、庚两本，正文完全相同，但在"跪书"下面无"一笑"两字。查戚、蒙两本正文与程甲本完全一样，但"一笑"两字，却是正文下的双行小字批语。戚本在书眉上有一段批：

> "一笑"二字乃作者自加批词，非信中语也，故作双行小字，今本误为芸书收语，谬甚。

这段眉批也是狄平子批的，说"一笑"两字是批语，是完全正确的，只不过不见得是作者自批，我认为还是脂批。

杨本的情况是无"一笑"两字，其余全同程甲本，列藏则相反，完全与程甲本一样，"一笑"两字作正文紧接"男芸儿跪书"之后。列本在"芸"字下又多出一个"儿"字。

最后查看甲辰本，正文的文字与程甲本完全一致，"一笑"两字，也作正文。不过在"一笑"之下，又加了一条双行小字批："接连二启，字句因人而施，诚作者之妙。"前面已经说过，程甲本是不附批语的，所以这个双行小字批，当然在程甲本里被删去了。而那个"一笑"两字的双行小字批，因为早已混入正文，作正文书写，所以当然就保留下来了。

5. 程甲本第七十四回抄检大观园抄检到惜春房里时，有以下一段文字：

> 遂到惜春房中来。因惜春年少，尚未识事，吓的不知当有什么事，故凤姐少不得安慰她。谁知竟在入画箱中寻出一大包银锞子来，约共三四十个。为察奸情，反得贼赃。

这段文字的最后两句，也是脂本的批语混入了正文，我们先看庚辰本：

> 遂到惜春房中来。因惜春年力（少），尚未说（识）事，吓的不知当有什么，故凤姐也少不得安慰她。谁知竟在入画箱中搜出一大包金银锞子来，约共三四十个。_奇为察奸情，反得贼赃。

这个"奇"字是双行小字批。"为察"等八字是正文，又用墨笔加了一个框，并有行书墨笔眉批："似批语，故别之。"其他各本，如戚序、蒙府、列藏、杨本、甲辰等均是正文。所以程甲本作正文就是很自然的了，但从这两句话的语意来看，自应是批语，不是正文。

这种批语混入正文的情况，就是在庚辰本里也还可以找出新的来，并不仅仅是程甲本里有这五条。

不管怎样，以上这些事实，它足以帮助我们说明，程甲本的前身确是脂本。如果说脂本是伪本，那末程本岂不同样也是伪本了吗？这当然是不可能的。所谓《红楼梦》版本的两大系统，也是因为有了程本，以区别于程本以前脂本体系的抄本，才把木活字本以及它的翻刻评点本与以前的脂评手抄本称作两大版本系统。如果从《红楼梦》的创作来说，曹雪芹并未创作两部不同的《红楼梦》，他自始至终只写了一部《红楼梦》，而且还未曾写完，只传下来八十回。《红楼梦》之所以有许多版本（抄本）的异同，主要是因为曹雪芹"披阅十载，增删五次"，因此形成了多种修改本，再加上后人传抄的抄误和删改，情况就愈加复杂，但就其根本的情况来说，终究只是一部《红楼梦》。

如果说只有程甲本才是最早问世的《红楼梦》，否定抄本流传时期的《红楼梦》，那末程伟元、高鹗据以用木活字排印的底本，不明明是一个传抄本吗？而且他还明确说明"是书前八十回，藏书家抄录传阅几三十年矣"，这三十年《红楼梦》传抄的历史，连程伟元、高鹗都不否认，怎么能硬说脂本系统的抄本反倒是程本问世后由刘铨福伪造的呢？

（三）程本的后四十回

关于程本的后四十回，我已有多篇文章论述了我的观点，特别是我为程甲本影印并纪念程本诞生二百周年的那篇文章，比较集中地申述了我的观点，现在我再稍加补充：

1. 我认为程本的后四十回来源，程伟元和高鹗都已作了说明，首先他说明前八十回是长期传抄，几达三十年的一个整体，它并不是十多回一起、二十多回一起分几次拼合起来的，其中虽有六十四、六十七回的空缺，但毕竟只此两回。而后四十回，是在前八十回已经流行很久后，由程伟元在鼓担上两次购得的，并且已漫漶不堪，再经他们整理的。程、高的这个说明，我们没有理由把他当作谎言，所以这是不能随便加以否认的事实。

2. 从后四十回与前八十回来比较，后四十回有三个方面不如前八十回。一是思想方面，前八十回是带有比较鲜明的反正统思想也即是一定程度的叛逆思想的，而后四十回在这方面大大削弱并逆转了，这就在较大程度上使后四十回的思想低于前八十回，尽管后四十回也还有令人难忘的篇章，但终不如前八十回的精整。二是生活方面，前八十回写的是作者自身经历过的生活，尽管其中仍不乏虚构的成分，但从整体来说，作者不仅对生活熟悉，而且是有浓重的痛切之感的。而这种感情，被作者十分自然、十分本能地灌注到自己的文字里了，这就显得前八十回作者的主观感情色彩十分浓厚。而后四十回作者却无此经历，所以表现在后四十回的文字上，显得拘谨而呆板，不若前八十回的行云流水，曲折自如。因为生活不够，也就显得情节和语言的不够了。三是艺术方面，后四十回明显地不如前八十回的具有艺术的魅力，读罢全书的人，只要掩卷凝思，就不难有此体认。前八十回可以百读不厌，后四十回却难以使人产生此种冲动。

尽管如此，我认为程高本的后四十回，仍远远比其他续本高出多多，所以二百年来，人们还是喜欢这个一百二十回本，没有被其他续本所替代，这就是历史作出的评价和选择。所以，它比前八十回虽不足，但比其他续本却是绰绰有余的。

（四）程本的历史功绩

程伟元和高鹗对《红楼梦》是有功的，应该正确地评价他们的历史功绩，那种对程、高和程高本一笔抹煞的态度是不对的。程伟元和高鹗的功劳，第一是他们把正在纷纷传抄的前八十回，用木活字的形式加以固定了。要不然一直传抄下去，很难保证曹雪芹原本会不遭到更大的破坏。因为当时庙市以抄书为业的人，为求速利和高利，他们往往随意去取，使原文遭到删削和窜改，而有的买主或藏主是不喜欢脂批的，要求把批语删去。例如庚辰本第六十六回右侧第一行下就粘了一张小纸条，上写"以后小字删去"。这说明庚辰本曾被人作为底本抄录过。那张小纸片不是贴实在六十六回下的，而是浮动的，所以第二次影印的庚辰本就失落了这个小纸片，直到我拿原本仔细检查，才发现已移动到装订线以外即被没在书背里了，最近这次影印，又把它印了出来。这张小纸片，当初也有可能是贴在前面的，这是用来指示抄书人的。再如甲辰本第十九回回前，就有一段明显的为抄书人写的文字，这段指示性的文字是："原本评注太多，反扰正文，删去以俟观者凝思入妙，愈显作者之灵机耳。"这些还是指批语，更严重的是对正文的删削和改动，现存十一种早期抄本（算上程甲本的底本是十二种，靖本已失，不算在内），除了南京图书馆藏本基本与戚序本一样、庚辰本基本与己卯本一样外，其余各本的正文，都有异同，都有脱落，所以如果没有一个印本将它固定下来，则再经五十年或一百年的传抄，就不知要有多大的变异了。程甲本采用木活字排印后，从此它的正文就有了一个定格，以后再有人删削，也删削不了程甲本的文字了。当然程甲本在排印时，已被作了一定的删削，但经此一劫以后，就永久地固定了，相比之下，还是有利的。第二是造成《红楼梦》的空前大普及。自乾隆辛亥木活字本发行后，转眼之间便风靡全国，到第二年程乙本重印出世时，人们早已翻印了程甲本了，以至于直到今天我们所能看到的当时的各种评点本，一律都是用的程甲本作底本。由此可见当时《红楼梦》大普及的规模和速度，这样的普及规模和速度如果用手抄本是决不可能的。《红楼梦》由这次持久的广阔领域的大普及，为《红楼梦》的家喻户晓、深入人心做了最好的工作，从而也就奠定了《红楼梦》永不衰败的基础工程。第三促使以《红楼梦》为内容的各种文化艺术的蓬勃发展，如绘画、诗词、戏曲、曲艺等等，其中有的在抄本流传时期就已肇始了，有的则是木活字本和评点本广为流传以后发展起来的，总之种种传统文学、艺术形式和各种民间艺术，共同以《红楼梦》为内容发展创作，逐渐形成了多面的多层次的"红楼文化"。

由此可见，我们对程甲本问世所产生的积极作用是不应该低估的。

关于刘铨福

刘铨福是红学版本史上的一个极其重要的人物，由于甲戌残本的由他发现、保藏和题记，后来又得以到了胡适的手里，加上以后又次第发现了庚辰、己卯、戚序等本，于是《红楼梦》的版本学遂得以产生并确立，而曹雪芹多次删改《红楼梦》的具体情况和脂砚斋等人的不断评批的情况，也才得以揭示，成为研究《红楼梦》创作过程的一份宝贵资料。可是我们对于刘铨福的研究，却非常不够。

对刘铨福研究最有成绩的要推周汝昌先生，他在《红楼梦新证》里搜罗的文献资料和作的论断，既富且确。其次是胡适之先生，他在《跋乾隆甲戌〈脂砚斋重评石头记〉影印本》一文里，有专门介绍刘铨福的一节文章，也较为详细，特别是台湾胡适纪念馆1962年再版这个甲戌本时，又影印了胡适生前见到并为之作跋的王霭云先生收藏的常州庄少甫画的《竹坳春雨楼藏书图》，同时还附带节印了咸丰十一年代州冯志沂所写的《竹楼藏书记》，这些都是关于刘铨福父子的非常重要的文献资料，是认识和研究刘铨福父子所不可缺的。

我过去藏有刘铨福的两件墨迹，去年在绵阳开纪念孙桐生的学术讨论会时，见到了刘铨福给孙桐生的七封亲笔信，还有杨翰给孙桐生的七封亲笔信，这些也都是研究刘铨福的重要资料。

刘铨福父子，是晚清的大藏书家和大鉴定家，其收藏之富和鉴别之精，是为当时学界之所共推的，只要认真读读甲戌本后面刘铨福对甲戌本的三条跋语和对"妙复轩本"的评语，也就可以看出此人的精鉴了。

下面我摘引一些重要的资料，以供大家了解和研究之用。

（一）刘铨福的墨迹（抄录）①

1. 闰五月廿三日有召饮以燕窝饷者漫作（三首）

想见银涛十丈齐，衔鱼有愿遂双栖。
早知翠釜供人采，悔不梁间学垒泥。

衰亲客舍甘无肉，稚子家园色苦饥。
偏我应官多口福，万钱不饱数茎丝。

张罗已竭悲荆楚，巢幕堪危叹豫章。
赖此尚能除内热，当筵栗栗汗如浆。

　　　　小峰先生我师笑之　　　道林游侣未是草　子重
　　　　　　　　　　　　　　　　　　　　（朱文印）

2. 林琴生兄铁笔超妙，欲求镌吟鹭舫三字，朱白文俱可，不识许否？先此问之。

　　小翁先生尊兄大人　　小弟畐再拜　刘铨福印（朱文）

3. 交来钱百四十文，已收到，精核如是，真吏才也。专此口安，不一。

　　　　　　　小弟畐再拜　初八日（印章不清）

---

① 原件仍存绵阳孙桐生亲属家，我有照片。

410

4. 昨日阁下看卷后，似于靖州事略有头绪，可否仍往听其谦也。弟拟禀兄亲察，询解饭食入京事，肯同行否耶？

　　小峰先生尊兄大人　　　　　小弟畐拜（印章不清）

5. （上缺）如临行时有不能携归什物，存者交令兄收之，或明春归燕仍返旧巢，免再衔泥之苦，幸甚幸甚。交物必有清单，望点之。　　　　　　　　畐又白，空波白鹭（朱文章）

6. （上缺）也，倘傥幸归装，不能面别，惟有一函，如罄离绪，知好同人，都望尊述之，举笔颇生离恨，奈何奈何！

　　小峰太史尊兄　　小弟畐再拜，丁巳七月廿七

　　　　　　　　　　　　　空波白鹭（朱文章）

7. 据此课占，恰是楚所不用之人，而改就京职也。荆南服也，廊庙器内用也，贾胡工部也，或水曹郎乎？诗人或应在此，得断如是。

　　小峰先生衡安　　　　　弟畐拜　刘畐（朱文章）

　　以上是过去从未发表过的刘铨福给孙桐生的七封信，虽然都未涉及甲戌本，但毕竟是刘铨福的亲笔，且孙桐生又是批阅过甲戌本的，故一并予以引录。这七封信，除三首诗的那封是小楷外，其余皆行草，书法比较好，印章也讲究。书法与甲戌本跋文的书法是一致的，印章则是另外一套，计："刘铨福印"，朱文；"子重"，朱文；"空波白鹭"，朱文；"刘畐"，朱文；还有一方白文看不清楚。

　　我所藏的两件，一件是题"大唐开元神武皇帝李隆基本命乙酉八月五日降诞，夙好道真……告文"铜牌拓本，先恭楷写叶润臣题铜牌的长

诗，上款写"鹤巢夫子大人命书"，下款写"大兴子重刘富录于海王村桥亭卜砚斋"，下钤"子重"、"刘铨福印"两朱文章；次是工楷写跋文，文略云："丁巳夏日，侨寓长沙，友人持铜简来求售，云前衡山令易小坪所得者，字两面刻，碧如翠玉……夫子行将入蜀，载去浣花溪上，展对晴窗，定追念此日翁羽巢中情事耳！九月二十五日小集散雪团香词馆，归寓又记。"下钤"铨六"一朱文方印。跋中提到"丁巳夏，侨寓长沙"与信中的署"丁巳七月廿七日"是一致的。我所藏的另一件是刘铨福写的扇面，诗是瓶水斋舒位的诗，因与本题无关，不再摘录。

（二）刘铨福及其父刘位坦的文献资料

1. 祭外舅刘宽夫先生文（摘录）：

维咸丰十一年九月十四日，甥黄彭年谨以清酌庶羞之荐，致祭于外舅宽夫先生之灵而言曰：生不贪天，死不惭世，三乐五终，魂天魄地。呜呼先生，其又奚悲，戴情仰德，今式后垂。髫慧喜文，博嗜广究。语必穷源，书惟求旧。……投牒病瘘，言返邦族，杞生于庭，和气满屋。久病得起，嗜学不倦。课易寒闺，赋传笔健。广坐论学，谓有直横。横浩以博，直一以精。客樽未冷，庭花尚芬。遽弹绝曲，低空断云。

——《陶楼文抄》卷十四

2. 咸丰十一年七月，代州冯志沂《竹楼藏书记》（节录）：

吾友刘君子重，大兴旧族也。自其上世好蓄书，至尊甫宽夫先生及君，好尤甚，见可喜者，值匮乏，虽称贷典质必购之……喜借人观……人亦多君不吝，故借者无不归且速也……咸丰初，先生守辰州，君以书从。时两湖戒严，不患无兵，患无饷。辰故剧郡，俸入稍优。先生出资募兵勇，不以关大吏及司农，故楚南蹂躏几遍，郡独不被兵。又以其余购大姓蒋氏书若干卷。未几以积劳暑湿婴末疾，遂投劾归，贫无以治装，乃以所携及新购书合七千余卷，置溆浦舒明经竹坳春雨楼中。既归京师数年，念念不能置。君乃属善画者庄君写是图以娱先生，而属余为之记。

——转引自 1962 年台湾胡适纪念馆再版本《乾隆甲戌脂砚斋重评石头记》，节录亦同

3. 此再版本上还影印了庄少甫画的《竹楼藏书图》，图上题记云：

子重仁兄随侍其尊翁宽夫老伯大人之官辰郡，有书七千余卷，归装无资载还，乃藏之溆浦舒云槎明经竹坳春雨楼中，属作图纪事，阅藏书之时已五年矣。

咸丰庚申又三月昆陵庄裕崧志于京邸

庄裕崧印少甫（均朱文印）

咸丰庚申是咸丰十年，公元 1860 年，也即是英法联军火烧圆明园的一年。在庄少甫作图后一年，刘宽夫就去世了，这可见黄彭年的祭文。

4. 胡适《春雨楼藏书图》的跋文：

王霭云先生收藏的常州庄少甫画的竹坳春雨楼藏书图，有代州冯志沂的记，贵筑黄彭年的后记，图与记都是刘宽夫和他

的儿子子重两代的传记资料，我最爱冯君说子重藏书：

> 喜借人观，庋书连栋，蹴几榻取异，无倦色……又多巧思，时出己意教肆工潢治之，无金玉锦绣之侈，而精雅可爱玩。朋友游书肆，见异本，力不能致者，多乐以告君，谓书入他人家不若在君家为得所也。以故，君藏书日以富。

三十多年前，我初得子重原藏的乾隆甲戌《脂砚斋重评石头记》十六回，我就注意这四本书绝无装潢，而盖有刘子重的私人印章八颗之多，又有他的短跋四条，都很有见地，装潢无金玉锦绣之侈，而能细读所收的书，能指出其佳胜处，写了一跋又一跋——这是真正爱书的刘铨福先生。

胡适敬记五十，十一，三

——转引自 1962 年台湾胡适纪念馆再版本《乾隆
甲戌脂砚斋重评石头记》，节录亦同

5. 叶昌炽《藏书记事诗》卷六：

> 河间君子馆甄馆，厂肆孙公园后园。
> 月老新书紫云韵，长歌聊为续梅村。

何绍基怀都中友人诗："退翁余韵在檐楹，天咫宫中面百城，妙有儿郎能好古，勤收翠墨馈先生。"自注："刘宽夫所居，即孙退谷遗址，乃郎子重，亦好古。"昌炽案：宽夫先生，名位坦，子重名铨福。大兴人，藏弆极富，贵筑黄子寿师，其女夫也。余客岁馆子寿师次君再同前辈京邸，见宋刊《婚礼备

要月老新书》《紫云增修校正礼部韵略》，皆先生旧藏。《月老新书》尤为奇秘，余仿梅村祭酒体作长歌一首纪之。再同云：先生"叠书龛"在城中广济寺，因得河间献王君子馆甎，名其居曰"君子馆甎馆"，又曰"甎祖斋"；所居在后孙公园。其门帖云："君子馆甎馆，孙公园后园。"今其孙尚守旧宅而旧书星散矣。①

6. 沧州王君侣樵墓志铭：

畿辅自道光、咸丰以来，笃嗜金石文字称者三家：一、天津樊彬文卿。（下略）一、沧州叶圭绶予佩。（下略）一、大兴刘铨福子重，家世好古，多交通人，园池幽胜，藏弆之富，都下无比，即世所传为河间校官访得河间献王君子馆甎者也。

——转引自周汝昌《红楼梦新证》第 955 页，略亦同。

（三）应该实事求是地评价古人

以上我们列举了有关刘铨福及其父刘位坦的一些资料，供大家参阅和研讨。不难看出，刘铨福及其父刘位坦，他们是真正的学人，他们对中国的文化事业是有贡献的，他们是高品格的人。与刘铨福同时代的孙橒说："刘子重秋曹（铨福）别号白云吟客，嗜金石，善画梅兰，终日缊袍敝履，晏如也。在京与予为莫逆交。"② 他的另一位朋友乔松年赠他诗说："交亲罗中外，与子独相得。怀古发高谈，尚论性所急。岂能

---

① 叶昌炽：《藏书纪事诗》，第 358 页，上海古典文学出版社 1958 年版。
② 周汝昌：《红楼梦新证》，第 954 页，人民文学出版社 1976 年版。

逐时辈，泛若水中鸭……但能闭门坐，持杯脱冠帻，烂漫取一酣，随感任歌泣。未须长铗弹，不用唾壶缺。天地为蘧庐，尔我皆寓客。聊尽平生怀，无为百忧集。"在另一首赠刘铨福的诗里说："侧身人海感不偶，独立一世心悠哉。学术贵厚气贵老，致远晚成不在早。况是吾侪澹富贵，龌龊科名安足道。愿言与子同襟期，勉从令德当及时。……余事钩铼在文囿，八代衰风须补救。鸿笔篇题硬语盘，一湔万古词人陋。"①乔松年在诗里对刘铨福如此地相互期许，而他们的行事又如此地不逐时辈，脱略行迹，这岂是俗客之所能为。作假欺世的人必定是假人，刘铨福以上这些文献资料，有哪一点能与作假骗人、欺世盗名连得起来。特别是他的甲戌本的跋文，一条称赞它是"别开生面，直是另一种笔墨"，"实出四大奇书之外，李贽、金圣叹皆未曾见也"。这样的赞赏是何等有眼力，须知这话是说在距今一百二十五年之前，比鲁迅还早，难道不觉得这话有分量吗？另一条批说"脂砚与雪芹同时人，目击种种情事，故批笔不从臆度，原文与刊本有不同处尚留真面，惜止存八卷"。这话说得又是何等深刻啊！脂本与程本的区别，只一语道破，没有真见解，能讲出这样的话来吗？第三条说："《红楼梦》纷纷效颦者无一可取，惟《痴人说梦》一种及二知道人《红楼梦说梦》一种尚可玩。"这又是十分见眼力的话，清代的评本好的当然还有几种，但有的在他之后，有的他未必能看到，他能指出只有这两种可玩，足见他的眼力之高。第四条是说妙复轩本《红楼梦》："语虽近凿，而于《红楼梦》味之亦深矣！"真是一针见血，"语虽近凿"四个字可抵一篇万言的高水平的论文，现代人看出这一点当然不难做到，难就难在当"近凿"之风盛行时，他就能一语道破。试看孙桐生，也是一位有学问的人，人也刚直，但他对"妙复轩本"只有欣赏，没有批评，以此来比刘铨福，高下立见。至于

———————

① 周汝昌：《红楼梦新证》，第956页。

说孙桐生不上刘铨福的当，把甲戌本退了回去云云，真不知从何说起。

对待古人，我们应该实事求是地评价，我们说话一定要有可靠的根据，随便诬陷古人是不道德的行为，除了古人不可能起来与你打官司以外，与诬陷今人有什么两样！古人并不是没有弄虚作假的，也并不是对真正的弄虚作假不要揭露和批评，问题在于不能离开实事求是，不能无中生有。

所以，我认为说刘铨福伪造甲戌本云云，是真正的无中生有，这种说法本身倒是一种真正的伪造！

所以，我认为脂本是伪本云云，根本不是什么学术问题，无须证论，因为完全可以不攻自破，不必以为伪本说能有多大的作用。

我的这篇文章，也不过是排列一点资料，供大家了解。如果大家对刘铨福以及甲戌本还有其他脂本都有十分深刻的了解，那末伪本说还能起什么作用？所以，与其辩论，还不如多读书、多看资料、增加了解。当然，还有更多的资料，还需要读者自己去读，自己去搜集。我说的不攻自破，就是指读者在认真阅读资料之后，自然会觉察那些论点之不可信。

总之，读书是需要痛下功夫的，而辨伪也是需要痛下功夫的。

天下不费功夫的，恐怕在真事业中是没有的！所以我主张下真功夫，做真学问。要让自己的见解对人们认识客观真理有益，对社会要有责任感。古人说要以天下为己任，先哲的这种历史使命感还是可贵的，我们应该为真正的学术事业多作贡献！

　　　　　　　　1993 年 10 月 9 日晚 11 时于京华古杨书屋，

　　　　　　　时访塔克拉玛干大沙漠归来第十天

《脂砚斋重评石头记汇校》序

    《红楼梦》研究之进入对《红楼梦》早期抄本的研究，是本世纪20年代初期的事。1920年，鲁迅写《中国小说史略》的时候，所用《红楼梦》引文，皆取戚蓼生序本而舍程高木活字本，于此可见，鲁迅当时已重抄本而轻程高本。1927年，胡适购得"甲戌本"，翌年2月，发表《考证〈红楼梦〉的新材料》一文。此为红学史上研究《红楼梦》抄本的第一篇专论，也是《红楼梦》抄本研究的开始。于此前后，《红楼梦》的抄本陆续有所发现，至今已得以下十二种（以其发现之先后为序）：

    一、戚蓼生序《石头记》，简称戚序本，八十回，1911年上海有正书局石印，其底本前四十回已发现，今藏上海图书馆。①

    二、《脂砚斋重评石头记》（甲戌本），简称甲戌本，残存十六回，1927年胡适收藏，原为大兴刘铨福藏。此本现存美国康乃尔大学图

---

    ① 有正书局印本题为《国初抄本原本红楼梦》，初印本为"大字本"，保存了原本行款，每页单面九行，行二十字。其后，又印行了一种小字本，每面十五行，行三十字，装十二册。现此两种印本均不易得。1973年12月，人民文学出版社据大字本重印了此书。

书馆。①

三、《脂砚斋重评石头记》（己卯本），简称己卯本，残存三十八回，后又得三回又两个半回，现共有四十一回又两个半回。原为董康所藏，后归陶洙，现由北京图书馆入藏。新发现的三回又两个半回，则仍由原发现单位历史博物馆收藏。②

四、《脂砚斋重评石头记》（庚辰本），简称庚辰本，七十八回，1932 年由徐星署购得，现藏北京大学图书馆。③

五、戚蓼生序《石头记》（南京图书馆藏本），简称戚宁本，八十回，南京图书馆旧藏。

六、梦觉主人序《红楼梦》，简称甲辰本，八十回，1953 年发现于山西，现藏北京图书馆。

七、乾隆抄本百廿回《红楼梦稿》，简称梦稿本，一百二十回，1959 年春发现，现藏中国科学院文学研究所图书馆。④

八、蒙古王府藏《石头记》，简称蒙府本，原八十回，抄配成一百

---

① 此本于 1961 年 5 月，由台湾中央印制厂第一次影印出版，线装两册，并有胡适序文，扉页由胡适手书"字字看来皆是血，十年辛苦不寻常"两句，并署"甲戌本曹雪芹自题诗"，后加盖"胡适之印"一楷体阴文章。书末有胡适长跋。1962 年 6 月，此书重印一次。1975 年 11 月，此书第二次重印，并于卷首附印武进庄少甫画刘宽夫春雨楼藏书图及胡适所书题记，精装一册。1962 年 6 月，中华书局上海编辑所曾据台湾初印本原样影印，线装二册。同时影印线装四册本，删去胡适的文字及印鉴，增加了俞平伯的一篇后记。1973 年 12 月，上海人民出版社又据 1962 年线装四册本重印，并于 1975 年 5 月据此本出版平装一册影印本。1985 年 1 月，上海古籍出版社又重印此书，并恢复了胡适初印本的原貌，恢复了胡适的序跋和印鉴。

② 1980 年 6 月，由上海古籍出版社影印原大绢面线装出版，由冯其庸整理，卷首有冯其庸长序。1981 年 7 月，此书出版大三十二开精装本及平装本，纠正了初印本上的若干错误，并加印了冯其庸的跋文，附录了己卯本经陶洙补抄的原样数页。

③ 此书于 1955 年 12 月由文学古籍刊行社影印线装本，1974 年 2 月，人民文学出版社又据原本重新制版影印，分两种版本，一种照原大原式线装八册一函，另一种缩印平装本分订四册。1975 年 10 月出版。

④ 此书于 1963 年 1 月由中华书局上海编辑所按原大影印出版，线装十二册一函。1984 年 6 月，上海古籍出版社重新制版影印，改为十六开精装，合订一册。

二十回，1960 年发现，现藏北京图书馆。

九、舒元炜序《红楼梦》，简称舒序本，残存四十回，吴晓铃旧藏，朱南铣有影钞本，藏北京图书馆。①

十、郑振铎藏抄本《红楼梦》，简称郑藏本，残存二十三、二十四两回，郑振铎旧藏，现藏北京图书馆。

十一、扬州靖氏藏抄本《石头记》，简称靖藏本，八十回，靖应鹍旧藏，已佚。

十二、列宁格勒东方学研究所藏抄本《石头记》，简称列藏本，八十回，缺五、六两回，实存七十八回，苏联科学院东方学研究所列宁格勒分所旧藏。②

又乾隆五十六年辛亥萃文书屋木活字本《新镌全部绣像红楼梦》，世称程甲本者，其底本亦系脂本系统之早期抄本，合此，则《红楼梦》不同之早期抄本，实已可算得十三种。除靖本已佚，只存脂批遗蜕外，其余十二种，或则吉光片羽，或则赵氏完璧，要皆为研究《红楼梦》抄本之珍贵资料，不可或缺者。

以往研究《红楼梦》的抄本，都是单独地、孤立地对各本作研究，从未将这些抄本联系起来作排比式的研究。这是因为一方面这些本子都分散收藏在各人手里或在图书馆里，不可能由一个人或几个人把它们集中起来作研究；另方面，也是因为当时对版本的研究，还很初步，还未发现这些版本之间的内在联系。1977 年 7 月，我写了《论庚辰本》一书，开始把己卯、庚辰两个本子排比起来研究，获得了很多新的发现。我在研究这两个抄本的时候，实际上又突破了仅仅在这两个抄本之间的

---

① 此书收入"古本小说丛刊"第一辑，1987 年 6 月由中华书局影印出版。

② 此书 1986 年由中国艺术研究院红楼梦研究所与苏联科学院东方学研究所编定，1986 年 4 月，出版大三十二开精装本及平装本，分装六册；1987 年 1 月，出版线装本，分装两函二十册，由中华书局影印出版。

排比对照，而是查阅了以上所能查阅到的除靖本、列藏本外的各种本子，特别是还对照了木活字本系统的程甲本和程乙本。实践启发我，研究《红楼梦》的早期抄本，必须把它们联系起来，作周密的排比考察，以揭示它们之间的内在联系，同时再作个别的深入的研究，以辨明各个抄本的独特性。只有这样从宏观到微观或从微观到宏观地全面考察，才有可能对这些抄本作出科学的接近客观真实的正确判断。

在我写《论庚辰本》之前的两年，我与本所及所外的同仁开始从事《红楼梦》的校注工作，为了做好正文的校勘，我们也认真查阅了各本的异文，这也促使我认识到对《红楼梦》抄本作认真的排比汇校的重要性和迫切性。

1977 年 7 月，我的《论庚辰本》写成，也就是我完成了对《红楼梦》的早期抄本"己卯本"和"庚辰本"的研究。在这一研究过程中，我真切地认识到了这两个抄本的无比珍贵性和重要性，我剔除了蒙在这两个抄本上的重重尘垢，什么"庚辰本"是四个本子拼凑而成的啊，什么"庚辰秋月定本"、"己卯冬月定本"等题词是商人随意加上去的啊，等等等等，这统统是对这两个抄本的不实之词，是大大有损于这两个本子的光辉的。我在《论庚辰本》的结束部分里，指出了：应该充分评价"庚辰本"，"庚辰本"是曹雪芹生前最后的一个本子，这个抄本是仅次于作者手稿的一个抄本。我对"庚辰本"的这些主要的结论，得到了国内外学术界的广泛重视。

就是在上述的基础上，我们决定以"庚辰本"为底本，来开始这项工程艰巨的汇校工作。在做了较为充分的准备工作以后，这项工程终于在 1979 年开始了。

鉴于当时我们拿来作汇校的本子，除靖本已佚，列藏本尚未见到外（庸按：列藏本今已汇校入本书），共有十一个本子之多（包括程甲本，其中郑振铎藏本只有两回）。如按旧式校勘作记的办法，则往往在一个有异文的句子或词语上，需要某本作某、某本作某地罗列一大串校记，如果有更多的本子有异文的话，则这种罗列的行列更为冗长，这对运用这些校记的人来说是很不方便且易羼误的。我们为了克服这种缺陷，经过反复研究斟酌，决定用排列的方式来进行汇校，因此制成了现在使用的这种表格式的汇校专用稿纸。每一直行代表一种本子，首行是"庚辰本"原行，用影印本剪贴，其他各本顺序排列，均与首行作横向对照。凡属相同的文字，一概留空用 S 符号表明，凡属异文，均一律书写标出。具体细则，均详见凡例。经用此种方式汇校后，各本异文，皆可一目了然，而且各本间的相互因袭承传关系，亦可昭然若揭。其中歧出之异文，则另用附页录出。我们以此汇校方式征之同行，咸皆赞许，因即决定依此格式进行。窃以为此或亦校勘工作之一创试也。顷检视全帙，不仅于各本之异文一目了然，洞若观火，且亦兼备工具书之作用。凡欲查某本某回某句之异文，皆可一索即得，无复繁难矣。

　　此书精装五册，附录一卷，共一千万字左右。全书汇校，由冯统一君任其事，予则订定体例，随时商略去取。忆自己未至今，倏忽七易寒暑，岁月不居，时节如流，而其中甘苦，亦已备尝之矣。

　　此书卷帙浩繁，欲谋出版，困难良多，幸文化艺术出版社诸领导慨然鼎助，终使此书得以问世，则不仅汇校者感激无既，使雪芹地下有知，亦当欣然浮白也。

　　　　　　　　1987 年 7 月，曹雪芹逝世二百二十四年，
　　　　　　　　序于中国艺术研究院红楼梦研究所

　　附记：我与周汝昌、李侃同志于 1985 年 12 月应苏联科学院东方学研究所的邀请，赴莫斯科、列宁格勒考察鉴定列宁格勒藏抄本《石头记》，并与苏方签订出版协议，现此书已由我中华书局影印出版，并已汇校入本书，至此，则迄今所见存之乾隆抄本《石头记》，皆汇校入本书矣。1987 年 6 月 10 日夜 12 时，其庸附记。

《脂砚斋重评石头记汇校汇评》序

　　1978 年，我曾出版过《脂砚斋重评石头记汇校》一书，此书前后经历时间较长，汇校的方法基本上与现在相同。那部书出版后受到了红学界的欢迎，至今已脱销甚久，甚至在网上要很高的价格才能征购到。但是那部书出版后，也受到了读者善意的批评，一是校勘不谨严，差误较多；二是名曰《脂砚斋重评石头记汇校》，却只校正文，不附脂批，使读者虽有此书，还得再备脂本，在使用上诸多不便。以上这些批评是完全切合实际的，我常常把它记在心里，一刻也没有忘记，因为这是有负于读者，我不能不时时扪心自责。所以出版社多次想重印此书，我都没有同意。因为我决心要彻底重校此书，并且一定要把上述两方面的缺陷认真地加以解决。

　　这样我就先筹划设计专用稿纸，将脂评列入其中。脂评各本情况差异太大，虽有少数是文句大致相同的，但也还存在着差异，所以要汇校脂评实为不易，因此我就决定采用汇录的办法，把脂本上的评语，按其原位置录入。行间评或句下双行小字评，则将文字移录于回末，而以数字标明其原位置。其中当然也包括一部分不属于脂评的文字。这样，手此一书，脂本的正文及其评语可以说尽于斯了。

不仅如此，因为我们是采取排列校法，相同的文字不再重出，只列出异文，这样十二种脂本文字的异同可以一目了然。于是各脂本的血缘关系或近亲关系也就容易辨识了。有人觉得空白处太多，似乎浪费纸张，殊不知此空白的作用十分重要，因为有此空白，才可知此本与上本或主校本的文字完全相同，不烦再去细勘，这叫做"此时无声胜有声"。而且因为有此空白，其他异文就十分突出显目了，所以这是空白的妙用，也可以说是无用之用，是为大用。

这种校法，是我的杜撰，但经过将近三十年的使用实践，已经证明是科学的、使用便利的一种新方法。

汇校是一项细心而繁难的工作，所以我的稿纸印出后多年都未曾动手。因为我实在无分身之术。碰巧乡贤季稚跃兄精研红楼抄本而正届退休之年，我素知他心细如发，而乐于辨析文字异同，津津乎以此为乐，他的不少文章，也因为他的辨析精细而引人瞩目。我就决心求他合作，祈望使这部书以全新的面目呈现给读者。

我将这个想法向季兄提出后，立刻就得到他的积极回应，于是我们就克日兴工，毫不迟疑，我们的做法是先商定汇校汇评的原则，以及具体细节的做法。由于有上一次的经验作参考，我们在三个大环节上紧紧把握住：一是校勘文字的准确性，用一切方法勿使有错。所以我们往往一校再校，校后又加复核。二是原本文字有不易确辨处，我们一方面仍细辨后校出，但为防止差错，我们又将原本文字影印后贴入作为附录，以便读者细验。三是我们尽可能地把脂评及其余评语，按其原位置录入，并且细勘原文，避免差错。个别难认处，同样用影印的办法印出，以供辨认。

我们从开始汇校迄于初稿完成，季兄整整苦干了三年，再加上我的复校，又须要若干时间，我深深体会到这是一项十分细心的工作，所以我的复校核定工作，也不敢片面求快。为了取得经验，光第一回我就复校了三遍。

有一个新的情况，半个多世纪流落域外的甲戌本，承胡家的深情，也靠上海博物馆的努力，终于珠还合浦，现今已入藏上海博物馆，我应邀已先去验看过。因为上世纪80年代我在美国匆匆读过这个珍贵的本子，所以上海博物馆要我先去辨认一遍。不想此次在上博阅览室阅读时，第一眼的印象，当然是乾隆旧籍特有的那种历史气氛，但当我翻开此书一眼看到那个不避讳的"玄"字时，却突然灵光一闪，眼睛一亮，明显地感受到这玄字的最后一点是后加上去的，不是与其他笔触同一笔势和同一气息，这种感受是瞬间的敏感，这在鉴定书画上，这种瞬间的感受也是十分重要的。于是我就邀请上博的书画鉴定专家钟银兰先生和精研瓷器的陈馆长，共同来审慎地加以鉴别。陈馆长还带来了他鉴定瓷器的可以放大数十倍的放大镜，以便看得更清楚，鉴别得更准确。钟银兰专家以其长期鉴定宋元明清书画的专业特长，一下就感受出来这六个玄字的末点都是后加的，她完全认同我的看法，再加上陈馆长的先进工具，在几十倍的放大下，看得更为明显了，本书是乾隆抄本，其墨色已经经历二百多年的空气氧化过程，所有的文字都是一色的感觉，并无异样，但唯独这后加的一点，因为它本身落墨很晚，其氧化的程度浅，与其他文字的气息就很不一样。加上它是后来另一人所加，其笔势也与"玄"字的其他笔画不一致，这样我们几个人就得出了共同的结论，这"玄"字的末笔是后加的，不是乾隆原抄时的笔迹。这样，我长期以来因为看影印本，影印本墨色重，且都是一色的新油墨，因此这种细微的差异就看不出来，所以我就误认为甲戌本"玄"字不避讳，其实这是误解，直到现在我才得以郑重纠正。

还有一点要向大家报告的是，细看甲戌原本，虽然仅存十六回，但这十六回，也决不是一人所抄，至少在两人或三人以上。因为恰好抄手的字体接近，再加一色新油墨重压，所以看影印本就不易辨认了。

"玄"字的避讳和多人合抄，恰好正是乾隆时期抄书的共性，看庚辰本、己卯本无不如此。由于这两点的确认，这样一向认为这个抄本独异于其他乾隆抄本的疑虑可以完全消除了。

至于此本的抄定时间较晚，由于大量脂批文字的易位，分拆重编，删去脂砚、畸笏的署名及年月等具体事实的存在，这一结论仍然是适用于这个本子的。

由于弄清了"玄"字末笔后加的问题，我们在此次汇校时，就特意加以标明，以便读者掌握最新的信息。

还有一点，是季兄在汇校过程中，发现了抄手把"诗"字误抄成"死"字的另一例，音近而误，这进一步证明，曹雪芹的原文确是"冷月葬诗魂"，而不是"花魂"。

我们这次的工作做得虽然较细，但亦无法保证绝对无误，总之，校书似扫落叶，只能不断发现，不断改正，才能使错误愈来愈少。我衷心地希望读者继续指谬，以使此书渐臻完善。

2006 年 1 月 7 日晚 2 时于瓜饭楼

《新编〈石头记〉脂砚斋
评语辑校》序

在《红楼梦》研究的历史上，最早印刷出版脂本系统带评语的本子，是1911年上海有正书局石印的戚蓼生序本《石头记》。[1] 但当时《红楼梦》的爱好者和研究者们，并没有认识到脂本和它的评语的重大价值，[2] 风行于世的，主要是比这个石印本早一百二十一年的程、高本以及以此为底本的各种评点本，如妙复轩评本、王雪香评本等。

对脂本的认识，乾隆四十九年（1784年）梦觉主人的序说：

> 既云梦者，宜乎虚无缥缈中出是书也。书之传述未终，余
> 怏杳不可得。既云梦者，宜乎留其有余不尽，犹人之梦方觉，

---

① 按乾隆五十六年辛亥（1791年）经程伟元、高鹗整理用木活字排印的《红楼梦》，即俗称"程甲本"者，它的底本也是脂评本，但出版时已删去脂评，改用木活字，失去了脂本的原来面貌。

② 1920年，鲁迅撰著《中国小说史略》时，在《红楼梦》专章中，于八十回原书共有九处引文，皆采自戚本，此为《红极梦》研究中重视脂本之最早记录。

兀坐追思，置怀抱于永永也。

梦觉主人认为既然此书称"梦"，就应该让它虚无缥缈，有余不尽，留有余味。也就是说，他认为八十回的脂本就有这种"余味"。——这是一种见解。

到了乾隆五十四年（1789 年），舒元炜序《红楼梦》时则说：

> 惜乎《红楼梦》之观止于八十回也。全册未窥，怅神龙之无尾；阙疑不少，隐斑豹之全身。然而以此始，以此终，知人尚论者，因当颠末之悉备；若夫观其文，观其窍，闲情偶适者，复何断烂之为嫌。

舒元炜认为，从小说的情节来说，应该有八十回后的文字，方能颠末悉备，但若从欣赏文辞的角度来说，则"闲情偶适"，虽然"断烂"，也不足为嫌。——这又是一种见解。

以上两家的看法，尽管还有出入，但似乎都在两可之间。

与此同时的戚蓼生在序《石头记》时，说得要明确而肯定得多。他说：

> 或者以未窥全豹为恨，不知盛衰本是回环，万缘无非幻泡，作者慧眼婆心，正不必再作转语，而万千领悟，便具无数慈航矣。彼沾沾焉刻楮叶以求之者，其与开卷而寤者几希！

戚蓼生认为在现存的八十回后无需"再作转语"。这也就是说八十回后根本没有续书的必要。这无异是对脂本以外的种种续作的全盘否定。——这又是一种见解。

当然，我们应该注意到以上这些人序《红楼梦》的时候，程、高本尚未问世，并不是看到了百二十回的程、高木活字本而强调八十回的脂本。但是，从舒元炜序文的"核全函于斯部，数尚缺夫秦关"这句话来看，当时百二十回抄本已经流行了①。要是这样的话，那末，以上诸人，尤其是戚蓼生，对八十回本的称赞和肯定，其眼力就很不容易了。

不过，以上诸人的看法，都是从对本书的情节结构和文辞欣赏的角度着眼的，并不是在对脂本和脂评做研究工作。甚且对后四十回系伪续，也还分不清楚。

1927 年，胡适买到了"甲戌本"，翌年 2 月，他写出了《考证〈红楼梦〉的新材料》，公布了他研究"甲戌本"的结果。从这时开始，表明《红楼梦》的研究，已进展到重视脂本并重视运用脂评的时代了。胡适在这篇文章里，运用脂评，研究了曹雪芹的卒年，研究了脂砚斋其人，研究了曹雪芹运用南巡旧事来写作元春省亲的场面，研究了删去天香楼一段的文字，研究了脂本的文字胜于各本，胡适还运用脂评，研究了《红楼梦》后部的情节等等。总之，《红楼梦》的研究，自从开始运用脂本和脂评以后，就发生了飞跃，可以说进入了红学史上的一个新的历史阶段。人们称胡适所代表的《红楼梦》研究的学派为"新红学"派，这不是没有道理的，从历史的角度来看，他比起旧红学派来说，确

---

① 按：俞平伯先生早在 1954 年就讲到了这一点，见他的《读〈红楼梦〉随笔》第三十四节。联系程伟元在乾隆五十六年为木活字本作的序，序中也说："然原目一百二十卷，今所传只八十卷，殊非全本……不佞以是书既有百廿卷之目，岂无全璧。"以上这些话前后的时间，相差不过六七年。舒元炜和程伟元的话是说得十分明确的。所以我认为这可以说明以上诸人在写序的时候，已明知有八十回后的四十回续书了。也就是说，当时附有后四十回续书的抄本已颇流行。

乎是属于"新"的。①

但是，对于广大《红楼梦》的爱好者和研究者来说，脂本就根本见不着，更不用说脂评了，所以运用脂本和脂评研究《红楼梦》，就成为仅仅是极少数人的事，绝大多数的人，只可以望脂本而兴叹，只可以从极少数人研究脂本的文字里，窥到一点脂本和脂评的情况和面貌。于是脂本和脂评，遂成为红学研究的秘笈，局外人不得窥视。

1955年，文学古籍刊行社首次影印《脂砚斋重评石头记》（庚辰本）出版，使一向秘藏的脂评庚辰本得以问世。与此同一时期，上海文艺联合社出版了俞平伯先生的《脂砚斋红楼梦辑评》，使几个重要脂本的评语，得以公开与读者见面，提供研究者运用。这是《红楼梦》研究历史上的又一次重大的进展，它说明脂本和脂评在《红楼梦》的研究中，作为第一手的珍贵版本和资料，正发挥着重要作用。直至现在，已经影印的脂本计有："甲戌本"、"庚辰本"、"己卯本"、"戚蓼生序本"、"红楼梦稿本"，占现有脂评本的半数弱。另外，俞平伯先生的《辑评》也一再修订重印，对当代的《红楼梦》研究起着重大的作用。但是俞先生所辑录的脂评，只是"甲戌"、"己卯"、"庚辰"、"甲辰"、"戚序"五个本子的评语。据现在已知的脂本计共有十三种，即："甲戌本"、"己卯本"、"庚辰本"、"戚序本"（有正本）、"宁本"（南京图书馆藏本）、"王府本"（蒙古王府旧藏本）、"列藏本"（苏联科学院东方学研究所列宁格勒分所藏本）、"靖本"（南京靖应鲲旧藏本，已佚）、"甲辰

---

① 胡适对《红楼梦》的研究，除了重视脂本和脂评外，还对《红楼梦》的作者曹雪芹及其家世进行了考证，从而论证了《红楼梦》一书与曹家家事家世的关系，为《红楼梦》研究开拓了一个新的境界。故由胡适创立的"新红学派"，应包括对曹雪芹家世的考证研究和对脂本、脂评的研究两个方面。当然，在胡适的研究中也有明显的片面性和一系列的错误观点、错误结论，他的这些论点，也是"新红学派"的主要学术标志。但这是学术发展史上常有的事，我们可以不同意他的错误观点，但不能因此而低估他在红学研究上的开创性的作用。

本"（梦觉主人序本）、"红楼梦稿本"（又称杨藏本，中国社会科学院文学研究所图书馆藏）、"郑本"（郑振铎旧藏本）、"舒序本"（吴晓铃藏本）、"程甲本"。其中"宁本"同"戚本"、"郑本"无脂批，故从辑录脂批的角度来看，可以不计入内。另外，"王府本"虽同"戚本"，但多出夹批，为此本所独有，"靖本"虽已佚，而它的批语仍在，"舒序本"、"程本"虽已删去批语，但尚有"漏网之鱼"可供辑录，故从批语而论，除俞平伯先生已辑的五种脂本评语外，尚有"靖本"、"列藏本"、"王府本"、"红楼梦稿本"、"舒序本"、"程甲本"六种脂本的批语未经辑录，这从研究脂评和运用脂评以研究《红楼梦》来说，补辑这六种本子的批语，实在是一件很迫切的工作。

吾友陈庆浩兄，侨居巴黎，任法国国家科学研究中心研究员兼远东学院研究员，早于 1972 年即有《新编红楼梦脂砚斋评语辑校》一书问世，由巴黎第七大学东亚教研处出版中心、香港中文大学新亚书院红楼梦研究小组在香港出版。1979 年，本书又经修订增补，由台湾联经出版事业公司出版。此书之出，早已蜚声海外，有功于红学研究甚巨。著者在初版和增订再版的导论里，一再说明，此书是承俞平伯先生《脂砚斋红楼梦辑评》而来，没有俞先生的《辑评》在先，就没有本书，足见著者谦谦君子之风和实事求是的治学态度。学术工作，本来是前后承传，与日俱新的。俞老《辑评》于前，创始之功不可没而其嘉惠后学更无量也。然自《俞辑》以来，倏忽三十余年，有关脂本及脂评之发现，诚有非始料所及者。今陈庆浩君所辑，既承俞老之业，又补《俞辑》之所未及，于脂评，可谓收网罗一切之功。凡以上所举俞辑所未收及虽收而有遗漏、有未善者，皆一一收录之、校订之，为此曾数度回国，翻检各脂本，其用功之勤，虽遗文散佚远至列宁格勒者，亦皆罗致之。虽遁逸于程本、舒本之字里行间者，亦皆一一钩引之。则举此一编，可谓脂评尽在于此矣！然则此编实脂评之渊薮，红学之宝藏也。

　　或曰：当世红学界对于脂评，重轻不一，重者以为字字可宝，轻者以为无足轻重。予则以为重者自重而轻者自轻，于本书皆不可废也。何况脂评之于《红楼梦》研究，积近五十年之历史经验，其为不可废、不可轻，已无待论证矣。

　　又曰：虽脂本上之评语，非皆脂评也。此点当是确论，而此项辨析工作，本书著者已细加厘剔，区而录之，可以一目了然，大体不致鱼目混珠矣。

　　至于对脂评内容之研究，陈庆浩兄之导论已有详述，而上海孙逊兄，亦有专著《红楼梦脂评初探》，可资学者探究，无须本文赘叙矣。

　　是为序。

　　　　　　　　　　　　　　　1985 年 11 月 14 日于京华宽堂

影印北京师范大学
藏抄本《石头记》序

今年1月23日，我因病在海南疗养，那天是旧历庚辰年的除夕（十二月二十九日，本月无三十日），忽然接到杜春耕同志的电话，告知我北京师范大学新发现了一部《石头记》庚辰本的抄本，什么时候由什么人抄的等等都不清楚。当时我在海南，虽然是一个非常动人的消息，也只能听听而已。

2月9日，我回到了北京，身体仍不大好，当时正值学校放假，北师大的本子也无法去看。直到2月27日，接到北师大的邀请，去听他们对这个抄本的调查研究报告，并可以看到抄本，我当然高兴地应邀而去。当时去的人很多，大家都认真地听了张俊教授的报告和曹立波博士对本书发现过程的介绍，同时也看到了原书。但因为这是个报告会，看书的时间只有几分钟，我当时只看到了一两处与北大庚辰本共同的特征，实在没有时间再仔细地翻阅了。直到5月29日，我得到机会再去重看，我带了有关北大藏庚辰本的种种特征资料，赶早地到了北师大图书馆，经张俊先生和杨健先生的热情安排，我顺利地看到本书，并逐条地核实北大本的特征与本书是否符合，初次核实的结果，两本的特征完全一致，由此断定这是据北大本的复抄本是可以确定的了。但核对完有关的资料，也已到午饭时了，我就匆匆告别出来，算是明确了此本与北大本的关系，但其他的问题，就无暇思索了。

最近我得到机会，可以比较从容地检看此书的复印本，因此我就采用最原始而笨拙的办法，把北师大本与北大本从头至尾逐字核校。在仔细逐字核校的过程中，有一种感觉始终缠绕着我，不断在我的脑子中出现，这就是我总觉得这书从第一回到第三十回和第七十一回到八十回是同一个抄手，而这个人的笔迹，我似乎比较熟悉，分明是在什么地方见过的。我越往下校对，这种感觉越加强烈，终于迫使我停下手中的工作。先来查证这个抄手究竟是谁。经过一段时间的查证，终于我弄清楚了这个抄手，所以我在这篇文章里，把它作为本文所叙述的问题之一，连同其他几个读者所最关心的问题，一并向大家奉报，以征求大家的意见和指正。

一、北师大庚辰本是据北大庚辰本抄的

在探索新发现的这个北师大藏《石头记》庚辰本的时候，首先想要弄明白的是这个本子的渊源，它是据哪一个本子抄的？我在 2 月 27 日和 5 月 29 日两次看到了这个本子，尤其是第二次，我是带着北大庚辰本的一些特征资料去逐条核对的，经过这次的核对，基本上确认了这个本子确是据北大庚辰本抄的。最近我对两书又作了一次查检，更加确认了北师大庚辰本确是据北大庚辰本抄的这个认识。我所检核的两书共同的特征现分述如下：

影印北京师范大学藏抄本《石头记》序

（一） 两书抄写的款式相同

北大庚辰本抄写的款式每面十行，每行三十字。第一行顶格书"脂砚斋重评石头记卷之"，以下即空白。第二行顶格书"第一回"三字，以下即空白。第三行低三格写回目上联"甄士隐梦幻识通灵"，下面空三格再写下联"贾雨村风尘怀闺秀"，以下即空白。第四行顶格写正文"此开卷第一回也，作者自云……"。以上这个书写格式，北师大本与它完全相同。在抄写过程中，每行三十个字，有时会多抄一个字，有时会少抄一个字，但总的格局就是这个固定的格局，自始至终是一致的。这里有一个原因，过去抄书，如果是长篇巨著，尤其是小说，往往不可能一人抄到底，为了求速度，必须几个人同时抄写，然后合成。抄写中按原行款原格式抄写，则合起来就自然接榫，不会造成两个抄手衔接处出现空白。北师大庚辰本是三个人抄的，所以必须按原行款抄写，才能自然合一。当然这种保持原行款的抄写，另一个原因是藏书家为了保持原本的面目，这种情况，多半是私家抄藏的书，不是拿到庙市上去卖的。而《石头记》则不同，除了私家抄藏如怡亲王府外，到后来更多的是抄成后到庙市上去卖的。北师大本情况更不同，它抄成的时间已经很晚了，而且它还不仅仅是抄，还带有一定的编校性质，这就须要进一步去研究。

（二） 两书的回目完全相同

北大庚辰本共八十回，每十回一个总目，共八个总目。其中第二个十回、第七个十回都只有八个回目，第八个十回只有九个回目。全书八十个回目共缺五个回目。加上原缺六十四、六十七两回，共缺七个回目。北师大本与北大本完全一样。

北大庚辰本从第五个十回起，总目上都写有"庚辰秋月定本"字样，共四条。北师大本也与此完全一样。北大本第六十一回至七十回总目标明"内缺六十四六十七回"，其中"六十四六十七"是双行小字并列书写，北师大本书写格式也完全一样。

北大庚辰本第四十一回至五十回总目之最后一联"芦雪广争联即景诗，暖香坞创制春灯谜"，其中上联的"广"字和下联的"春"字都是旁添，北师大本即将旁添文字依勾线抄入正文，特别是芦雪广的"广"字，庚辰本四十一回至五十回总目旁添文字作"厂"，这是一个错字，正确的书写应作"广"，庚辰本的正文均作"广"，计第四十九回有七处，第五十回有一处，均作"广"，无一处错误。惟独总目上的这个旁加"厂"字，是一个错字。北师大本与它完全一样，总目上是一个错字作"厂"，其余四十九回七处，五十回一处，都作"广"，一点也不错。

北大庚辰本第五十一至六十回总目，"石头记"三字写在总目的最后两联，即五十九、六十两联的上面，然后转页写"第五十一回 至六十回"，再另行并行写"脂砚斋凡四阅评过"，然后空四个字的位置写"庚辰秋月定本"。这种书写格式，在北大庚辰本上，也只有这一处，而北师大本竟也完全照抄，一丝不差。

（三）北大庚辰本上的另一些特征，北师大本也同样具备

1. 北大本第七回末转页有附记云："七回卷末有对一付：不因俊俏难为友，正为风流始读书。"北师大本即将此回末对直接写在正文"正是"之后，"七回卷末有对一付"这几个字因为是提示性的，所以就没有再抄。

2. 北大本前十一回都无脂评，北师大本也一样是白文。北大本十二回前的脂评错抄在十一回前，北师大本也抄在十一回前。

3. 北大本十七、十八回前有一段文字：

此回宜分二回方妥

宝玉系诸艳之贯，故大观园对额必得玉兄题跋，且暂题灯匾联

上再请赐题，此千妥万当之章法。

诗　豪华虽足羡　离别却难堪　博得虚名在　谁人识

曰　苦甘　好诗全是讽刺　近之谚云：又要马儿好，又
要马儿不吃草，真骂尽无厌贪痴之辈。

以上这三段文字，北师大本完全依原格式照抄，只是把"贯"字改正为"冠"字，"博"字改正为"博"字。"诗曰"两字是横写，其余都是竖写，北师大本也完全一样。惟一不同的是北大本这三段文字是写在十七、十八回前，而北师大本却写在十七、十八回后。本来这三段题记是针对十七、十八回的，因为十七、十八回虽标为两回，却只有一个回目，中间无分回处，所以才有第一段题记。第二段是指题对额题灯匾，归省庆元宵；第三段是指贾妃回宫。以上这些都在十七、十八回内，所以题在十七、十八回前是对的，北师大本题在十七、十八回末，实质上是在十九回前，这就有点错位了，可能是抄错的。但就这三段特殊的文字来说，北师大本仍然不缺。

4. 北大本第十七、十八回第398页"少时太监出来只点了四出戏"下的第四出戏是这样写的：

第四出离魂　伏黛玉死，所点之戏剧伏四事乃牡
丹亭中通部书之大过节、大关键

这段双行小字批根本无法读通。细查北大庚辰本的底本己卯本，原来是两段文字被错连在一起，而且错接了文字。按己卯本两段原文，各自应为："伏黛玉死，牡丹亭中。""所点之戏剧伏四事，乃通部书之大过节，大关键。"这样分开后，文字才能通畅。至于第一段"伏黛玉死，牡丹亭中"似也有点别扭，但从四出戏的书写格式来看，确是如此。现将这

四出戏的书写格式，一并列举于后（见图一）。

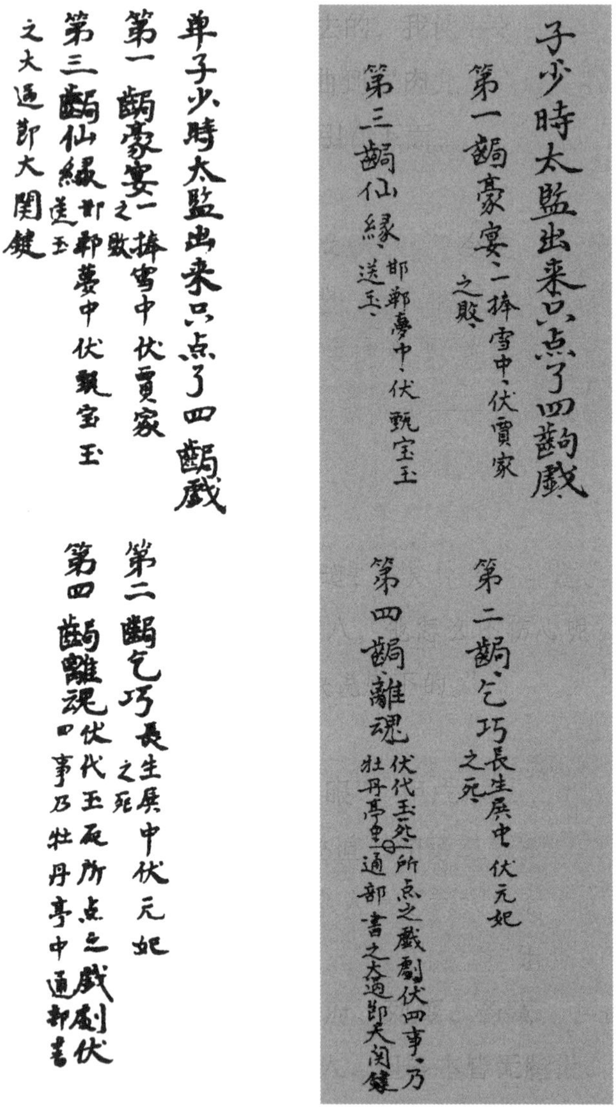

庚辰本　　　　　　　　己卯本

图一　图左是庚辰本，右是己卯本，庚辰本是据己卯本抄的，但第四出离魂下双行小字"伏代代玉死，牡丹亭中"二行下中间有一"〇"，又有一朱笔横线，表示上下隔断，各为起讫。庚辰本抄手不明此意，竟一行直下抄写。今北师大本与庚辰本错得完全一样。

438

从图一所列四出戏目的书写格式中，可以清楚地看出"伏黛玉死，牡丹亭中"是与其他三出戏目的写法是一致的，小有差异的是"伏黛玉死"这四个字与"牡丹亭中"更换了左右的位置。由此也可以明白，"所点之戏剧伏四事，乃通部书之大过节、大关键"是自成一段的批语。现在己卯本上这两段批语之间有一墨圈隔开，并有一朱色横线把上下分界，但这些标志，可能都是在北大庚辰本抄成以后加上去的。北大庚辰本的抄手没有能注意这两段文字之间的区别，竟先把右边一行上下一起连抄，然后又接连左边一行上下一起连抄，以至形成这段上下不通的文字，而北师大本的抄手，竟也以讹传讹地照样抄下来了。这就恰好成了北师大本是照北大庚辰本抄的一个有力证据。

5. 北大本第十九回第三面第三行"小书房名"下有五个字的空格，北师大本还保留了三个字的空格，第四行北大本有大半行的空白，北师大本把北大本上点掉的"自然"两字和第五行点掉的一个"也"字一齐删去，然后就直抄下来，从表面看来好像北师大本与北大本这里不一样了，实际上是北师大本遵照北大本的点改抄下来的，并不是另有所据。

十九回末，北大本有"此回宜分作三回方妙，系抄录之人遗漏。玉蓝坡"这段题记，北师大本也照抄，一字不遗。

6. 北大本第二十二回末"暂记宝钗制谜云"下面的八句诗及"此回未成而芹逝矣，叹叹！丁亥夏畸笏叟"等题记，北师大本亦完全相同。

7. 北大本第五十六回末正文下双行小字云："此下紧接慧紫鹃试忙玉。"按此行小字，是本回抄手指示下回抄手的文字，并非《石头记》文字，但后来的抄手不管，连同这句话也一起抄下来了，而北师大本也一样照抄不误。这里还要指出，这行误文始见于己卯本五十六回末，北大庚辰本照己卯本抄录时一并照录，现今北师大本又照样抄录，这一句误文，却联系着三个本子的血肉，成为三个本子内在联系的一个特殊标志，亦可以说是《石头记》抄本史上的一段趣话。

8. 北大本第六十六回第 1 页右下角有两行小字："以后小字删去。"1955 年的影印本上有此两行小字，1975 年的影印本上却没有了这两行字。当时引起了我的好奇，我到北京大学图书馆验看了此书，方才发现这原来是贴在上面的一个指甲大的小纸片，因为重新整修装订庚辰本，这个小纸片移动了位置，移到装订线的外边，被压在书脊边上看不见了，我初看空无所有，大为惊奇，觉得不可思议，经细看，发现装订线里边露出一小纸角，我将这小纸角拉出来，才发现原来是个小纸片，上面赫然写着这两行字，因而也随之而解开了这忽有忽无的谜底。现在这个北师大庚辰本上在第六十六回第 1 页右下角的原位置上，也照样抄上了这两行字，所不同的它不是贴的小纸片，而是直接写在纸上的了。虽然只是两行小字，而且与《石头记》正文无关，但却是北大庚辰本上特有的一个标志，在庚辰本的底本己卯本上是没有的。幸好己卯本还保存着这个六十六回，未曾散失，可以验看，确是己卯本六十六回原位置并无贴条也更无墨书此两行小字。所以北师大本在六十六回第 1 页右下角原位置上有此两行小字，这就证明它绝对是照北大庚辰本转抄无疑。

9. 北大本七十五回前有单页题：

乾隆二十一年五月初七日对清

缺中秋诗俟雪芹

□□□	开夜宴	发悲音
□□□	赏中秋	得佳谶

北师大本完全按此格式抄写，位置也是在七十五回前一页。

10. 北大本六十八回末尾（人民文学出版社 1975 年影印本第四册 1671—1674 页）有两页左右（四面不到一点）残缺，中间无标志，稍不注意便看不出来，缺文上面的最后一字是"才"字，以下便是大段残缺，缺文下存的第一个字是"得"字，全句是"得钱再娶"，与上面的"才"字接起来，便成为"才得钱再娶"，成为一个完整的句子。如果不认真读上下文的情节，一时是不容易看出中间有大段缺文的，而北师大本的抄手也正是没有看出这中间的大段残缺，竟照北大庚辰本上下页连在一起抄成"才得钱再娶"了。按这段文字，戚序、蒙府、杨本、列藏、程甲各本均不缺，所以这段缺文，也是北大庚辰本独有的特征，而北师大本却与它完全一样。

11. 北大庚辰本的双行小字批共 716 条，比己卯本只少一条，己卯本是 717 条。庚辰本这 716 条的双条小字批，从批语的位置到文句，在各回分布的情况，与己卯本一丝不差。庚辰本比己卯本短的一条批，只有一个字，就是 1975 年影印本第一册 430 页第八行"黛玉道：'再不敢了。'一面理鬓"句的"鬓"字下右侧，己卯本有一个一字评，即"画"字。庚辰本把这一个"画"字的评语给抄漏了。现在检查北师大本，在"一面理鬓"下，也同样漏掉了一个一字评的"画"字，这当然不是北师大本抄手的疏忽，而是他依据的北大庚辰本上此处也没有这个"画"字。

12. 北大本第二十八回第三面八、九、十三行书眉上，有朱笔批语云："一节颇似说辞，在兄口中却是衷肠之语。己卯冬夜。"但在此眉批之前，还有一段墨笔长批，从二十八回第二面第十行上面写起，其批语云：

撂开手句起，至后才得托生句止，此一段作者能替宝玉细
诉受委曲后之衷肠，使黛玉竟不能回答一语，其心思何如！真
令人叹服。予曾亲历其境，竟至有相逢半句无之事。予固深悔
之，阅此慌（恍）惚将予所历委曲细陈，心身一畅。作者如
此用心，得能不叫绝乎？

绮　　园

这段墨书眉批，写到最后一行，正好紧挨"己卯冬夜"这段朱批，而
"绮园"二字墨书，只好压在朱批的第一行上，把朱批首行的"颇似
说"三字压掉。而北师大本这两段批语的抄写格式竟与北大本一模一
样，墨批的最后两行，也压在朱批之上，具体情况是"绮园"两字完全
压在朱批上面，墨批最后一行的半个字，则压在朱批首行的右边。这种
抄写的方式，要不是照抄北大庚辰本，就不可能出现。

13. 北大本第五十回正文第一行最末第三字起至第三行第七字止，
用墨笔勾出（只勾第一行末三字及第三行头七字，表示勾线的起迄）。
眉上有墨笔批示云："勾出者似是批语，不宜混入。"这段被勾出的文
字是：

起首恰是李氏，一定要按次序恰又不按次序，似脱落处而
不脱落。文章岐（歧）路如此，然后按次各各开出。

北师大本一丝不苟地先勾起首三字，第三行再勾开头七字，然后在书眉
上也照抄上述批语，其格式完全与北大本一样。

北大本第五十三回在"肝脑涂地，兆姓赖保育之恩；功名贯天，百
代仰蒸尝之盛"一联上，眉批云："此联宜掉转。"北师大本照抄北大

本正文对联后，亦照样在书眉上抄此批语，与北大本一模一样。

北大本五十八回正文第六行，在"地名孝慈县"下，有"随事命名"四字，此四字用墨线圈出，书眉上又有"命名句似批语"的一条批。北师大本也原样照抄。

以上所列各点，皆是两本完全相同处，由此来确认北师大本是据北大本抄的这个结论，我认为是符合北师大本的实际的。

二、北师大本与北大本的文字差异

上面已经列举了很多例子，证明北师大本确是据北大本抄的，既是据北大本抄的，为什么还会有异文，这就令人难解。但只要仔细检核，也就明白了出现异文的原因，概括说来，这些异文，大致分四类，一类是北师大本转抄北大本时抄漏的，这就出现了北师大本与北大本的文字不一样的情况；二是北大本漏抄而北师大本又据别本增补上去的文字，这样也就出现了异文；三是北大本上原来就没有，也即是说连北大本的底本己卯本上也没有的，北师大本也据别本予以校补了，这同样也出现了异文；四是北大本上某些文字（包括正文和批语）有错误或断缺，北师大本予以校正或订补了。这也就出现了异文。以下就分类各举数例，以资说明。

（一）北师大本抄漏的文字

1. 北大本第三回 1975 年影印本 66 页第六行："面若中秋之月，色如春晓之花。"北师大本抄漏"色如春晓之花"六字。

2. 北大本第三回第 71 页第十行："他（袭人）见里面黛玉和鹦哥犹未安息，他自卸了妆，悄悄进来。"北师大本抄漏"他自卸了妆"五字，又在"悄悄"下增一"的"字。

3. 北大本第五回 97 页第五行："寝食起居一如宝玉；迎春、探春、惜春三个亲孙女倒且靠后。"北师大本从"迎春"起，以下全部脱漏。

4. 北大本第六回 134 页第九行："你老是贵人多忘事，那里还记得我们呢，说着来至房中，周瑞家的命雇的小丫头倒上茶来吃着。"北师大本从"来至房中"开始，以下全部脱漏。

5. 北大本第七回第 168 页第七行："纵的家里人这样，还了得了。尤氏叹道：你难道不知这焦大的，连老爷都不理他的。"北师大本从"尤氏叹道"开始，直至"不理他的"，全部脱漏。

6. 北大本第五十一回第 1199 面最末一句是"婆子接了"，转页是"银子，自去料理……"。两句接连起来是"婆子接了银子，自去料理"。今北师大本抄到"婆子接了"，以下文字全部断缺，整整缺了北大本的 1200 面到 1201 面共两面，约六百字左右，在北师大本上是本面抄第一行和第二行的开头四字，下面就全部空出，这就是说本面只抄了一行又四个字，其余全是空白面。然后又转页据北大庚辰本第 1202 面第一行开头从"管房里支去……"抄起，造成这种大段脱落的原因，我分析当是抄者临时有事停抄，故留下以下半面的空白，直接从北大庚辰本的 1202 面开头抄起了。因为当时抄书，基本上都是依原行款对页对行抄的，虽偶或小有差错，也只有几个字的出入，所以这个抄手重抄时，又从新的一面开头一行抄起。不管这个抄手是如何脱落的，总之是造成了北师大本此处的大段脱落。

（二）北师大本增补的文字

1. 北大本第三回第53页第三行到第四行："当地放着一个紫檀架子大理石的大插屏，小小的三间厅。"北师大本删去"当地放着"的"着"字，在"大理石"三字前增一个"的"字，又在"大插屏"三字下增加"转过插屏"四字。按甲戌、己卯、列藏、杨本等均有"转过插屏"四字，原系漏抄。北师大本据甲戌、己卯等本校补。

2. 北大本第三回第58页第八行："贾赦之妻邢氏忙亦起身笑道：正是呢，你也去罢。"此句文字脱漏，北师大本于"起身笑道"下校补入"我带了外孙女过去，倒也便宜，贾母笑道"十六个字。按此十六字甲戌、己卯各本都有，是北大本抄手抄漏，北师大本抄手据各本校补。

3. 北大本第四回第77页第四行："却说黛玉同姊妹们至王夫人与兄嫂处来便计议家务。"此句有脱漏，北师大本于"至王夫人"下增"处，王夫人正"五字。按此五字甲戌、己卯都有，北师大本据以上各本校补。

4. 北大本第四回第90页第二行："那日将入都时，却又闻得母舅管辖着不能任意挥霍。"此句有脱漏，北师大本校补为以下文字：

> 那日已将入都时，却又闻得母舅〔王子腾升了九省统制，奉旨出都查边。薛蟠心中暗喜道：我正想进京去有个嫡亲母舅〕管辖着，不能任意挥霍。

按上面〔〕号里的文字，是北师大本抄者据己卯本增补的，这段文字是北大庚辰本的漏抄。但北师大本在校补这段漏文时，把"我正愁"误写为"我正想"。显然"愁"字是正确的，"想"字就不切了。

5. 北大本第七回第157页第五行："说着大家取笑一回，惜春丫环放在匣子里。"此句有脱漏，北师大本校补为："说着大家取笑一回，惜春丫头入画来收了，放在匣子里。"按"入画来收了"五字，甲戌本有，己卯本无，己卯本是庚辰本的底本，可见北大庚辰本漏此五字，是源于己卯本。北师大本则据甲戌本校补。

6. 北大本第二十八回第646页第五行"肉儿小心肝，我不开了你怎么钻"以下全缺。直到"薛蟠瞪了一瞪眼"开始，才有下边的文字。但北师大本却将这段缺文补上了，所补的文字如下：

> 唱毕，饮了门杯，便拈起一个桃来，说道："桃之夭夭。"令完，下该薛蟠。薛蟠道："我可要说了：'女儿悲。'"说了半日，不见说底下的。冯紫英笑道："悲什么，快说来!"薛蟠顿时急的眼睛铃铛一般，瞪了半日，才说道："女儿悲。"又咳嗽两声，说道："女儿悲，嫁了个男人是乌龟。"众人听了，都大笑起来，薛蟠道："笑什么，难道我说的不是? 一个女儿，嫁了汉子要当忘八，怎么不伤心呢?"众人笑的弯腰说道："你说的很是，快说底下的。"

以上这段文字，北大本的底本己卯本二十一回至三十回缺，甲戌本有这段文字，但略有差别，戚序本却与北师大的补文一字不差，可见这段文字是据戚序本补的。

（三）北师大本上出现的庚辰本以外别本的文字

1. 北师大本除上面两种异文外，还有一种是不属于庚辰本的文字，连庚辰本的底本己卯本上也没有的文字，但北师大本上也校补进去了。最明显的例子，是第四回"护官符"下的小字注。这个小字注，北大庚辰本上是没有的，只有四句护官符的句子。己卯本上虽有，但并不是抄在护官符下的，正文的护官符，与庚辰本一样是没有小注的。己卯本上有的是另抄的一张纸条，贴在卷首，看来是后来从别本抄录下来后贴在卷首的，还加了一个标题："护官符下小注。"就这个后贴的纸条上的小注来说，与北师大本上小注的文字也不一样。甲戌本上，有"护官符下小注"，是用朱笔抄录在护官符正文行间的。但文字与北师大本也不一样。经查核小注的文字与戚序本的文字完全一样。则可见北师大抄本还参照了庚辰本以外的本子作校补。

2. 北师大本第六回第7面第五行："刘姥姥只得踅上来问。"这个"踅"字很特殊，按北师大本是据北大庚辰本抄的，可北大庚辰本用的是"蹭"字而不是"踅"字，连庚辰本的底本己卯本也是"蹭"字，其他如蒙府、戚序、甲辰等本也都作"蹭"，杨本则作"走"，列藏本缺五、六两回，程甲本则是作"挨上前来"，舒序本倒是作"踅"，但这个"踅"字又是单立人，成为侦察队的"侦"，显然与"踅"字有别，只有甲戌本是作"踅"，原句是"刘姥姥只得踅上来问"。甲戌本"踅"字两见，还有一处是在此前两行"然后踅到角门前"，"踅"字旁还有朱笔旁批"踅字神理"。按这个"踅"字，王力《古汉语字典》不收，张涌泉《汉语俗字丛考》也未收，《辞源》、《辞海》都未收，只有《康熙字典》和《中华大字典》收。《康熙字典》："踅，［集韵］恥孟切，柽，去声。踅踅，走也。"《中华大字典》："踅，恥孟切，音掅，敬韵。走也。见《集韵》。"可见这个"踅"字是有根据的，不是胡造的字。也可见，北师大本不用底本上的"蹭"字而改用甲戌本上的"踅"字，不是随意的，而是一种校订。

又上面所举"入画来收了"及二十八回所缺大段文字，前者是据甲戌本，后者是据戚序本，这也都是庚辰本以外的文字，这都是属于北师大本抄者对庚辰本的一种校补。

（四）北师大本对北大本某些文字的校改

1. 北大本第十二回263页第十行双行小字批云：

> 然便有二两独参汤，贾瑞固亦不能微好，又岂能望好，但凤姐之毒何如是［耶！终是］瑞之自失也。

北大本此条双行小字批漏字，北师大本据己卯等本补正。［ ］内的三个字，就是北师大本校补的文字。

2. 北大本第十九回第406页末行正文"奇文"上有墨框，书眉上有批："奇文句似应作注。"北师大本即据眉批将"奇文，竟是写不出来的"九个字的正文改为正文下双行小字批。与下句双行小字批连写在一起，成为：

> 奇文，竟是写不出来的。若都写的出来，何以见此书中之妙。　　　　　　　　　　　　　　　　　　　　脂砚

北师大本将北大本误写入正文的头两句改成双行小字的批语，这是对的，是对北大本的订正。但下句脂砚的批是对上句的回答，不宜连写成一长句，应该空开另作一段。从语气上也可看出，上下两句是两个人写的，下句又是对上句的评批。《石头记》中此类例子尚有多处。

3. 北大本第二十回第六行 437 页下，有大段双行小字批，其最后两句是：

宝玉之情痴，十六乎？假乎？看官细评。

这句里面的"十六乎"三字，真是莫名其妙，查检北大庚辰本的底本己卯本，此处原抄也是"十六乎"三字，后来又用粗笔把"十六"两字改为一个"真"字。现在仔细看己卯本，改前的"十六"两字和改写的"真"字都还看得清楚。猜想己卯本所据的底本（或可能是雪芹的原稿）上，这个"真"字是一个草写的"真"字，"真"字竖行草写，看起来很像"十六"两个字竖行连写，所以才被己卯本的抄者误认为是"十六"两字，而北大庚辰本据己卯本写的时候，还未改正，故也抄成了"十六乎"。现北师大本已将此句校正为：

宝玉之情痴，真乎？假乎？看官细评。

这也是北师大本对北大本校正的一例。

4. 北大本第十五回 304 页朱笔眉批："八字道尽玉兄，如此等，方是玉兄正文写照。王文季春。"这个"王文季春"当然无法理解，但庚辰本上署"壬午季春"、"壬午春"、"壬午春畸笏"等有好多条，这个"王文季春"研究家们一致认为是"壬午季春"之误抄，北师大本则直接将这条校正为"壬午季春"。

北师大本校正北大本的还有多处，这里不一一列叙。

以上各条是北师大本与北大本文字差异的举例，由于时间匆促，不能把全书校完后再写这篇文章，举例未必尽当，要之能帮助读者了解此北师大抄本的大概面貌而已。

三、北师大本的抄者及抄成时代的推测

在现存十多种《石头记》或《红楼梦》的早期抄本中，还没有哪一部能弄清楚究竟是谁抄写的，70年代，我与吴恩裕先生一起研究己卯本的抄主（请注意不是指抄手），吴恩裕先生首先提出新发现的三回又两个半回的《石头记》可能是己卯本的散失部分，这个三回又两个半回的抄本上，有"晓"字缺末笔写作"晓"字的避讳现象，开始我们怀疑是纪晓岚家的抄本，当我们到北京图书馆检查己卯本的时候，在第十七、十八回发现了"华日祥云笼罩奇"里"祥"字避讳写作"祥"字，这样我们才循此线索，考出了现存己卯本是怡亲王府的抄本，抄主是第二代怡亲王弘晓，他的父亲是第一代怡亲王允祥。弘晓主持命人抄《石头记》，所以抄手避弘晓和老怡亲王允祥的讳，这个考证有大量的证据，所以已为学界所公认。但这只是考明了己卯本的抄主，即该书抄写的主人和收藏者，并不曾考明具体的抄手是谁。虽然吴恩裕先生曾提出弘晓是该书抄者之一，但弘晓是王爷，能否亲自来抄书，想用他的诗集《明善堂集》的笔迹来对证，但《明善堂集》是写刻本，一般刻书，都是职业的书手书写，不大会是诗人自己来书写的。所以《明善堂集》的笔迹也难以为证。因此，在现存十多种《石头记》抄本中，只有己卯本考明了抄主是怡亲王弘晓，而具体的抄书人是谁，则这十多种抄本一种也未能考出它的抄手，所以要考出这些无抄手名字的抄本的抄者来，是一件困难的事。但在研究一种手抄本的时候，抄手、抄藏主人、抄成年代，这一系列问题都是至关重要的，不可回避的。所以我对新发现的北

师大藏《石头记》庚辰本的抄手和抄成时代，来试作一次海底捞针式的探索。

（一） 北师大本抄手的探测

我在用北师大本的复印本逐字逐回的校核过程中，始终有一个感觉缠绕着我，我总觉得这部抄本的第一回到三十回，第七十一回到八十回这四十回的抄手的笔迹非常眼熟，但始终想不起来是在哪一个抄本上见到的。当我愈往下校时，这种感觉愈强烈。我终于坐不住了，我把我手头所有的《石头记》抄本统统拿出来核对，一时都没有对上，我也把我藏的其他抄本如戏曲笔记之类的抄本拿出来核对，也没有对上，所以我只好继续做我的两本核校的工作。但过了几天，忽然灵光一闪，记得70年代我与吴恩裕先生一起研究己卯本时，曾反复看过北图藏的己卯本原抄本，后来为了反复研究，还把己卯本复印了下来，记得上面有大量补抄的文字，而这个笔迹可能与北师大本一至三十回，七十一回至八十回的这个抄手的笔迹相近。但事隔二十多年快三十年了，记忆不一定准确了。我急忙翻寻我曾用了很久很久的那部复印本，总算这个本子从书堆里被找出来了，我迫不及待地拿出来与北师大本一对照，顿时真相大白，真是同一个人的笔迹。现在我将两本同一内容的书迹并举如下，大家可以仔细核对验证。我现在举出两组的书页，第一组是己卯本第一回第1页的抄者笔迹。第二组是第二十八回薛蟠唱曲的一页，北师大本是二十八回第22页，北图藏己卯本二十八回的第18页① （参见图二、图三）。

---

① 现影印己卯本已将后人抄补的部分删掉，北图藏己卯本仍保留后人抄补部分，可以核查。

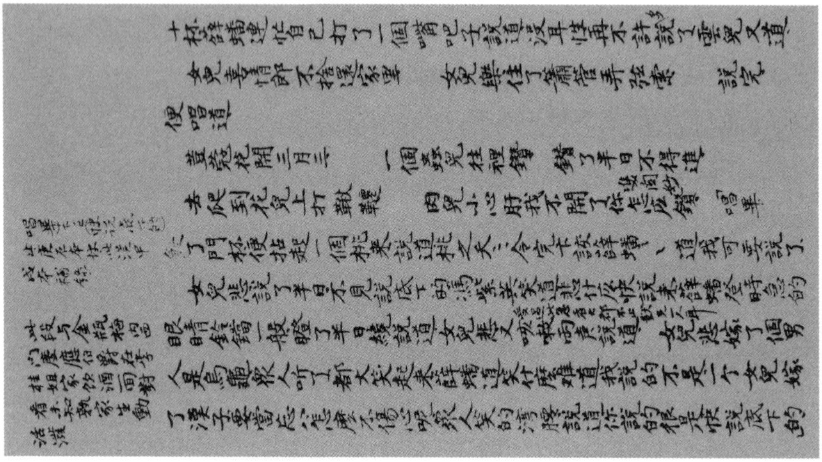

己卯本陶洙抄补部分

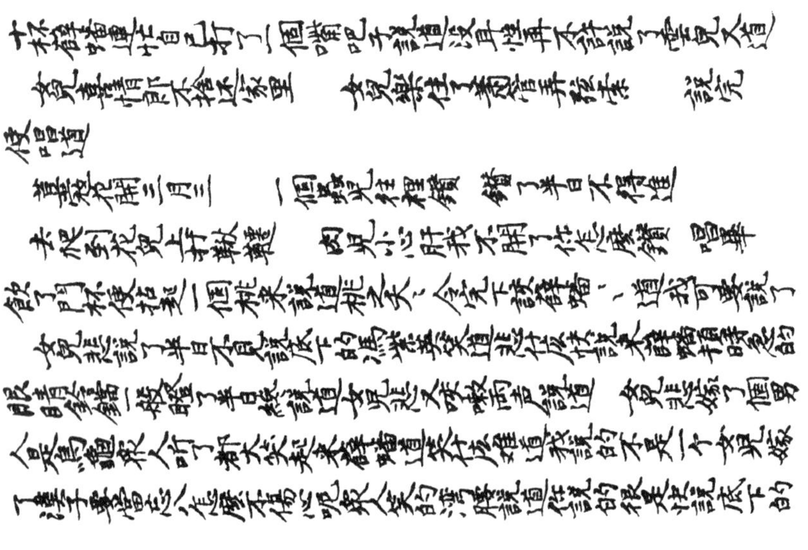

图二　北师大本

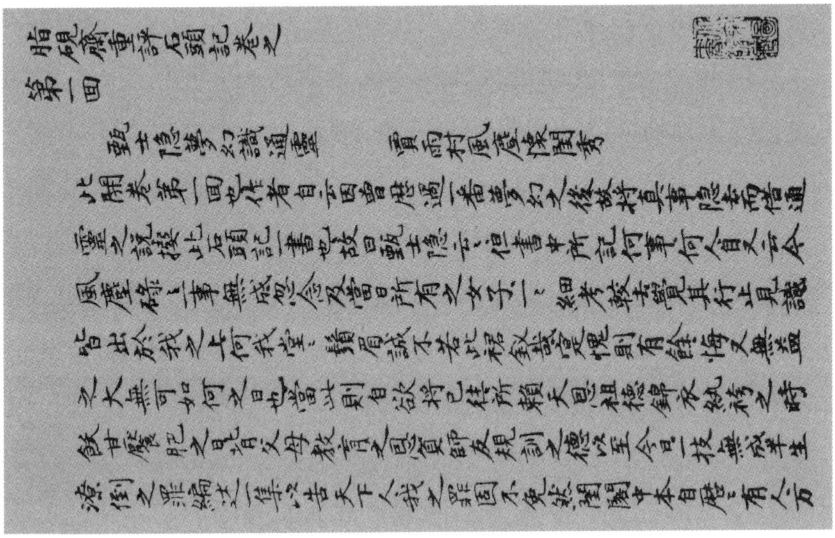

脂硯齋重評石頭記卷之
第一回
甄士隱夢幻識通靈　賈雨村風塵懷閨秀
此開卷第一回也作者自云因曾歷過一番夢幻之後故將真事隱去而借通
靈之說撰此石頭記一書也故曰甄士隱云云但書中所記何事何人自又云今
風塵碌碌一事無成忽念及當日所有之女子一一細考較去覺其行止見識
皆出於我之上何我堂堂鬚眉誠不若彼裙釵哉實愧則有餘悔又無益
之大無可如何之日也當此則自欲將已往所賴天恩祖德錦衣紈袴之時
飫甘饜肥之日背父兄教育之恩負師友規訓之德以至今日一技無成半生
潦倒之罪編述一集以告天下人我之罪固不免然閨閣中本自歷歷有人萬

己卯本陶洙抄补部分

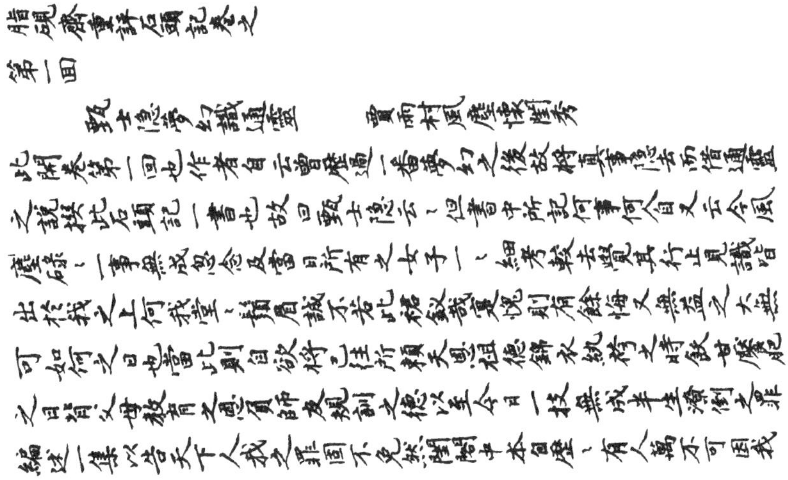

脂硯齋重評石頭記卷之
第一回
甄士隱夢幻識通靈　賈雨村風塵懷閨秀
此開卷第一回也作者自云曾歷過一番夢幻之後故將真事隱去而借通靈
之說撰此石頭記一書也故曰甄士隱云云但書中所記何事何人自又云今風
塵碌碌一事無成忽念及當日所有之女子一一細考較去覺其行止見識皆
出於我之上何我堂堂鬚眉誠不若彼裙釵哉實愧則有餘悔又無益之大無
可如何之日也當此則自欲將已往所賴天恩祖德錦衣紈袴之時飫甘饜肥
之日背父兄教育之恩負師友規訓之德以至今日一技無成半生潦倒之罪
編述一集以告天下人我之罪固不免然閨閣中本自歷歷有人萬不可因我

图三　北师大本

从图二、图三两组照片的对照来看，可以很明显地看出抄写北师大本前三十回及最后十回的人，就是抄配校补己卯本的人，这个人就是陶洙，字心如，常州人，50年代去世。我曾听吴恩裕先生说过，他与陶洙有交往。我是1954年到北京的，那时陶洙是否还在，不清楚，总之我没有见过他。但从研究己卯本时就知道他，因为他是己卯本的收藏者和抄补者，他自己在己卯本卷首有题记，说"己卯本，即敝藏，缺四十回，存一至二十回，三十一回至四十回，六十一回至七十回"。所以根据这些笔迹和他的题记确定北师大本的前三十回和后十回确是陶洙所抄，这是可以肯定无疑的。既然弄清楚了北师大本有四十回是陶洙所抄，那末其余部分是何人所抄也就无关紧要了。

（二）北师大本抄成的年代探测

既然确定了此书的前三十回和后十回是陶洙抄的，那末要大致弄清他抄成的年代也是可能的了。他在这个己卯本上，留下了不少题记，这些题记，大都有纪年，这就十分有利于我们弄清他收藏己卯本予以校补和抄校庚辰本的年代。现在我们先将这些有纪年的题记顺次列举于下：

1. 庚辰本校讫　　丙子三月
   （此段题记写在己卯本第二十回末）
2. 此本照庚辰本校讫　廿五年丙子三月
   （此段题记写在己卯本第三十一回至四十回总目右下角）
3. 三十六回至四十回庚辰本校讫　廿五年丙子三月
   （此段题记写在己卯本第四十回末页）
4. 庚辰本八十回，内缺六十四、六十七两回。　此己卯本封面亦书（内缺六十四、六十七回）而卷中有此两回，并不缺。细审非一手所写，但可确定同时在别本钞补者，与通行本相近，可知即高鹗所据之本也。尝以戚本对校，则六十回一回，异同虽多，大体无差。六十七一回，则大不相同，直是另一结构，无法可校，只得钞坿于后，以存初稿时面目。

丁亥春记于沪上忆园，时年七十。

5. 此己卯本缺第三册（二十一回至三十回），第五册（四十一回至五十回），第六册（五十一回至六十回），第八册（七十一回至八十回）。又第一回首残（三页半），第十回残（一页半）均用庚辰本钞补，因庚辰每页字数款式均相同也。凡庚本所有之评批注语悉用朱笔依样过录。甲戌残本只十六回，计（一至八）（十三至十六）（廿五至廿八）。胡适之君藏，周汝昌君钞有副本，曾假互校，所有异同处及眉评旁批夹注，只得写于旁而于某句下作～式符号记之，与庚本同者，以〇为别，遇有字数过多，无隙可写者，则另纸照录，坿装于前，以清眉目。

己丑人日灯下于安平里忆园

根据上面所列五条署年题记，可知最早的记年是1936年丙子，共三条，都是记载他用庚辰本校己卯本。其次是1947年丁亥，这是一条长题，专记己卯本六十四、六十七两回的情况。这条题记写明写于上海安平里忆园，这年他七十岁。最后一条署年的题记是1949年旧历正月初七日。这已经是上海解放的前夕了。

己卯本在陶洙之前的收藏者是董康，董康字授经，著有《书舶庸谭》，好刻书，卒于1946年。陶洙于何时得到己卯本，不能确知，我原以为是在董康去世后，恰好书上有1947年的题记，现在又发现了书上有1936年丙子三月的三条题记，而且都是用庚辰本来校己卯本的，则

455

陶洙得到己卯本当在 1936 年三月或之前。董康是武进人，陶洙是常州人，常州与武进是紧挨的一地，或者是董康直接将此书转给陶洙的。重要的是 1936 年陶洙已用庚辰本校己卯本了。按胡适得见庚辰本并写跋文是 1933 年，陶洙借到庚辰本比胡适只晚三年，这在《石头记》抄本研究史上也是够早的了。

陶洙最后一条题记是 1949 年正月，那末他抄北师大藏本《石头记》的时间，上限不能早于 1936 年，下限不能晚于 1949 年。我的估计，或可能是在 1936 年用庚辰本校完己卯本以后到 40 年代初这一段时间内抄写的，而且很可能是他在借到庚辰本用来校己卯本，等己卯本校毕后即开始抄写的，否则他还了庚辰本以后，还得再借一次才能抄写。我想借庚辰本转抄未必是一件容易的事，所以此书多半是在 1936 年以后不长的一段时间内抄成的，此时庚辰本的藏者是徐星署，到 1947 年，庚辰本就归燕京大学了，他也不可能再借来抄录了。所以，总的来说，这部北师大藏的抄本《石头记》抄成的年代，约在 1936 年到 1947 年之间。从传统的抄本的意义上来说，这可以说是庚辰本的最晚的一个抄本了。

不仅如此，它还是一个校补本。1975 年我从事《红楼梦》的校注工作的时候，是用庚辰本为底本进行校注的，当时我以为是庚辰本的第一次校订。现在看来，30 年代陶洙的这个校订本，才是庚辰本的第一次校订。尽管他的校订有许多不足之处，但毕竟是庚辰本校订的先驱，是筚路蓝缕的第一步，在传统的《石头记》抄本的发展史上，或可能是最后的一笔。[①]

2001 年 10 月 4 日于京东且住草堂

[①]　在"文革"以后，出现了各种方式的《石头记》抄写热，但这与陶洙的抄校庚辰本不是一个历史背景，陶洙的抄校，仍是传统抄校的一种继续。

读沪上新发现的残脂本《红楼梦》

今年6月14日，上海敬华艺术品拍卖公司拍出了一部残脂本《红楼梦》，残存一至十回文字和三十三回至八十回总目。当时我曾看到复印件，但正值我生病，未能去上海，也未能对复印件认真细看。后来这个本子何所归属也无消息。

上个月，忽然深圳的朋友来电话，说要来看我，并说要带一部旧抄本《红楼梦》来请我鉴定，当时我正住在市内治病。见到了这个本子，我才恍然大悟这就是上海拍卖的那个残脂本，原来这个本子由深圳卞亦文先生拍到了。我仔细看了这个残本的原件，卞先生还留给我一个复印本，我即用来与庚辰本逐字对校，花了一个多月，全部（十回）对校一过，这样我对这个本子有了一个基本的认识。

一、这是一个残脂本

我看过这个本子的原件，又用这个本子的复印本与庚辰本逐字对校了一遍，我认为这确是一个残脂本：

（一）它保留着脂本所独有的部分回前诗。

在这仅存的十回中，倒有二、四、五、六回有回前诗，如第二回的回前诗云："一局输赢料不真，香销茶尽尚逡巡。欲知目下兴衰兆，须问旁观冷眼人。"第四回回前诗云："捐躯报君恩，未报躯犹在。眼底物多情，君恩或可待。"（"君恩"俄藏本同，杨本作"国恩"。）第五回回前诗云："春困葳蕤拥绣衾，恍随仙子别红尘。问谁幻入华胥境，千古风流造业人。"第六回回前诗云："朝扣富儿门，富儿犹未足。虽无千金酬，嗟彼胜骨肉。"在以上四首回前诗上面（第二回除外），同其他脂本一样，都有横书的"题曰"两字，此外，六、七、八三回回末，还都有对句，如第六回云："得意浓时易接济，受恩深处胜亲朋。"第七回云："不因俊俏难为友，正为风流始读书。"第八回云："早知日后闲生气，岂肯今朝错读书。"以上这些文字，都只有早期脂本才有。

（二）它保留着脂本所独有的少量的回前评。

如第一回它保留着"此开卷第一回也"到"故曰贾雨村云云"的大段文字，这是各脂本共有的文字。当然也有个别例外，如甲戌本将此段文字移作"凡例"的第五条，并作了较大的改动。此外，这段文字下面，庚辰本还有"此回中凡用梦用幻等字，是提醒阅者眼目，亦是此书立意本旨"一段文字，这个新发现的抄本少去了这段文字。我查各脂本，保存这段文字的，只有杨本、舒序本、程甲本（已略有改动）和庚辰本四个本子，其余各本都已经删去了这段文字，可见少去这段文字并不是这个残抄本独有的现象。

这个残本的第二回，开头有三段回前评："此回亦非正文本旨……此即画家之三染法也"及"未写荣府正人……是特使黛玉入荣府之速也"，"通灵宝玉于士隐梦中一出……文则是反逆隐曲之笔"。这三段回前评，也是各脂本共有的文字（字句小有出入）。

（三）在脂本的正文里，偶尔还夹杂着一些类似批语，又类似自白的文字，这也是脂本的特色之一。

在这个残抄本的第三回，在黛玉拜见贾母的时候，有这样一段文字："此即冷子兴所云史氏太君也。"这段文字，一般都把它作为批语看。这段文字，除甲辰、程甲本没有外，其他各脂本都有（文字小有出入），也成为脂本的特色。在此残抄本的第六回，刘姥姥正要向荣国府去的时候，有这样一段插话式的文字："诸公若嫌琐碎粗鄙呢，则快掷下此书，另觅好书醒目，若寻（甲戌本作"谓"）聊可破闷时，待余（甲戌本作"蠢物"）逐细言来。"这段特殊的文字，在甲戌、蒙府、戚序、戚宁、舒序等本子里都有，文字小有出入，在己卯、庚辰两本里，已没有这段文字。但己、庚两本在十七、十八回元妃省亲，大观园灯彩辉煌的一段描写里，有"此时自己回想当初在大荒山中"一段一百三十字的大段插话，这前后两段插话，都是以"石头"或"蠢物"自己的身份表述的。这类特殊的文字，都是属于脂本早期文字的特色，稍后的本子，如杨本、甲辰、程甲各本，都已没有这两段文字。

（四）此残本的正文，百分之九十五以上同于脂本。

我将这十回残文，逐字逐句与庚辰本对校（也同时参校了甲戌、己卯、列藏、戚序、蒙府、杨藏诸本）后，觉得此残本的正文，百分之九十五以上与现存脂本相同（以庚辰本为标准），但也有少量文字差异。这种少量文字的差异，在各脂本之间也是都存在的。所以从正文的整体来看，可以毫无疑问地认定，这确是脂本文字，加上上面所列脂本的回前诗、回前评、文内的插叙、回后的对句等等，则说这个残抄本的底本应是脂砚斋本，它现在抄下来的这个残本确是脂砚斋评本的文字是完全可靠的。至于这个抄本不叫《石头记》而叫《红楼梦》，这是十多种脂本中早已存在的事实。现存十三种（含新发现的这部残抄本）脂本中，有四种是叫《红楼梦》的，即杨藏本、舒元炜序本、甲辰本（梦觉主人序本）和程甲本，此外，还有两种脂本是既叫《红楼梦》又叫《石头记》的，即：一、甲戌本，甲戌本的总名虽叫"脂砚斋重评石头记"，但在全书第一页"凡例"的第一句就说"红楼梦旨义，是书题名极多，红楼梦是总其全部之名也"。可见是两个书名并重的。二、郑藏本。郑振铎先生藏本残存两回，此书的特点是在每回的第一页第一行题"石头记第×回"，如现在的两回就题"石头记第二十三回"，"石头记第二十四回"，但在此书的版口，鱼尾的上端，却每页题《红楼梦》。此书残存两回共三十一页，故有三十一个"红楼梦"，两个"石头记"。由此可见脂本系统的抄本，《石头记》、《红楼梦》两个名字各自单用或两名并用，都是客观存在的事实，不是什么稀罕的事。

二、此本抄成的大致年代

在此残抄本的开头，有原藏主的一页题记，题记说：

> 残抄本《红楼梦》，余于民廿五年得自沪市地摊，书仅存十回，原订二册。置之行箧，忽忽十余载矣。今夏整理书籍，以其残破太甚，触手即裂，爰亲自衬补，订成四册。因细检一过，觉与他本相异之处甚多，即与戚本、脂本亦有出入之处，他日有暇，当细为详校也。
>
> 民卅七年初夏眉盦识于沪寓

民国三十七年是 1948 年。在这段题记上有两个印章，一是"上元刘氏图书之印"，白文。另一是"文介私印"，朱文。据卞亦文先生查得，此残本的原藏主叫"林兆禄（1887 年—?），字介侯，又字眉盦，别署根香馆主，吴县（今江苏苏州）人。家世善画，父福昌与吴昌硕为昆季交，亦工绘事。介侯摹刻金石，响拓鼎彝，无不精妙。尤工刻石，突出前人。治印则规模秦汉外，或参古籀，甲骨，独擅胜场。亦善刻竹，工雅有致"（见《中国美术家人名辞典》）。卞先生还告知，林兆禄1956年受聘于上海文史馆，卒于1966年。如此看来，这书上的另一个图章，即"上元刘氏图书之印"是林兆禄以前收藏这部脂本《红楼梦》抄本的人，此人是南京人，姓刘，也许在刘氏手里这部书是完整的也未可知，但现在却无从查考，总之这个图章又给了我们寻觅的线索。

但不管怎样，这段题记和这个刘氏图章，对于我们判断这个抄本抄成的年代并未能提供过硬的证据，它只能告诉我们这个抄本远在林、刘二人之前，林、刘二人只是提供了这个抄本时间的下限。因此要判断此本抄成的大致年代，还须要另找线索。

我在反复阅读此残本的时候，发现了六处避讳的"玄"字，即第一回两处"玄机不可预泄"的"玄"字，都避讳写成"元"字。同回"家家箫管，户户歌弦"的"弦"字，缺末笔避讳写成"弦"。第二回"悟道参玄"的"玄"字，同样避讳写成"元"字。第五回警幻说"偶成一曲即可普入管絃"的"絃"字，半边缺末笔写成"絃"，第六回刘姥姥进入荣府堂屋，"满屋的东西都是耀眼睁光使人头悬目眩"的"眩"字缺末笔写成"眩"。以上是六处"玄"字的避讳。第十回张太医为秦可卿看病，"头目不时眩晕"句里的"眩"字没有缺末笔避讳。这种避讳的情况，与现有的乾、嘉抄本《石头记》或《红楼梦》是完全一致的，各本有少数几处未避讳也是共有的现象。上世纪80年代，我曾提出"甲戌本""玄"字不避讳的问题，那时主要是用的影印本，很明显的"玄"字有一点，我到美国去开会看到了原本，与影印本一样，都是不避讳的。前些时候，甲戌本已回到祖国，现藏上海博物馆，上博请我去鉴定，当然这毫无疑问的是原件，但当我拿在手里仔细看这个本子时，却发现这个本子上不避讳的"玄"字的一点是后人加的，墨色和笔法都与原迹不一致，当时就请上博书画鉴定部的专家钟银兰先生来，钟先生仔细鉴定后，也认为这"玄"字原抄是没有一点的，现在的一点是后人加的。为了确认这一点，上博的陈馆长又拿来高倍度的放大镜，在高倍的放大镜下，这一点后加的情况更为明显了，所以原来我说的甲戌本"玄"字不避讳的说法是不准确的，是受影印本的影响，准确地说，甲戌本"玄"字是避讳的，与己卯、庚辰等乾隆抄本的避讳是一致的。

由此可以得出结论，现存十三种乾嘉抄本《红楼梦》或《石头记》是无一例外地避"玄"字讳的，其中包括着这部新发现的卜藏本，也包括着木活字本程甲本。由于这个残抄本的上述这许多脂本的特征再加上"玄"字的缺末笔避讳和改用"元"字的避讳，证明它确是清代的抄本应该是没有疑问的了。但"玄"字的避讳时间跨度极大，上自康熙，下至清末基本上都避"玄"字的讳，因此要大致确定这个残抄本较为确切的抄成年代，还要另找证据。

我曾经仔细看过甲戌、己卯、庚辰三个本子，己卯本在我手里还存有一段时间，这三个本子的共同特点都是用的乾隆竹纸，我也仔细看过俄罗斯的那个本子，那个本子已不是用乾隆竹纸，而是用的嘉庆、道光之间常用的棉纸，比竹纸稍厚稍白，没有竹纸的透明度。我仔细看这个残抄本的纸张，觉得基本上与俄藏本是同一种纸张，我初步判断俄藏本是嘉庆年间的抄本而以嘉庆前期的可能性较大。由此我认为这个残抄本的抄成年代，也可能是嘉庆前期，从这个残抄本纸张黄脆较重的情况来看，也应该是嘉庆前期，因为它的黄脆程度，不比俄藏本轻。

三、此残抄本的特色

前面已经说过，此残抄本是脂本体系，保存了不少早期脂本的文字。这是这个残本的主要方面。但除此之外，这个本子还有它不同于别本的特色。

（一）这个本子虽然只残存前十回，却保存了三十三回至八十回的总目。就这个总目与现存各脂本来比较，却有几回与众不同的回目，例如三十三回残抄本的回目是"小进谗言素非友爱，大加打楚诚然不肖"。此回庚辰本的回目是"手足耽耽小动唇舌，不肖种种大承笞挞"，其余各脂本均同庚辰本。再如三十四回残抄本的回目是"露真情倾心感表妹，信讹言苦口劝亲兄"。此回庚辰本的回目是"情中情因情感妹妹，错里错以错劝哥哥"。其余各本全同庚辰本。残抄本的这两个回目的文字，是完全与众不同的。另外还有三十九回，残抄本作"村老妪荒谈承色笑，痴情子实意觅踪迹"，残抄本不同于庚辰本的"村姥姥是信口开河，情哥哥偏寻根究底"，却完全同于杨藏本。第四十一回残抄本作"贾宝玉品茶拢（"拢"字原抄如此）翠庵，刘姥姥卧醉怡红院"。残抄本不同于庚辰本的"栊翠庵茶品梅花雪，怡红院劫遇母蝗虫"，却全同于蒙府本、戚序本。其他如四十九回、六十七回、八十回，都是不同于庚辰本而同于其他脂本，八十回庚辰本无回目，残抄本同其他脂本。

（二）此残抄本回目的抄写方式，无论是总目还是各回的回目，都是两句对称并列如对联一样的写法，而不是采取上下句写法，这种写法，在现有的十三种脂本中，只有俄藏本、郑藏本与此本一样。

（三）关于林黛玉眼睛的描写，在现存的十多种脂本《红楼梦》中，没有完全相同的，比较起来，大家认为俄藏本的文字较为准确。这就是："两湾似蹙非蹙胃烟眉，一双似泣非泣含露目。"现在这个残抄本则又是一种与众不同的新的写法："两湾似蹙非蹙胃烟眉，一双似飐非飐含露目。"上句与俄藏本、己卯本同，下句"似飐非飐"则又是以前没有见过的写法。

（四）《红楼梦》里的贾宝玉有一句惊人的话："女儿是水作的骨肉，男人是泥作的骨肉。"在庚辰本上，原来的"水"字，被用重笔加了一横画，变成了"木"字，变成了"女儿是木作的骨肉"，研究者们一般都把这一改笔作为妄改，没有见任何人采用"木作的骨肉"过，但非常出人意外，也是非常独特的是这个残抄本竟是清清楚楚写着"女儿是木作的骨肉"。而且是原抄，并非改笔。我认为"水作的骨肉"应是原作，是对的，"木"字是妄改，是错的。现今所有的脂本，除这个新发现的残本外，一律是"水作的骨肉"。但是，由于这个残本上"木作的骨肉"的出现，不得不引起人们思考这个"木"字的来历。这个残抄本是照庚辰本抄的吗？现在还没有充分的证据，那么残抄本和庚辰本的改笔是另有一个共源吗？也还缺少证据。但这个"木"字是这个残抄本的特有却是事实。

（五）这个残抄本还有许多字句上的特异之处，可以说是举不胜举。例如第八回关于贾宝玉通灵玉的描写，关于薛宝钗金锁的描写，与别本都有较多的差异，第九回闹学堂也有许多与别本不同的异文，至于此本对脂本（以庚辰本为校）的少数字（十几个字）的增文或减文或改文是随处都有的，其中也不乏可以用来补正原脂本的文句之处，这一切，都有待读者和专家们的研究，①本文就不可能一一罗列了。

这个残抄本可供研究的问题还有很多，例如庚辰本"冷子兴演说荣

---

① 这十回残抄本，已录入拙著《脂砚斋重评石头记汇校汇评》一书，所存此本与庚辰本等其他脂本的异文，都在本书标出，可以检索。此书即由国家图书馆出版社出版。

国府"说贾政的夫人王氏"第二胎生了一位小姐，生在大年初一，这就奇了。不想次年又生一位公子"。这"不想次年"是个关键词，现存的甲戌、己卯、庚辰、俄藏、蒙府、杨藏、甲辰、程甲诸本均作"不想次年"，程乙本作"不想隔了十几年"，只有戚本和舒元炜序本和这部残抄本作"不想后来"。一般认为"不想次年"是脂本的原文，到程乙本才改"不想隔了十几年"，现在明显地摆着戚本、舒本已改为"不想后来"了。戚、舒两本都是乾隆时的老本子，可见戚、舒已经改在前头了，现在这个残抄本的改文同戚、舒，则说明它的渊源也该是较早的。

另外，从残抄本回目的对联格式来说，现存脂本中，只有俄藏本和郑振铎藏二回本是同样格式。如果要为此残本溯源，似乎很容易靠拢俄藏本。但这只是问题的一面，前举林黛玉的眼睛，残抄本又特异于俄藏本。正像前文所述此本"木作的骨肉"与庚辰本改文一样，似乎又贴近庚辰本，但庚辰本"成则王侯败则贼"此残抄本却作"成则公侯败则贼"，还有庚辰本的"不想次年"残抄本却作"不想后来"，这些差异，又把它与俄藏本与庚辰本区别开来。

所以，别看只有十回的脂本残文，也很值得大家认真研究的。

2006 年中秋之夕，写于古梅书屋

关于孙桐生

孙桐生是一位勤奋的学者，很了不起。不仅仅在绵阳，从全国范围内来说，也是一位很突出的人物，我想从几个方面谈一谈。

第一，孙桐生是清官，爱人民的官。他继承了历史上那些清官好官的优良传统，有很深的文学修养。杜甫不也当过官？白居易不也是官？韩愈也是官，苏东坡也是官。他应该是这个系统里晚清的一位好官。他最突出的一点就是正直，不与那种黑暗社会、污浊的社会同流合污。相反地，在那样的时代，他自己挺立起来，自己坚守自己的操守。尤其难得的是爱人民、刻苦，自己敢于到群众中去生活、去了解，敢于把自己的财产变卖了，来为大家办事。这样的官在历史上并不是很多。所以我们对社会的认识要具体地认识，抽象地认识是不行的。封建社会一般来讲官场当然是很黑暗，但这是一般的情况；另一方面，在封建社会也出现了许多正直的人，这是历史上客观存在的。鲁迅所说中国的脊梁骨，孙桐生应该是一个脊梁骨。这是我的第一印象。就凭这一点，就值得纪念他。他变卖了自己的田地、夫人的首饰给人家刻书，而不署上自己的名字，这种风格就很难得。现在，我给你出书，那我的名字也署上，我们两人"合作"吧，很可能就是这样子。他就没有一点这种俗气，更有意思的是他跟这个人毫不相干，名字也搞不清楚，而花了十几年的工夫给人家刻书，署人家的名字，自己只写了个序，说明我为什么刻这部书。这样的风格应该是高风亮节，确实是不容易的，所以我觉得他是一位好官。

第二，从他的文艺思想来讲，在晚清时期，他是一个进步的文艺思想家。他的思想脉络很清楚，昨天我仔细读了他评《吴吴山三妇合评牡丹亭——还魂记》所写的序、为熊襄愍公出书写的序、《国朝全蜀诗钞》的序、《弹指词》的序，这些文章都表现出他非常鲜明的思想。上溯则是继承了李卓吾的传统。他自己提到汤显祖的《牡丹亭》，他非常赞赏汤显祖自己讲的话，这就是讲"情"的一段话。那段序言，我都抄下来了，只是我的口音不清，这里就不浪费时间了。我觉得引的汤显祖的话讲到"情"的含义，讲得很深刻。接着他又引了冯梦龙的一段话，冯梦龙这一段话的意思是：人之为情而生，如果没有情，这个人就没意思了，人可以死，情永远不会死的，这对《红楼梦》的研究有很深刻的意义。一个人对老百姓有情，他永远活在老百姓心里；一个人对社会事业有情，社会同样会记得这个人。如果这个人对一切都没有情，他死了，什么也没了，谁也不记得他了，这就是他引的冯梦龙的一段话。他引《牡丹亭》、引冯梦龙然后发表自己的谈话，他认为这两个作家讲得非常深刻，由于这个原因，他要刻《牡丹亭》这部书，他觉得他们评得很好。那么，他的思想脉络不是很清楚吗？他的文艺观念也很突出，一个主张真，一个主张情。拿我们现在的话来讲，就是"现实主义"，所以放在晚明和整个清代这样的历史时期来考察，他的思想是进步的文艺思想。他的对立面是正统的封建观念，从他所提倡的进步思想来看，当然是属于封建正统观念的对立面。所以，他是一个进步的文艺思想家。

另外，他是诗人。他完全有资格毫不含糊地被称为诗人。第一，他自己写了不少的诗，另外一方面他编了《国朝全蜀诗钞》，特别是他对张问陶极其推崇，张一个人选了六卷，张哭他妹妹的五首诗他全选了，但是张问陶写的高鹗补《红楼梦》的诗他没有选进去，那么这里面就有文章可作了。大家考虑一下，因为这首诗说明了一个很重要的事，后来人认为高鹗续《红楼梦》就是从这首诗来的，那么，他是一个《红楼梦》的专家、爱好者，他推崇张问陶，张和其妹的诗都选了，就是张问陶讲到的高鹗续《红楼梦》的这首诗，他删掉了。昨天，我翻阅张问陶六卷诗集，我翻来覆去看，看了两遍，但是没有找到，所以我想这里面有他的看法。除了《国朝全蜀诗钞》的序有价值，另外他重印了《弹指词》，《弹指词》里面也有一篇很好的序。《弹指词》的序把中国诗歌脉络大体讲了一下，而且讲得精要，说明他确实是这一方面的行家，如果自己不是钻研过这些东西，讲不出这么多的话。清代的词发展也是一个高峰，在整个中国文学史上词的发展也是一个复兴时期，出了很多大家，他一一加以评价，讲到《弹指词》的作者顾贞观，他推崇备至。顾贞观也确实是清代前期了不起的词人，尤其他的《金缕曲》更是脍炙人口，而且动人心扉，为了朋友，竟然竭尽心力把吴汉槎挽救回来。从他刻词、刻诗钞，从他自己写了很多诗这几个方面来看，说他是诗人是一点没有问题的，完全符合他的实际情况。这是第三。

第四，我觉得应该承认他是一个红学家，最早谈到甲戌本的，除了刘铨福以外就是他了，留下记录的就是这么个情况；另外，他写了一些评语，这些评语当然可以再研究。更重要的是他刻了《妙复轩石头记》。《妙复轩石头记》大体属于索隐派，但是任何问题都要实事求是，都要具体问题具体分析，不能因为他是索隐派就加以否定，看看《妙复轩石头记》有多少条评，一万条评，两万条评，讲索隐的有几条，讲文艺欣赏的有多少条，情节分析有多少条，应该统计一下。我初步统计了一下，就是由于这个原因，我觉得虽然有些错了，但他讲得对的地方比错的地方多得多。比如说，三分之一讲索隐的、或四分之一讲索隐的，四分之三或者三分之二讲文艺欣赏分析评价的，那就不能抹去他更多的方面，所以，我觉得对于张新之不能用一句话是索隐派就否定掉了。我觉得还有一个重要的地方，张新之的评语都是孙桐生一字一句抄下来的，而且放在每一句《红楼梦》的正文底下，这就是说孙桐生不仅仅主张刻这本书，而且他还是最好的编辑，甚至编辑都不是，编辑是别人编好了自己来做，他是我自己抄自己刻，所以我觉得他是张新之的合作者，说不定有些词语经过他的最后敲定，是不是还加上他自己的意见就很难说，就算是自己抄，自己编辑自己审定来说，这样一部大书，经过十年心血弄下来，即使在现在，要找这样的人也很不容易了，称他为红学家有什么不合适呢！我觉得完全可以，因为张新之的许多思想他也都赞成，从他的评《吴吴山三妇合评牡丹亭——还魂记》来看，就明白他为什么欣赏《红楼梦》，还是个"情"，还是个"真"。林黛玉对这个"情"是生死不渝的，《牡丹亭》对这个"情"也是生死不渝的，这是个共同点。所以孙桐生既喜欢《红楼梦》也喜欢《牡丹亭》，既刻《红楼梦》又刻《牡丹亭》，我觉得这是比较自然的事情，这是第四。

第五，我觉得还应该说他是地方上的一个教育家，他主持书院讲学，他为地方上培养人才做了许多贡献，并且全凭自己奔走，自己工作。我觉得这种默默的奉献是不多的，我们要推崇。如果愿意再加一点，他也是一个出版家。统计一下，大概有二十三部书。既做官，又刻出二十三部书，这极不容易。所以说他是当时的一个出版家，这是有根据的。孙桐生不论在地方上也好，不论在历史上和全国范围内都是有成就有贡献的，对学术、文化、教育、地方都有贡献，所以，我建议，其一，我们应该整理他的东西。他一生为人家出书，现在轮到我们为他出点书，这完全是应该做的。其二，我建议为他成立一个纪念馆，把他的遗著手稿陈列起来，好好保管，以便教育后代。

1992 年 5 月 19 日

《石头记脂本研究》后记

　　拙著《论庚辰本》出版至今，忽忽已经二十年了。当时写这本书，是为了解决校注《红楼梦》的底本问题，所以与吴世昌先生有所论难。吴先生是我所尊敬的红学前辈，我们的论辩是纯学术性的，自始至终我们一直保持着良好的友谊。通过这场论辩，红学界对庚辰本取得了共识：一、庚辰本不是四个本子抄拼的而是据己卯本的过录本抄的，庚辰本对己卯本保持着百分之九十五以上的共同性，因此己卯本所残缺的三十八回左右，可以从庚辰本得其仿佛；二、庚辰本是曹雪芹逝世前的一个"定本"，"庚辰秋月定本"等字样，是庚辰本的历史标志，是研究这个本子的重要资料，不能否定；庚辰本是迄今为止最珍贵最完备（八十回只缺二回）而未被删改过的本子；三、庚辰本上保存着大量脂批，结合甲戌本等其他本子上的脂批，这是研究《红楼梦》和研究曹雪芹的极其珍贵的资料；四、庚辰本还是研究其他脂本和刻本的一个坐标，一杆标尺，用庚辰本与其他脂本和刻本对勘，可以考见《红楼梦》版本之间的相互关系。

　　我在研究庚辰本的过程中，也产生过认识上的若干差误，我在揭示出了大量的庚辰本与己卯本的共同性以后，认为庚辰本是据己卯本直接过录的，这一点引起了大家的讨论，从庚辰本上若干与己卯本上的异文来看，似乎庚辰本据己卯本直接过录的可能性还有一间之差，因此我又写了《重论庚辰本》一文，进一步申论了庚辰本的珍贵性和重要性，再次重申了庚辰本与己卯本若干异文的来源有待深研的问题，同时也纠正了我在《论庚辰本》一书中误把陶洙据庚辰本墨书正文回校到己卯本上的朱笔旁改文字，作为庚辰本据己卯本朱笔旁改文字过录成墨书正文的认识上的偏差。

对己卯本和庚辰本的研究，是脂本研究的最重要的一环，事实上后起的本子，都与庚辰本有关，尤其是程甲本。所以以己卯、庚辰为坐标，对其他各脂本可作纵向和横向的对照研究。我衷心希望有人能对脂本，包括己卯本、庚辰本作更深入的研究，我相信必定会有新的收获。我对己卯，庚辰以外的其他各脂本的研究，还只是尝试。其间得失，还要在实践中经受考验。

岁月飘忽，去日苦多，回思二十年前我与吴恩裕先生、吴世昌先生共同研红的情景如在目前，而两位吴先生已先后去世十年之久（吴世昌先生）和十八年之久了（吴恩裕先生）。两位吴先生分别是己卯本研究和庚辰本研究的先驱，他们对这两个珍贵本子的研究是有贡献的。在庚辰本的研究上，我的意见虽然与吴世昌先生的意见不同，但矛盾的双方是相互依存，互为前提的。一个纯真的学人，他所心系的是学术的进展，而不是斤斤于个人意见的得失。吴世昌先生和吴恩裕先生都是纯真的学人，他们如见到了今天红学研究的盛况，一定也会高兴的。那末就把我这本研究庚辰本和己卯本的小书，作为对他们两位的纪念吧！

我还要谢谢人民文学出版社古典部的同志，感谢他们愿意出版我这本小书。

本书所列己卯、庚辰两本对照的图版，是为了揭示两本最亲的血缘关系，从中看出这两个抄本的一些原始状况。这两个抄本所蕴藏的信息量是极其丰富的，这些图版可以启示我们寻找各抄本之间的内在关系，或许对我们深入《红楼梦》的抄本研究，有一定的启示作用。至于其他各脂本都已影印问世，故图版从略。

1997 年 8 月 4 日于京东瓜饭楼

后　记

　　这是关于《石头记》脂本研究的一个论文集，原题《石头记脂本研究》，1998 年由人民文学出版社出版。现在我把在此书以后写的文章和与《石头记》抄本（也含程甲本等）研究有关的文章都集中在这本书里，改题为《漱石集》。《论庚辰本》原是单行本，现也收在这里，以便查阅。

冯其庸

2009 年 12 月 27 日

再　记

——对庚辰本与己卯本关系的再认识

　　我原有一本关于《红楼梦》的综合论文集叫《漱石集》，现在经重新整理编校，将解读《红楼梦》的文章结集到《解梦集》里，将有关专门讲《红楼梦》早期抄本的文章都归到《漱石集》里，包括原由人民文学出版社出版的《石头记脂本研究》一书里的全部文章及之后所写的有关抄本研究的文章，都合并入本集。

　　在重新编校这本集子的时候，我又将各篇文章仔细重新校读了一遍，在重读《影印北京师范大学藏抄本〈石头记〉序》这篇文章时，又想起了在此文发表以后得知的一些情况，我在文章中论证此本是近人陶洙据北大藏庚辰本《石头记》过录校订的这一结论，是完全符合实际的，我除了指出北师大本与庚辰本两书的抄写款式完全相同，两书的回目完全相同，还指出庚辰本上独有的十三处特征北师大本也完全相同，所以北师大本实际是一个庚辰本的抄录校订本这个结论是完全可靠的，经得起实践检验的。

　　但是我在推测北师大本抄校成书的时间时，当时，只能根据陶洙最早校读庚辰本的时间作为上限，那就是"丙子三月"，即 1936 年春，而

再　记

它的下限是"己丑人日"，即 1949 年正月初七，这已经是上海解放的前夕了。实际上，我这个推测是不准确的。我的序文发表后，李经国先生曾就此事去访问过周绍良先生，因为他得知周绍良先生熟知陶洙抄校此书的情况，并曾参预其事。当时李经国很想把此事写入他正在编著的周绍良先生年谱，因此便认真去访问了绍良先生，后来他把这次访谈写成了文章。现在我把这篇文章里有关此书的事引录如下：

2001 年 2 月，一次陪启功先生外出，听到先生与人谈到北师大发现了一部抄本《红楼梦》的事。是年年底，《人民政协报》记者王小宁女士告诉我，这部《红楼梦》上面有周绍良先生的字迹。因为当时我正在为周绍良先生编年谱，知道先生对《红楼梦》有着深入的研究，听到此消息后我很兴奋，以为可以给年谱增加新的资料。于是，就怀着这种心情去周先生家。不意先生听我说了之后，却认为此事不值一提。我在惊异之后，即叩以何以校勘如此重要版本《红楼梦》一事，却不写入年谱？于是先生便给我讲了这部抄本《红楼梦》的一些情况。

当时北京有一位陶洙先生，是位藏书家，同时也在旧书店有投资。他有意以庚辰本作底本，再校以己卯本，再从"甲戌本"副本中过录脂评（此前，陶洙曾向周汝昌先生借"甲戌本"抄录过副本），做一个《红楼梦》的新校抄本。绍良先生与陶氏很熟悉，约在 1952、1953 年前后，先生在津工作期间，来京时曾见过陶洙的这个抄本。当时这个抄本还未抄完。

在先生调到北京前不久的 1953 年 9 月，周汝昌先生的新作《红楼梦新证》在上海一个出版社出版。出版后，反响很大，洛阳纸贵，抢购一空。陶洙看到《红楼梦新证》轰动一时，便想把他在抄校的本子整理成一部新的最好的脂评《红楼梦》，并设想此本出版后，必然会引起比周书还大的反响。绍良先生与陶洙很熟悉，知道他的这一想法后，便从陶处借这个本子来看。当时陶先生的抄校工作尚未做完。同时，由于陶先生对《红楼梦》并不特别熟悉，所以在抄写时出现了一些脱漏和错误。于是，周先生便又据庚辰本对陶本作了一次校补，因此在这个本子上留有一些周先生的笔迹，之后，就把这个抄本还给了陶先生。此后，陶先生大约自己又加以补充（或请别人加以补充），使之成为一个完整的八十回抄本。至于陶本如何被北师大收藏，详情不得而知。可能是陶先生身后，家里将这个本子卖给了中国书店，中国书店又转售给了北师大。①

以上一大段有关陶抄《红楼梦》的记述，足补我序文之不足，尤其是此本抄成时间，最早也是到 1954 年了，因为 1953 年 9 月陶洙尚未校理完此书，还由周绍良先生为他作了一些校补，等到周先生将此校补本还给陶洙后，陶洙又作了整理补充，才成为一个八十回抄本。这个时间，最快也当是 1954 年了，所以 1954 年当是此本校补成书的确切时间。

我在这篇文章里，还列举了北师大本据庚辰本抄漏的文字和北师大本较庚辰本增补的文字，此外，还有北师大本上出现的庚辰本以外别本的文字等等。

我所以要详述北师大本陶洙抄校的详细情节，一是为了要纠正我在序文里对此书抄成时间的失误，我把它估计得过早了，实际上是到 1954 年左右才抄成的。二是陶洙抄校庚辰本的情景，使我想到了庚辰本据己卯本过录的情景，前后的情景太有点相似了，庚辰本与己卯本相同的部

---

① 李经国：《周绍良先生红楼梦研究侧记》，《红楼梦学刊》2003 年第三辑。

分超过了百分之九十五以上，特别是那些纯属与正文无关的文字，还有残留的"祥"字避讳的文字，正文下双行小字批己卯本上717条批，庚辰本从批语的位置到文句有716条完全相同，那不同的一条是漏抄了一条，因为这一条只有一个"画"字，实际上是漏抄了一字。而陶洙抄录庚辰本相同的情况，与庚辰本相同于己卯本的情况可以说是完全一样，但是，除此之外，陶抄与庚辰本毕竟还有不同之处，除已查出陶洙还据甲戌、戚序本校补外，也还有不属于这两本的文字。

由此使我悟到庚辰本确是据己卯本抄的，否则不可能有那末多的相同成分，连空白、多余的句子、特有的避讳字、特殊抄错的文字（"离魂"下的批语）、全部的双行批语等等都完全相同，这是庚辰本照己卯本抄的主要依据（详见拙著《论庚辰本》，此处只是举要）。但除此之外，它确还有不同于己卯本的文句，这是引起人们怀疑的关键，这也是确需深究的问题。从陶洙的抄校来说，他手里除庚辰本外（他用的是庚辰本的晒蓝本，据知此晒蓝本现存国家图书馆），还有甲戌本的过录本（从周汝昌处借得）和已出的戚序本，可见他一边据庚辰本抄录，一边还参校别的本子，那末，庚辰本据己卯本过录时，是否有可能也有别本的参照呢？当然，当时社会上还无抄本流传，只有雪芹和脂砚手里的原稿本，特别要注意的是，庚辰本依据的是己卯本，但它却不署"己卯冬月定本"而署"庚辰秋月定本"，据此一条启示，我觉得庚辰本的抄主，确有可能同时又借到了雪芹原稿"庚辰秋月定本"，其异文的来源可能就是来源于此。否则庚辰本的抄手为什么不写"己卯冬月定本"呢？有人怀疑庚辰本的抄主与己卯本的抄主怡亲王家关系较密切，还可能与曹家的关系也很密切，这一推测，也不能说毫无根据。因为现存庚辰本和己卯本里的夹条，有的是一个人写下来的，纸张也是一样的，还有庚辰本第三十七回"咏白海棠限门盆魂痕昏"，在"多情伴我咏黄昏"句下（影印庚辰本845页，人文本）有另笔写的"次看宝钗的是"

六个字的一句，这是另笔添写的。这六个字的笔迹，与己卯本同一位置上的六个字完全是同一笔迹，是同一个人在两书上补添的。明明是两部书，怎么会有同一个人来添写这一句呢？我推测，一种可能是这两书的抄主关系极其亲密，另一种可能是这两部书曾在一人手里过。再加上这两部书的有二位抄手，是既抄己卯本，后来又抄庚辰本的。这一切都说明两本的抄主关系十分密切。

由于陶抄庚辰本，其底本明确是北大藏的庚辰本，其抄成后相同的成分也在百分之九十五以上，但它抄成后也还是有异文，原因是他还同时参照别本，这就使我想到当庚辰本据己卯本抄时，是否也有同样的情形呢？是否也确有可能参照过脂砚或雪芹手里的庚辰秋定的原稿呢？这就值得我们进一步深思了。这样，我就觉得我们不能因为庚辰本与己卯本有百分之零点几的异文而否定其百分之九十五以上相同部分的存在。我们重视对两本异文的探寻是十分必要的，但没有必要在探寻还未得到结果时就否定其绝大主要的相同部分。所以我认为说庚辰本是据己卯本抄的这个判断目前还没足够的可靠史料来予以否定。而这样的判断，仍然只能促使我们更加努力去探索这些异文的来源问题，而并不是就此了结此桩公案。

以上就是我重读陶洙抄校庚辰本后的一些新的感悟。以前我在《重论庚辰本》和影印庚辰本的序言里，也曾同意过庚辰本不是据己卯本抄的这个推测，这些文字我仍愿保留，因为这是我的思想历程，也是我对不同意见尊重的记录，现在我虽然据庚辰本有百分之九十五以上的文字相同于己卯本的事实仍认为庚辰本是据己卯本抄的，这也仍然是尊重事实，同时也是由于陶抄的启示，但这并非不再去探究这异文的来源。我的想法是一方面要肯定已经被证实的大量相同的文字，因为它揭示了庚辰、己卯两本内在的二百多年来一向隐蔽的秘密，另方面，要重视两本之间少量的异文来源，尽管它是少量的，但它仍是尚未解密的部分，我

再　记

们不能不重视它的存在。

以上，是我在重新校读《漱石集》时所得的一点新的感悟。是否有当，还有待于高明的指正。

冯其庸八十又七

2010 年 1 月 24 日夜 12 时